böhlau

Jan Röhnert (Hg.)

DIE PHÄNOMENOLOGIE DER FLUGREISE

Wahrnehmung und Darstellung des Fliegens in Literatur, Film, Philosophie und Populärkultur

BÖHLAU VERLAG WIEN KÖLN WEIMAR

Bibliografische Information der Deutschen Nationalbibliothek:
Die Deutsche Nationalbibliothek verzeichnet diese Publikation in der
Deutschen Nationalbibliografie; detaillierte bibliografische Daten sind
im Internet über http://dnb.d-nb.de abrufbar.

© 2020 by Böhlau Verlag GmbH & Cie, Lindenstraße 14, D-50674 Köln
Alle Rechte vorbehalten. Das Werk und seine Teile sind urheberrechtlich geschützt.
Jede Verwertung in anderen als den gesetzlich zugelassenen Fällen bedarf der vorherigen schriftlichen Einwilligung des Verlages.

Umschlagabbildung: „Atmosphärenforschungsflugzeug HALO":
© Aero-Art Frank Herzog

Korrektorat: Jessica Paesch, Jena
Einbandgestaltung: Satz + Layout Werkstatt Kluth, Erftstadt
Satz: Michael Rauscher, Wien
Druck und Bindung: Generaldruckerei, Szeged
Gedruckt auf chlor- und säurefreiem Papier
Printed in the EU

Vandenhoeck & Ruprecht Verlage | www.vandenhoeck-ruprecht-verlage.com

ISBN 978-3-412-50084-9

Inhalt

I – Zur Phänomenologie des Fliegens

Jan Röhnert
Realität und Imagination des Fliegens · Einleitendes zur Phänomenologie der Flugreise 11

Asmus Trautsch
Bodenlos sicher · Phänomenologie der Flugreise 21

Marie-Luise Heuser
Husserls Phänomenologie des Fliegens 45

II – Flug-Diskurse

Jörg Paulus
Im Anflug auf Braunschweig (zu Fuß) · Zur Vorgeschichte der Flugreise – auf der Chaussee und anderen fundierten Medien 59

Jadwiga Kita-Huber
Die Ballonfahrt in der polnischen Literatur der Aufklärung, mit einem Blick auf Jean Pauls *Luftschiffer Giannozzo* 79

Christian Kehrt
Phänomenologie der arktischen Landschaft · Die Arktisreise des Luftschiffes LZ 127 im Jahr 1931 95

Johanna Bohley
Flug- und Weltraumreisen in der Kinder- und Jugendliteratur der DDR 113

Jan Röhnert
Zwischen *La Jetée* und *Terminal* · Raum und Zeit des Airports ... 123

Dietmar Elflein
Über den Wolken · Zur Metapher des Fliegens in der populären Musik 135

Inhalt

Christoph Seelinger
Von der Flugmaschine zum Mouse-Cursor · Zur Genese der Mondo-Ästhetik zwischen travelogues und shock sites 149

III – Fallstudien

Annika Klanke
„Zwei Augen genügen nicht" · Verteilte Wahrnehmung in Franz Kafkas *Die Aeroplane in Brescia* 169

Andreas Kramer
Sachliche Träume · Alfons Paquet, *Fluggast über Europa. Ein Roman der langen Strecken* (1935) 183

Jan Brandt
Zwischen den Welten · Männerfantasien und Maschinenträume in Heinrich Hausers Flugerfahrungsbericht *Ein Mann lernt fliegen* 195

Christian Wiebe
Herumschnellende Fische und weiße Ödnis · Wahrnehmungen des Fliegens bei Lion Feuchtwanger 217

Carolin Bohn
Am Anfang war das Fliegen/Schreiben · Zu Antoine de Saint-Exupérys frühen Sternenlektüren und Traumschriften 229

Christophe Fricker
Technik, Autorschaft und Erde · Ernst Jüngers ambivalente Haltung gegenüber dem flugreisenden Menschen 239

Jessica Martensen
Fliegen als utopische Erfahrung in Ingeborg Bachmanns Essay *Die blinden Passagiere* 255

Rüdiger Heinze
Im unwahrscheinlichen Fall einer Notlandung ... · Flugzeugkatastrophen im Spielfilm 273

Inhalt

Martin Bulka
**4 Kontinente und 9 Länder in 279 Minuten · Flug- und Autoreise in
Wim Wenders'** *Bis ans Ende der Welt* 287

IV – Anhang

Angaben zu den Autorinnen und Autoren 301

Namensregister 307

I – Zur Phänomenologie des Fliegens

Jan Röhnert (Braunschweig)
Realität und Imagination des Fliegens · Einleitendes zur Phänomenologie der Flugreise

Die diesem Sammelband vorangegangene Tagung im August 2017, eine Kooperation zwischen TU Braunschweig und dem Deutschen Zentrum für Luft- und Raumfahrt, Standort Braunschweig, begann mit einer kleinen Enttäuschung, die nicht ohne eine gewisse Pointe war. Gerade die aus weiter Ferne, per Flugzeug, angekündigten Vortragenden hatten ihre Teilnahme kurzfristig absagen müssen – als würde das Transportmedium, dessen kulturell-ästhetische Dimensionen das Kolloquium untersuchen wollte, selber dagegen aufbegehren, dass wir es uns allzu leicht mit ihm machten: Beim Londoner Komparatisten Andreas Kramer sorgte der abgelaufene und auf die Schnelle nicht zu ersetzende Reisepass dafür, dass die Check-In-Schranken von Heathrow Airport aus dem Brexit-und-Nicht-Schengen-Gebiet unüberwindlich wurden; beim Philosophen Asmus Trautsch waren es die Beschränkungen seines Arbeitgebers, die ihm in letzter Minute gleich mehrere Flugreisen quer über den nordamerikanischen Subkontinent auferlegten, Flüge nach Europa jedoch untersagten. Wie gut, dass alle Irrungen und Wirrungen des supranationalen Luftverkehrs die beiden sowie alle übrigen beteiligten Kolleginnen und Kollegen nicht davon haben abhalten können, mit ihren Artikeln zum Sammelband beizutragen, aus welcher Himmelsrichtung diese auch eingetroffen sein mögen.

Bedarf es einer Rechtfertigung, sich in der hier praktizierten Form des interdisziplinären Zugriffs der Phänomenologie der Flugreise auf kulturphilologischer, ästhetischer und wissenschaftsgeschichtlicher Ebene zu widmen, einzelne Fallstudien zur Repräsentation des Fliegens in der Literatur, im Film, in der Musik, in Wissenschafts- und Populärkultur mit grundsätzlichen Überlegungen zum phänomenologischen Horizont, zur *aisthesis* und Ästhetik der Flugreise miteinander zu konfrontieren? Wohl kaum. Flugzeuge und Flugreisen gehören zu unserem Alltag, sie bestimmen und strukturieren unsere Gegenwart weit über ihre bloße Sichtbarkeit als Instrumente der Fortbewegung hinaus. Allein aufgrund der diversen sichtbaren und unsichtbaren Infrastrukturen, die sie bedingen und die sie selber wieder hervorbringen, sind sie tief in Alltag und Lebenswelt verankert – so, wie um die Existenz des Automobils herum Infrastrukturen wie Autobahnen entstanden sind, haben sich auch die Infrastrukturen des Fliegens mit den Flughäfen im Zentrum um das Flugzeug herum entwickelt und neben einer veränderten Mobilität auch eine neue Landschaft der Mobilität hervorgebracht, die wiederum unsere kollektive Vorstellung von Mobilität modelliert.

In diesem Sinne lässt sich die Flugreise, wenn die Anleihe bei Michel Foucaults Terminologie gestattet sei, als „Dispositiv" verstehen, das eine spezifische Art von Raster für die Wahrnehmung der Wirklichkeit hervorbringt, die sich nicht auf den Akt des Fliegens und das Unterwegssein in Flugzeugen allein beschränkt, sondern unseren Begriff von Unterwegssein, von Schnelligkeit, Mobilität, von Raum und Zeit präformiert. Ich habe Vergleichbares bereits in zwei früheren Sammelbänden am Beispiel der Metaphorik der Autobahn und der Interdependenz von technischer Beschleunigung und ästhetischer Verlangsamung zur Diskussion gestellt.[1] *Die Phänomenologie der Flugreise* ist nunmehr der dritte Eckstein jenes offenen Projekts *Inszenierung von Mobilität*, welches im Rahmen des Schwerpunkts ‚Mobilität' zu einer breiten Kultur- und Literaturgeschichte von Naturwissenschaften und Technik beizutragen sucht.

Es dürfte klar sein, dass es mit diesem Kolloquium um mehr als eine bloße Motivgeschichte des Fliegens und der Flugreise in Literatur, Film, Musik und bildenden Künsten geht – wenngleich es ein legitimer Start- und Anknüpfungspunkt sein kann, sich zunächst einmal anzuschauen, welche Bilder, Metaphern und Vorstellungen vom Fliegen sich in Hoch- und Populärkultur eingebürgert haben, wie sie sich ergänzen, transformieren und in welchen Konstellationen und Kombinationen sie auftreten. Es ist dabei jedoch wichtig, den breiteren soziokulturellen Hintergrund des Motivs und die medien-, geistes- und wissenschaftsgeschichtlichen Kontexte, die zu seiner Frequenz führen, im Blick zu behalten. Einen guten Prüfstein bilden meines Erachtens jene fünf von Aleida Assmann ins Feld geführten Kategorien, die sie in ihrer – literaturwissenschaftlich grundierten – Einführung in die Kulturwissenschaft als generelle Analysekriterien für kulturwissenschaftliche Fragestellungen ins Feld führt.[2] Es handelt sich dabei um die Kategorien *Raum, Zeit, Körper, Identität* und *Gedächtnis*. Diese fundamentalen Kategorien einmal exkursartig auf die Phänomenologie der Flugreise, d.h. auf Fragen von deren ästhetischer Repräsentation anzuwenden, dabei die Wahrnehmungsgeschichte des Fliegens *als* dessen Kulturgeschichte lesen zu wollen bzw. Wahrnehmungs- und Kulturgeschichte der Luftmobilität miteinander konvergieren zu lassen, offenbart, auf was für ein weites Feld wir uns hinauswagen, und wie sinnvoll es zugleich ist, sich ihm fächerübergreifend zu widmen. Nur so wird erkennbar, wie die Mobilität des Fliegens eine Struktur erschafft, auf der sich – beispielsweise – Diskurse unserer globalisierten Gegenwart und Raster unserer aktuellen

---

[1] Vgl. Jan Röhnert (Hg.): Die Metaphorik der Autobahn. Literatur, Kunst, Musik, Film und Architektur seit 1945. Köln/Weimar/Wien 2014; Ders. (Hg.): Technische Beschleunigung – ästhetische Verlangsamung? Mobile Inszenierung in Literatur, Film, Musik, Alltag und Politik. Köln/Weimar/Wien 2015.

[2] Aleida Assmann: Einführung in die Kulturwissenschaft. Grundbegriffe, Themen, Fragestellungen. Berlin 2010.

Welt- und Wirklichkeitswahrnehmung abbilden. Gehen wir zunächst die Reihe der von Assmann beanspruchten kulturwissenschaftlichen Kategorien hinsichtlich des Spektrums an Anknüpfungspunkten durch, die sie im Hinblick auf eine Phänomenologie der Flugreise als Wahrnehmungsgeschichte des Fliegens bieten.

Dass Fliegen tiefgreifende Auswirkungen auf die aisthesis der Kategorie des *Raumes* hat, dürfte einleuchten, wenn man sich die durch das Flugzeug ermöglichte Überwindung irdischer Raumgrenzen und die mit dem Flugzeug verbundene technische Beherrschung des Luftraums vergegenwärtigt. Die Zentralperspektive und der sich am Horizont brechende irdische Blick werden bei der Flugreise hinfällig, die räumliche Perspektive *über* den Wolken ist tatsächlich eine von der darunter grundverschiedene, als sie nämlich den irdischen Raum verlassen hat, aus dem Luftraum heraus diesen jedoch zu überblicken vermag in einer Art von Grenzenlosigkeit, wie sie selbst der erhabenste irdische Punkt, etwa ein hoher Berggipfel, nicht oder nur ausschnittweise zu bieten vermag. Die aeriale Perspektive – also der durch das Flugzeug ermöglichte Blick aus dem Luftraum auf die Erde hinab – stiftet eine neue Art von Erhabenheit und Totalität, wie sie die Theoretiker des Erhabenen, Kant und Burke etwa, anhand der um 1790 aufkommenden Ballonfahrt im Rahmen ihrer Theorien zwar imaginieren, nicht jedoch die mit dem Fliegen als neuer Form von Mobilität einhergehende Allgegenwart und Gewöhnlichkeit dieses erhabenen Blicks von oben vorhersehen konnten: Der mit dem Fliegen verbundene technische Aspekt der eingenommenen Perspektive bleibt ihrem aus der ästhetischen Distanznahme geborenen Erhabenheitsdiskurs fremd, wenngleich sich beide Perspektivierungen, ästhetische Distanzierung und technische Zurüstung, reizvoll miteinander verknüpfen ließen.

In der Tat wird der irdische Raum mit dem Flugzeug gar nicht mehr erfahren, sondern lediglich überflogen. Landschaftliche Grenzen sind aus der Luft weder für den Blick noch für den Körper ein zu überwindendes Hindernis, man ist immer schon *darüber hinweg*. Stattdessen wird Landschaft in ihren natürlichen Strukturen, in ihren hervorstechenden Merkmalen und Verläufen, in ihrer Einzigartigkeit und Diversität von oben als Topographie überschaubar. Diese aeriale Perspektive hat Auswirkungen auf unser räumliches Selbstverständnis, die räumliche Vorstellungskraft, unseren Begriff von plötzlich im Flug überwindbar erscheinenden natürlichen und politischen Grenzen und die Diskurse der sogenannten natürlichen und politischen Geographie sowie den Charakter einer Mobilität, die als Flugreise – während des Flugs – nur noch das dynamische Unterwegssein kennt, während Anhalten, Stasis, Unterbrechung in der Luft unweigerlich zum Absturz infolge der Erdanziehungskraft führen würden:

> The trajectories of movement mediated by the aeroplane have shaped and reshaped the projected dimensions of national, political and cultural forms. […] the *affect* of the aeroplane has

> been the projection of feelings into the air, often a reflection of the aerial's subject's concerns and fears,³

schreibt Peter Adey in seiner reich belegten Studie *Aerial Life. Spaces, Mobilities, Affects*, die sich den Zusammenhängen von Raum, Technik und Menschenbild des Fliegens widmet.

Fliegen ist immer ein Überfliegen, das keinen festen Punkt zum Verharren bis auf die bewegliche Kapsel des Flugzeugs selbst mehr besitzt, das sich durch den Raum bewegt und damit von diesem für die Dauer des Flugs gelöst ist; es ist zugleich vollständig abhängig vom reibungslosen Funktionieren der technischen Voraussetzungen, die den Flug ermöglichen. Fliegen ist die am weitesten von der natürlichen Fortbewegung abgekoppelte Fortbewegungsart, die eines eigenen, komplett gegen den äußeren Luftraum abgeschlossenen Raumes bedarf, um zu funktionieren: Das Flugzeug als standardisierter Innenraum des Fliegens ist ein weiterer unverzichtbarer räumlicher Aspekt der Flugreise. Zugleich gehört als sein Pendant dazu ebenso notwendig der Raum, in dem sich das Flugzeug vor und nach dem Flug befindet, dessen es zum Starten, Abheben und Landen bedarf, nämlich der Flugplatz bzw. der Flughafen mit seiner spezifischen Architektur, die ein Netz global wiedererkennbarer Orte inmitten hochgradig diverser natürlicher und politischer Räume hervorgebracht hat: Keine Flugreise ohne die Flughäfen, die der Infrastruktur des Fliegens ihre räumliche Signatur verleihen. Für uns stellt sich dabei die Frage, wie dieser räumliche Aspekt des Fliegens – die Überwindung des irdischen Raums – nicht so sehr durch die erhabene ästhetische Distanz (die sich gleichwohl dabei einstellen kann), sondern durch die technisch ermöglichte, ja Normalität gewordene Bewegung im Luftraum (der abgekapselte Innenraum des Flugzeugs und der abgeschottete Aufenthaltsraum des Flughafens) wahrgenommen werden, wie sie kulturell und ästhetisch repräsentiert sind, welche Narrative sich mit ihnen verknüpfen, wie sie als Räume in Literatur, Film, bildender Kunst und andern Medien transformiert wiederkehren.

Ähnlich lässt sich die Kategorie der *Zeit* zur Phänomenologie der Flugreise ins Verhältnis setzen: In dem Maße, wie räumliche Grenzen im Vorgang des Fliegens hinfällig werden, werden auch zeitliche Grenzen außer Kraft gesetzt. Die Schnelligkeit des Fliegens bringt es mit sich, dass die Ortszeiten der natürlichen Geographie, in deren Rahmen sich alle übrigen Verkehrsmittel bewegen, für das Flugzeug kein Hindernis darstellen. Das Phänomen des Jetlags ist jedem Passagier bekannt, der schon einmal im Flug mehrere Zeitzonen überwunden hat; dabei spielt es keine Rolle, ob er mit oder gegen die voranschreitende Zeit, also ostwärts oder westwärts geflogen ist – die gleichermaßen mit unserem Raum- wie Zeitempfinden verknüpften

---

3   Peter Adey: Aerial Life. Spaces, Mobilities, Affects. Oxford et al. 2010, S. 81 [Hervorhebung im Original].

Himmelsrichtungen, die als Morgen, Mittag, Abend und Mitternacht über Jahrtausende die humane Chronotopographie konturierten, kommen für die technische Eigenzeit des Flugzeugs nicht in Betracht. Dennoch interferieren technische Eigenzeit des Flugzeugs und die damit nicht kompatible menschliche Zeitempfindung vor, während und nach dem Zeitraffer des Flugs permanent. Genau diese Interferenzen zwischen menschlicher und technischer Zeit sind Gegenstand der seit dem Aufkommen der Flugreise geführten Flugdiskurse – die sich primär aus dem Missverhältnis zwischen der Technik des Fliegens und der Qualität des menschlichen Wahrnehmungs- und Fortbewegungsapparates speisen –, welche zugleich eine erstrangige Quelle künstlerischer Darstellungen geworden sind.

Die hochgradig standardisierte Zeit des Airports wie des Flugzeugs sucht geradezu den Kontrast und die Brechung im Spiegel individueller Geschichten, Bilder und Vorstellungswelten. Dabei kann die Zeitstruktur der Erzählung direkt auf die Zeitstruktur der Flugreise verweisen, wie es zum Beispiel Marcel Beyer in seinen Lichtenberg-Poetikvorlesungen *XX* tut, die ihre Reflexionen über Authentizität, Stimme, Material und Ethos der Literatur im zeitlichen Rahmen einer Flugreise anstellen, während welcher sich der Ich-Erzähler zufällig in der Sitzreihe hinter der „berühmtesten deutschen Literaturkritikerin"[4] und deren Lebensgefährten befindet, eine Konstellation, die überhaupt erst die während der ‚leeren' Zeiten zwischen den standardisierten Zeitmomenten einer Flugreise – Einchecken, Aufgerufenwerden, Einsteigen, Fliegen, Aussteigen, Auschecken – gemachten Überlegungen Beyers bzw. seiner autobiographischen Reflexionsfigur initiiert und vorantreibt. Die äußerlich ‚leere' Zeit des Fliegens, während der das Flugzeug die Distanz zwischen Abflug- und Landeflughafen überbrückt (in Beyers Fall zwischen dem *Dresden International Airport* und dem Flughafen Frankfurt/Main), wird dadurch zur eigentlich inhaltsreichen, tiefenscharfen Zeit, in der ein individueller Literaturbegriff heranreifen und sich gegenüber anderen Literaturbegriffen abgrenzen kann. Damit verhilft Beyer – mitten aus dem technischen Medium des Flugzeugs heraus und sich als dessen Nutznießer bekennend – verblüffenderweise der menschlichen Eigenzeit wieder zu ihrem Recht: Diese bricht sich zwar an den Strukturen, welche die Flugreise vorgibt, geht aber weder in diesen auf noch unterwirft sie sich diesen.[5] Oder, um ein weiteres Beispiel aus der Literatur anzuführen, die leere Zeit der Flugreise wird plötzlich zum Initialmoment einer ganzen sich daraufhin entfaltenden Lebenszeit, wie dies in Judith Hermanns Roman *Aller Liebe Anfang* der Fall ist, wo die Protagonistin ihre Flugangst

---

4 Marcel Beyer: XX. Lichtenberg-Poetikvorlesungen. Göttingen 2015, S. 32.
5 Die Rolle des Fliegens für die Disposition des Erzählers, der zugleich Beobachter und Reflektor ist, sowie für die gesamte Konfiguration der den Rahmen der Poetikvorlesung umreißenden Geschichte, unterstreicht auch die schlichte Flugzeugvignette auf dem Titelblatt des Buches.

dadurch überwindet, dass sie ihre Hand in die des fremden Mannes neben ihr legt, der später ihr Mann werden soll.[6]

An dieser Stelle möchte ich zur phänomenologisch von jeher zentralen Kategorie des *Körpers* und deren Interferenzen mit den von der Flugreise vorgegebenen technisch-mobilen Strukturen übergehen. Der Kontrast zwischen der menschlichen Raum- und Zeiterfahrung und jenem permanenten Überschreiten der Raum- und Zeitschwellen während des Flugs braucht in diesem Zusammenhang nicht wiederholt zu werden (ist er doch als Grunderfahrung des Fliegens konstitutiv für die Phänomenologie einer jeden Flugreise und zieht sich wie ein roter Faden variierend durch die Erörterungen dieses Bandes), gehört aber unmittelbar zur Wahrnehmung der Körperlichkeit, welche durch die Flugreise permanent problematisiert wird, und zwar in vielfacher Hinsicht: *vor* dem Flug durch die elektronischen Mechanismen der Körpererfassung beim Check-In, die den menschlichen Körper auf eine potentielle Gefährdungsquelle hin reduzieren; und *während* des Flugs durch die Einschränkung des natürlichen Bewegungsapparates im Sitz der Maschine.

Mit der Metapher „The Aerial Body"[7] verweist Peter Adey in seiner bereits angeführten Studie eindringlich auf diese durch die Flugreise bewirkten Transformationen körperlicher Selbst- und Fremdwahrnehmung. Wie reagiert der auf diese Art stigmatisierte und disziplinierte, an die Technik ‚auf Gedeih und Verderb' ausgelieferte Körper auf diese technische Beschneidung seines sensuellen Apparates? Was wird aus dem Körper im Lichte eines Elements – der Luft –, für das er, um sich körperlich ohne Bodenhaftung darin zu bewegen, gar nicht geschaffen ist; was machen die technischen Vorrichtungen, die ihm das Überstehen der Flugreise im feindlichen Element ermöglichen, aus und *mit* ihm und seiner Motorik, Organik und Sensorik? Hierauf gilt es vielfältige Antwortmöglichkeiten im Imaginären der Literatur und der übrigen Künste zu finden.

Die Kategorie der *Identität* lässt sich schwerlich getrennt von jener des Körpers betrachten, zugleich haben, nicht zuletzt im Kontext einer Phänomenologie der Flugreise, ebenso Raum und Zeit maßgeblichen Anteil am Selbst-Verständnis des fliegenden Subjekts. Der Flugreisende überwindet während seines Flugs Räume und Zeiten, die ihm auf dem Boden eine natürliche, unüberwindbare Grenze wären; damit bewegt sich auch seine Identität nicht mehr in diesen gleichsam natürlichen, nunmehr jedoch aufgehobenen terrestrischen Grenzen von Raum und Zeit, sondern wird im Flug, als Individuum potentieller – oder doch nur vermeintlicher? – Teilhaber einer dynamischen, multiperspektivischen, multilokalen, multinationalen, multikulturellen Identität: Die sich zwischen Räumen und Zeiten im Flug bewegende Identität ist ihrer Möglichkeit nach eine vielfache und eröffnet dadurch gerade für

---

6   Judith Hermann: Aller Liebe Anfang. Roman. Frankfurt/M. 2014.
7   Vgl. Adey: 2010, Kap. 2: „Birth of the Aerial Body".

die künstlerische Imagination endlose Möglichkeiten des Spiels mit ihrer Konfiguration, Vervielfachung, Manipulation, Rekonfiguration usw. Wird diese durch die Flugreise eröffnete Möglichkeit einer fluktuierenden, nicht ‚festgestellten' Identität tatsächlich jedoch realisiert oder dem im Vergleich zur Fluggeschwindigkeit trägen und von seinen irdischen Funktionen suspendierten Wahrnehmungsapparat während des Flugs nur ‚versprochen'?

Faktisch wissen wir, dass dem Versprechen einer heterogenen oder ‚heterotopen' Identität zum Trotz durch die technischen Raster der Flugreise Identität in einem Maße standardisiert und festgeschrieben wird, wie es homogener kaum denkbar ist – vor allem geschieht das, auch darauf verweist Adey, durch die Mechanismen der Passkontrolle, die Passagiere in potentielle Freunde und Feinde, Gegner und Willkommene unterteilt, Dazugehörige und Nichtdazugehörige, beispielsweise Schengen- und Nicht-Schengen-Angehörige, wie wir aus Erfahrungen eigener Flugreisen wissen: Damit korrespondiert überraschend die von Terrorkomplexen wie Al-Quaida oder IS beanspruchte ausschließliche, eindimensionale Identität, die ohne Ansehung der Individualität im Terrorakt die Attentäter zu Märtyrern stilisiert und die Opfer zu Ungläubigen herunterspielt. Zwischen diesen beiden Polen – dem Versprechen multipler Identitäten dank des Flugs und seiner Raum- und Zeitüberwindungen und der Zuschreibung einer genormten Identität in der anonymen politischen oder pseudoreligiösen *Feststellung* des Flugpassagiers – kann das Unterwegssein während der Flugreise einer Zerreißprobe gleichkommen, die den Spielraum des Ichs und seiner Selbstbehauptung ermittelt. Wie viel „Ich" gestatten die Mechanismen der Flugreise dem Passagier eigentlich noch zu sein? Auch unter dieser Frage gilt es die ästhetischen und kulturellen Repräsentationen der Luftmobilität zu untersuchen, wobei wir jenen berühmten Schluss erst einmal offen lassen können, den vor über hundert Jahren jener Philosoph zog, nämlich Ernst Mach, nach welchem die Flugzeuggeschwindigkeiten benannt worden sind: „Das Ich ist unrettbar verloren"[8] – vielleicht begegnet uns nur eine ganz *andere* Art von Ich im Dispositiv der Flugreise wieder.

Diese Diagnose betrifft ebenso die letzte von Assmann eingeführte kulturwissenschaftliche Kategorie, das *Gedächtnis*. Sind Flughäfen – und analog die Flugzeuge, die dort starten und landen – wirklich nur die gedächtnislosen, dem absoluten Jetzt und Hier geweihten, funktionsbestimmten, global identischen „Nicht-Orte", als welche der französische Kulturphilosoph Marc Augé sie in seiner gleichnamigen Studie neben ähnlich anonymen, funktionstragenden Orten einer globalisierten Verkehrsarchitektur wie Tankstellen, Hostels, Shoppingmalls, Autobahnen und Raststätten

---

8   Ernst Mach: Die Analyse der Empfindungen und das Verhältnis des Physischen zum Psychischen. Darmstadt 1991, S. 20.

beschreibt?⁹ Der zeitgenössische Flughafen mit seinen integrierten Shoppingzonen, seinen digitalen Körper- und Identitätsscans an den Check-Ins und der nichts über die konkrete Welt jenseits des Flughafens verratenden, überall wiedererkennbaren Architektur dürfte für Augé der Nicht-Ort oder „non-lieu" schlechthin sein, ein von seiner Umgebung losgelöster Ort ohne Geschichte und Gedächtnis, in dem es um die reibungslose elektronische Abfertigung der Passagiere kombiniert mit ökonomischer Profitmaximierung geht – das Individuum ist Kunde, Passagier und mögliche Gefahrenquelle; als einzelner Reisender mit einer spezifischen Biographie und Erinnerung kommt er nicht in Betracht. Ähnliche Schlüsse in Bezug auf das Verschwinden des Subjekts kennen wir aus der Beschleunigungskritik des Dromologen Paul Virilio.

Die Frage bleibt: Stimmt all dies in der Ausschließlichkeit, wie es uns die Perspektive des Pariser rive gauche weismachen will, oder ist das nur die eine Seite der Medaille eines weltumspannenden und von uns allen genutzten Luft- und Warenverkehrs, den man kritisieren kann und muss, der aber anders schwerlich funktionieren würde? Zumindest stimmt es in der apodiktischen Ausschließlichkeit von Augés Unterscheidung zwischen ‚lieu' und ‚non-lieu' nicht, dass Flughäfen keine Geschichte hätten und die Flugreise nur in der absoluten Jetztzeit stattfände; allein die Passagiere tragen als Individuen wie als kollektive Masse mehr oder weniger unbewusst all ihre Gefühle, Ängste und Erwartungen gegenüber dem Fliegen zum Flughafen und in die Maschine mit hinein; jede Flugreise wiederholt, hinter den Zurüstungen des Komforts versteckt, tiefenpsychologisch gesprochen immer auch archetypische Flugvorstellungen des kollektiven Gedächtnisses in uns, die weit ins Mythologische hinabreichen, wo Figuren wie Dädalus oder Phaeton die entsprechende Imagologie liefern.

Und es stimmt keineswegs, dass Flughäfen und Flugzeuge global austauschbar seien und keine Geschichte hätten; jeder Flughafen hat neben der tatsächlich identischen Funktionsarchitektur individuelle Charakteristiken und vor allem: einen Namen, wie ihn auch jedes Flugzeug trägt. Wir wissen, wie das deutsche kollektive Gedächtnis beispielsweise bei der Nennung des Flugzeugnamens „Landshut" oder des Flughafens „Mogadischu" anspringt, und es ist alles andere als beliebig, ob ich auf einem Flughafen lande, der nach Franz Josef Strauß, Imam Khomeini oder John F. Kennedy benannt ist – die Namen der Flughäfen liefern diesen Orten bereits eine ganz bestimmte Aura, auch wenn sie diese als funktionsbestimmter Ort selber nicht besitzen sollten; schon aufgrund der Namensgebung breitet sich um Flughäfen und Flugzeuge herum ein kollektives wie auch individuelles Gedächtnis aus, das in den kulturellen und ästhetischen Repräsentationen der Flugreise, mit denen sich

---

9   Marc Augé: Nicht-Orte. Aus dem Französischen von Michael Bischoff. Mit einem Vorwort Marc Augés zur Neuausgabe. München 2010 [zuerst unter dem Titel *Non-Lieux* ersch. Paris 1992].

die Beiträge beschäftigen, eine entscheidende Rolle spielt. Es ist beispielsweise alles andere als unwichtig, dass Chris Markers Filmerzählung *La Jetée* am Pariser Flughafen Orly spielt, einer Art Lufttor zum Mythos der Seinemetropole und der in ihr monadisch verkapselten Moderne, oder dass in Wim Wenders' *Himmel über Berlin* Peter Falk ausgerechnet über dem geschichtsträchtigen Flughafen Tempelhof einschwebt.

Eine *Airport-* oder eine *Airplane Novel* sind eigentlich keine Genrebezeichnungen, sondern aus dem britischen Englisch stammender kulturjournalistischer Slang für die Art von eher leicht konsumierbaren Büchern, die es an Flughäfen zu kaufen gibt, um die vermeintlich ‚leere' Zeit zwischen Abflug und Landung ‚totzuschlagen', die Art von leichter Literatur also, von welcher der Buchhandel annimmt, Passagiere würden sie auf Flugreisen zu lesen bevorzugen. Was das konkret für ein Spektrum von Werken umfasst und wie der Buchhandel zu seinen Vorannahmen über den Zusammenhang von Fliegen und konsumierter Literatur kommt, wäre eine eigene Überlegung wert, der wir hier nicht nachgegangen sind.

Man könnte das Label *Airport Novel* aber auch noch anders auffassen und es auf jene Art von Werken übertragen, die zentraler Gegenstand des vorliegenden Bandes sind: Werke, in denen vom Fliegen, von Flugreisen und Flughäfen in unterschiedlichen Zusammenhängen die Rede ist, die ein Schlaglicht auf die Phänomenologie der Flugreise in ihren historischen, soziologischen, ästhetischen Dimensionen werfen oder mit den von ihnen entworfenen Bildern und Vorstellungen selber zu dieser Phänomenologie beitragen und beigetragen haben. Es handelt sich sowohl um Blicke auf kanonische Texte und Autoren (einschließlich Filmen, Musik, bildender Kunst), aber vielleicht aus einer neuen Perspektive und neuartigen Fragestellungen beleuchtet, als auch um genuin neu zu Entdeckendes – so wird in Einzelbeiträgen u.a. auf Franz Kafkas *Aeroplane von Brescia* (Annika Klanke), Ernst Jünger (Christophe Fricker), Antoine de Saint-Exupéry (Carolin Bohn), Lion Feuchtwanger (Christian Wiebe) oder Ingeborg Bachmann (Jessica Martensen) eingegangen, die literarische Vorgeschichte des Fliegens in Darstellungen der Ballonfahrt bei Jean Paul (Jörg Paulus) und der polnischen Literatur (Jadwiga Kita-Huber) untersucht, es werden heroische Narrative aus den ersten Jahrzehnten der Luftfahrt vorgestellt und kontrastiv diskutiert (Andreas Kramer; Christian Kehrt; Jan Brandt), die wiederum zu Narrativen des Fliegens, wie sie in späteren Jahrzehnten bis hin zur Gegenwart und in anderen Medien oder intermedialen Konstellationen anzutreffen sind, einen diametralen Kontrast stiften – von amerikanischen Katastraophenfilmen (Rüdiger Heinze), den italienischen *Exploitation*-Filmen der 1970er Jahre (Christoph Seelinger) über das Kino Wim Wenders' (Martin Bulka), Bilder vom Airport in der Lyrik (Jan Röhnert), populärer Essayistik und Experimentalfilm bis hin zur Frequenz des Fliegens in der Populärmusik (Dietmar Elflein) oder in Kinder- und Jugendbüchern der DDR (Johanna Bohley). In ihren vielfachen Wechselwirkungen ergeben faktische Dispositionen und imaginäre Zuschreibungen der Flugreise erst jene komplexe

Phänomenologie des Luftverkehrs (Asmus Trautsch; Marie Heuser), die uns nicht als fertige Wesensschau, Theorie oder Formel begegnet, sondern die – zumindest im Rahmen der Intentionen und Möglichkeiten dieses Bandes – nur in der Summe einander ergänzender Einzelfacetten erfahrbar ist, die also ein Panorama hervorbringen, das sich in seiner dem Gegenstand eigenen Dynamik vor einem heute vielfach bedrohten und aus unterschiedlichster Seite in Frage gestellten Horizont entfaltet.

Die Vielfalt der hier vorgestellten, Theorie, Motiv und Geschichte der Flugreise umkreisenden Beiträge möchte, wenn das nicht als zu idealistisch zurückgewiesen werden mag, vor allem eines unterstreichen: die Offenheit dieses Horizontes in hermeneutischer, empirischer und analytischer Hinsicht, denn erst in dieser Offenheit kommen die phänomenologischen Grundnarrative des Staunens, der Neugier, der Wahrnehmung und der Erfahrung zur Sprache. Sie erzählen die Geschichte des Fliegens nicht völlig neu, aber sie zeigen, dass es nicht die *eine* Erzählung, sondern viele, einander sich ergänzende Erzählungen vom Fliegen gibt, die kaleidoskopisch mitschreiben an der nicht abgeschlossenen, nicht abschließbaren Phänomenologie der Flugreise. Die Leser sind eingeladen, darin einzusteigen und vom anfänglichen Überfliegen einzuschwenken auf die einzelnen Schlaglichter, die wir dieser Phänomenologie zu geben suchen.[10]

Braunschweig, im Herbst 2019

---

10 Ich danke Robert Hain für die unverzichtbare Mithilfe bei Gestaltung und Korrektur dieses Bandes.

Asmus Trautsch (Berlin)
Bodenlos sicher · Phänomenologie der Flugreise

What thoughts are his in the high air[1]

Fliegen war über Jahrtausende Phantasie und ist zur alltäglichen Erfahrung für Milliarden Passagiere geworden.[2] Auch wenn keine Rede davon sein kann, dass die rechtlichen und sozialen Zugangsbarrieren zu Flugreisen global niedrig oder die ökonomischen Chancen zur Teilnahme am Flugverkehr gerecht verteilt wären, ist eine Reise mit einem Jet heute weder ein Abenteuer noch allein ein Privileg wohlhabender Schichten mehr.[3] Motorisiertes Fliegen ist von einer Pionierleistung Anfang des 20. Jahrhunderts zu einer alltäglichen Dimension der technomorphen Lebenswelt im 21. Jahrhundert geworden. Sehr wahrscheinlich wird sie es – trotz der ökologischen Kosten des Flugverkehrs – bleiben, solange sich kein alternatives Verkehrsmittel für die schnelle Überbrückung weiter Entfernungen durchsetzt oder es zu einem gesellschaftlichen Wandel kommt, der auf den zügigen Ferntransport von Menschen verzichtet. Denn darum geht es bei der zivilen Luftfahrt vornehmlich: *Körper* über *weite Räume* sehr *schnell* zu bewegen.[4]

Ist die Erfahrung des Fliegens aufgrund ihrer Inklusion in die alltägliche Lebenswelt der Moderne mit ihren charakteristischen Beschleunigungseffekten daher nur

---

1   E. Vine Hall: The Airman (Vers 1). In: Rupert De la Bére (Hg.): Icarus. An Anthology of the Poetry of Flight. B. London 1938, S. 132. Dieser Aufsatz ist Christel Robinow, Danielle Mussman sowie in memoriam Thomas Robinow gewidmet – den professionellen Fliegern in meiner Familie.
2   Vgl. Wolfgang Behringer und Constance Ott-Koptschalijski: Der Traum vom Fliegen. Zwischen Mythos und Technik. Frankfurt/M. 1991, S. 21–146. Zur oft differenzierungsarmen Rede vom ‚Traum vom Fliegen' in kulturhistorischen Schriften vgl. Natascha Adamowsky: Das Wunder in der Moderne. Eine andere Kulturgeschichte des Fliegens. München 2010, S. 65 ff.
3   2017 gab es mit 4,1 Mrd. Reisenden weltweit so viele Fluggäste wie noch nie zuvor (+7,1 % gegenüber dem Vorjahr): International Civil Aviation Organization: Continued passenger traffic growth and robust air cargo demand in 2017, https://www.icao.int/Newsroom/Pages/Continued-passenger-traffic-growth-and-robust-air-cargo-demand-in-2017.aspx (letzter Zugriff: 17.01.2018).
4   Waren können oft deutlich kostengünstiger mit anderen Transportmitteln wie Frachtern, Güterzügen und Lastern transportiert werden; zudem wird das digitale Herstellen per 3D-Drucker die Supply Chain revolutionieren und auch Logistik und Transport durch Frachtflugzeuge reduzieren bzw. zum Teil überflüssig machen. Der Transport von Informationen benötigt durch elektrische und optische Signale ohnehin keine Flugzeuge wie noch die Luftpost vor der elektromagnetischen Kommunikation. Wissenschaftliche Observanz wird zudem immer mehr durch Satelliten und ferngesteuerte Flugobjekte wie Drohnen vorgenommen.

historisch interessant?[5] Sofern eine Erfahrung, die historisch neu, ja beispiellos war, allzu vertraut wird, kann es philosophisch lohnend sein, sie phänomenologisch zu beschreiben, um ihre Voraussetzungen und Wirkungen auf die Erfahrungssubjekte zu begreifen. Ich möchte diese Subjekte – konkret: Reisende in Jets, weniger das Bordpersonal und die Piloten – in den Blick nehmen und die Erfahrung einer Flugreise mit Blick auf konträre Begriffe so beschreiben, dass ihre strukturelle Ambivalenz erkennbar wird. Denn sie ist das Signum der Flugreise als einer typisch modernen Erfahrung.

1. Fliegen als Vorstellung gesteigerter Bewegungs- und Wahrnehmungsfreiheit

Fliegen ist ein evaluativer Begriff, insofern er von Vorstellungen der Freiheit geladen ist. Die Assoziationen von freier Bewegung über jede Form natürlicher und künstlicher Grenzen und Barrieren, das Entkommen von Lasten und Sich-Erheben über Hindernisse ist in die Imagination des Fliegens und der Levitation seit ihren mythischen Narrativen eingeschrieben. Zumindest *vor* der Verbreitung der zivilen Luftfahrt handelte es sich beim ‚Fliegen' auch um eine absolute Metapher für ein lange Zeit als utopisch geltendes Maß an Bewegungsfreiheit, also im Sinne Hans Blumenbergs um einen Ausdruck, der sich gegenüber dem Ausgedrückten, meist einer unsinnlichen Idee – wie der von (unbeschränkter) Freiheit –, so verselbständigt hat, dass er sich nicht in Begriffen auflösen lässt.

Die berühmteste mythische Phantasie des Fliegens in der europäischen Tradition, die dem modernen Flugdiskurs Pate stand, ist jedenfalls die einer Befreiung: Der mythische Erfinder Daidalos und sein Sohn Ikaros flohen aus der Gefangenschaft des Königs Minos auf Kreta mit von Daidalos gebauten Flügeln. Fliegen heißt für sie, Bewegungsfreiheit und, wie Ovid schildert, auch neue Wahrnehmungsfreiheiten aus der Vogelperspektive zu erlangen.[6] Die dramatisch gesteigerte Bewegungsfreiheit geht mit dem Aufschluss neuer perzeptiver Möglichkeiten in der Imaginationsgeschichte des Fliegens einher.

Als der motorisierte Flug 1903 zum ersten Mal durch die Gebrüder Wright gelang, schien eine neue Stufe der Freiheitsentwicklung erreicht zu sein. Man konnte, obwohl ‚schwerer als Luft', sich in diese erheben und in ihr viel wendiger navigieren als noch im von Winden getriebenen Heißluftballon, zugleich vertikal unheimlich flexibel und schnell verglichen mit dem Schiff. Der Ingenieur Alex Büttner schrieb 20 Jahre später, dass sich dadurch ein „Jahrtausende alter Traum" erfüllt habe, „sich frei in die

---

5   Vgl. zur Moderne als Beschleunigungsepoche Hartmut Rosa: Beschleunigung. Die Veränderung der Zeitstrukturen in der Moderne. Frankfurt/M. 2005.
6   Publius Ovidius Naso: Ars amatoria 2, V. 21–98; Metamorphosen 8, V. 183–235.

Lüfte schwingen zu können, [...] losgelöst von den Fesseln der Erdenschwere".[7] Der italienische Dichter Gabriele D'Annunzio, der den ersten Flugroman *Forse che sì, forse che no* (1910) schrieb und selbst enthusiastischer Pilot war, fantasierte sein Bild des Übermenschen als ein von allem freier Mensch ins Flugzeug, mit dem dieser Zeit und Raum und Schwere überwinde: „Die Natur senkte eine ihrer Schranken nach der andern."[8] Der Beginn der motorisierten Luftfahrt zur Jahrhundertwende ist überall mit einem Gewinn an Vertrauen in die eigene Selbstbestimmung bzw. technologische Selbstbewegung verbunden gewesen, deren geradezu exponentielle Wachstumskurve mit dem Steigflug der motorisierten Flugzeuge zu korrespondieren scheint.[9]

Aus diesem Freiheitsbewusstsein heraus konnte die Welt auch im *aerial view* neu, frei von horizontalen Hindernisse wahrgenommen – und fotografiert werden. Schon kurz nach der Erfindung der Fotografie fertigte der Fotograf und Ballonfahrer Nadar (Gaspard-Félix Tournachon) vertikale Luftbilder von Städten und Landschaften an, um freie Sicht bemüht.[10] Nicht nur in den Mythen der alten Hochkulturen, in Märchen und Gedankenexperimenten, auch in der Moderne blieb also die Vorstellung vom Fliegen „mit neuen Raumerfahrungen, Bewegungsoptionen und Wahrnehmungsmöglichkeiten"[11] verbunden, d.h. mit der Erweiterung der Bewegungs- und der Wahrnehmungsfreiheit:

> Mit anderen Anschauungen werden die Menschen, die fliegen können, das Weltgeschehen betrachten. Freie, aufrechte Menschen werden es sein, gewohnt, aus schwindelnder Höhe ruhig herabzublicken, weit zu blicken, gewohnt, schnell zu sehen und schnell zu handeln. Zu solchen Steigerungsformen wird die Flugmaschine führen.[12]

---

7 Alex Büttner: Menschenflug. Ballon, Luftschiff, Flugzeug und Segler in Wort und Bild. Stuttgart 1924, S. 8.

8 Gabriele D'Annunzio: Vielleicht, vielleicht auch nicht. Leipzig 1910, S. 55. Vgl. dazu Felix Philipp Ingold: Literatur und Aviatik. Europäische Flugdichtung 1909–1927. Mit einem Exkurs über die Flugidee in der modernen Malerei und Architektur. Frankfurt/M. 1978, S. 28–49.

9 Vgl. Sabine Höhler: Luftfahrtforschung und Luftfahrtmythos. Wissenschaftliche Ballonfahrt in Deutschland, 1880–1910. Frankfurt/M. 2001. Vgl. Adamowsky 2010, S. 59 ff.

10 Das Interesse an der Luftperspektive war nicht nur ästhetisch, sondern von Anfang an auch militärisch: Nadar machte die ersten Luftaufnahmen der Kriegsgeschichte, als er 1859 auf Befehl Napoleons III. bei der Schlacht von Solferino, die den sardisch-österreichischen Krieg beendete, in einem Ballon aufstieg und die Stellungen der verfeindeten Österreicher aufnahm (Ludwig Darmstaedter/René du Bois-Reymond/Carl Schaefer (Hg.): Handbuch zur Geschichte der Naturwissenschaften und der Technik. Berlin/Heidelberg 1908, S. 591). Ein Jahr zuvor hatte er bereits das Dorf Petit Bicêtre (heute: Petit-Clamart) und Paris aus einem Ballon aufgenommen (David Mattison: Aerial Photography. In: John Hannavy (Hg.): Encyclopedia of Nineteenth-Century Photography. New York/London 2008, S. 12–15, hier S. 12).

11 Adamowsky 2010, S. 50.

12 N. Stern: Die Bedeutung der Flugmaschine für Verkehr, Sport und Kultur. In: Hans Dominik (Hg.): Die Eroberung der Luft. Ein Handbuch der Luftschiffahrt und Flugtechnik. Nach den

In den Jahrtausenden vor der Wende zum 20. Jahrhundert war das Fliegen allein eine mal technologische, mal mythisch-bildliche, mal philosophisch-theologische Imagination. Das Bild völliger Bewegungsfreiheit von beflügelten Wesen oder von Menschen auf bzw. in fliegenden Tieren und Automaten entstammte der Einbildungskraft und holte so formal seine semantische Dimension ein. Denn mit der Phantasie des Fliegens wurde der tellurische Bereich körperlicher Bewegung und Wahrnehmung, der immer ein Transzendieren des räumlichen *Status Quo* bedeutet, selbst als Ganzer transzendiert.[13] Die Vorstellung zu fliegen bewegte sich aus der gegebenen natürlichen Einstellung eines an den aufrecht stehenden Körper gebundenen Gesichtsfelds und steigerte damit die körperliche Bewegung, die immer ein Verschieben der eigenen Körpergrenze im Raum bedeutet, ins Vertikale.[14] Dabei ist der Metapher des Fliegens eine Steigerung bis zur Utopie eingeschrieben gewesen. Denn das Phantasma, fliegen zu können, das im Traum mit der Lust der Anstrengungslosigkeit über weite Räume gelingt,[15] erlaubte die Vorstellung einer Überwindung nicht nur bestimmter, sondern letztlich aller Hindernisse der irdischen Fortbewegung wie Flüsse, Meere, Wüsten oder Gebirge – bis hin zur Begrenzung durch das Irdische, d.h. den Körper, selbst.[16] Der ‚Traum vom Fliegen' ist daher auch ein Phantasma von Freiheit und Macht, von Können und unbegrenztem Leben. So ist der menschliche Flug, sei es in mythischer oder künstlerischer Phantasie, sei es als technologischer Versuch, sowohl als Hybris – als unerlaubte Transgression in die Sphäre der gegenüber allen irdischen Barrieren erhabenen Götter – als auch als seelische und legitime Ankunft bei ihnen imaginiert worden.[17] Der Vorstellung vom

neuesten Erfindungen und Erfahrungen gemeinschaftliche dargestellt für alt und jung. Stuttgart/Berlin/Leipzig 1909, S. 422–436, hier: S. 436 (zit. nach Adamowsky 2010, S. 246 f.).

13 Das gilt schon für Basishandlungen wie Kopfwenden und Armheben. Zum Begriff Basishandlung, die nicht als Mittel fungiert, um andere Handlungen auszuführen, siehe Arthur C. Danto: Basic Actions. In: American Philosophical Quarterly 2 (1965), S. 141–148.
14 Das anthropologische Bedürfnis nach Freiheit und Transzendenz hat Mircea Eliade bis in Vorstellungen magischer Flüge verfolgt, die bis in die Jungsteinzeit zurückreichen: Mythen, Träume und Mysterien. Salzburg 1961, S. 144 ff.
15 Zur erotischen u.a. Traumdeutung des Fliegens siehe Behringer/Ott-Koptschalijski 1991, S. 484 ff.
16 Zur ‚Ék-stasis' als Entfliegen der Seele aus dem Körper siehe Behringer/Ott-Koptschalijski 1991, S. 42 ff.
17 In den Bildern der philosophischen und religiösen Einbildungskraft konnte die Seele zum himmlischen Sitz der Götter oder des monotheistischen Gottes fliegen. Es ließe sich in der vergleichenden Religionswissenschaft eine reichhaltige Geschichte des Göttlichen und Diabolischen als Ausdruck und Ermöglichung (für Auserwählte) von Bewegungsfreiheit gegenüber physischen Hindernissen bis zu dem des endlichen Körpers selbst schreiben. In sie müssten neben zahlreichen Beispielen für fliegende Götter, Heilige, Propheten, Schamanen, Magier, Engel, Teufel, Priester, Hexen, sakralisierter Herrscher, Trickster-Gestalten u.a. der Flug des sumerischen Königs Etana und der Enkidus auf der Wolke des Sonnengotts aus dem Gilgamesh-Epos, der Exodus der Israeliten durch das sich auftuende Rote Meer, die Himmelfahrt des Elija, der Berge versetzende Gott Israels, Jesu Gang über den See Genezareth und seine Auferstehung, die Himmelfahrt des Propheten

Fliegen eignet daher nicht nur ein utopisches Moment, sondern immer auch eines der Ambivalenz.[18]

Theoretische und praktische Bewegungsfreiheit durch metaphorisches Fliegen gleichen sich strukturell in der (ambivalenten) Überwindungsfähigkeit von Hindernissen. Entsprechend ist auch das philosophische Denken mit dem Fliegen als Metapher für die gedankliche Bewegungsfreiheit, die das Vertraute infrage stellt, sich von unbegründeten Meinungen löst und zu neuen gedanklichen Orten aufbricht, seit der Antike konnotiert worden. Wie die Seele, das Denkorgan, bei Platon zu fliegen vermag, was ihrer Verwandtschaft zum Göttlichen entspricht,[19] so können auch in der Renaissance nur freie, gleichsam den scheinbaren Evidenzen der homogenen Tradition des ptolemäischen Weltbilds bis ins Extraterrestrische davonfliegende Geister zu philosophisch neuen Erkenntnissen gelangen. Ein Motor des Erkennens ist die fliegende Imagination des experimentellen Denkens, das dem irdischen Standpunkt davonfliegt: „Wenn du dich in Gedanken bewegen kannst, / dann geh' zu den Orten, wohin die Füße nicht tragen, / geh' zu entfernten Sternen und lerne all ihre Welten kennen",[20] dichtete Giordano Bruno am Beginn von *De immenso* von 1591. „Den Flug / des Denkers hemme ferner keine Schranke",[21] for-

---

Mohammed, Gautama Buddhas Flug vom ‚Dach der Welt', schamanische Himmelfahrten, die Auferstehung der Toten am Ende der Zeit bzw. nach dem Tode im Alten Ägypten, im Judentum, Christentum, Islam und Zoroastrismus, die Theorie der Metempsychose der Pythagoreer, die Fahrt des den Himmel durchfliegenden Seelenwagens aus Platons *Phaidros* und sein Fortleben im Neuplatonismus, die mystische Lösung der Seele vom Körper oder die Reinkarnation im Hinduismus, Buddhismus und der Kabbala ebenso Erwähnung finden wie Herakles' Gang in die Unterwelt und all die gefiederten Fabelwesen wie Pegasus oder Phönix und die Verwandlungen in der griechisch-römischen Mythologie, mit denen Götter sämtliche geographischen, politischen oder kulturellen Grenzen im Nu überwinden und – wie Zeus als Goldregen – in wirkliche Kerker und weibliche Körper dringen oder in das metaphorische „Gefängnis" der Seele, den Körper (Platon: Kratylos 400c, vgl. Phaidros 250c), wirken können, wie der richtende Gott Israels, der „Herz und Nieren" prüft (Psalm 7, 10; Jeremias 11, 20; 17, 10; Offenbarung 2, 23).

18 Vgl. Adamowsky 2010, S. 68 ff.
19 Vgl. zu diesem Motiv im Mythos Behringer/Ott-Koptschalijski 1991, S. 26 ff.
20 Giordano Bruno: Das Unermessliche und Unzählbare (De Immenso et Innumerabilius), Buch I. Preißenberg 1999, S. 23; zitiert nach Marie-Luise Heuser: Transterrestrik in der Renaissance – Nikolaus von Kues, Giordano Bruno und Johannes Kepler. In: Michael Schetsche und Martin Engelbrecht (Hg.): Menschen und Außerirdische. Kulturwissenschaftliche Blicke auf eine abenteuerliche Beziehung. Bielefeld 2008, S. 55–79, hier: S. 63. Heuser zeigt, wie das philosophische Denken sich vom Standpunkt der Erde löst, um eine neue Perspektive auf sie und den Kosmos zu gewinnen. Das Steigerungsmoment des freien Fliegens, das mehr Freiheit erobert, spielt vor allem bei Bruno eine Rolle (ebd. S. 64).
21 Friedrich Schiller: Don Karlos, III. Akt, 10. Auftritt, V. 3896–3898. Die Passage war in der langen Erstausgabe von 1787 enthalten und wurde später von Schiller gekürzt (In: Nationalausgabe, Band VI, S. 193).

dert Marquis Posa knapp 200 Jahre später als politisches Recht in Friedrich Schillers *Don Karlos*. Als mutige Praxis erwartete dies Friedrich Nietzsche von den Denkenden selbst, die als freie Geister, als „Luft-Schiffahrer des Geistes" bzw. als „kühne[] Vögel, die in's Weite, Weiteste hinausfliegen", die selbst auferlegten Denkschranken aus eigener Kraft zu überwinden hätten. Genauer: Es ist die „Einsicht", die mit den anderen Vögeln „um die Wette hinaus und hinauf"[22] fliege, um von dort einen besseren, schärferen Fernblick zu erhaschen. Nur so kann die philosophische Erkenntnis nach Nietzsche auch transformativ wirken: „Wer die Menschen einst fliegen lehrt, der hat alle Grenzsteine verrückt; alle Grenzsteine selber werden ihm in die Luft fliegen, die Erde wird er neu taufen – als ‚die Leichte'."[23] Auch in Gedankenexperimenten der Philosophie des 20. Jahrhunderts wird, wenngleich mit weniger Pathos, die imaginative Perspektivenübernahme von flugfähigen Wesen als eine Form theoretischer Transzendenz – also gedankliche Bewegungsfreiheit gegenüber dem Verharren in der natürlichen Einstellung – in Anspruch genommen, um etwas über die phänomenale Qualität von Erfahrungen zu lernen, die stets an bestimmte Körper, Perspektiven und Fähigkeiten gebunden sind.[24]

Neben dem Denken hat auch die künstlerische Imagination sich das Fliegen zum poetologischen Vorbild genommen. Daidalos ist nicht nur kunstvoller Ingenieur, sondern auch ingeniöser Künstler. Vor allem in der Moderne hat das künstlerische Selbstverständnis nicht nur die technologische Entwicklung der Aviatik gespiegelt, sondern sich selbst als im geistigen Sinn flugfähig verstanden. Dabei wurden Künstler und Autoren oft selbst zu Piloten, um die Freiheit von der Erdenschwere, der Tradition, den Bindungen oder der Masse zu erhöhen.[25] Aber auch für erdverbundene

---

22 Friedrich Nietzsche: Morgenröthe 575. Kritische Studienausgabe (KSA) 3, S. 331.
23 Friedrich Nietzsche: Zarathustra III, Vom Geist der Schwere. Kritische Studienausgabe 4, S. 242.
24 Edmund Husserl versetzte sich ins Bewusstsein eines Vogels zur Erkundung der Kinästhese des Fliegens (Edmund Husserl: Grundlegende Untersuchungen zum phänomenologischen Ursprung der Räumlichkeit der Natur. In: Marvin Farber (Hg.): Philosophical Essays in Memory of Edmund Husserl. New York 1968, S. 307–325), siehe dazu den Beitrag von Marie-Luise Heuser in diesem Band. Thomas Nagels berühmtes Argument gegen die physikalistische Reduzierbarkeit phänomenaler Qualitäten bzw. des subjektiven Bewusstseins, *wie* es ist, Erfahrungen zu machen, entwickelte er am Beispiel der Fledermaus, deren Echolotperzeption beim Fliegen Menschen nicht erfahren könnten (Thomas Nagel: How is it to be a bat? In: The Philosophical Review 83(4)1975, S. 435–450).
25 Ingold 1978. Zu den Künstlern, die selbst flogen oder zu fliegen versuchen, zählen u.a. Arnold Böcklin, der auf dem Tempelhofer Feld einen der ersten Gleitflugexperimente unternahm, Lynn Chadwick, Joseph Beuys (als Bordfunker) oder die Autoren Gabriele D'Annunzio, Walter Ackermann, Antoine de Saint-Exupéry, der 1944 beim Absturz eines Flugzeugs ums Leben kam, Romain Gary, Rudolf Braunburg, John Magee, Jefferey Day oder James Salter. Andererseits wurden Piloten zuweilen aufgrund der Fliegerei auch zu Schriftstellern, die ihre Erfahrungen

Kollegen gilt, was W. G. Sebald in einem Essay zu Peter Altenberg schreibt: „Inspiration haben, das ist die Fähigkeit zu fliegen."[26]

Heute ist das Fliegen nicht mehr nur eine Phantasie oder ein Gedankenexperiment, sondern eine materielle Erfahrung für viele, weniger eine Metapher als eine konkrete Beschreibung technologisch ermöglichter Optimierung menschlicher Bewegungsfreiheit: Mit Wingsuits lässt sich der Fall menschlicher Körper in Flugbewegungen wie beim Gleiten von Vögeln transformieren; Ultraleichtflugzeuge begleiten Zugvögel problemlos auf ihrer Bahn, Segelflieger navigieren nach dem Prinzip der Thermiksegler unter den Vögeln weitaus aerodynamischer als der Heißluftballon oder das Luftschiff, und die angeblich grenzenlose Freiheit über den Wolken ist auch für Ungeübte bereits für einen zweistelligen Eurobetrag zu haben. Holt diese moderne Erfahrung, die in der Frühzeit des Fliegens wie ein technisches ‚Wunder' wirkte und die künstlerische Phantasie beflügelte,[27] die evaluativ geladene Metapher der (gedanklichen) Bewegungs- und Wahrnehmungsfreiheit ein? Ist die zeitgenössische Flugreise eine Erfahrung der gesteigerten Freiheit?

2. Fliegen als Erfahrung von Freiheit

Vollziehen wir die Stationen einer typischen Erfahrung einer Flugreise nach! Hat man den Erwerb des Flugtickets, die Reiseplanung und das Packen hinter sich, vollzieht sich die Erfahrung wie ein sukzessives Leichterwerden. Man gibt nach der Anreise zum Flughafen das Hauptgepäck auf, die Gewichtreduzierung begünstigt das Gefühl, die Last des Alltags hinter sich zu lassen; ein „Gefühl von Freiheit"[28] kann sich damit verbinden. Ebenso mit der Weite des Flughafens, der zum Spazieren und zum schweifenden Blick über das weite Flugfeld einlädt, dessen funktional nötiger, aber großzügig wirkender Platz Menschen auch dann noch mit seinen weiten Flächen anzieht, wenn der Flughafen aufgegeben wurde wie im Fall von Berlin Tempelhof. Nach der Pass- und Sicherheitskontrolle bieten sich innerhalb des

---

in mitunter sehr erfolgreichen Büchern verarbeiteten wie Manfred von Richthofen, Elly Beinhorn, Charles Lindbergh oder Beryl Markham.

26 W. G. Sebald: Unheimliche Heimat. Essays zur österreichischen Literatur. Frankfurt/M. 1991, S. 76.

27 Vgl. Adamowsky 2010. Zur Wirkung auf die künstlerische Produktion und Literatur siehe Ingold 1978; Lawrence Goldstein: The Flying Machine and Modern Literature. Bloomington (Indiana) 1986; Jeannot Simmen (Hg.): Schwerelos. Der Traum vom Fliegen in der Kunst der Moderne. Stuttgart 1991; Robert Wohl: A Passion for Wings. Aviation and the Western Imagination, 1908–1918. New Haven 1994.

28 Vgl. Marc Augé: Orte und Nicht-Orte. Vorüberlegungen zu einer Ethnologie der Einsamkeit. Frankfurt/M. 1994, S. 8 f., 19.

Gebäudes wieder, je nach Größe des Flughafens, weite Flächen zur freien Bewegung und verschiedene Möglichkeiten des Konsums an. Man ist an einem anderen, vom Alltag getrennten Ort,[29] kann sich entlastet fühlen von praktischen Erfordernissen. Nach dem Boarding wird die Entlastung von praktisch-alltäglicher Sorge fortgesetzt und damit ein Gefühl negativer Freiheit – der Freiheit von Mühe – verstärkt: Beide Hände werden frei, wenn auch das Handgepäck verstaut und nicht mehr zu tragen ist. Etwaige Gegenstände, die man auf dem Flug verwenden will, wie Bücher können in den Sitztaschen verstaut werden. Um Verpflegung muss man sich zumindest auf Langstreckenflügen nicht bemühen, alles wird einem serviert, wer will, kann auch weitere Dinge erwerben, ohne sich zu ihnen bewegen zu müssen. Die einzig erforderliche Bewegung ist ggf. die zu den Waschräumen. Dafür wird man in höherem Tempo als Windeseile homogen durch die Luft getragen, kein Hindernis bremst den eingeschlagenen Weg über den Wolken.

Und die Wahrnehmungsfreiheit? Nach den Sicherheitshinweisen kann man seine Aufmerksamkeit frei verteilen, sei es auf Ablenkungen vom Flug wie Bücher oder Filme oder auf diesen selber, z.B. durch den Blick durch die Kabine oder aus dem Fenster. An keinem Ort auf der Erde ist das Gesichtsfeld so weit wie beim Blick aus dem Flugzeugfenster: Ein großer Ausschnitt von Erd- oder Wolkenlandschaften bietet sich dem Blick dar, der den Eindruck gewinnt, geradezu ‚alles sehen' zu können – wie die traditionell von oben herabblickenden Götter.[30] Nur der weit entfernte Horizont der Erde und die eigene Sehschärfe limitieren bei klarer Sicht den freien Blick auf die reliefartige Oberfläche des Planeten. Durch digitale Technik wird dieses Erdenkino durch eine große Auswahl frei verfügbarer Filme und Audiofiles flankiert. Beim Blick aus dem Fenster oder auf den Bildschirm, der die Position des Flugzeugs auf einer Karte anzeigt und teilweise beim Starten und Landen auch eine vertikale Kameraperspektive auf den Boden oder eine Cockpitsicht ermöglicht, erfährt man die Abwesenheit aller erdspezifischen Hindernisse: Man bewegt sich im gleichen geschmeidigen Tempo über Landbarrieren wie Gebirge, über dicht besiedelte urbane Räume, über Flüsse, Seen und Meere wie über nationale Grenzen hinweg. Auch Wetterphänomene, denen man auf der Erde ausgesetzt ist, lassen sich meist einfach über- oder umfliegen. Die Bewegungsfreiheit des fliegenden Körpers löst demnach ein, was seine Phantasie in Aussicht stellte: Topographische und nationale, also natürliche und kulturelle Hindernisse verlieren ihren Barrierencharakter, sie sind allenfalls noch ein bewegtes Bild für die ruhig über sie hinweggleitende Beobachterposition.

Die Freiheit in der Bewegung und der Wahrnehmung ist durch das Fliegen also gesteigert und kann, zumal man sich als Passagier nicht anstrengen muss und

---

29 Vgl. Augé ebd.
30 Paul Virilio: Revolutionen der Geschwindigkeit. Berlin 1993, S. 15. – Siehe auch Abschnitt 6 meines Aufsatzes (A.T.).

von allem aktuellen Handlungsdruck entlastet ist, ein sich mit der Erhebung vom Boden verstärkendes Befreiungsgefühl, das den Phantasien der Levitation verwandt ist,[31] erzeugen und während des Flugs erhalten. Dem entspricht die Form des Jets (gleich welcher Bauart): Es ist glatt und wirkt geradezu geschmeidig; in den von außen aufgenommenen und auf den Bildschirmen und Magazinen in der Kabine gezeigten Bildern verhält sich ein Flugzeug, nachdem die Fahrwerke eingefahren sind, noch ruhiger und eleganter seinem Medium angepasst als Schiffe, wie auch die Luft weniger Widerstand leistet als die Strömungen der Meere. Mit der technischen Vokabel ‚aerodynamisch' verbindet sich daher ein ästhetisch verheißungsvoller Klang von Tempo und Leichtigkeit freier Mobilität.

Und selbst nach dem Landen verfliegt das Freiheitsgefühl nicht mit dem Verlassen des Flugzeugs: Man hat in relativ kurzer Zeit geographisch weite Räume durchmessen, die Ankunft am Fernziel affirmiert die in Anspruch genommene Bewegungsfreiheit. Die Erfahrung, nach der Landung staunend zurückzublicken und die kurze Zeit – ein paar Stunden – mit der großen geographischen Entfernung und ggf. der klimatischen, kulturellen und atmosphärischen Differenz in Beziehung zu setzen, ist wohl allen Flugreisenden bekannt. Solche Bewegungsfreiheit war tatsächlich menschheitsgeschichtlich bis vor kurzem ein ‚Traum'.

3. Fliegen als Erfahrung von Unfreiheit

Dieser Erfahrung des Fliegens als Freiheit der Bewegung und der Wahrnehmung steht jedoch die Erfahrung des Fliegens als Unfreiheit gegenüber. Ökonomisch, sozial und politisch ist die Möglichkeit, überhaupt eine Flugreise zu buchen, bereits auf eine nach nationaler Identität und ökonomischer Situation definierte Gruppe von Menschen beschränkt. Nur in den Industriestaaten kann eine Flugreise für einen Großteil der Bevölkerung als selbstverständlich gelten. Neben dem Geld für die Flugbuchung ist der entscheidende Schlüssel zum Fliegen der Pass, der einigen Nationalitäten eine große, anderen aber deutlich weniger Bewegungsfreiheit erlaubt.[32] Die Herkunft entscheidet – nicht nur hier – über das Freiheitsmaß.

---

31 Seit der Antike ist Levitation unter anderem ein Motiv der lustvollen Befreiung und Aufhebung der Schwere gewesen; vgl. Peter Adey: Levitation. The Science, Myth and Magic of Suspension. London 2017. Zur Rolle der Levitation bei W. G. Sebald, bei dem das Fliegen bzw. Schweben eine große Bedeutung hat, vgl. Ben Hutchinson: W. G. Sebald: die dialektische Imagination. Berlin/New York 2009, S. 153–165.

32 Mit einem deutschen Pass kann man derzeit in 162 Länder ohne Visum reisen, mit einem afghanischen Pass nur in 26; siehe den Passport Index: https://www.passportindex.org. Vgl. zur Selektion der Passkontrolle Peter Adey: Aerial Life. Spaces, Mobilities, Affects. Chichester 2010, Part Two; und Augé 1994, der mit Blick auf die weiteren rechtlichen Bedingungen (z.B.

Aber auch wer die legalen Voraussetzungen und finanziellen Mittel hat, um zu fliegen, kann das nur unter Inkaufnahme einer Vielzahl von Einschränkungen seiner Bewegungs- und Handlungsfreiheit tun. Der gesamte Weg vom Eintritt in den Flughafen bis zur Einnahme des Platzes im Flugzeug ist eine Kette disziplinierender und die eigene Freiheit einschränkender Maßnahmen: Schon der Zutritt zum Flughafen setzt einen unter prinzipielle Beobachtung durch Kameras (CCTV) und Sicherheitspersonal, was das Gefühl der negativen Freiheit von fremder Kontrolle empfindlich beschränkt. Am Schalter oder an den Check-In-Automaten, an der Sicherheitskontrolle und beim Boarding wartet man in Schlangen und wird ggf. vom Bodenpersonal durch Gänge und Schleusen gelotst, die eigene Bewegung wird fortwährend kanalisiert und immer wieder gebremst. Während des Sicherheitschecks, für den man sich an einschränkende Regeln in Bezug auf mitgeführte Gegenstände halten muss, hat man Prozeduren zu ertragen, die nicht nur die Bewegungsfreiheit, sondern auch den Schutz der Freiheit des Privaten partiell aufheben: Ästhetische Accessoires müssen, wenn aus Metall, ebenso abgelegt werden wie Gürtel und meist auch Schuhe. Das Gepäck wird durchleuchtet und eventuell vor den Augen des Bodenpersonals ausgepackt. Ganzkörperscanner mit Terahertztechnik – eingesetzt u.a. in den USA – produzieren Bilder des Körpers durch die Kleidung hindurch. Nicht nur erscheinen die Körper auf den Bildern quasi nackt, auch werden durch Kleidung kaschierte Dinge am Körper, wie Prothesen und ästhetische Veränderungen, etwa Piercings, sichtbar, was eine Verletzung der Intimsphäre und der Freiheit, sie vor anderen Blicken zu schützen, darstellt. Verletzungen der Menschenwürde bzw. Diskriminierungen werden dadurch wahrscheinlicher.[33]

Da der Zugang zum Sicherheitsbereich, der nur mit Ticket und Ausweisdokumenten betreten werden darf, beschränkt ist – ein Kennzeichen der ‚Nicht-Orte' (*non-lieu*) nach Augé und der nur partiell öffentlichen ‚Heterotopien' nach Foucault –,[34] wird dadurch auch die an Häfen und in Bahnhöfen in der Regel gegebene Freiheit beschnitten, sich direkt vor dem Betreten des Vehikels von nahen Menschen

---

nicht Mitglied in einer terroristischen Vereinigung zu sein) davon spricht, man müsse an der Passkontrolle seine nationale Identität bezeugen, um die eigene „Unschuld nachzuweisen" (S. 120).

33 Das betrifft insbesondere Menschen mit durch den Scanner sichtbaren Prothesen oder künstlichen Körperöffnungen, die sie in Verdacht bringen, sowie Transgender-Passagiere, deren Körper von der in den Scannern eingesetzten Software mit einem männlichen oder weiblichen Normkörper verglichen werden, sodass das Gerät zuweilen Alarm schlägt, wenn anatomische Geschlechtsmerkmale und die eigene Geschlechtsidentität nicht korrespondieren. Siehe dazu: Katie Rogers: T.S.A. Defends Treatment of Transgender Air Traveler. New York Times, 22.09.2015.

34 Nach Foucaults Charakterisierung unterscheiden sich Heterotopien u.a. durch die Zugangsbeschränkung von öffentlichen Orten: Michael Foucault: Andere Räume. In: Karlheinz Barck (Hg.): Aisthesis: Wahrnehmung heute oder Perspektiven einer anderen Ästhetik; Essais. Leipzig ⁵1993, S. 34–46, hier: S. 44 f.

zu verabschieden. Ebenfalls die Freiheit der Bewegung durch Räume und Flächen, die nach der Sicherheitskontrolle zu spüren ist, wird in den Flughäfen immer mehr ökonomisch geleitet. Man soll sich frei zu den Waren bewegen, bevor man das Gate erreicht: Flughäfen bestehen immer mehr zu großen Teilen aus Shopping Malls, die mit Leitsystemen die Passagiere durch bzw. in sich lotsen.

Doch auch im Flugzeug angekommen nimmt die Disziplinierung und Freiheitsbeschränkung kein Ende: Wir müssen auf bestimmten Sitzen Platz nehmen und diverse Verhaltensweisen an den Tag legen, zu denen wir von den Flugbegleitern aufgefordert werden. Vor allem aber sitzen wir, zumindest in der Economy Class, ziemlich eingeengt, während des Flugs weitgehend immobil und meist angeschnallt an einer Position mit einer festgelegten Blickrichtung. Zwar ist Lokomotion in den schmalen Gängen möglich, aber ratsam nur für das Aufsuchen der Waschräume. Das obligatorische Sitzen- und Angeschnalltbleiben wird auf allen Flügen vom Bordpersonal empfohlen oder von Piloten bei rauer Luft angeordnet. Und selbst wenn man eine gewisse kinästhetische Freiheit durch die Bewegung in den Gängen in Anspruch nimmt, kann man doch das Flugzeug auf keinen Fall verlassen. Es ist eine Ironie, dass die ursprünglich als grenzenlos imaginierte Freiheit des Fliegens nur weitgehend immobil, eingepfercht in gleichförmige Sitzreihen, ohne Chance, die Kabine zu verlassen oder die Bewegung des Flugs anzuhalten, erlebt werden kann. Die Beweglichkeit der Flugreisenden wird als „sitzende Lebensweise", als Armut der Bewegung mit charakteristischen Schmerzen, erfahren, weshalb schon früh das Design und die Ausstattung der Flugzeugsitze eine große Bedeutung im Flugzeugbau gewann.[35] Um die Einschränkungen der eigenen Bewegungsfreiheit zu kompensieren, werden – gerade in der First und Business Class – nicht nur ablenkende, sondern auch ausgleichende Maßnahmen der Bewegungserweiterung wie Beinfreiheit und Liegemöglichkeit angeboten. Das Maß der Unfreiheit zeigt sich auch darin, dass wohl kaum jemand in einem Hotel die enormen Kosten für eine bloße Serviceerweiterung an einem Sitzplatz zu zahlen bereit wäre.

Die Freiheit, tausende Kilometer zurückzulegen und für Verkehrsmittel auf der Erde immer noch zeitaufwändige Hindernisse wie Gebirge und Ozeane problemlos zu überqueren, ist also mit einer weitreichenden Anpassung an vorgegebene Rhythmen des Bremsens, Anhaltens und Wartens bei eingeschränkter Bewegungsfreiheit verbunden – vom Weg zum Flughafen, über den Check-In, die Pass- und Bordkartenkontrolle, die Sicherheitsschleuse, die Boardingprozedur, das Setzen, Anschnallen, Ausschalten und Verstauen von elektronischen Geräten, die Rhythmik der Sicherheitseinweisung, des Servierens und Kommunizierens durch das Bordpersonal, die Vorbereitungen für die Landung, die Ausstiegsprozedur, die Passkontrolle, Gepäckausgabe,

---

35 Vgl. Susanne Weiß: Kunst + Technik = Design? Materialien und Motive der Luftfahrt in der Moderne. Köln/Weimar/Wien 2010, S. 105 ff.

ggf. der Zoll bis zum Transport vom Flughafen zum Zielort. Aufgrund dieser fast rituellen, „bewusst inszenierten Zeitverluste"[36], den von außen getakteten Rhythmen des Absetzens und Unterbrechens ist es nicht nur ökologisch, sondern auch freiheitstheoretisch irrational, bei nur mittleren Zeitdifferenzen des Transportweges zwischen Bahn und Flugzeug das letztere zu wählen.

Und wie steht es um die beispiellose Sichtposition aus dem Flugzeug? Kann nicht wenigstens die gewonnene Wahrnehmungs- und metaphorische Erkenntnisfreiheit, die seit Platon die Philosophen beflügelte, nun von allen Flugreisenden einfacher praktiziert werden? Der beispiellos weite Räume durchmessende Blick ist nicht nur frei, sondern auch zweifach eingeschränkt: Zum einen ist das Erkenntnissubjekt fest an seinen Platz gebunden, kann im Sitzen kaum den Kopf wenden. Was es erkennt, wird ihm von seiner Position und der Bahn des Flugzeugs vorgegeben. Dabei kann er weder die Geschwindigkeit des Beobachtens ändern noch den Abstand zum Beobachteten. In stets ähnlichem Tempo und gleichem Abstand zur Erdoberfläche gleitet der Blick dahin. Er hat gar nicht die Chance, bei Interesse zu verweilen, den Phänomenen nahezukommen, sie von verschiedenen Seiten zu betrachten wie Objekte, um die man sich selbst zu bewegen vermag. Er überfliegt die Räume, erfährt sie aber nicht durch eigene Körperbewegung. Der Panoramablick aus 10 bis 11 km Höhe ist einer Makroperspektive verhaftet, aus der sich kaum Details erkennen lassen, so dass ihm die einzelnen Dinge, zumal Lebewesen, entgehen: „Machte es die Eisenbahn im 19. Jahrhundert notwendig, den Blick auf die Landschaft *anzupassen*, gilt es nun, den Blick auf die Landschaft weitgehend *aufzugeben*",[37] bemerkt Lars Wilhelmer. Zumal den Blick auf einzelne Menschen, Tiere und Pflanzen. Wer fliegt, erkennt das irdische Leben nur *en masse*.[38]

---

36 Kerstin Schaefer: Zwischen Departure und Arrival. Eine Ethnografie des aeromobilen Unterwegsseins. Münster/New York 2017, S. 237, vgl. S. 251 f. Schaefer verbindet diese intermittierende Erfahrung mit den Rhythmen eines Übergangsrituals (*rite de passage*) nach Arnold van Gennep und Julian Pitt-Rivers, d.h. einer „*Ablösungsphase, Zwischenphase/Schwellenzustand* und am Ende *Integrationsphase*" (ebd. S. 237, Kursivierungen im Original).

37 Lars Wilhelmer: Transit-Orte in der Literatur: Eisenbahn – Hotel – Hafen – Flughafen. Bielefeld 2015, S. 249, Kursivierungen im Original. Dieser Sachverhalt wurde bereits von Futuristen wie Filippo Tommaso Marinetti beschrieben (vgl. Ingold 1978, S. 73 f.). Er führt direkt zur Integration von Piloten in die militärische Mechanik der Luftwaffe, die leichter die Order ausführen, auch Zivilisten zu bombardieren, je weiter sie von individuellen Opfern entfernt sind, die sie – wie schon in der frühen Form des Luftkriegs – kaum bzw. nicht oder – wie im heutigen kamera- und bildschirmvermittelten Luftkampf – nur als abstrahierte Repräsentationen erkennen.

38 Akkumulationen von Lebewesen wie Menschenmengen, Herden, Felder, Wälder etc. lassen sich bei klarer Sicht erkennen, ansonsten nur die Artefakte des menschlichen Lebens: Architektur, Verkehrsnetze, Schiffe usw.

Während der Passagier im Flugzeug immobil die Landschaft davontreiben sieht, eröffnet sich vor ihm stattdessen die Kinowelt bewegter Bilder, die ebenfalls seine lokomotorische Stillstellung voraussetzt. Mittlerweile sind diese als Ablenkung von der eigenen Bewegungslosigkeit zur Standardingredienz von Flugreisen geworden. Als wäre es eine Inszenierung des Sachverhalts, dass elektromagnetische Wellen der technologisch ermöglichten Bewegungsfreiheit menschlicher Körper immer um ein uneinholbar Vielfaches voraus sind, besteht die Bordunterhaltung der Passagiere heute in ihrer Konsumption elektrisch produzierter Sensationen auf den Bildschirmen und aus den Kopfhörern an jedem Sitz. Die Freiheit, digitale Bewegungsbilder aufzunehmen, bietet gleichsam einen Handel für unsere per Gurt fixierte Position im Sitz an.[39] Dabei wird die Freiheit der Blickwendung, die perzeptive Bewegungsfreiheit, zusätzlich durch die eigentümlich gewaltlose Anziehungskraft bewegter Bilder auf den Screens noch einmal fixiert.

Aufgrund der vertikalen Distanzlage zu den Dingen gab es auch Philosophen, denen der Flug als Metapher für das Denken problematisch war. Maurice Merleau-Ponty etwa hielt das „Denken im Überflug"[40] *(pensée de survol)*, das er mit Cartesianismus und gewöhnlicher Wissenschaft verband, für verkehrt. Die „Zugehörigkeit zur Welt" würde ersetzt durch ihr „Überfliegen",[41] dem die Phänomene, nämlich die Berührung mit ihnen, entgingen. Das Denken müsse sich „auf den Boden der wahrnehmbaren Welt"[42] zurückversetzen. Der Erkenntnis ist also nicht notwendig geholfen, wenn den Erkennenden Flügel wachsen.

Phänomenologisch kann also die Flugreise mit ihrer weiten Sicht, die notwendig von vielem Individuellen abstrahiert, zwar selbst eine neue Erkenntniserfahrung – wie auch der den Globus fassende Blick von der Internationalen Raumstation – stiften, aber die Freiheit des Erkennens der Vielfalt einzelner Dinge beschränkt sich technisch fortwährend selbst: Man fliegt dem Konkreten in hohem Bogen davon. Das setzt nicht unbedingt ein kühnes, an den Gegenstand hingegebenes Erkennen frei,[43] zumal die Denkenden fest sitzen – und damit nach Nietzsche, der das Denken im Fluge beschwor, gerade unterhalb der nötigen Denkfreiheit bleiben, die ohne kinästhetische Freiheit, die einen Kraftzuwachs erlaubt, nicht zu haben ist: „So wenig als

---

39 Vgl. Paul Virilio: Das letzte Vehikel. In: Rasender Stillstand. München 1992, S. 36–68.
40 Maurice Merleau-Ponty: Das Auge und der Geist. In: Das Auge und der Geist. Philosophische Essays. Hg. von Christian Bermes. Hamburg 2003, S. 275–317, hier: S. 277.
41 Maurice Merleau-Ponty: Das Sichtbare und das Unsichtbare. Hg. von Claude Lefort. München 1986, S. 59. Vgl. Lara Huber: Der Philosoph und der Künstler. Maurice Merleau-Ponty als Denker der réflexion. Würzburg 2013, S. 141 ff.
42 Merleau-Ponty 2003, S. 275.
43 Siehe aber auch den Beitrag von Christophe Fricker in diesem Band zum ‚stereoskopischen Blick' bei Ernst Jünger.

möglich sitzen; keinem Gedanken Glauben schenken, der nicht im Freien geboren ist und bei freier Bewegung, – in dem nicht auch die Muskeln ein Fest feiern."[44]

Die Erfahrung der technisch vergrößerten Freiheit im Fliegen ist also mit der Erfahrung der eingeschränkten Bewegungs-, Handlungs- und Wahrnehmungsfreiheit verbunden. Paul Virilio hat in verschiedenen Beschleunigungsphänomenen der Informations- und Verkehrstechnologien diese paradoxale Struktur als „Rasende[n] Stillstand"[45] beschrieben. Dieser Ausdruck besagt, „dass der Mensch, der eigentlich den ganzen technologischen Wirbel entfesselt hat, letztlich selbst zum Stillstand kommen wird."[46] Mit Blick auf die Phänomenologie der immer wieder abgebremsten und im Flugzeug stillgestellten Lokomotion des eigenen Körpers ist Virilios überspitzte These durchaus treffend: „Wir sind nicht mehr Reisende, sondern Pakete, die in Flugzeugen und Zügen transportiert werden, sitzend und prothesengestützt."[47] Dabei ist die Disziplinierung des Körpers ins stille Sitzen keine willkürliche Machtausübung, sondern von den Träumern des Fliegens selbst produziert: In kaum einem Servicebereich haben die Regeln der Disziplinierung solch klare Gründe, die der Durchführung der Serviceleistung dienen, wie im Flugverkehr. Anders gesagt: Die Mechanismen der Unfreiheit sind eine praktisch-technisch bedingte Folge der Verwirklichung der einstigen Utopie der schnellen und hindernislosen Bewegungsfreiheit oberhalb der tellurischen Lokomotion: Denn „sofern man die *Freiheit der Bewegung* (das *habeas corpus*) als erste, vorrangige Freiheit einstuft, kann die Freisetzung der Geschwindigkeit, die Freiheit, *die die Geschwindigkeit verschafft*, auch als das Ende aller Freiheiten gelten",[48] so Virilio.

Die Behauptung des „Ende[s] aller Freiheiten" ist freilich falsch, wenn man sich die Erfahrung der Flugreise vergegenwärtigt. Beide konträren Erfahrungen, die der Freiheit und die der Unfreiheit, lösen sich nicht ab, sondern verschränken sich simultan: Sie sind notwendig aufeinander bezogen. Damit ist die Flugreise eine Erfahrung der Ambivalenz oder Zweideutigkeit: Die Erfahrung der technisch ermöglichten Bewegungsfreiheit ist zugleich eine der technisch erforderten Bewegungsunfreiheit. Beides – Freiheit und Unfreiheit – wird direkt leiblich, seelisch und kognitiv erfahren.

---

44 Friedrich Nietzsche: Ecce homo. KSA 6, S. 281. Vgl. Ders.: Götzendämmerung. Sprüche und Pfeile 34. KSA 6, S. 64; Nachgelassene Fragmente. Herbst 1887. 9[70]. KSA 12, S. 372.
45 Paul Virilio: Rasender Stillstand. In: Virilio 1992, S. 126–153.
46 Virilio 1993, S. 14.
47 Ebd. S. 15. Virilio verwendet auch die auf Ennius' Beschreibung des trojanischen Pferds zurückgehende Metapher des mit den Passagieren ‚schwangeren' Flugzeugs (S. 17). Zum genealogischen Zusammenhang von Frau und Transportmittel im Patriarchat vgl. Paul Virilio: Metempsychose des Passagiers. In Ders.: Der negative Horizont. Bewegung – Geschwindigkeit – Beschleunigung. München 1989, S. 29–45.
48 Virilio 1989, S. 37.

Die Ambivalenz zeigt sich auch in anderen gegensätzlichen Erfahrungen, die im Folgenden erhellt werden sollen.

4. Verbunden isoliert

Die zunehmende „Deterritorialisierung, die mit dem Auftauchen des Flugzeugs eingesetzt hat"[49], folgt aus der Leichtigkeit, mit der Grenzen heute überflogen werden. Ihr entspricht eine kosmopolitisch wirkende Zusammensetzung der Passagiere. Kaum ein Flug zwischen Ländern, auf dem sich nicht mehrere Nationalitäten versammeln, alle in denselben Sitzreihen verteilt. Die jeweils zufällige Konstellation der Kabinenbesetzung exemplifiziert bei transnationalen Flügen die zunehmende Internationalisierung der zivilen Luftfahrt und die Marginalisierung nationaler Grenzen, die frühe Luftfahrtpioniere als utopisches Potential der Luftfahrt zu erkennen vermeint hatten. So ging der Pazifist Otto Lilienthal davon aus, dass Grenzen durch Flugzeuge unbedeutend, weil unversperrbar würden,[50] und Ilja Ehrenburg bemerkte schon nach der Anfangsphase des kommerziellen Luftverkehrs, dass ganz Europa „Ähnlichkeit […] mit einem Straßenbahnnetz"[51] bekomme. Heute werben Billigfluglinien gezielt mit Bildern eines ohne hohe Kosten spielerisch zusammenwachsenden Kontinents mit einem städteverbindenden Netz, das allen Europäern offen steht; das Fliegen wird präsentiert als eine Art ‚anderer Nahverkehr'. Tatsächlich reisen jährlich immer mehr Bürgerinnen und Bürger innerhalb der Europäischen Union mit dem Flugzeug.[52]

Daher ist auch das Thema transnationale Kontakte im Flugzeug virulent. Der Platz in der Flugmaschine ist ein Ort, der aus Phantasie entstand und selbst – wie schon seit langem das Schiff – ein großes „Imaginationsarsenal"[53] verkörpert. Daher eignet sich die Flugreise, die als Reise schon die bekannten Bindungen und Verpflichtungen aufhebt, in besonderer Weise für literarische oder filmische Fiktionen, und daher kann sie auch selbst zum Ort der Produktion von Narrativen werden. Die kommunikative Freiheit ist in ihr eigentümlich freigesetzt: Geschichten des erstaunlich

---

49 Virilio 1993, S. 22.
50 Otto Lilienthal: Brief an Moritz von Egidy, vermutlich vom Januar 1984, zit. nach http://www.lilienthal-museum.de/olma/l1852.htm (letzter Zugriff: 10.07.2019). Zum Pazifismus und zur Utopie friedlicher Völkerverständigung durch die Aviatik vgl. Ingold 1978, S. 116 ff., 215 ff.
51 Ilja Ehrenburg: Doppelleben. In Ders.: Visum der Zeit. Leipzig 1982, S. 110 (zit. nach Weiß 2010, S. 103).
52 Vgl. http://ec.europa.eu/eurostat/statistics-explained/index.php/Air_transport_statistics (letzter Zugriff: 10.07.2019).
53 Foucault 1993, S. 46. Die Schifffahrt ist vielleicht *die* Daseinsmetapher für den technisch seinen Radius erweiternden Menschen. Vgl. Hans Blumenberg: Schiffbruch mit Zuschauer. Paradigma einer Daseinsmetapher. Frankfurt/M. 1979.

persönlich offenen Austauschs, der Freundschaft, der Liebe und der Affäre über den Wolken können hier leichter beginnen als in gewohnten Alltagssituationen.[54] Die Phantasie ist aktiver und die temporär begrenzte Offenheit größer in solch einer ‚Abweichungsheterotopie', in der „die Menschen mit ihrer herkömmlichen Zeit brechen."[55] Die eigene Identität kann sich so auch probeweise leichter transformieren als in den festen Vernetzungen der alltäglichen Lebenswelt, denn man hat das symbolische Gepäck der Vergangenheit hinter sich gelassen und den neuen Boden der Tatsachen am Ankunftsflughafen noch nicht betreten.[56]

Doch auch in Bezug auf die grenzüberschreitende, völkerverbindende und beziehungsstiftende Funktion der Flugreise lässt sich wie bei einer Kippfigur auch die konträre Erfahrung phänomenologisch rekonstruieren. Vieles an der Flugreise steht einer gemeinschafts- und verbindungsgründenden Lebensweise entgegen. Schon durch die Identitäts- und Sicherheitskontrolle wird man vereinzelt und auf seinen rechtlichen Status einerseits und seine bloße Körperlichkeit andererseits zurückgeworfen. Die einzige Form, in der ein Zusammenhang der Reisenden jenseits ihrer räumlichen Nähe in der Kabine erzeugt wird, ist die durch Aufmerksamkeitssteuerung und Dramaturgie der Services erzeugte Synchronisierung von Verhaltensweisen. Auch Flughäfen, die nach Augé als Profitorte keine Geschichte und kein Gedächtnis besitzen, erzeugen „Einsamkeit und Ähnlichkeit" und eine der Feststellung nationaler Identität folgende „Anonymität".[57] Mit Franz Kafkas früher Beschreibung des weiten Flugfelds von Brescia – „Es ist so groß, daß alles, was sich auf ihm befindet, verlassen scheint [...]. Eine künstliche Einöde ist hier eingerichtet worden"[58] (1909) – ist ein Motiv erfasst, das heute noch den Beginn der Flugreise prägt: Die Wahrnehmung der nicht historisch gewachsenen, sondern funktional erbauten, oft einsam wirkenden Flughäfen mit ihren weiten Flächen, auf denen Mengen von Menschen laufen, stehen und warten, ohne miteinander ins Gespräch zu kommen, präfiguriert die Erfahrung des einsamen Subjekts über den Wolken dicht gedrängt neben anonymen Sitznachbarn. Schon an den Flughäfen werden Menschen einander indifferent, obwohl sie die

---

54 Beispiele aus der Literatur wären u.a. Marieke van der Pol: Brautflug. Frankfurt/M. 2009; Judith Hermann: Aller Liebe Anfang. Frankfurt/M. 2014; Rachel Cusk: Outline. London 2014. Für die Publikation erotischer Abenteuer von Passagieren gibt es einen inoffiziellen, aber legendären Club mit eigener Homepage: http://milehighclub.com.
55 Foucault 1993, S. 43.
56 Siehe dazu auch die Einleitung von Jan Röhnert zu diesem Band.
57 Augé 1994, S. 121 f. Vgl. Schaefer 2017, S. 89 f. Es wirkt, als habe sich das Pathos des einsamen und freien, von der Menge vertikal getrennten Übermenschen, das bei D'Annunzio das Fliegen auszeichnete, in 100 Jahren demokratisiert und in Ernüchterung verwandelt. Vgl. Ingold 1978, S. 37 ff.
58 Franz Kafka: Die Aeroplane in Brescia. In Ders.: Ein Landarzt und andere Drucke zu Lebzeiten. Gesammelte Werke in zwölf Bänden. Nach der Kritischen Ausgabe. Hg. von Hans-Gerd Koch. Bd. 1. Frankfurt/M. 1994, S. 312–320, hier: S. 314.

Erfahrung der Flugreise mit ihrem historischen Echo eines existentiellen Abenteuers teilen, das noch vor 100 Jahren Europa in helle Aufregung versetzte und Anlass ganzer Stadtgespräche war.[59]

Die notorische Isolation der Reisenden zeigt sich auch darin, dass sie Stunden in einer die durchschnittliche Intimdistanz überschreitenden Nähe verbringen können, ohne ein Wort miteinander zu wechseln. Flugzeuge sind nicht nur Orte der freien Kommunikation, sondern auch der sozialen Vereinzelung und der Mitteilungsarmut,[60] nicht nur Orte für beginnende Beziehungen und erotische Flirts, sondern auch für parallele Langeweile und ungeteilte Gefühle. Insbesondere die Flugangst nimmt die im Flugzeug freigesetzte Phantasie in ihren Dienst, ohne dass andere Fahrgäste beruhigend intervenierten. Man bleibt unter seinesgleichen leicht allein.

5. Wohnlich unbehaust

Die notwendig zeitlich begrenzte Erfahrung des Reisens im Flugzeug wird von den Fluggesellschaften mit Eigenschaften der Wohnlichkeit versehen, durchaus in kompensatorischer Funktion für die Erfahrung der Unfreiheit (siehe Abschnitt 3).[61] Die sitzende Lebensform im schnellsten Vehikel modernen Nomadismus soll offenbar soweit es geht dem Inbegriff der Sesshaftigkeit entsprechen: der Lebensform im eigenen Heim. Das schnelle Unterwegssein wird selbst behaust.

Diese Serviceleistung quasi-privater Wohnlichkeitseffekte wird von der Economy Class bis zur First Class gesteigert. Dabei nehmen die Passagiere auf technisch immer ausgefeilteren Mutifunktionsorten Platz, die Tische zum Essen und Arbeiten, Bildschirme und Kopfhörer zum Unterhaltungskonsum, Fächer für Kulturtaschen zur Körperpflege und verstellbare Lehnen und Sitzflächen haben, um zu Betten zu werden. So gut wie alle Verhaltensweisen des Wohnens werden am selben Ort gebündelt und technisch verschränkt. Ebenfalls die Accessoires und ihr Material steigern je nach Buchungsklasse das Wohngefühl (von Papierservietten zu Stoffservietten, von einfachen Stoffdecken zu bezogenen Betten etc.). In einer lebensfeindlichen Umgebung der Tropopause in ca. 11 km Höhe bei unter 50 Grad Celsius und geringem Luftdruck wird es den Gästen, isoliert durch die Passagierkabine, gemütlich gemacht mit internationaler Küche. Die komplexe Technik der Maschine ist verkleidet und

---

59 Ingold 1978, S. 49 ff. (zu Paris).
60 Vgl. Schaefer 2017, S. 252 f.
61 Sogenannte Billigairlines verzichten genau auf diese Gestaltung der Flugerfahrung. Im zynischen Sinne war es daher geradezu konsequent, dass eine irische Fluggesellschaft, deren Geschäftsmodell in einem aggressiven Preiswettbewerb besteht, vorübergehend sogar Gebühren für die Toilettenbenutzung einführen wollte.

für die Passagiere kaum wahrnehmbar. Der durch die Turbinen produzierte Lärm kann mittlerweile immer besser vom Innenraum der metallenen Kabine gedämpft werden und erzeugt für viele eine Art beruhigend homogene, womöglich einer Art primordialem Rauschen ähnliche Klangatmosphäre.[62]

Doch der Aufenthalt in einem Jet entspricht nicht der privaten Atmosphäre eines Hotels, das Wohnen außerhalb des eigenen Zuhauses ermöglicht. Das Flugzeug ist ein hybrider privat-öffentlicher Ort, an dem man fast durchgehend den Blicken anderer und zudem Regulierungen und Störungen der Wohnerfahrung ausgesetzt ist. Die privaten Nischen am oder um den Sitz sind nicht selbst und für den individuellen Passagier passend gestaltet, sondern uniform, sie entbehren gerade der Individualität des Privaten. Zudem sind sie nicht vor visuellem, akustischem, olfaktorischem oder haptischem Kontakt geschützt wie der private Wohnraum. Mit Ausnahme der Waschräume oder abschließbarer First-Class-Kabinen ist jeder Ort im Flugzeug für prinzipiell alle einsichtig und erreichbar. Wie sonderbar diese Erfahrung ist, an die sich der globale Jetset längst angepasst hat, zeigt sich im täglich tausendfach vorkommenden Sachverhalt, dass sich selbst Business- und First-Class-Reisende, die auf ihre professionelle Erscheinung oft großen Wert legen, vor aller Augen ihrer Schuhe und Teile ihrer Oberbekleidung entledigen und in Bettzeug schlafen legen – eine Handlung, die sie im öffentlichen Raum auf der Erde nicht ausüben, ja, bei ihrem gesellschaftlichen Kontrapunkt, den Obdachlosen, wohl missbilligen würden.

Das Flugzeug ist in gewissem Sinn ein Automatengefängnis, dessen luxuriöser Service nicht darüber hinwegtäuschen kann, dass man sich den sehr engen räumlichen Bedingungen anpassen und den Anweisungen des Bordpersonals Folge leisten muss. Turbulenzen, auffällige Geräusche, der zunehmende Ohrendruck beim Landen oder gar Ausnahmesituationen wie plötzliche Sinkflüge heben umgehend die inszenierte Häuslichkeit wie eine Blendfassade auf und erinnern umgehend daran, dass man sich nicht in einem temporären Heim, sondern in einem „schaukelnde[n] Stück Raum"[63] oberhalb jeder lebensfreundlichen Höhe befindet. Ihm geht gerade der selbstverständliche, bergende Charakter des Häuslichen ab. Der Wohncharakter der Flugzeugreise ist ganz auf Künstlichkeit, von der Kabinenausstattung über die genutzten Artefakte bis zum Klima innerhalb der Maschine, gebaut. Ein Garten ist nicht vorgesehen. Die Erfahrung der Flugreise ist daher eine der eingerichteten Wohnlichkeit und eine des zeitgleichen Unbehaustseins.

---

62 Auf YouTube lassen sich mehrere millionenfach angeklickte stundenlange Clips mit Flugzeuggeräuschen innerhalb der Passagierkabine finden. Zu den Materialien in der Geschichte des Flugzeugbaus vgl. Weiß 2010, S. 22–82.

63 Foucault 1993, S. 46.

6. Mächtig ausgeliefert: Inkohärenz der Erfahrung von Flugreisen

Die Erfahrung der Flugreise ist, wie die gegensätzlichen Attribute – frei unfrei, verbunden isoliert, wohnlich unbehaust – exemplarisch deutlich machen sollten, eine Erfahrung mehrfacher Ambivalenz. Sie verbindet sich mit positiven Wertungen, die schon in der vortechnologischen Geschichte der Imagination des Fliegens mit der Reise in einem Fluggerät verbunden waren, ebenso wie mit negativen, die mit jenen kontrastieren und durch sie kompensiert werden (sollen). Dabei stehen die Wertzuschreibungen nicht unverbunden nebeneinander; das Fliegen verschränkt vielmehr beide so, dass die eine – etwa Fliegen als Erfahrung von Bewegungs- und Wahrnehmungsfreiheit – gerade die andere – die Erfahrung der Unfreiheit – mit hervorbringt bzw. von dieser hervorgebracht wird. Fliegen ist insgesamt eine kontingente Kulturtechnik, die Ambivalenz ihrer Erfahrung erscheint aber – zumindest mit Blick auf die bisherige Form der Flugreise – als notwendig: Die befreienden, verbindenden, schützenden Qualitäten sind mit den unfreien, isolierenden und unbehausten innerlich verknüpft.

Als ambivalente Erfahrung exemplifiziert sie das (nicht erst moderne) Verhältnis zur Technik als Ermächtigung einerseits und als riskante Rückwirkung auf den Menschen andererseits, den sie von sich abhängig macht und in neue Gefahren bringt. Nicht zufällig stand weniger der erfolgreiche Techniker Daidalos als sein tödlich verunglückter Sohn Ikaros in der Selbstbeschreibung der modernen Luftfahrt immer wieder Pate.[64] Andererseits verschärft das Fliegen die für die Moderne als Krisenepoche grundlegende Erfahrung von Ambivalenz.[65] Am schärfsten wird dies an der technologisch vergrößerten Machtfülle und dem eben durch sie vergrößerten Ausgeliefertsein deutlich.

Der Düsenjet demonstriert bei jedem Start mit lautem Getöse die Macht menschlicher Ingenieurskunst, die von vielen Passagieren als kontraintuitive Macht ‚über' die Gesetze der Physik erfahren wird.[66] Dieser zunächst phantasierte, nach den erfolgreichen Flügen, insbesondere der international enthusiastisch gefeierten Überquerung des Ärmelkanals durch Louis Blériot im Jahr 1909 und der Antlantiküberquerung durch

---

64 Vgl. Adamowsky 2010, S. 203 ff. Siehe auch mehrere Gedichte in der Anthologie von De la Bére 1938.

65 Zygmunt Baumann: Moderne und Ambivalenz. Das Ende der Eindeutigkeit. Hamburg 1992. Fliegen wurde seit Beginn der Aviatik als „emblematisch für die Moderne beschrieben" (Adamowsky 2010, S. 55). Diese Assoziation ist Teil der Geschichte moderner Selbstdeutungen, in deren Fokus auch die Ambivalenz liegt.

66 Das Prinzip der Flugzeuge ‚schwerer als Luft' zu fliegen, bedarf freilich einer genauen Kenntnis der Physik, etwa der Strömungslehre. Nur so kann die Aviatik die Kräfte der Natur so nutzen, dass sie Menschen in eine Bewegung bringt, die sie aus eigener Kraft, dem leiblichen Umgang mit physikalischen Kräften, nie auszuüben in der Lage wären.

Charles Lindbergh 1927, selbstbewusst gepriesene Zuwachs an Machtfülle bedeutet ebenso ein höheres Ausgeliefertsein an kontingente Kräfte, die seit der Antike nicht nur mit den Meeren, sondern auch mit den unkalkulierbaren Winden assoziiert worden sind. Insbesondere in der frühen Luftfahrt kamen sich Passiere immer wieder wie Spielbälle der Winde vor.[67] Heute sind die Jets zwar selbst starken Stürmen gegenüber widerstandsfähig, doch die verbreitete Angst vor Turbulenzen, die damit in der Kabine verbundenen Verletzungsgefahren oder die Risiken des Startens und Landens bei starken Seiten- oder Scherwinden bezeugen, wie sich der Charakter des Flugzeugs als ‚Luftschiff' durchgehalten hat, das schaukelnd, „dem Unendlichen des Meeres [bzw. der Luft, A.T.] ausgeliefert ist"[68]. Die Machtposition des Fliegens ist fragil und an die peinliche Befolgung eines Sets von Regeln gebunden. Dies hat durch verbesserte Qualitätssicherung in der zivilen Luftfahrt zu immer weniger Unfällen geführt, doch reist das Risiko immer mit: Jeder Passagier kann leicht wissen, dass Abweichungen von der Regel, etwa eine zu geringe Geschwindigkeit oder ein zu hoher Anstellwinkel, zum fatalen Crash führen können.

Ein anderer Aspekt der Ermächtigung, die zugleich ein Sich-Ausliefern erfordert, stellt der weite Fernblick dar (siehe Abschnitt 2). Die vertikal noch jeden Berggipfel überflügelnde und damit traditionell die göttliche Perspektive einnehmende Blickposition kann als eine Form des panoptischen Blicks verstanden werden, der nach Michel Foucault eine typisch moderne Form der Mikrophysik von Macht in Disziplinargesellschaften darstellt.[69] Dabei ist der Blickende nicht nur ein mächtiger Überwacher, dem ‚alles sichtbar' (pan-optisch) wird, sondern er diszipliniert sich auch selbst, um verinnerlichten Normen zu entsprechen, die mit dieser Blickposition verbunden sind.[70]

Wenn nun aber die Erfahrung der Flugreise die einer vielfach verschränkten Ambivalenz ist, wie wird dann diese Ambivalenz genau erlebt? Eine Möglichkeit ist, sie abzuschwächen oder auszublenden, indem eine der Qualitäten verdrängt bzw. nicht zu Bewusstsein gebracht wird. So erscheint einigen die wohnliche Qualität der Business Class mit ihren vielen Unterhaltungsoptionen noch über den Flug hinaus als bemerkenswert angenehm, während andere auch diese komfortable Form des Reisens als eine solch belastende Abweichung von häuslicher Ruhe und körperlicher Bewegungsfreiheit empfinden, dass sie lieber auf das Fliegen verzichten.

---

67 Vgl. etwa Weiß 2010, S. 101 ff.
68 Foucault 1993, S. 46. Vgl. Blumenberg 1979.
69 Vgl. Michel Foucault: Überwachen und Strafen. Die Geburt des Gefängnisses. Frankfurt/M. 1977.
70 Zur freiwilligen Unterwerfung unter ein System von Disziplinierungen von der Überwachung durch Kameras am Flughafen bis zur aufgenötigten Synchronisierung von Verhaltensweisen während des Flugs siehe Abschnitt 3. Sie stellt die Form der Machtwirkung dar, der Flugreisende für die Einnahme der vertikalen Blickposition unterliegen.

Eine andere Möglichkeit besteht darin, die Überlagerung heterogener Erfahrungen als Inkohärenz konträrer Qualitäten zu erfahren, die sich nicht in eine harmonisch zusammenhängende Gesamterfahrung integrieren lassen. Dadurch treten leibliche Selbsterfahrung im Flugzeug und die Position des denkenden Bewusstseins immer wieder auseinander. Die Körpererfahrung ist meist beruhigt und in die kaum spürbare Bewegung der Maschine eingepasst. Man sitzt fest im Sitz, umgeben von ebenso justierten Körpern, ein leibliches Gefühl der Sicherheit, Stabilität und des Gleichgewichts auch im Steig- und Kurvenflug kann sich einstellen. Man fliegt gefühlt auf sicherem Grund. Dabei erfährt die leibliche Wahrnehmung gerade nicht, was tatsächlich mit dem Körper physikalisch passiert: dass er mit ca. 0,85 Mach durch kalte, für die Selbstbewegung unerreichbare Höhen bei einem geringen Luftdruck innerhalb einer hochkomplexen Maschine rast. Weder die Geschwindigkeit noch die Position bzw. Höhe oder andere Konditionen, in denen sich der künstliche Raum der Kabine befinden, werden leiblich oder sinnlich erlebt. Dabei handelt es sich nicht nur um einen Mangel an Präzision, sondern eine Abkopplung des technischen Körpertransports von der leiblichen Bewegungserfahrung und Perzeption. Trotz der enormen Geschwindigkeit kann es, so berichtet es der Pilot Douglas X in W. G. Sebalds *Aufzeichnungen aus Korsika*, vorkommen, dass man glaubt, „man sei mitten im Flug zum Stillstand gekommen". Dann spüre man den „Körper kaum mehr", „während das Bewusstsein […] irgendwo außerhalb ist".[71]

Das reflektierende Bewusstsein kann diese sichere Position aber verlassen und den eigenen Körper im Flugzeug aus der Distanz reflektieren, also eine exzentrische Position einnehmen.[72] Aus ihr erkennt es die leibliche Einbettung in die Bewegung als eine Hybridbildung aus Mensch und Maschine,[73] die nichts Selbstverständliches mehr hat. Im Gegenteil, die ohne physikalisches Wissen und ingenieurstechnisches Können nicht zu durchschauende Apparatur entzieht sich gerade dem leiblichen Erleben und der unmittelbaren Wahrnehmung, ebenso wie ein aktives Kraftgefühl beim

---

71 W. G. Sebald: Aufzeichnungen aus Korsika. Zur Natur- & Menschenkunde [Zweite Fassung]. In: Ulrich von Bülow/Heike Gfrereis/Ellen Strittmatter (Hg.): Wandernde Schatten. W. G. Sebalds Unterwelt. Marbacher Katalog. Marbach 2008, S. 159–209, hier: S. 169. Vgl. auch Jeffery Days Gedicht „On the Wings of the Morning", in dem ein Flugzeugstart beschrieben wird, auf den eine Beruhigung der Bewegungswahrnehmung erfolgt: „A tumbled blur of disappearing ground, / And then all sense of motion slowly dies." (Vers 3 f.). Später heißt es: „As I sit motionless and at my ease, / Contented just to loiter in the sun." (Vers. 34 f. In: De la Bére 1938, S. 87 f.).

72 Siehe zu diesem Begriff der Anthropologie Helmuth Plessner: Die Stufen des Organischen und der Mensch. Einleitung in die philosophische Anthropologie. Gesammelte Schriften. Bd. IV. Frankfurt/M. 1981, S. 360 ff.

73 Schon Kafka hat den Piloten Blériot als „Teil der Maschinerie" beschrieben (Kafka 1994, S. 317). Siehe zu diesem Hybridmotiv in der modernen Flugdichtung Ingold 1978, S. 28 ff. Schaefer 2017, S. 36, spricht vom Cockpit als einer „Mensch-Maschine-Schnittstelle".

Steigflug – ein zentrales Motiv des frühen Titanismus im modernen Flugdiskurs – und ein passives Gefühl des Getragenseins – ebenso ein oft dichterisch besungener Zustand der Aviatik – vollkommen auf der Funktionalität der aus Millionen von Einzelteilen zusammengebauten Maschine, ihrer Umgebung und des Könnens des Piloten beruhen.[74] Das Bewusstsein kann sich die technische Situation klarmachen und etwa die Physik des Auftriebs zu verstehen versuchen. Dieses propositionale Wissen wird der Erfahrung der Flugreise zugeschrieben, ohne dass diese dadurch eine Erfahrung *von* den im propositionalen Wissen erfassten Sachverhalten würde. Daher muss Vertrauen in das Wissen und das Können von Ingenieuren, Technikern, Bordpersonal und Piloten investiert werden. Das Bewusstsein ‚weiß', dass die Erfahrung, in einem sicheren Leibzustand zu sein, auf der schwindelerregenden Bodenlosigkeit eines rasenden Jets gründet. Das Fliegen bleibt für daher eine technisch ermöglichte Bewegung, die mit dem Möglichkeitsraum der kinästhetischen Selbsterfahrung inkohärent ist. Die eigene situative Vergewisserung der leiblichen, emotionalen und perzeptiven Situation erfährt das Bewusstsein als eine technisch gemachte, die Wahrnehmung ist selbst ein Artefakt der Fortbewegungsgeschwindigkeit.[75]

Diese Erfahrung ist die eines technisch gesteigerten Problematischwerdens der Beziehung zur Umgebung des eigenen Leibs. Es ist eine reflexive Irritation, dass die eigene Propriozeption, die eine stabile, sichere Lage vermittelt, trügerisch ist, wenn es um die Erkenntnis der technisch erzeugten Situation im Jet geht. Anders gesagt: Körperschema und die Vorstellung des Körper-Maschinen-Konnexes divergieren. Das Wissen um die Technizität der Erfahrung einer künstlichen Umwelt ersetzt das Vertrauen in die leiblich-primordiale Erfahrung einer gleichsam natürlich gegebenen Lebenswelt.[76]

Wie komplex diese Situation ist, lässt sich an einem exemplarischen Feedbackprozess zwischen Leibgefühl und Bewusstsein verdeutlichen: Der Gedanke, dass das eigene sichere Positionsgefühl auf einer von mir nicht zu durchschauenden technischen Komplexität beruht, induziert eine Verunsicherung der Leiberfahrung, die die eigene Sitzposition ohne Ergebnis durch leichte Bewegung und Schwerpunktverlagerung überprüft. Das so erhöhte körperliche Unsicherheitsgefühl wird nun wieder vom Bewusstsein beantwortet, das sich intentional auf das Wissen um die hohe Sicherheit der eigenen Lage aufgrund der optimierten Stabilität der Flugzeuge, Ausbildung der Piloten etc. richtet und so das Vertrauen in die eigene Leiberfahrung wieder stärkt. Dieses Gefühl des Vertrauens ist jedoch an ein wissenschaftlich-technisches Wissen,

---

74 Vgl. Ingold 1978; Weiß 2010, S. 101 ff.
75 Vgl. Virilio 1992, S. 43.
76 Diese Erfahrung wird deutlich im chronometrischen Preis für die sogenannte Beherrschung von Raum und Zeit. Der Jetlag ist eine Folge der Abstraktion der technisch ermöglichten Zeit- und Raumdurchmessung von der leiblichen Zeit- und Raumwahrnehmung – eine Art technoider Kater.

das meist nicht aus eigener Erfahrung gewonnen wurde, gebunden, daher kann es auch immer wieder durch Störungen der nun bekräftigten Leiberfahrung irritiert werden. Der erhöhte Vertrauensbedarf korrespondiert mit einem vergrößerten Angstpotential. Doch Vertrauen reduziert hier nicht nur Komplexität, sondern spielt selbst eine Rolle in möglichen komplexitätssteigernden Prozessen: Bei einem plötzlichen Sinkflug wird einem schockhaft klar, dass die Kontrolle allein beim Piloten bzw. den technischen Systemen liegt. Der Gedanke, dass man jemandem, den man nicht kennt, ja nicht mal sieht, und einem Automaten, den man nicht gebaut hat, ja nicht mal annähernd versteht, vertrauen muss, erzeugt den unbewussten Wunsch, selbst (mehr) Kontrolle zu übernehmen, um die Kreditwürdigkeit zu validieren. Das ist aber weder situativ noch prinzipiell möglich, man kann und könnte gar nicht erkennen, ob das Vertrauen begründet ist, muss also seinem Wissen von den guten Gründen vertrauen, das, wie man weiß, auf keinem sicheren Boden der Gewissheit steht.

Die gemütlich-wohnliche Situation im Multifunktionssessel mit freiem Blick über das Wolkenpanorama und einem sicheren Leibgefühl wird durch das dieser Erfahrung inkohärente Wissen durchbrochen, mit dem Flugzeug buchstäblich ein „stahlhartes Gehäuse"[77] (Max Weber) der kapitalistischen Rationalisierung betreten zu haben, das Lustempfinden und Selbstzerstörung verknüpft: Denn der reflexive Blick, der sich wie im ruhigen Stillstand fühlt, rast über die Welt, die er mit der technischen Apparatur und ihren Emissionen weiter zu ruinieren beiträgt. Die Flugreise ist Ausdruck des Anthropozäns und sein Motor zugleich.

Diese mögliche, existenziell verschärfte Erfahrung der Inkohärenz von konträren Qualitäten des Fliegens kann eine Art reflexiven Schwindel erzeugen:[78] Man fühlt sich und weiß sich *bodenlos sicher*.

Technologisch gesteigerte Sicherheit bei gleichzeitiger Erweiterung der Möglichkeiten und die Erfahrung der damit selbst fabrizierten Bodenlosigkeit sind typische Kennzeichen der Moderne,[79] die als Epoche der beschleunigten wissenschaft-

---

77 Vgl. Max Weber: Die protestantische Ethik und der Geist des Kapitalismus. In: Die protestantische Ethik I. Gütersloh 61981, S. 188 f.

78 Das Phänomen des Vertigo, das aus einer Inkohärenz von körperlichen Rezeptoren sowie Gleichgewichtsorgan und visueller Wahrnehmung resultiert, ist allerdings meist an statische Orte gebunden. Das Mikroklima der Passagierkabine, die zum neuen Bezugspunkt der Wahrnehmung wird, verhindert bei vielen trotz der Höhe das charakteristische Schwindelgefühl, das sie etwa auf gläsernen Böden über Abgründen überkommt. Siehe Hannah Arendts schöne Beschreibung in einem Brief an ihren Mann Heinrich Blücher, dass man im Flugzeug „kein Schwindelgefühl [hat], weil das Nach-vorne-gezogen-werden bzw. das Fliegen selbst einem ein anderes Bezugssystem verleiht"; der Schwindel bleibe aus, „weil die Erde als fester Bezugspunkt nicht mehr existiert." (Hannah Arendt/Heinrich Blücher: Briefe 1936–1968. Hg. von Lotte Köhler. München/Zürich 1996, S. 169). Demgegenüber ist der Schwindel, sich im Fliegen ‚bodenlos sicher' zu fühlen, ein reflexiver.

79 Vgl. Bruno Latour: Die Moderne führt zu Bodenlosigkeit. Ein Gespräch mit Kathrin Hondl,

lich-technischen und ökonomischen Transformation aller Lebenswelten die Sicherheit kohärenter Lebensweisen noch brüchiger hat werden lassen. In diesem Sinne ist die Flugreise nicht nur eine typisch moderne Erfahrung, sondern auch eine typische Erfahrung *der* Moderne – des Lebens unter den selbstgemachten Bedingungen und den sich schnell verschiebenden Horizonten. Die Erfahrung der Flugreise bietet damit eine Möglichkeit der Selbstverständigung über unsere technomorphe *conditio humana*. Denn auch auf der Erde entkommen wir den Ambivalenzen nicht, die wir selbst produzieren, ebenso wenig den Kontingenzen, denen wir uns durch die Technik neu und weiter aussetzen. Wir bleiben als kulturell-technische Wesen sicher bodenlos und müssen uns dazu verhalten.

Deutschlandfunk, 15.04.2016, http://www.deutschlandfunk.de/bruno-latour-die-moderne-fuehrt-zu-bodenlosigkeit.807.de.html?dram%3Aarticle_id=351430 (letzter Zugriff: 10.07.2019).

Marie-Luise Heuser (Braunschweig)
Husserls Phänomenologie des Fliegens

Das Fliegen und die Flugreise beschäftigen Edmund Husserl im Kontext seiner Bewegungslehre und seiner Überlegungen zum kopernikanischen Weltbild. Seine Frage ist, ob durch das Fliegen die Erde ihre Sonderstellung für uns Menschen verliert und aus der ‚Ur-Arche' ein Planet wie jeder andere wird, also ein Himmelskörper im kopernikanischen Sinne. Seine diesbezüglichen Überlegungen finden sich in einem Beitrag von 1934, der posthum veröffentlicht wurde.[1] Auf dem Umschlag des Manuskripts findet sich Husserls Bemerkung: „*Umsturz der kopernikanischen Lehre* in der gewöhnlichen weltanschaulichen Interpretation. Die Ur-Arche Erde bewegt sich nicht."[2] Dieses Resultat ergibt sich aus Husserls Kinästhesie, einer Bewegungslehre, die vom sich bewegenden Leib als Bewegungsempfindung ausgeht und von diesem Ausgangspunkt her die sukzessive Erschließung der Räumlichkeit der Natur herleitet (siehe dazu weiter unten das Kapitel „Fliegen als Kinästhese"). Es ist ein dezidiert lokaler Ausgangspunkt, der sich aus Husserls phänomenologischer Methode ergibt, die die Welterschließung, sei sie nun visuell oder habituell, von der konkreten sinnlichen Wahrnehmung des leiblich verstandenen Menschen aus sukzessive vornimmt. Diese Methode steht der kopernikanischen Lehre insofern entgegen, als Kopernikus vom konkreten irdischen Ausgangspunkt abstrahiert und eine intellektuelle Gesamtansicht auf das Sonnensystem vom virtuellen Standpunkt eines Betrachters außerhalb des Sonnensystems entwirft, in der die Erde ein Planet unter den anderen des solaren Bewegungssystems ist. Von Giordano Bruno wurde diese Imaginationsfähigkeit eingesetzt, um mit den „Flügeln des Geistes" virtuelle Raumfahrten zum Mond und anderen Gestirnen zu unternehmen, die über Kopernikus hinausgehend schließlich nicht nur den Geozentrismus, sondern auch den kopernikanischen Heliozentrismus, der auch noch von Kepler vertreten wurde, überwand und eine radikale Dezentrierung und Pluralisierung der Welt vornahm.[3] Die Transzendierung des lokalen Ausgangsortes führte zu einer Universalisierung des Menschen, die in der Folge, insbesondere

---
1   Edmund Husserl: Grundlegende Untersuchungen zum phänomenologischen Ursprung der Räumlichkeit der Natur. In: Marvin Farber (Hg.): Philosophical Essays in Memory of Edmund Husserl. New York 1968, S. 307–325.
2   Ebd. S. 307 [Hervorhebung im Original].
3   Näheres in: Marie-Luise Heuser: Transterrestrik in der Renaissance – Nikolaus von Kues, Giordano Bruno und Johannes Kepler. In: Michael Schetsche/Martin Engelbrecht (Hg.): Menschen und Außerirdische. Kulturwissenschaftliche Blicke auf eine abenteuerliche Beziehung. Bielefeld 2008, S. 55–79. Siehe auch: Marie-Luise Heuser: Raumontologie und Raumfahrt um

von Kant und dem Deutschen Idealismus, allen voran von Friedrich Wilhelm Joseph Schelling theoretisch fortgeführt wurde. So findet sich bei Schelling eine zu Husserl diametral entgegengesetzte Ansicht, demzufolge der Mensch kein lokales, sondern ein universales Wesen ist.[4] Der Mensch sollte daher nicht auf der Erde, er sollte „im Ganzen wohnen".[5] Er ist zwar auf der Erde entstanden, an ihm hat aber das ganze Weltall mitgewirkt. Daraus ergibt sich für Schelling, dass der Mensch auch nicht ausschließlich für die Erde da ist, sondern für alle Sterne und das Weltall: „Wenn er als locales Wesen erscheint, so ist er dies nicht ursprünglich, er ist localisirt worden: wie? Dies muß durch die Folge sich zeigen."[6] Für Husserl dagegen ist der Mensch ursprünglich lokalisiert, und er kann nur vom lokalen Ort aus schrittweise die Welt erschließen. Die Unterschiede beider Ansichten ergeben sich daraus, dass in dem einen Fall, in welchem die ursprüngliche Universalität des Menschen gesetzt wird, vom Ganzen des Weltalls als ursprünglicher Gegebenheit ausgegangen wird, um von dort aus das Einzelne nicht logisch, sondern als Produkt des universellen Prozesses zu fassen, während Husserls Phänomenologie genau umgekehrt mit der Forderung beginnt, auf alle ideellen Vorgaben zu verzichten und vom konkreten Hier und Jetzt eines bereits entstandenen Menschen als lokalisierter Leiblichkeit auszugehen. Diese Umkehrung hat dann allerdings zur Konsequenz, dass Husserl einen Umsturz der kopernikanischen Lehre in der gewöhnlichen weltanschaulichen Interpretation vornimmt und vornehmen muss, denn vom lokalen Standpunkt des mit Augen ausgestatteten Leibes aus gesehen drehen sich die Planeten und Sterne um die Erde. Husserl müsste also versuchen, die kopernikanische Wende phänomenologisch herzuleiten. Dies fällt aber schwer, da mit Kopernikus ein gedankliches Heraustreten aus phänomenologischen Bezügen stattfand. Der Reflexionstypus ist hier ein ganz anderer. Giordano Bruno würde von den „Flügeln des Geistes" sprechen. Diese ermöglichen es, theoretisch gesamte Phänomenbereiche in den Blick zu nehmen, ohne diese Gesamtheit je gesehen zu haben. Hier von ‚Flügeln' des Geistes zu sprechen, ist auch für unser Thema interessant. Die Flügel des Geistes befreien sich vom Kleben am Phänomen, am Detail, am konkreten Erlebnis. Phänomene werden nicht sukzessive abgeschritten (potentiell unendlich), sondern als ephemere Momente einer Gesamtmannigfaltigkeit (aktual unendlich) gefasst, deren Gesetzmäßigkeiten nicht aus den Einzelphänomenen extrahierbar sind. Man benötigt dazu Ideen. Nicht zufällig spricht man in der philosophischen Historiographie vom Platonismus als

---

1600 und 1900. In: reflex, 6 (2015) 2, S. 1–15; online: https://publikationen.uni-tuebingen.de/xmlui/handle/10900/69443 (letzter Zugriff: 10.07.2019).

4   Friedrich Wilhelm Joseph Schelling: Darstellung des Naturprocesses, [Vorlesungsmanuskript für das WS 1843/44]. In: Friedrich Wilhelm Joseph Schellings sämmtliche Werke. Hg. von Karl Friedrich August Schelling. Stuttgart [u.a.] 1861, S. 301–325, hier S. 325.

5   Ebd.

6   Ebd.

Substanz des Renaissance-Denkens.[7] Die Sonderstellung der Erde kann Husserl nicht theoretisch-naturwissenschaftlich, sondern nur lebensweltlich ‚konstituieren' Sie ergibt sich für Husserl daraus, dass sie unsere ‚Ur-Heimat' ist. Interessanterweise ahnt Husserl, dass der kopernikanische Denktypus durch die Raumfahrt, die, phänomenologisch gesehen, ein konkret erlebtes Ereignis darstellt, möglicherweise lebensweltlich bestätigt bzw. in Husserl'scher Terminologie ‚ausgewiesen' werden könnte. Dazu weiter unten mehr.

Das Fliegen und die Flugreise dienen Husserl als kinästhetisches Gedankenexperiment, um zu prüfen, ob wir mit einer vertikalen Bewegungsart die Erde in ihrer Ausnahmestellung relativieren. Seine Antwort ist Nein. Der Grund ist, dass die Flugreise innerhalb der Erdatmosphäre stattfindet und immer wieder auf den Erdboden zurückführt, so wie auch Vögel vom Boden aus hochfliegen und wieder zum Erdboden zurückkommen. Der Erdboden bleibt hier der unhintergehbare Bezugspunkt, von dem aus Ruhe und Bewegung erst als Ruhe und Bewegung definiert sind – und zwar kinästhetisch definiert sind, d.h. aus der Perspektive des sich bewegenden Primordialleibes des je gegebenen menschlichen Ichs, womit so etwas wie Räumlichkeit konstituiert wird, aber eine Räumlichkeit, die anders als bei Kopernikus oder Giordano Bruno nicht als universale Entität, sondern als je eingenommene, offene Horizonthaftigkeit verstanden wird. Husserl schreibt manuskriptartig, d. h. informell reflektierend:

> Nun sei angenommen, dass ich ein Vogel wäre und fliegen könnte – oder schon: ich blicke auf Vögel hin, die zur Erde mitgehören. Sie verstehen ist sich in sie als fliegende hineinversetzen. Der Vogel ist auf dem Ast, oder sitzt auf dem Boden, springt herum und fliegt dann auf: er ist wie ich in seinem Erfahren und Tun, wenn er auf der Erde ist und erfährt Boden, erfährt verschiedene Körper, auch andere Vögel, anderer Leiber und Leibesich, etc. – so wie ich. Aber er fliegt auf – das ist wie Gehen unten eine Kinästhese, durch die alle Erscheinungsverläufe, die sonst als Ruhe und Bewegung von Körpern wahrgenommen wären, sich abwandeln und ähnlich wie beim Gehen. Nur insofern anders, als das Stillhalten und vom ‚Winde getragen sein' (was aber keine körperliche Auffassung zu bedeuten hat) eine Erfahrungskombination mit dem ‚ich bewege' ist und immer noch die ‚Scheinbewegung' ergibt, bei einer ‚Aenderung der Flügellage' und beim Stillhalten dabei abermals, aber in anderer Weise. Letztere endet als ‚Fallen', damit [,] dass der Vogel nicht mehr fliegt, sondern auf dem Baum oder der Erde sitzt und dabei evt. springt, etc. Der Vogel geht von der Erde, auf der er nicht-fliegende Erfahrungen hat wie wir, aus, fliegt auf und kehrt wieder zurück: zurückgekehrt hat er wieder die Erscheinungsweisen der Ruhe und Bewegung wie ich als Erdgebundener, fliegend und zurückkehrend hat er durch andere Kinästhesen (durch seine besonderen des Fliegens) motivierte Erscheinungsweisen, aber analogisch abgewandelte, die aber in der Abwandlung die Bedeutung von

---

7   Weitere Ausführungen dazu finden sich in: Heuser 2008.

> Ruhe und Bewegung haben, da die Flugkinästhesen und die Kinästhesen des Gehens ein
> einziges kinästhetisches System für den Vogel bilden; wir den Vogel Verstehende verstehen
> eben diese Erweiterung seiner Kinästhesen, etc. Was ruht, hat sein Erscheinungssystem, das
> immer wieder herzustellen ist als Nicht-gehen, Nicht-fliegen, etc.[8]

Die Flugkinästhesen sind bloß eine Erweiterung der Kinästhesen des Gehens in vertikaler Richtung, ergeben aber mit Bezug auf die Sonderstellung der Erde und den damit verbundenen Geozentrismus nichts qualitativ Neues, da die Bewegung immer wieder auf die Erde zurückführt.

Husserl treibt jedoch sein Gedankenexperiment weiter. Was wäre, wenn der Flug so hoch wäre, dass die Erde als Kugel erscheinen würde, oder wenn die Erde so klein wäre, dass ich sie allseitig durchwandern könnte und damit indirekt zur Kugelvorstellung käme? Dann wäre womöglich der Augenblick gekommen, in welchem sich die Ur-Arche Erde in einen Kugelkörper verwandeln würde, also in einen Körper unter anderen Körpern, und wäre dann nicht mehr der unhintergehbare ‚Boden' als transzendentale Voraussetzung unserer Kinästhese. Damit wäre man schon gefährlich nahe an der kopernikanischen Wende. „Aber", so Husserl einwendend, „das ist eben die Frage, ob und wie ich zur Körperlichkeit käme, in dem Sinne, dass die Erde ‚astronomisch' eben ein Körper unter den anderen, darunter den Himmelskörpern wäre."[9] So schnell gibt Husserl nicht auf. Eine Verdinglichung der Erde als Körper, d.h. als objekthaftes Ding ist mit ihm so schnell nicht zu haben. Husserl führt eine neue Kategorie ein, die des historisch gewachsenen ‚Ur-Territoriums'. Also selbst dann, wenn wir so hoch fliegen könnten, dass wir die Erde von außen als Kugel sehen würden, wäre sie immer noch unser ursprünglicher Ort, unsere ‚Urstätte', das ursprüngliche Bezugssystem, innerhalb dessen Ruhe und Bewegung erst Sinn machen – man könnte hinzufügen, oben und unten, rechts und links erst bestimmt werden können.

Husserl führt die Erörterung als Advocatus Diaboli weiter: „Aber kann nicht das Flugzeug als ‚Boden' fungieren?"[10] Gesetzt den Fall, wir würden im Flugzeug geboren und würden dort unser zu Hause haben, dann könnte das Flugzeug als Urstätte dienen, als Ruhepol oder Nullstelle, worauf Ruhe und Bewegung allererst bezogen werden könnten.

> Kann ich Boden und Körper gegenüber dem Boden bewegt und als Urstätte meiner Bewegungen vertauschen oder vertauscht denken? Was wäre das für eine Aenderung der Apperzeption und wie stände es mit der Ausweisung! Müsste ich nicht all das auf das Flugzeug übertragen denken an konstitutiver Geltung (der Form nach), was der Erde als meinem Boden, als Boden

---

8 Husserl 1968, S. 315 f.
9 Ebd. S. 317.
10 Ebd.

meiner Leiblichkeit überhaupt Sinn gibt? Ist das ähnlich der Art, wie ich einen fremden Leib verstehend doch meinen Primordialleib und alles, was dazu gehört voraussetze?[11]

Eine Antwort auf diese Fragen könnte sein, dass der menschliche Leib ein irdisches Produkt der Entwicklung der Biosphäre ist und damit letztlich an die Erde gebunden bleibt, auch wenn er ausschwärmt und dabei sogar die Erde verlässt. Dies wäre eine aktuelle Problematik, mit der die Astronautik bis heute zu kämpfen hat. Dies wäre aber nicht husserl'sch gedacht. Den Leib als Produkt der irdischen Evolution aufzufassen, ist schon viel zu theoretisch und widerspricht der phänomenologischen Vorgehensweise, die immer an der konkret-leiblichen Erfahrung fortläuft. Die irdische Evolution wäre für Husserl ein idealisiertes Konstrukt, da sie nicht konkret erfahrbar ist. Als theoretisches Konstrukt müsste sie aus konkreten Wahrnehmungen hergeleitet werden können, was Husserl „Ausweisung" nennt. Man muss bedenken, dass Husserl ein expliziter Kritiker der theoretischen Wissenschaften und insbesondere der mathematischen Denkweise gewesen ist[12] und durchaus der sog. ‚Konservativen Revolution' der Weimarer Republik mit Ausläufern in den Nationalsozialismus zuzurechnen ist. Dies machen schon seine Vokabeln ‚Ur-Heimat', ‚Ur-Heimstätte', ‚Ur-Territorium' und ‚Ur-Volk' evident. Auch die Betonung der Erdgebundenheit des Menschen führt in diese fatale Richtung, auf die schon Levinas eine entsprechende Replik formulierte.[13]

Husserl gibt auf die Frage, ob auch ein fliegender oder anders sich bewegender Körper als ‚Boden' im husserl'schen transzendentalen Sinne verstanden werden könnte, die Antwort, dass man erst dann bemerken würde, dass etwas fliegt oder anders sich bewegt, wenn es einen zentralen Bezugskörper gibt, und das ist eben auch beim Flugzeug die Erde.

Der Advocatus Diaboli hat aber eine weitere Idee, um die irdische Bodengebundenheit aufzubrechen. Vielleicht beständen obige Schwierigkeiten nicht, „wenn ich und wir fliegen könnten und als Bodenkörper zwei Erden hätten, von denen wir die

---

11 Ebd.
12 Siehe vor allem Edmund Husserls sog. „Krisis-Schrift": Die Krisis der europäischen Wissenschaften und die transzendentale Phänomenologie. Hg. von Walter Biemel. Haag 1976.
13 Emmanuel Levinas: Heidegger, Gagarin und wir: In Ders.: Schwierige Freiheit. Versuch über das Judentum, 1992. Frankfurt/M., S. 173–176. Darin betont er zudem gegen Husserls Horizont-Verständnis, dass mit dem ersten Menschen im Weltraum etwas vollkommen Neues und Aufregendes passierte: „Eine Stunde lang hat ein Mensch außerhalb jedes Horizonts existiert – alles um ihn herum war Himmel, oder genauer gesagt, alles war geometrischer Raum. Ein Mensch existierte im Absoluten des homogenen Raumes." Ebd. S. 176.

je andere durch Flug erreichen könnten."¹⁴ Würde dann nicht je wechselseitig eine der Erden zum Körper für den anderen?¹⁵ Husserl gibt zu bedenken:

> Aber was heißt zwei Erden? Zwei Stücke einer Erde mit einer Menschheit. Beide zusammen würden zu einem Boden und wären zugleich Körper jeder für den anderen. Sie hätten um sich den gemeinsamen Raum, in dem jeder als Körper ev. beweglichen Ort hätte, aber die Bewegung relativ immer auf den anderen Körper und irrelativ auf den synthetischen Boden ihres Zusammen.¹⁶

Erst dann, wenn es tatsächlich gegeben wäre, dass andere Sternsysteme „sekundäre Archen" wären, d.h. Himmelskörper mit eigenen Lebensformen, und gegenseitige Besuche durch Raumschiffe erfolgen würden, erst dann könnte es passieren, dass die Erde zu einem Himmelskörper unter anderen Himmelskörpern wird, da jeweils der Planet des anderen als Körper konstituiert würde. Von einer solchen Erweiterung unseres Erfahrungsfeldes sind wir aber noch weit entfernt.

Wie verhält es sich, wenn wir mit einem Raumschiff zum Mond fliegen könnten? Das Ich kann sich durchaus denken, so Husserl, dass es „als Pilot eines Flugzeuges auffahren und dort landen"¹⁷ würde, sogar, dass dort schon andere Lebewesen wären. Würde sich dadurch die Sonderstellung der Erde als Ur-Arche relativieren? Husserl meint Nein. Sein Argument ist, dass es jeweils ein Ich von der Erde aus ist, das diese Erkundungen vornimmt und entsprechende Entdeckungen macht: „Das Ego lebt und geht allem wirklich und möglich Seienden voran, […]."¹⁸ Und dieses je menschliche Ego ist eingebunden in eine irdische ‚Urhistorie', die als konstitutive Genesis den Seinssinn all seiner Unternehmungen ausmacht. Selbst wenn auf die Erde stürzende Himmelskörper alles Leben auf der Erde vernichten würden, selbst dann ist der Sinn eines solchen Ereignisses immer noch auf eine konstituierende Subjektivität bezogen, die ein solches Ereignis antizipiert: „Welchen Sinn können die zusammenstürzenden Massen im Raum, in einem als absolut homogen und *a priori* vorgestellten Raum haben, wenn konstituierendes Leben weggestrichen wird."¹⁹

---

14 Husserl 1968, S. 317.
15 Husserl nähert sich hier dem Konzept der „multiplanetaren Species", das jüngst von Elon Musk als Zukunftsperspektive für die Menschheit ausgegeben wurde. Siehe Elon Musk: Making Humans a Multiplanetary Species, Rede vom 27. September 2016 auf der International Astronautical Federation (IAF) in Mexiko: https://www.youtube.com/watch?v=H7Uyfqi_TE8 (letzter Zugriff: 10.07.2019).
16 Husserl 1968, S. 318.
17 Ebd. S. 324.
18 Ebd. S. 325.
19 Ebd.

Muss tatsächlich die kopernikanische Wende akzeptiert werden und die Homogenisierung der Welt dazu führen, dass wir uns als zufällig auf der Erde ‚herumkriechend' begreifen, befürchtet Husserl? Oder kann mit ‚philosophischer Hybris' vielleicht ein anderer Weg gefunden werden? In naturwissenschaftlicher Hinsicht wäre es natürlich lächerlich, so Husserl, bestreiten zu wollen, dass sich die Erde um die Sonne dreht und ein Planet unter anderen ist. An der Physik soll nicht gerüttelt werden, auch nicht an der durch sie betriebenen Universalisierung. Den Kampf würde man verlieren. Bestritten wird die Verabsolutierung der wissenschaftlichen Weltsicht, so als sei sie konstituierend auch für unser Selbstverständnis. Der universale Naturalismus kann nicht als transzendentale Voraussetzung unserer selbst gesetzt werden. Dies ist für Husserl eine Umkehrung der wahren Verhältnisse. Transzendental vorausgesetzt werden kann laut Husserl nur das lebende „Ego"[20]. Von diesem ausgehend macht erst alles Sinn. Auch die universale Weltsicht ist nur ein theoretisches Konstrukt des auf der Erde lebenden und mit ihr verwachsenen Menschen. Die von Husserl hier eingeführte Kategorie des ‚Seinssinns' ist also der Anker, an dem er seinen Anti-Kopernikanismus aufhängt. Er kommt zu dem Schluss, dass die Erde ebenso wenig ihren Sinn als Urheimstätte verlieren kann wie mein Leib seinen ganz einzigen Seinssinn als Urleib – auch wenn wir noch so weit fliegen. Die Urhistorie als konstitutive Genesis meiner selbst war eine irdische. Ausgehend von diesem Sinnhorizont ist die kopernikanische Lehre umzustürzen.

1. Husserls Problem mit der Raumfahrt

Der Husserl'sche Text ist insgesamt verwunderlich. 1934, als er geschrieben wurde, gab es zwar Flugzeuge, aber noch keine Raumschiffe. Die Reise mit Flugzeugen, die auf dem Erdboden starten, sich in die Erdatmosphäre erheben, um dann wieder auf dem Erdboden zu landen, sind für Husserl kein Problem. Diese Art der Flugreise ist wie der Vogelflug gut in seine Phänomenologie integrierbar. Die Flugkinästhese ist einfach als Fortsetzung der Kinästhese des Gehens phänomenologisch einsehbar. Anders ist es mit der Flugreise in Raumschiffen. Husserl spürt, dass mit der Raumfahrt die Grundfesten seiner Phänomenologie ins Wanken geraten könnten. Das Raum-Schiff hat einen Bezug zum universalen Raum selbst, zum Vakuum. Mit ihm verlässt man nicht nur die Erde, sondern letztlich alle Himmelskörper und die sich auf ihnen befindenden Gegenstände. Bei einem Außenbordeinsatz, einem sogenannten EVA (extra-vehicular activity) bleibt nur noch der eigene Leib als Referenzpunkt übrig, meist wahrgenommen als eigenes Atmen, ansonsten ist da nichts. Der für die Phänomenologie konstitutive Ausgang von Empfindungen, die dem Subjekt inhärent

---

20 Ebd. S. 325.

äußere Phänomene liefern, auf die sich das Bewusstsein intentional richtet, verliert im nichtphänomenalen Raum seine Bedeutung. Der Raum selbst, das Vakuum, ist nicht als Phänomen wahrnehmbar wie Gegenständliches. Kant hatte ihn daher nicht zu den Gegenständen möglicher Erfahrung gerechnet. Husserl versucht das Problem, das sich Kant eingehandelt hatte, indem er den Raum als a priori-Anschauungsform in die Binnenkognition des menschlichen Subjekts verlegte, zu umgehen, indem er eine auf Empfindungen basierende Raumkonstitution versucht, die jedoch das Manko hat, dass sie immer auf Gegenständliches und dessen Bewegungsfelder angewiesen bleibt und den nicht sichtbaren Raum selbst nur als ‚Zwischen' formulieren kann: „Gesehen sind die Körper, und mit dem Gesehenen erfaßt das Zwischen, das die Phantasie dann körperlich so oder so ausfüllen kann. ‚Der Raum' ist also eher mit-gesehen."[21] Im visuellen Feld ist leerer Raum nur denkbar,

> als ein Rest von visuellen Inhalten, die sich der Einspannung in die Dinglichkeitsauffassung nicht fügen; es müssen sich eben nicht alle fügen. Diejenigen, die es tun, konstituieren Dinge, die ihre Abstände, Ordnungen haben; diejenigen, die es nicht tun, konstituieren das Nichts zwischen den Dingen.[22]

Mit diesem Ansatz fällt Husserl hinter die Errungenschaften der Renaissance zurück auf einen aristotelischen Standpunkt, demgemäß der Raum eine bloße Eigenschaft bzw. ein Epiphänomen von Dingen ist, mit dem Zusatz, dass es der Ordnungszusammenhang der phänomenologisch konstituierten Dinge mit ihren Zwischenräumen ist, der den Raum konstituiert. Die Renaissance-Denker erkannten, dass der Raum den Dingen vorgängig und als universale Entität zu denken ist, aus dem man kein Stück, wie bei geordneten Dingen, herausschneiden kann. Kant hat den Raum daher zu Recht aus der Sphäre empirischer Gegenstände herausgehoben. Es war Schelling, der Kants Raumlehre adäquat weiterentwickelte. Schelling ist der Auffassung, dass es nicht notwendig sei, aus der Nichtempirizität des Raums zu folgern, dass er in das Subjekt verlegt werden müsse als a priori Voraussetzung der Erfahrung, wie Kant dies tut. Stattdessen sollte man den Raum als eine universale, reale Entität fassen, dergestalt, dass er zu den empirischen Gegenständen selbst ein apriorisches Verhältnis hat.[23] Der Raum ist ein ontologisches Apriori, nicht ein kognitives wie bei Kant. Das Vakuum hat keine materiellen Gegenstände nötig.[24] Dann jedoch müsste man akzeptieren, dass es etwas Reales gibt, das sich

---

21 Edmund Husserl: Ding und Raum. Hg. von Karl-Heinz Hahnengress und Smail Rapic. Hamburg 1991, S. 261 f.
22 Ebd. S. 257.
23 Vgl. Schelling, Anm. 4, S. 315–320.
24 Dies stimmt auch noch heute, denn die virtuellen, quantenphysikalischen Teilchen des Vakuums

jeder Wahrnehmung entzieht.[25] Damit wird der Husserl'sche phänomenologische Ansatz im Kern untergraben. Derrida hat in einem bemerkenswerten Beitrag zur chora Platons ebenfalls darauf verwiesen.[26]

In Husserls Text von 1934 scheint also als schwaches Licht auf, was als große Erkenntnis der Renaissance gilt, die Erfindung des Raums, des Vakuums, womit die aristotelischen Kategorien einer Dingontologie obsolet wurden. Während der universale Raum in der Renaissance bejubelt wurde, da er die Fesselung des Menschen an einen bestimmten Ort aufhebbar machte und einen unendlichen Möglichkeitsraum eröffnete, empfindet Husserl dies als Bedrohung. Warum? Es geht dabei um mindestens zwei Aspekte: Zum einen wird durch die Konzeption eines a priori universalen Raums die Axiomatik der Husserl'schen Philosophie in Frage gestellt, zum anderen kann sich Husserl nicht dazu durchringen, einmal selbst kognitiv abzuheben und mit den „Flügeln des Geistes" über alle Horizonte hinaus zu fliegen. Husserl bleibt seinem äußerst kleinschrittigen Verfahren der transzendental-phänomenologischen Konstitution von Wirklichkeit treu. Als Verdienst muss ihm aber angerechnet werden, dass er die Augen nicht verschließt vor den Errungenschaften seiner Zeit. Dass er 1934 die Raumfahrt thematisiert, ist sicher dem Umstand geschuldet, dass in der Weimarer Republik ein wahres Raumfahrtfieber ausgebrochen war. Mit dem Machtantritt der Nationalsozialisten wurden 1933–34 alle zivilen Raumfahrtpläne verboten und beispielsweise der Raketenübungsplatz in Berlin-Reinickendorf geschlossen.

Eine erstaunliche Tatsache ist auch, dass die Raumfahrt in der Philosophie nach dem Zweiten Weltkrieg vor allem kritisch im Kontext der Tradition der Husserl'schen Phänomenologie thematisiert wurde. Zu nennen sind hier Hannah Arendt und Günther Anders. Ausnahmen sind Helmuth Plessners Gedanken zur Raumfahrt 1949 und Hans Blumenbergs Astronoetik, die erst in jüngster Zeit aus seinem Nachlass erschien. Die breite Tradition der Husserl'schen Phänomenologie und die seines Schülers Heidegger haben durch ihre Bodenorientierung den Blick vollkommen für die Vertikale verstellt, so dass das beginnende *space age* in der Philosophie kaum wahrgenommen und reflektiert wird.

---

      sind keine gegenständlich-materiellen.
25 Weitere Ausführungen in: Marie-Luise Heuser: Space Philosophy. Schelling and the Mathematicians of the Nineteenth Century. In: Angelaki. Journal of the Theoretical Humanities, 21(2016)6, S. 43–57; online: https://de.scribd.com/document/325766538/Space-Philosophy (letzter Zugriff: 10.07.2019).
26 Jacques Derrida: Chora. Wien 1990.

2. Fliegen als Kinästhese

Die Bewegungsempfindung, die Husserl mit dem Kunstwort ‚Kinästhese' belegt, spielt phänomenologisch bei der Wirklichkeitskonstitution eine wichtige Rolle. Das bloß visuelle oder okulomotorische (mit Augenbewegungen einhergehende) Feld alleine vermag dies nicht, da Ruhe und Bewegung rein visuell nicht unterscheidbar sein müssen. Es können sich beispielsweise das, was gesehen wird und das sehende Subjekt in gleicher Weise bewegen, so dass der Eindruck entsteht, dass keine Bewegung stattfindet, da die Erscheinungsmannigfaltigkeit ja die gleiche bleibt. Erst mittels kinästhetischer Empfindungsverläufe können Ruhe und Bewegung zu unterschiedener Erscheinung gebracht werden.

Das Fliegen mit dem Flugzeug wird als kinästhetischer Vorgang empfunden. Was bedeutet dies?

Da das visuelle Feld an den Rändern begrenzt ist, treten bei kinästhetischen Veränderungen kontinuierlich und stetig Objekte von außen in das Objektfeld ein und wieder aus. Es ergeben sich sukzessive Bildfelder. Wenn es eine wiederkehrende Ordnung dieser sukzessiven Bildfelder gibt, wie beispielsweise beim Durchlaufen einer Allee, dann ist es möglich, assoziativ den Zusammenhangscharakter zu erkennen und auf eine Allee zu schließen. Dies ist aber bei der Flugreise über längere Strecken nicht möglich. Es gibt keine Wiederholungen und keinen regelhaft-gesetzmäßigen Ordnungszusammenhang, es ist also auch nicht auf irgendein spezifisches Etwas zu schließen, es sei denn, man fliegt über das Meer oder schaut in den Himmel, aber selbst da spricht Husserl vom „Scheinkörper"[27]. Für Husserl ist es aber erforderlich, dass es einen „Erfolg der Assoziation"[28] gibt. Denn erst durch die erfolgreiche Identifizierung einer regelhaft-gesetzmäßigen Ordnungsrelation ergibt sich ein einheitlicher Auffassungscharakter und damit allererst ein intentionaler Charakter. Wenn aber die Farbflächen als regelloser Bilderfluss erscheinen, dann scheint schwerlich ein Etwas identifiziert werden zu können und der intentionale Charakter geht verloren! Hier mag die Grenze der Darstellbarkeit in phänomenologischer Hinsicht erreicht sein, auch wenn sich die Farbflächen nicht inhärent zueinander regellos verhalten, sondern bei einer kinästhetischen Bewegung sich als Ganzes verschieben. Dies ist vom Fenster eines Passagierflugzeugs gut zu beobachten. Es erfüllen sich hier zudem keine Erwartungen an den zukünftigen Bilderverlauf, von Husserl „Intentionen" [29] genannt, es sei denn man kennt die Strecke. Husserl schreibt: „Die Bestimmtheit der Raumordnung und die Bestimmtheit in der Ordnung der Sichtbarkeit und der

---

27 Husserl, Anm. 18, S. 257.
28 Ebd. S. 221.
29 Ebd.

jeweiligen Ordnung des aktuellen Sichtbarwerdens gehören wesentlich zusammen."[30] Wie wir oben gesehen haben, hängt aber nach Husserl die Raumkonstitution an der Raumordnung der sichtbaren Phänomene. Was aber ist, wenn es diese Raumordnung gar nicht gibt, weil keine kinästhetische Ordnung auszumachen ist? Auch hier kündigt sich eine Grenze seiner Methode an. Husserl sieht selbst, dass er mit diesem Modell in Schwierigkeiten kommen könnte. Dies betrifft auch Eigenschaften, die sich keinem Körper zuordnen lassen, z.B. das Blau oder Schwarz des Himmels.

> Das Blau (oder, bei Hinzunahme bekannter Erfahrungen, das Schwarz, das sich im Fortgang der Annäherung in bestimmter Richtung einstellt [gemeint ist die Schwärze des Weltraums, M. H.] ist kein objektives <Blau bzw. > [sic!] Schwarz, es gehört zu keinem Ding. Es ist bloß ein subjektives Phänomen.[31]

Die Farben als elektromagnetische Erregungsmuster des Raums, die auf unsere Augen treffen, sind also für Husserl rein subjektive Phänomene, weil der (Welt-)aum kein Ding ist, dem er sie zuordnen könnte. Hier wird noch einmal mehr deutlich, wie sehr Husserl auch noch in späten Jahren einer Dingontologie anhängt. Er konzediert jedoch, dass es Wahrnehmungssequenzen geben kann, die sich nicht zu Objekten synthetisieren lassen, so beispielsweise Farbfelder, die durch „Färbungsdiskretion"[32] zerspalten sind. Hier gibt es in Husserls Texten durchaus disparat aufscheinende Anknüpfungspunkte für die sich später von ihm explizit absetzende dekonstruktive Ästhetik von Jacques Derrida oder für die defigurative von Gilles Deleuze, die beide das mimetische Repräsentationsmodell sowie die Reduzierung des Seins auf Sichtbarkeit ablehnen und daher jeweils die Grenzen des Darstellbaren aufsuchen.

Wenn es nicht ein gesetzmäßiger Ordnungszusammenhang ist, der beim Sehen aus dem Passagierflugzeug von großen Höhen aus invariant bleibt, so gibt es doch einen wichtigen Aspekt der Kinästhese, der sich bei der Flugreise realisiert. Die sukzessiven Bildersequenzen bleiben linear stetig. Diese lineare Mannigfaltigkeit des Wahrnehmungsflusses stimmt überein mit dem linearen Zeitfluss. Das stetige Vorübergleiten der Farbflächen vom Flugzeug aus gesehen kann daher geradezu als Sinnbild der Zeit erlebt werden.

---

30 Ebd. S. 223.
31 Ebd. S. 257.
32 Ebd. S. 260.

3. Flugerfahrung als Grenze für die Phänomenologie?

Mit dem aviatischen Abheben vom Boden verlieren sich ab einer gewissen Höhe die Details der irdischen Gegenstandswelt. Es sind keine Ampeln, Gartenmöbel oder Schornsteine und auch keine lebenden Wesen zu sehen. Sie verschwinden vor dem Auge, als gäbe es sie nicht. Übrig bleiben nur farbige, zweidimensional darstellbare Flächen der Landschaft, der Ackerflächen, der Stadtmuster und der Gewässer, die wie abstrakte Gemälde anmuten. Vom Orbit aus sieht man noch die Kontinente, das blaue Meer und die Wolken. Alle Einzelexistenzen sind wie ausgelöscht. Es war die bildende Kunst, die als erste darauf reagierte. Die ersten abstrakten Bilder des Tschechen František Kupka und die ersten suprematistischen Bilder der russischen Avantgarde zu Beginn des 20. Jahrhunderts, also zu einer Zeit als auch die ersten (motorisierten) Flugzeuge fliegen konnten, waren Ausdruck dieser neuen aviatischen Wahrnehmungsweise. Man kann durchaus behaupten, dass die abstrakte Kunst mit dem Motorflugzeug begann. Kasimir Sewerinowitsch Malewitsch, einer der Exponenten des Suprematismus, hat dies selbst so gesehen. Er unterteilt die Geschichte der Malerei in verschiedene Epochen: Die erste war die an der Gegenständlichkeit orientierte (Malewitsch nennt sie die provinzielle), dann folgte der Impressionismus mit ersten Auflösungen der Gegenständlichkeit, dann der italienische Futurismus als Ausdruck zunehmender Mobilisierung innerhalb des industriellen Systems und schließlich der aviatische Suprematismus mit der Erfindung des Flugzeuges.[33]

Husserls transzendentale Phänomenologie ist auf die erscheinende Präsenz von Gegenständlichkeit fokussiert. Es geht um die Apperzeption von mehrdimensionalen Erscheinungsmannigfaltigkeiten, die zu Gegenständen synthetisiert werden. Dies übernimmt er von Kant, der für seine Gegenstandsfixiertheit schon von den Romantikern kritisiert wurde. Ist dies aber ein wesentliches, unhintergehbares Moment der Phänomenologie? Wenn dies so wäre, dann würde nicht erst mit der Raumfahrt, sondern bereits mit der Flugreise sein philosophischer Ansatz in Frage gestellt. Es scheint aber im Gegenteil so zu sein, dass das Vorbeigleitenlassen von landschaftlichen Farbflächen während des Flugs geradezu eine Realisierung der phänomenologischen Methode bedeutet, die immer intentional auf die bloße Oberfläche der erscheinenden Welt gerichtet ist. Von weit oben aus sieht man aber nur noch reine Oberflächen, die an einem vorbeiziehen. Der Flugreisende im Passagierflugzeug ist der passive Voyeur, der nicht konstruktiv in die Welt eingreifen kann. Es verwirklicht sich kein produktiver Blick.

---

33 Kasimir S. Malewitsch: Die gegenstandslose Welt. München 1927 (= Bauhausbücher, Bd. 11).

II – Flug-Diskurse

Jörg Paulus (Weimar)
Im Anflug auf Braunschweig (zu Fuß) · Zur Vorgeschichte der Flugreise – auf der Chaussee und anderen fundierten Medien

1.

Wenn man das Wort „Flugreise" im alten Grimm'schen Wörterbuch nachschlägt, dann stellt man fest, dass dort Jean Paul den Erst- und Alleinvertretungs-Anspruch auf dieses Wort für sich reklamieren kann.[1] Es gibt dort genau einen Nachweis, und dieser speist sich aus dem Werk, das Jean Paul selbst als seinen Haupt- und Kardinalroman bezeichnet hat: Im 82. Zykel des *Titan* heißt es vom Satiriker Schoppe, dem soeben das „Trostamt" zugefallen ist, den Romanhelden Albano von seinem Lebens- und Liebeskummer zu heilen:

> Schoppe wußte gegen alle diese Not kein Pflaster als nach seinem schönsten Wortspiel „das Steinpflaster", nämlich eine Flugreise. Wenigstens, schloß er, hören außer Landes die Fragen über das Befinden und die giftigen Sorgen über das Antworten auf; und bei der Retour finde man viel Schmerz erspart oder gar allen aufgehoben.[2]

Das Wort Flugreise existierte – diesem Beleg zufolge – in gewisser Weise vor dem Inhalt, den wir heute mit ihm verbinden, denn ganz offensichtlich handelt es sich hier nicht um eine Luftreise, sondern um eine spontane, wie im Flug zurückgelegte Reise zu Fuß und auf Straßenpflaster. Auch wenn die Passage in Relation zu einer unmittelbar vorausgehenden gelesen werden kann, in der Schoppe statuiert,

---

[1] So jedenfalls in: Deutsches Wörterbuch von Jacob Grimm und Wilhelm Grimm. Bd. 3. Leipzig 1862, Sp. 1847: „Flugreise, *f. schnelle, im flug gethane reise, ausflug.* J.P. Tit. 3, 137." (Hervorhebung im Original), die neue Ausgabe: Deutsches Wörterbuch von Jacob Grimm und Wilhelm Grimm. Neubearbeitung. Hg. von der Berlin-Brandenburgischen Akademie der Wissenschaften und der Akademie der Wissenschaften zu Göttingen. Bd. 9. Stuttgart 2006, Sp. 694, erweitert zu: „Flugreise *f. zuss mit* flug *m* 1 schnelle, kurzfristige reise. selten" und ergänzt das in toto zitierte *Titan* Zitat um einen Nachweis aus einem Brief Jacob Grimms an Friedrich Carl von Savigny sowie um die zweite Wortbedeutung: „2 *fortbewegung, reise mit dem flugzeug*" (Hervorhebung im Original), wofür Passagen aus dem *Spiegel* und aus *Die Zeit* als Belege angeführt sind.

[2] Jean Paul: Werke. Hg. von Norbert Miller, Nachwort von Walter Höllerer. Abt. I, Bd. 3 (im Folgenden: I/3): Titan, Komischer Anhang zum Titan, Clavis Fichtiana seu Leibgeberiana. 4. Aufl. München 1980, S. 459.

ein Jüngling müsse nicht „wie der alte Spener", also der Gründervater des lutherischen Pietismus, alles „in der Vogelperspektive, von oben herab darstellen",[3] womit der Schoppe'schen Flugreise-Kur auf der Straße als Gegen-Figuration ein zugleich mystisch-theologischer und proto-aeronautischer Blick vorangestellt ist, trotz dieser Affiliation also, erscheint es abwegig, Jean Paul aufgrund seiner Wortfindung zum *Er*finder der Flugreise machen zu wollen. Und doch will ich seinen Beitrag zur Imagination und Präfiguration der Flugreise bekräftigen, allerdings nur partiell, im Zusammenspiel mit anderen Akteuren. Das Material, auf dem die Präfiguration sich vollzieht, ist dabei primär das Papier, und das Medium, in dem sie sich vorzüglich ereignet, der Brief. Die Einstellung jedoch, die sich im Dispositiv von Flug, Papier und Brief beobachten lässt, ließe sich vielleicht als ‚Chaussee-Stoizismus' bezeichnen, wie er sich in der von Schoppe umrissenen Apodemik exemplarisch ausdrückt.[4] Der vom Deutschen Textarchiv verzeichneten intermittierenden Flugbahn des Wortes ‚Flugreise' jedenfalls – bestehend aus einer flachen parabolischen Erhebung im 19. Jahrhundert, einer längeren Unterbrechung, und schließlich einer in zwei Stufen steil ansteigenden Kurve mit Höhepunkt in den Jahren 1980 bis 1989[5] – wäre somit eine subtilere Spur jenseits der *distant-reading*-Verzeichnung zur Seite zu stellen, die auf das Verbindende im Unterbrochenen abzielt.

2.

Der Brief ist im 18. und 19. Jahrhundert die privilegierte Form der Reisebeschreibung.[6] Sofern es sich um „Flugreisen" im Sinne Jean Pauls handelt, also um Reisen, die den Charakter der spontanen Ausflucht aus dem Alltag, des Ausflugs, haben, ereignen sie sich auch in Briefen in einem Modus der Flüchtigkeit und Spontaneität, einem Modus, der es mit sich bringt, dass Ungelegenheiten und Misslichkeiten eintreten und ins Brief-Ereignis eingreifen.[7] Exemplarisch hierfür sind zwei Briefe des zu dieser Zeit noch jungen Mathematikers Carl Friedrich Gauß (1777–1855) an seinen zwei Jahre älteren Freund, den ungarischen Mathematiker Farcas Bolyani

---

3   Ebd., S. 458.
4   Zu den Ursprüngen der Verbindung von Stoizismus und Apodemik vgl. Régine Chambert: Rome – le mouvement et l'ancrage ; recherches sur les conceptions morales et philosophiques du voyage dans la littérature julio-claudienne. Paris 1997.
5   http://www.deutschestextarchiv.de/search?q=Flugreise&in=text (letzter Zugriff: 10.07.2019).
6   Vgl. Reinhard M. G. Nickisch: Brief. Stuttgart 1991, S. 113–119.
7   Zur Ereignishaftigkeit des Briefes vgl. Anne Bohnenkamp/Waltraut Wiethölter (Hg.): Der Brief – Ereignis & Objekt. Katalog der Ausstellung im Freien Deutschen Hochstift. Frankfurt/M./Basel 2008; zur Relationierung von Brief und Reise vgl. darin: Wolfgang Bunzel: Schreib-/Leseszene, S. 237–247, bes. S. 241 f.

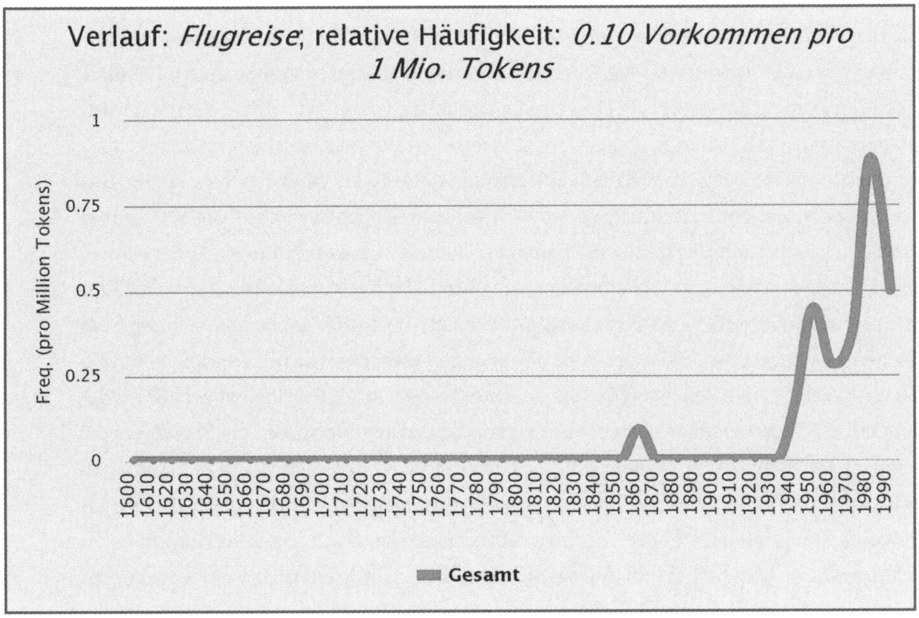

Im Anflug auf Braunschweig (zu Fuß)

Verlauf: *Flugreise*, **relative Häufigkeit:** *0.10 Vorkommen pro 1 Mio. Tokens*

Abb. 1: Verlaufskurve für das Wort „Flugreise" im Deutschen Textarchiv.

(1775–1856, in der deutschen Literatur und in den Gauß-Briefen: Wolfgang Bolyai). Beide sind sich studierend in Göttingen begegnet, nun schreibt Gauß am 29. September 1797 aus seiner Heimatstadt Braunschweig an den in der Universitätsstadt zurückgebliebenen Bolyai – auf ungewöhnlich festem und dickem Papier, das fast wie ölig imprägniert wirkt:[8]

> Verzeihe lieber Bolyai dass Du erst jetzt einen Brief von mir erhältst; die Tage die ich bisher hier zugebracht habe sind mir in einer vegetirenden Zerstreuung entflohen. Was für ein tristes Wetter der ungnädige Himmel meiner Reise geschenkt hat wirst Du wol selbst als Augenzeuge wissen, und nach meiner Ankunft schien er ein Paar Tage bloß deswegen sich besänftigen zu

---

[8] Göttingen, Niedersächsische Landesbibliothek, Cod. Ms. Gauß Briefe A: Bolyai, Nr. 3; die Wiedergabe des Textes erfolgt nach den Handschriften (Fettdruck = lateinische Schrift), auf Grundlage der insgesamt sehr zuverlässigen Edition der Briefe in: Briefwechsel zwischen Carl Friedrich Gauß und Wolfgang Bolyai, mit Unterstützung der Ungarischen Akademie der Wissenschaften. Hg. von Franz Schmidt und Paul Stäckel. Leipzig 1899 – Reprint: Carl Friedrich Gauß: Werke. Ergänzungsreihe, Bd. II: Briefwechsel C. F. Gauß – W. Bolyai. Hildesheim/Zürich/New York 1987 (im folgenden GE E/II), die zwischen deutscher Kurrentschrift und lateinischer Schrift nicht unterscheidet und Korrekturen nicht verzeichnet. Die erwähnte Konsistenz hat möglicherweise auch konservatorische Gründe: Siegelausrisspuren sind durch hinterlegtes Papier behoben, ohne dass dabei entstandener Textverlust rückgängig gemacht werden konnte.

wollen, damit ich Zeit hätte zu bereuen, daß ich meine Reise nicht noch einen Tag verschoben habe. Und diese Tage haben mir Ceremonienvisiten und Mediciniren gestolen. Denique sind die Aequinoctialstürme und die Regenzeit eingetreten, vermuthlich damit die nach Haus gewanderten Musensöhne desto ungestörter studiren können. Unter welchen Umständen also dieses Sendschreiben [Dich] gewiß noch in Göttingen treffen wird. Aber lieber Wolfgang, das [wird si]ch schon geben; zuverlässig haben wir nächsten Monat das lieblichste Wetter und [da] must Du gleich nach Braunschweig kommen. Du must à tout prix unsren Braunschweigischen Menschenschlag und unsre qualiacunque Produkte der Kunst und Natur kennen lernen. Unser Herzog ist jetzt nicht hier; ich weiß auch nicht ob er früh genug zurückkommt um von Dir gesehen zu werden. Er ist gewiß einer der ersten Menschen seines Landes. Wenn Du kannst so schreib mir die Zeit wann Du hier einzutreffen denkst. Zu Fuß kannst Du die 11 Meilen bequem in 2 Tagen machen. Den ersten Tag kannst Du über Nordheim bis Seesen gehen; nur rathe ich Dir zwischen Nordheim u. Seesen überall Dich nach dem Wege zu erkundigen zumal in dem Dorfe Echte, weil hier Stellenweise keine Chaussee u. irren leicht ist. Von Seesen wo Du bei Vienhausen oder Fährmann übernachtest, ist der Weg nicht zu verfehlen; wenn Du gut zu Fuß bist könntest Du noch eine Stunde weiter, zum Neuenkruge, oder noch eine bis Lutter wo Du bei Ernst ziemliche Bequemlichkeit [*die Gauß-Edition ergänzt:* findest]. Du addressirst an mich Charles Frederic G. Candid. en Philos. abzugeben bei Gebhard Dietrich Gauss am Wendengraben, Braunschweig. Schließlich habe noch zu melden dass wir vielleicht mit einander zurückreisen können; denn soviel von mir abhängt wird meines Bleibens hier so gar viel nicht sein, und ich sehne mich, der keuschen Jungfrau Geometria und so Gott will der geistreichen Demoiselle, Musica zu opfern.
Adieu lieber Bolyai, ich sage Dir nicht wie sehr ich mich schon im voraus darauf freue Dich hier zu haben.
Ewig Dein
Gauss.

Braunschweig den 29ten September 1797.

P. S. Auf den Fall daß ich Dich nicht früher sehe, lege ich einen Theil des Grundrisses von Braunschweig bei der ** gezeichnete Fleck ist der Ort wo ich zu finden bin.[9]

Der Schoppe'sche Augenblick der „Retour" – in diesem Falle nach Göttingen – liegt zum Zeitpunkt der Versendung bzw. des Empfangs dieses Briefes für beide Korrespondenten noch in der Zukunft. Die von seiner Apodemik prognostizierte Aufhebung allen oder zumindest manchen Schmerzes lässt sich somit noch nicht in Rechnung stellen. Im Vordergrund stehen die Misslichkeiten und Unvorhersehbarkeiten des

---

9 Adresse: „Sr. Wohlgeb. / Herrn v. Bolyai der Philosophie Befl. / bei Schuster Schaefer, kurze Straße, / durch Gefälligkeit. / Göttingen".

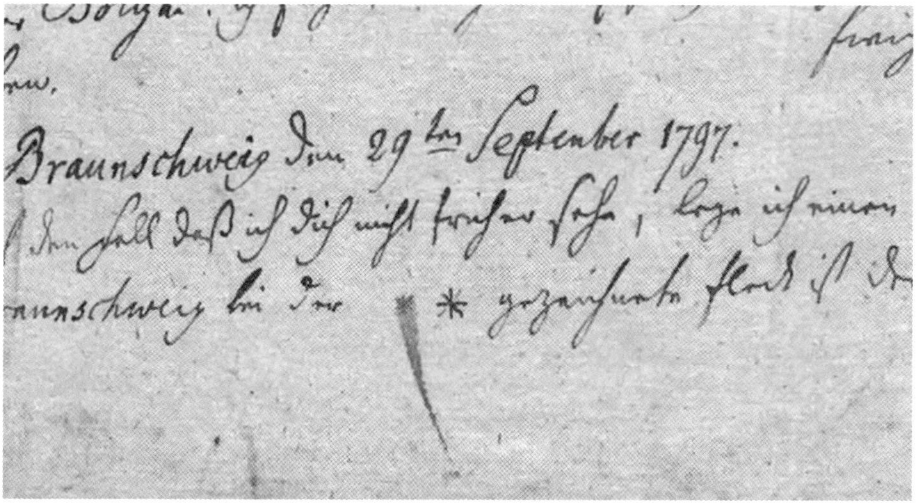

Im Anflug auf Braunschweig (zu Fuß)

Abb. 2: Brief von Gauß an Bolyai, 29.9.1797 (Ausschnitt)

Reisens ebenso wie jene des zwischenzeitlichen Aufenthaltes. Indessen machen die Subjekte der Korrespondenz ihre eigene Wandlung im Zuge der Niederschrift durch: wo „Bolyai" zu Beginn, in der freundschaftlichen Anrede, noch in deutscher Kurrentschreibschrift auf dem Papier steht, kehrt er am Ende, in der Schlussformel, in lateinischer Schrift wieder – als hätte er sich all den übrigen, lateinisch geschriebenen Orts- und Personennamen, denen er auf der vorweggenommenen Fußreise begegnen könnte, angeglichen. So kommt er auf der präfigurierten Reise als ein anderer an, als der er fortgegangen sein wird.

Die doppelte ‚Flugreise', die hier, ohne so benannt zu werden, thematisiert wird, konvergiert, wie das Postskriptum avisiert, in einer leider nicht überlieferten Luftperspektiven-Beilage: einer Grundrisskarte Braunschweigs. Der Verlust dieser Beilage wird wenigstens teilweise kompensiert durch eine doppelte Anbindung im Brief: Die beiden Asterisken, die auf sie verweisen, bilden mit ihrem verlorenen Pendant auf der Karte ein epistoläres Sternbild, in das zudem der Schreibprozess eingreift: Der erste (in meiner Transkription in Graustufe gedruckte) Asteriskus im Postskriptum ist verwischt und erinnert dadurch an die Gestalt eines Kometen mit Kometenschweif.

In dieser stellaren Konfiguration verlässt der Brieftext zuletzt die Sphäre bodennaher Misslichkeiten und eine konsolatorische Distanz zieht herauf. Rückwirkend erkennt der Leser dann, dass von Anfang an die Bodenperspektive mit einer Luftperspektive durchschossen war: Nordheim, Seesen und Lutter (am Barenberge) liegen auf dem Weg von Göttingen nach Braunschweig, das sich in der epistolären Imagination aber unversehens in die Tropen der Aequinoctialstürme und der Regenzeit verwandelt. Das Briefpapier ist damit gleichsam die Haut des ganzen Planeten.

Ein halbes Jahr plus einen Monat später wiederholt sich der Versuch einer im Brief vor-organisierten Fußreise als ‚Flugreise' (im Sinne Jean Pauls), die jedoch hier (in einem analogen semantischen Transfer) als „Schiffahrt" gekennzeichnet wird. Auch hier taucht die siderische und planetarische Konstellation wieder auf: als generischer Blick auf den Planeten, der das „Risiko der Ungewißheit [...] alle[r] menschlichen Unternehmungen" zu tragen hat, und als Asterisken-Konstellierung. Dieser Brief lautet:

> Alle die Gefahren und Wiederwärtigkeiten die ~~meinen Corpus~~ meinem corpori auf meiner Reise von Göttingen bis an das Haus wo ich diesen Brief schreibe begegnet sind und wovon ich eine lange Jeremiade componiren könnte – halten mich zwar nicht ab die bedenkliche Schiffahrt einer Fußreise wiederum anzutreten: aber sie machen mich doch behutsam keine Stunde, Minute und Sekunde festzusetzen, wo ich an diesem oder jenem Orte zu sein auf meine Ehre versichern könnte. Wenn Du also sonst noch Lust hast Deinem alten Freunde einige Stadien entgegen zu kommen, so mußt Du noch obendrein das Risiko der Ungewißheit tragen der alle menschlichen Unternehmungen der Art auf diesem Planeten unterworfen sind. So viel zum voraus: jetzt zur Sache. Ich wollte Dir nemlich melden:
> „dass ich volente Deo nächsten Montag als den 23ten April von hier abzureisen und Dienstag, den 24ten nach Göttingen zu kommen denke".
> Wenn die Umstände weder sehr günstig noch sehr ungünstig sind, so meine ich etwa um/nach 1 Uhr [in No]rdheim und nach Proportion in Nörten u. s. w. sein zu können. Wäre das Wetter sehr gut, so könnte es mir wol gelingen am Montage schon beträchtlich weiter bis [üdZ. Wort wegen Sigelausrisses unleserlich] Seesen kommen zu können; und wäre es paradiesisch*, so würde ich schon ☉tag Abend gehen und Montag vielleicht schon bis Nordheim zu kommen suchen; und dann würde ich natürlich früher überall ankommen können: gebrauch also die Vorsicht (wenn Du mir entgegen kommst) ehe Du gehst in meinem Hause nachzufragen ob ich noch nicht da sei und von da geradeswegs zum Thore zu gehen, nemlich den punktirten Weg. Ich fürchte indeß daß das Wetter nicht sonderlich
> sein werde und   [gezeichnete Karte, Abb. 2]   wohl noch etwas länger dauern.
> dann könnte es   Übrigens werde ich in Nordheim in
> der Traube zwar nicht einkehren
> aber doch zusehen ob Du da bist; allein wenn das Wetter nicht schön ist rathe ich Dir bitte ich Dich nicht so weit zu gehen. Und nun leb bis dahin recht wohl.
>
>   Dein aufrichtiger Freund
> Braunschweig d. 21ten April 98.   C.F.Gauss.
>
> * das heißt recht kalt und trocken[10]

---

10 Göttingen, Niedersächsische Landesbibliothek, Cod. Ms. Gauß Briefe A: Bolyai, Nr. 4. Adresse „Dem / Herrn von Bolyai / Wohlgeboren / Durch Gefälligkeit / Göttingen".

Im Anflug auf Braunschweig (zu Fuß)

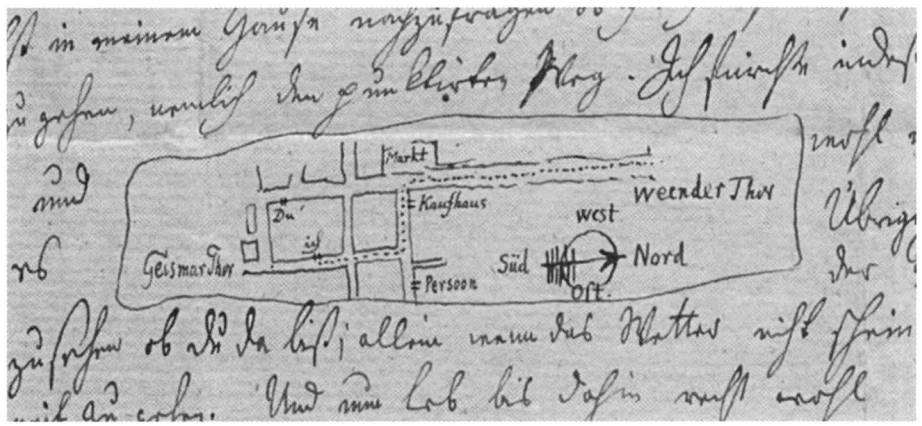

Abb. 3: Brief von Gauß an Bolyai, 21. April 1798 (Ausschnitt)

Der Asteriskus, der wie ein Planet in der Zeilennachbarschaft des astrologischen Sol-Zeichens ☉ situiert ist, führt den Leser in diesem Brief nicht zu den Sternen, sondern in ein ganz individuelles meteorologisches ‚Paradies': eines der trockenen Kälte – ganz im Gegensatz zu den Zonen der Aequinoctialstürme aus dem vorherigen Brief. Für die Erhaltung der Kartenbeilage hat Gauß hier selbst gesorgt: Der Kartenausschnitt schwimmt, klar abgegrenzt, wie eine Insel im Brieftext, umgeben von Schriftzeichen wie von Wellen – eine Einfriedung, die aber, wenn man den Fokus verschiebt, auch einen Schriftrahmen höherer Ebene bilden kann, durch den sich der Blick wie durch ein von Schriftzeichen gebildetes Wolkenloch in den Abgrund und den Straßenverlauf in der Tiefe öffnet.

3.

Die Kippfigur, die mit dieser doppelten Perspektivierung dem Brief hinterlegt wird, mag auf den ersten Blick (und im ersten Nachvollzug) subjektiv anmuten. Sie lässt sich aber – als subjektive – philologisch-kontextuell objektivieren. Flughistorisch gesehen ist die Zeit, in der dieser hier einsetzende Briefwechsel situiert ist, eine Zeit des Übergangs, in der sich briefliche und gedruckte Berichte von Flugreisen mit der Montgolfiere noch immer rasant verbreiten,[11] zugleich aber ältere Imaginationen des Blicks „von oben herab"[12] (wie es bei Jean Paul unter Rekurs auf Spener heißt) operative Gültigkeit in vielen schreib- und lebensprozessualen Umständen bewahren.

---

11 Vgl. Helmut Reinecke: Aufstieg & Revolution. Über die Beförderung irdischer Freiheitsneigungen durch Ballonfahrt und Luftschwimmkunst. Berlin 1988.
12 Jean Paul 1980, S. 459.

Wie vermittelt auch immer, kann sich im Gauß'schen Kartenausschnitt, indem er die erwähnte Rahmung bewahrt, jene Selbstpraxis erhalten haben, die Jörg Dünne als automediales Verfahren beschrieben hat, das nicht einfach ‚poetisch' gegeben ist, sondern mit den „Mitteln wissenschaftlicher Imagination überhaupt erst hergestellt"[13] wird, und als dessen später Ausläufer der hier Spener attribuierte Blick „von oben her" gelten kann. Sofern neuzeitliche kartographische Techniken dabei den Blick von oben mit dem Rückverweis auf stoische Traditionen des *contemptus mundi* verbinden, der Geringschätzung des irdischen Daseins, tragen sie bei, die Wirklichkeit konsolatorisch zu imprägnieren. Emblematische Rahmentexte im medialen Verbund mit Wolkendarstellungen koppeln solcherart Projektion und Imagination aneinander, eine Koppelung, der neuartige, aber auch individuell-eklektische kartographische Darstellungstechniken einen jeweils variablen ‚Grund' geben.[14] Im Gauß'schen Brief sind die „menschlichen Unternehmungen […] auf diesem Planeten" – und damit der Planet selbst als der Grund alles Schreibens und Beschreibens – von Schriftwolken bedeckt, mit drei Ausnahmen: den Rändern, dem Siegelausriss, der eine Art Blick in den Abgrund *hinter* der Weltoberfläche des Briefes freigibt, und dem Kartenausschnitt, der ein Schlaglicht auf die möglichen Misslichkeiten der besagten menschlichen Unternehmungen *auf* dieser Oberfläche wirft und diese durch scharf kalkulierte Logistik auszuschließen trachtet, weil ‚ich' und ‚du' ja an entgegengesetzten Punkten des Karrees vor dem ‚Geismar Thor' wohnen. Als *tritos anthropos* bewohnt eine Entität mit Namen ‚Persoon' die Karte – vermutlich der aus der südafrikanischen Kapkolonie stammende Botaniker Christian Hendrik Persoon (1761–1836), dessen Aufenthalt hier gleichsam *per occasionem* festgehalten wäre (im Register der Edition wird er nicht verzeichnet, womit der Zeichnung – zu Unrecht – ein exterritorialer Status im konstituierten Text zugeschrieben wird).

Auch ohne weitere eingezeichnete Karten bleibt die kartographisch-konsolatorische Imagination wechselseitiger Reisevergewisserung Teil der immer wieder von Stoizismus-Appellen grundierten späteren Gauß-Bolyai-Korrespondenz,[15] im Verbund mit anderen Trostwerkzeugen und zeichenproduzierenden Medien wie dem

---

13 Jörg Dünne: Kartographische Meditation. Mediendispositiv und Selbstpraxis in der Frühen Neuzeit. In Ders./Christian Moser (Hg.): Automedialität. Subjektkonstitution in Schrift, Bild und neuen Medien. München 2008, S. 331–351, hier S. 334.
14 Vgl. ebd. S. 341 f. Dünne rekonstruiert anhand von Darstellungen des 16. Jahrhunderts den Übergang von einem distanzierend „syn-optischen" zu einem aneignend „pan-optischen" Blick. Ein Beispiel für die Verbindung von epistolärer Innovation und kulturtechnischem Eklektizismus diskutiert Andrea Hübener in: Das Manicule: The Hand and Meaning ever are ally'de (zusammen mit Helga Lutz und Jörg Paulus). In: Satzzeichen. Szenen der Schrift. Hg. von Helga Lutz/Nils Plath/Dietmar Schmidt. Berlin: Kadmos 2017, S. 363–382.
15 Vgl. die Briefe Bolyais an Gauß vom 11.9.1799 und vom 11.9.1802, GW E/II, S. 31 und 43.

Rauchwerk. In diesem Sinne schreibt Gauß am 29. Mai 1799 an den in seine siebenbürgische Heimat übersiedelnden Freund:

> Ich bedaure sehr, daß ich vergessen habe, Dich um Deine Reiseroute zu befragen; ich würde dann während der Zeit wo Du unterwegs bist immer wenigstens ungefehr wissen, wo Du jetzt sitzest; zumal wo Du den letzten Jun. u. Jul. dein Pfeifchen rauchst.[16]

4.

Der Gauß-Bolyai-Briefwechsel, der sich im Lauf der Jahre zu einem wichtigen Medium der wissenschaftlichen Diskussion – namentlich des sogenannten Parallelenaxioms der euklidischen Geometrie – entwickelt, die als mathematisches Paradigma mit Gauß, Bolyai und einigen ihrer Zeitgenossen selbst an ihre Grenzen kommt,[17] lässt sich indes auch als Echo der stürmischen medialen und künstlerischen Rezeption und technischen Weiterentwicklung der Ballonfahrt seiner Zeit lesen, sowohl in der Montgolfier'schen wie auch in der Blanchard'schen Technik. Der bekannte historische Ballonaufstieg in Braunschweig im Jahr 1788, in der in mehreren Folgen erscheinenden Schrift *Blanchard, der Luftschiffer* ausführlich dokumentiert,[18] geht der Freundschaft historisch voraus. Eine unmittelbare Wirkung dieses Ereignisses auf Gauß – ganz zu schweigen von einer leibhaftigen Teilnahme daran, wie sie uns Daniel Kehlmann in seinem Roman *Die Vermessung der Welt* ausmalt (dazu unten mehr) – ist in den Quellen zwar nicht belegt, doch gibt es verschiedene literarische Referenzen, die es nahelegen, den Blick ‚von oben herab' auf die Reisebewegung eines epistolären ‚Du' mit dem technisch realisierten Blick aus dem Fesselballon in Verbindung zu bringen. Nach verschiedenen, zum Teil zeitgenössischen, zum Teil eher apokryphen bzw. posthumen Berichten war der historische Gauß, der nie eine Ballonfahrt unternommen hat, ein enthusiastischer Leser Jean Pauls. In diesem Sinne meldet zum Beispiel Charles de Villers am 2. Januar 1813 aus Göttingen an Jean Paul:

> Unter ihren wärmsten Anbetern hier ist auch zu zählen der Himmel- und Zahl- und Sideral-Mann Prof' Gauß. Der stille, sanfte, geistreiche Gauß liest und liebt sie, beynahe so leidenschaftlich als ich; – diese gemeinsame Neigung hat gegenseitige Neigung zwischen uns gestiftet, und

---

16 Ebd. GW E/II, S. 30.
17 Vgl. Paul Stäckel/Friedrich *Engel:* Die Theorie der Parallellinien von Euklid bis auf Gauss. Leipzig 1895; Hans Reichardt: Gauß und die Anfänge der nicht-euklidischen Geometrie. Wien 1985 (zuerst Leipzig 1972).
18 [Johann Daniel Curio]: Blanchard, der Luftschiffer. St. 1–7, Braunschweig 1788.

ich habe den Freund Ihnen zu danken, mit dem ich vielleicht sonst wenig Berührungspunkte gehabt hätte.[19]

Zwei Parallelviten, finden hier schon im Endlichen zusammen. Aus anderen Quellen erfahren wir,[20] dass die besondere Vorliebe von Gauß nun in der Tat den beiden Luftfahrt-Erzählungen Jean Pauls galt: dem *Kampaner Thal* von 1797 auf der einen Seite, worin ein zweifacher Aufstieg mit einer heißluftbetriebene Montgolfiere beschrieben wird, und dem 1801 erschienenen *Seebuch* des Luftschiffers Giannozzo aus dem Komischen Anhang zum *Titan*, der einen Blanchard'schen Wasserstoffballon steuert, dessen Auf- und Abstieg sich durch ein System von Gashähnen moderieren lässt. Die Überblendung von Schifffahrt, Fußreise und Luftreise im Titel dieser Schrift, der in vielerlei Hinsicht eine Fortschreibung von Laurence Sternes *Empfindsamer Reise* ist,[21] ähnelt derjenigen, die Gauß bereits einige Jahre zuvor im zweiten Bolyai-Brief – unter Aussparung des Fliegens – formuliert hatte.

Gemeinsamer Nenner zwischen Gauß' Briefen, seinen Lektüren und der Materialität des Montgolfiere'schen Ballons ist das Papier. Die Familie Montgolfiere war bekanntlich ursprünglich eine Papierfabrikantenfamilie, ihre Fabrik lag im südlichen Frankreich. „Die Montgolfiers waren zunächst einmal Papiermenschen", heißt es bei Erik Orsenna.[22] Ihre ersten Experimente stellten sie mit Papiertüten an und der mit Tieren bevölkerte Ballon, den sie 1783 auf dem Marktplatz von Annonay öffentlich aufsteigen ließen, bestand aus mit Papier gefütterter Leinwand.[23] Das Ereignis – fernab von Paris – wurde denn auch ganz amtlich zu Papier gebracht und als Protokoll in die Hauptstadt gesandt. Später wurden dann die prachtvollen Außenhüllen dieses „Zentralsymbols der Epoche" .[24], wie Lothar Müller schreibt, aus Papier der Montgolfier-Mühlen gefertigt Und umgekehrt ließ die Familie den Ballon als Wasserzeichen – wie vorher die Feder – in ihre Papiere eintragen, womit sie eine Verflechtung der Zeichen des Verkehrs und des Schreibens veranlassten, die sich bis ins 20. Jahrhundert fortsetzte, das u.a. das Luftschiff und das Flugzeug, aber auch die Schreibmaschine, in Wasserzeichen verwandelt hat.

---

19 Jean Paul: Sämtliche Werke IV 6, S. 334, Nr. 215.
20 Diese Quellen hat insbesondere der Gauß-Biograph Waldo Dunnington zusammengetragen, siehe Anmerkung 28.
21 Vgl. dazu Hans von Trotha: A Sentimental Journey. Laurence Sterne in Shandy Hall. Berlin 2018, S. 122–126.
22 Erik Orsenna: Auf der Spur des Papiers. Eine Liebeserklärung. Aus dem Frz. von Caroline Vollmann. München 2014, S. 75.
23 Ebd. S. 77.
24 Lothar Müller: Weiße Magie. Die Epoche des Papiers. München 2012, S. 189.

Ein Buch mit einem sehr eigenwilligen Papier-Schicksal war wiederum das schon erwähnte, im Frühsommer 1797 erschienene *Kampaner Thal*,[25] das Gauß theoretisch schon gelesen haben konnte, als im September dieses Jahres der Briefwechsel mit Bolyai einsetzt.[26] Der Beginn dieses Romans präfiguriert den Beginn des vorliegenden Essays, indem er die eigentliche Handlung der Erzählung mit einer ‚Flugreise' einleitet, die sich bei genauer Lektüre als eine Fußreise entpuppt:

> [B]ekanntlich [...] macht' ich *anno* 96 mit meinem Freund Karlson (er ist Titular=Rittmeister in *** Diensten) eine Flugreise durch Frankreich. Fast von Meilenstein zu Meilenstein fertigte ich an meinen Freund Viktor die besten epistolarischen Stundenzettel ab. Als ich ihm das nachfolgende Thal-Stück zugesendet hatte, setzte er mir so lange zu, bis ich ihm versprach, diesen illuminierten Nachstich der Natur auch der Drucker- und Buchbinderpresse zu gönnen, nicht blos der Briefpresse allein. Das thu' ich denn.[27]

Der ‚Flugreise' des Erzählers und seines Begleiters Karlson, die wie jene Schoppes und Albanos an die Infrastrukturen des Bodens geknüpft ist (dort das Straßenpflaster, hier die Meilensteine), ist nun allerdings geographisch eine andere räumliche Orientierung und Sinn-Dimension eingeschrieben als den beiden berühmten Ballonfahrten am Ende der Erzählung: Ist jene horizontal, so sind diese vertikal ausgerichtet. Zugleich sind beide Orientierungsformen aber narrativ aneinander gekoppelt – durch die ‚horizontale Himmelfahrt' des Spaziergangs durch das titelgebende Tal – und in der integrierenden Erzählerinstanz. Vielleicht allzu einseitig hat freilich der Gauß-Biograph Waldo Dunnington auf den vertikalen, metaphysisch-religiösen Eindruck abgehoben, den die Lektüre des *Kampaner Thals* auf den Mathematiker machte.[28] Zu bedenken sind daneben eben auch der ‚geometrische' Aspekt und

---

25 Näheres dazu in meinem 2018 erscheinenden Aufsatz: Spezielle Charaktere. Das Habitat der Buchstaben in der literarischen Anthropologie. In: Lorenz Engell/Christiane Voss (Hg.): Medienanthropologische Szenen. Paderborn.

26 Allerdings schreibt Bolyai 1855, also nach Gauß' Tod, an Wolfgang Sartorius von Waltershausen, der mit Gauß befreundet gewesen war, dieser habe nicht vor 1804, der Zeit seiner erwachenden Liebe zu Johanna Osthoff, seiner späteren ersten Ehefrau, ihm (Bolyai) gegenüber Jean Paul erwähnt (GW E/II, S. 154 f). Er bezieht sich dabei zurück auf einen Brief aus jenem Jahr, in dem Gauß enthusiasmiert Passagen aus Jean Pauls *Hesperus* und aus Rousseaus *Julie ou la Nouvelle Héloïse* zitiert (GW E/II, S. 80, Brief vom 25.11.1804). All dies ist indes nicht hinreichend, eine frühere Jean Paul Lektüre bei Gauß auszuschließen.

27 Zitiert nach der Erstausgabe: Das Kampaner Thal oder über die Unsterblichkeit der Seele; nebst einer Erklärung der Holzschnitte unter den 10 Geboten des Katechismus. von Jean Paul, Erfurt: Hennings 1797, S. 6–7 der Titel-Erzählung.

28 Die Beiträge von Waldo Dunnington sind bibliographiert in: Eduard Berend: Jean-Paul-Bibliographie, neu bearbeitet und ergänzt von Johannes Krogoll, Stuttgart 1963, Nr. 1723, 1733, 1735, 1858.

sein Verhältnis zur Materialität des Buches, in das die Ereignisse und Diskussionen zwischen inaugurierender ‚Flugreise' und finaler Ballonauffahrt gefügt sind, und die Relation, die sich ergibt, wenn der Briefschreiber Gauß sich in der Gestaltung seiner Briefseiten vielfach an aus Manuskriptkultur stammenden Druckpraktiken orientiert – dem Einfügen von Asterisken, Index-Händen und gestochen scharfen Abbildungen – und damit umgekehrt verfährt wie der Erzähler des *Kampaner Thals*, der Produkte der ‚Brief-Presse' in solche der ‚Bücher-Presse' transformieren will. Das Gauß'sche Handexemplar des *Kampaner Thals* konnte ich leider bislang nicht ausfindig machen. Das ist bedauerlich, weil es sich um ein Buch handelt, dessen Entstehung mit dem Einsatz unterschiedlich schwerer Papiere verbunden ist: Das *Kampaner Thal* wurde bei einem Anfänger im Verlagsgeschäft, dem Erfurter Wilhelm Hennings, publiziert. Für Jean Paul bedeutete dies letztlich nur Ärger. So verkalkulierte sich der Verleger zum Beispiel beim Papierbedarf, was dazu führte, dass das Buch auf qualitativ sehr unterschiedlichem Papier gedruckt werden musste. Das passte aber auch wieder mit der Tatsache zusammen, dass es aus zwei sehr heterogenen Teilen besteht: der schwergewichtigen sogenannten ‚Unsterblichkeitsabhandlung', die noch einmal den Haupttitel *Das Kampaner Thal* trägt, mit der erwähnten ‚Flugreise' beginnt und mit dem doppelten Ballonaufstieg endet, sowie aus einem leichtgewichtigen komischen Anhang, der *Erklärung der Holzschnitte unter den 10 Geboten des Katechismus*, die an Lichtenbergs Hogarth-Deutungen anschließt und eine recht aberwitzige Gegenlektüre der Bildergeschichten zu Szenen aus dem Alten Testament darbietet, wie sie Jean Paul im Bayreuther Katechismus vorgefunden hat.[29]

Im Teil über die Unsterblichkeit der Seele wird in sieben ‚Stationen' von Gesprächen und Erlebnissen im titelgebenden, in den Pyrenäen gelegenen Kampaner Tal berichtet, wohin der Erzähler gelangt ist und über das er am Ende auch im Ballon aufsteigt. Alexander Honold hat die Unsterblichkeitsabhandlung in einem glänzenden Aufsatz als „horizontale Himmelfahrt" (so heißt es bereits im Primärtext) analysiert, die sich narratologisch als Verschränkung von steigender und fallender Zeit beschreiben lässt. „Was sich im Vorgang des Erzählens wie der Lektüre mitteilt", so Honold,

> ist die Genese des Textes selbst; sie vollzieht sich durch die akkumulierende Zeit eines wachsenden, mit jedem weiteren Handlungsglied, jedem weiteren Zeichenkomplex zunehmend reicher und vollständiger werdenden Gesamtbildes, das vom Ende her als (mehr oder minder) erfüllter, ausgeschriebener Text erscheint. Der Preis allerdings, der für die Werkgenese zu

---

29 Alexander Honold hat darauf hingewiesen, dass beiden Titeln ein doppelter ‚Klappmechanismus' eingeschrieben ist (Ders.: Die Jenseitsreise als horizontale Himmelfahrt: Auf den Spuren von Dantes *Commedia* in Jean Pauls *Kampaner Tal*. In: Jahrbuch der Jean-Paul-Gesellschaft 46(2011), S. 51–96, hier S. 61); die originale Titelseite faltet die Zusammenhänge jedoch noch weiter auf, siehe Anmerkung 27.

entrichten ist, besteht in der vergehenden, dahinströmenden Zeit unwiederbringlicher Verluste, jenem Fließen der Zeit, das wie der Wasserlauf stets nur bergab führt [...]. Dies ist die fallende Zeit, die dem Ansteigen des Werkes die Waage hält.[30]

Die Ballonfahrten selbst, in welchen der Text kulminiert, werden von Honold indes eher beiläufig zur Kenntnis genommen.[31] Dabei ist gerade die Ballonszene, indem sie Auf- und Abstieg zusammenfließen lässt, als eine umgekehrte Figuration der rhetorischen Figur des *mis-en-abyme* zu verstehen – wörtlich der In-Abgrundschickung, im rhetorischen Sinne das Enthaltensein des Bildes im Bild: Nicht in den Dante'schen Abgrund der Tiefe, sondern in den inversen Abgrund des Himmels steigen die Luftschiffer zuletzt auf und erfahren dabei das Verschwinden des Erdbodens in Nacht und Abgrund und die Konsolatorik der Sterne:

> Plötzlich stockte unser Flug – wir blickten hinunter in das von der Tiefe und der Nacht verschlungene Tal, und nur die Lichter des Schlosses schimmerten zusammenfließend hinauf – eine westliche Wolke hing vor uns in Gestalt einer weißen Nebelbank, und ein schwarzer Adler glitt wie ein Todesengel von Morgen vorüber und durchschnitt die lichte Wolkensäule und suchte seinen Gipfel – und ein kaltes Wehen zog uns spielend gegen die Insel aus Dunst – das *Abendrot* war schon gegen Mitternacht unter der Erde fortgezogen und wandelte über das geliebte Frankreich als künftige *Aurora* … O wie richtete sich der innere Mensch unter den Sternen auf und wie leicht wurde über der Erde das Herz …[32]

Solchen effektvollen Reinszenierungen des Spener'schen Blicks ,von oben herab' in die Tiefe stehen, wie schon erwähnt, Effekte der Druck- und Papiergeschichte zur Seite. In Papiergewicht gerechnet, ist es nämlich so, dass das *Kampaner Thal* im Produktionsprozess immer mehr an Gewicht verliert, weil der Verleger in seiner Papiernot zunehmend auf billigeres, und das heißt leichteres Papier zurückgreifen musste. Dies schlägt insbesondere im 10-Gebote-Teil des Buches zu Buche, wo das Papier zum Teil so dünn ist, dass – auffällig vor allem auf den Holzschnitten – die Buchstaben der Gegenseiten zu erkennen sind, namentlich am Himmel, wo die Lettern wie Fesselballons am rastrierten Himmel aussehen:

---

30 Honold 2011, S. 81.
31 Er beschränkt sich im Wesentlichen auf eine Fußnote mit Verweis auf: Sabine Schmidt: Wenn Frauen in die Luft gehen. Aspekte eines Kollektivsymbols bei Jean Paul, August Lafontaine und Adalbert Stifter. In: Rudi Schweikert (Hg.): Korrespondenzen. Festschrift für Joachim W. Storck. St. Ingbert 1999, S. 175–200.
32 Jean Paul 1797, S. 147.

Jörg Paulus

Abb. 4 Jean Paul: Das Kampaner Thal. Holzplatte des siebenten Gebots (Ausschnitt)

Auf der Suche nach weiteren belastbaren Papierbelegen für die Luftbuch-Leidenschaft des Mathematikers Gauß stößt man in der Stadtbibliothek Braunschweig auf eine Ausgabe von Jean Pauls *Titan*, die mit eigenhändigem Besitzvermerk von C. F. Gauß sowie mit handschriftlichen Korrekturen und Verweisen versehen ist. Der Besitzvermerk findet sich auf dem sogenannten ‚Fliegenden Blatt' beider Bände, wie das frei bewegliche Gegenblatt zur fest eingeklebten Hälfte des Vorsatzblattes von den Buchherstellern genannt wird.[33]

Der Luftschiffer Giannozzo hat seinen Auftritt bekanntlich erst im ‚Komischen Anhang' des zweiten von insgesamt vier Bänden des Romans. Im Exemplar aus der Gauß'schen Bibliothek hat dieser Text nun aber einen eigenartigen Ort – oder auch Nicht-Ort. Die Tatsache, dass Bücher zu seiner Zeit unaufgeschnitten und in der Regel auch ungebunden in die Hände der Leser kamen, führte manchmal zu Problemen, eröffnete aber auch Möglichkeiten der individuellen Gestaltung. Im Falle des Gauß'schen Exemplars befindet sich das Vorwort zum ‚Komischen Anhang'

---

33 Stadtbibliothek Braunschweig, Signatur I 25/307.

Im Anflug auf Braunschweig (zu Fuß)

Abb. 5: Jean Paul: Titan. Zweiter Band, Exemplar Carl Friedrich Gauß'

deplaziert am *Anfang* des zweiten der gebundenen Bände. Hier die berühmten Sätze aus der ‚Vorrede' im Gauß'schen Originalexemplar, in dem die Druckerschwärze auf der gegenüberliegenden Seite, der Rückseite des Innentitels, deutlich abgefärbt hat:

> Fast der ganze komische Anhang wird von der Geschichte eines Reisenden nicht zu Wasser sondern zu Luft gefüllt. Da der wilde Mensch sie selber geschrieben und uns die Nutazions= und Aberrazionstafeln seines Erd= und seines Himmelskörpers auf seinem Luftschiff keck und offen hingelegt hat: so ersuch' ich weniger den Leser von Verstand als den andern, daß er zuweilen einen Unterschied mache zwischen den Meinungen des Luftfahrers Giannozzo und meinen eignen.[34]

Nicht nur, dass die hier formulierte Verbindung von Astronomie und literarischem Meinungskalkül mit einem Asteriskus als Bogensignatur unterlegt ist, stellt eine retrograde Verbindung zur Briefpraxis des jungen Gauß her. Zwei weitere Dinge sind an diesem Blatt und seinen Nachfolgern von Interesse: Zum einen begegnen wir hier den Wörtern Luft und Reise zwar nicht in einem Wort, aber doch in einem Sinnzusammenhang, zum anderen zeigt es sich, wenn man bis zum Ende der Vorrede weiterblättert, dass der eigentliche Textteil der Luftfahrt-Geschichte Giannozzos, den der Luftschiffer laut Romanfiktion ja selbst geschrieben hat, also das gedruckte Luftschiff-Journal, überraschend im Handexemplar des Mathematikers fehlt und

---

34 Titan / von / Jean Paul. / Zweiter Band. / Berlin, 1801. / In der Buchhandlung des Commerzien=Raths Matzdorff, S. I.

Jörg Paulus

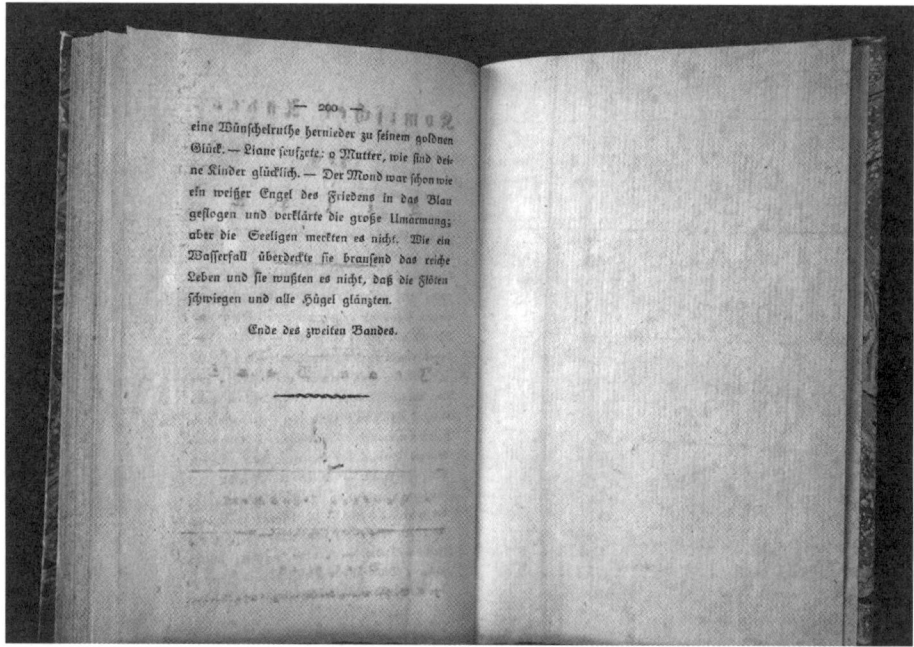

Abb. 6. Jean Paul: Titan. Zweiter Band. Exemplar aus dem Besitz von Carl Friedrich Gauß im Original (li.) und Spiegelung: (re.).

offenkundig auch nie eingebunden war. Was aber nicht heißt, dass Giannozzo keine Spur darin hinterlassen hätte. Auf der letzten Seite des zweiten Bandes ist der ‚Komische Anhang' nämlich durchaus *ex negativo*, nämlich als Abdruck, erhalten geblieben, was man noch besser auf der Spiegelung der Seite erkennen kann, worin die Überschrift ‚Komischer Anhang' sich noch entziffern lässt.

Gleichsam der Ankerplatz der Erzählung ist also im Buch zurückgeblieben, das Logbuch selbst aber davongeflogen – fast so, als habe Gauß durch separate Bindung die Illusion stark machen wollen, dass es sich um ein wirkliches, gleichsam vom Himmel gefallenes Luftschiff-Journal handelte, wie es in dem berühmten ersten Satz dann unterstellt wird, der im Erstdruck des Berliner Verlegers Matzdorff lautet (Druckfehler sind in eckigen Klammern emendiert):

> Treft ihr einen Schwarzkopf in grünem Mantel einmal auf der Erde, und zwar so, daß er den Hals gebrochen: so tragt ihn in eure Kirchenbücher unter dem Namen Giannozzo [ein]; und gebt dieses Luft=Schiffs=Journal von ihm unter dem Titel „Almanach für Matrosen wie [sie] seyn sollten" heraus.[35]

---

35 Ebd. Komischer Anhang, S. 1.

5.

Nun kann man natürlich aus der Perspektive einer Kulturgeschichte der Flugreise nach dem Nutzen solch literarischer Flugherstellungskunststücke mit Blick auf reale Flugreisen fragen. Wohin führen solcherlei divergierende Referenzketten über die Relaisstationen lebendiger und nicht-lebendiger Akteure? Eine Antwort darauf kann in zwei Richtungen weisen: Mit Blick auf irdische Reiseziele bleibt jede sternisierende bzw. jean-paulisierende Reise, ob zu Land, zu Wasser oder durch die Luft, immer an die Überwindung von erzählnotwendigen Hindernissen gebunden. So auch diejenige Giannozzos, der sich zum Beispiel mit Hilfe des Ballons aus mancherlei unglücklichen Situationen und auch aus einer Gefängnishaft befreit. In dieser Hinsicht bleibt die Literaturgeschichte der Flugreise im Ballon vom Anfang bis zum Ende des 19. Jahrhunderts defizitär, unselbständig und unsouverän, wie wohl die Ballonflugtechnik insgesamt. In die Infrastruktur- und Mentalitätsgeschichte des technischen Fortschritts trägt sie sich im Grunde nicht ein – und dem Brockhaus von 1838 wäre wohl auch am anderen Ende des Jahrhunderts, als mit Robert Louis Stevensons unvollendet gebliebenem Roman *St. Ives. Being The Adventures of a French Prisoner in England* (1897) eine weitere literarische Ballon-Fluchtgeschichte geschrieben wird, nicht viel Neues hinzuzufügen gewesen: „Eine nützliche Anwendung hat man von der Luftschifffahrtskunde (Aeronautik, Aerostatik) noch nicht machen können, weil man, wie schon bemerkt, die Lenkung des Ballons nicht in der Gewalt hat."[36] Die lange Latenzzeit des Wortes ‚Flugreise', das laut Deutschem Textarchiv zwischen dem *Titan* zu Beginn des Jahrhunderts und dem Jahr 1900 nur noch einmal, und nunmehr semantisch tatsächlich auf das Fliegen (des Pfauentruthuhns) im wörtlichen Sinne bezogen,[37] Aktivität zeigt, begleitet diese Stagnationszeit.

Literatur ermöglicht es aber auch, abstrakte Probleme wie das Parallelen-Problem in imaginäre Flugreiseerfahrungen zu übersetzen. In seinem 2005 erschienenen Erfolgsroman *Die Vermessung der Welt* lässt Daniel Kehlmann den Braunschweiger Schüler Carl Friedrich Gauß an einer frühen Ballonfahrt teilnehmen, die es so, wie Kehlmann sie beschreibt, im Jahr 1788 zugleich gegeben hat und nicht gegeben hat. Die Episode folgt im Kapitel *Der Lehrer* unmittelbar auf die für Gauß' Karriere entscheidende Audienz beim Herzog von Braunschweig. Und sie beginnt mit einem historisch leicht nachweisbaren Fehler, einer von Kehlmann offenbar beabsichtigten Personenverwechslung:[38] „Wenig später kam Pilâtre de Rozier in die Stadt. Gemein-

---

36 http://www.zeno.org/Brockhaus-1837/A/Luftballon (letzter Zugriff: 10.07.2019).
37 Alfred Brehm: Illustriertes Thierleben. Bd. 4. Hildburghausen 1867, S. 485, siehe http://www.deutschestextarchiv.de/book/view/brehm_thierleben04_1867/?hl=Flugrei%C5%BFe&p=515 (letzter Zugriff: 10.07.2019).
38 Kehlmann schreibt die Braunschweiger Ballonfahrt von 1788 sozusagen der falschen Partei im

sam mit dem Marquis d'Arland war er in einem Korb, welchen die Montgolfieres an einem mit Heißluft gefüllten Beutel befestigt hatten, fünfeinhalb Meilen über Paris geflogen."³⁹ Danach befragt, wie er die Luftfahrt wahrgenommen habe, soll Pilâtre laut Kehlmann geantwortet haben: „So besonders sei es nicht gewesen; man meine, am gleichen Ort zu bleiben, während der Erdboden unter einem in die Tiefe sinke. Doch das verstehe nur, wer es erlebt habe."⁴⁰ Der Schüler Gauß nimmt ihm das ab und bringt für seine Bewerbung als Ballonfahrer eine andere Perspektive ins Spiel: den Blick nach oben statt in die Tiefe. Es gehe ihm um die unverschleierte Ansicht der Sterne. „Na gut", sagt Pilâtre, „wenn es um die Sterne gehe" sei er einverstanden.⁴¹ Er willigt also ein und wie der kleine Gustav in Jean Pauls *Unsichtbarer Loge*, der unterirdisch erzogen wird, um vom Anblick der großen Welt erst zu gegebener Zeit überwältigt zu werden, muss sich auch Gauß zunächst am Boden der Gondel niederkauern, ehe er dann freie Sicht bzw. Übersicht erhält – zunächst nach unten und später auch nach oben gerichtet, und mit einem Wende- und Höhepunkt in der Mitte:

> Das in die Ferne gekrümmte Land. Der tiefe Horizont, die Hügelkuppen, halb aufgelöst im Dunst. Die heraufstarrenden Menschen, winzige Gesichter um das noch brennende Feuer, daneben die Dächer der Stadt. Ein Weg schlängelte sich durch das Grün, darauf ein insektenkleiner Esel. Gauß klammerte sich an den Korbrand, und erst als er den Mund zumachte, wurde ihm klar, daß er die ganze Zeit geschrien hatte.⁴²

Und später:

> Die Dämmerung schien wie Nebel in den noch hellen Himmel zu steigen. Ein paar letzte Flammen, das Rot am Horizont, dann keine Sonne mehr, dann die Sterne. […] Wir sinken schon, sagte Pilatre. Nein, bettelte [Gauß], noch nicht! Soviele von ihnen, und jede Minute mehr. Jeder eine sterbende Sonne, und alle folgten ihren Bahnen.⁴³

Damit ist auch Gauß auf seine Bahn gesetzt, die des Beobachters und Berechners von Umlaufbahnen und vielem anderen: Er wisse es jetzt, dass alle parallelen Linien

---

Ballontechnologie-Krieg der 1780er Jahre zu. Nicht Pilâtre de Rozier, der Pilot der Montgolfier'schen Heißluftballons, sondern sein nicht minder berühmter Konkurrent, der Überflieger des Ärmelkanals Jean-Pierre Blanchard war damals ja in Braunschweig mit seinem mit Wasserstoff gefüllten Ballon aufgestiegen.

39 Daniel Kehlmann: Die Vermessung der Welt. Reinbeck 2005, S. 63.
40 Ebd.
41 Ebd. S. 65.
42 Ebd. S. 66.
43 Ebd. S. 66 f.

einander im Unendlichen berühren,⁴⁴ so statuiert er – und der Gauß-Bolyai-Briefwechsel mit seinen auf zwei geographisch divergierende Parallelviten verteilte Diskussionen des Parallelen-Problems holt an genau dieser Stelle die Fiktion wieder ein.

---

44 Ebd. S. 67.

Jadwiga Kita-Huber (Krakau)
Die Ballonfahrt in der polnischen Literatur der Aufklärung, mit einem Blick auf Jean Pauls *Luftschiffer Giannozzo*

1.

Unabhängig von nationalen Zugehörigkeiten faszinierten die ersten Luftfahrten alle Menschen, die am epochalen Projekt der Aufklärung interessiert waren. Sie wurden zu einem europäischen Ereignis par excellence. Die meinungsbildende Warschauer Monatsschrift *Pamiętnik historyczno-polityczno-ekonomiczny*, die über epochemachende Ereignisse, Gesetze, Personen, Orte und Schriften berichtet, hielt in ihrer Ausgabe vom Mai 1789 folgende Denkwürdigkeit fest:

> Blanchard, jener Franzose, der die von den Gebrüdern Montgolfier erfundene Kunst des Schwebens in der Luft vervollkommnete und zur Gewohnheit machte, kam, nachdem er dieses für unser Zeitalter so ungewöhnliche Spektakel bereits verschiedenen Nationen vorgeführt hatte, auch nach Warschau, um die Augen der Polen mit seiner Kühnheit und Gewandtheit zu verwundern, zu erfreuen. Es handelte sich bereits um die 34. Luftreise dieses furchtlosen Menschen. Am 10. Mai hob er in einem aus Gummi-Taft genähten Ballon, 90 Ellen im Umfang, im Foksal-Garten nahe der Nowy Świat-Straße ab: es war ein Uhr mittags. Die Seile, die aus dem die Ballonhülle bedeckenden Netz nach unten liefen, hielten das leichte Schiffchen, dem der Navigator und seine Begleiterin bei dieser luftigen Reise ihr Leben anvertrauten. Der Südostwind bewirkte, dass der Ballon, im Aufstieg in unermessliche Höhen begriffen, fast stetig an der Weichsel entlang glitt und so fast von jedem Ort in der Hauptstadt zu sehen war. Zu guter Letzt, nach 45 Minuten, ließen sich die Luftschiffer ohne den geringsten Schaden in Białołęka am anderen Weichselufer herab.[1]

Der Bericht über die in Warschau organisierte ‚außergewöhnliche Schau' und den Ballonaufstieg Jean Pierre Blanchards ist nicht die erste öffentliche Erwähnung des Ballons in Polen. Die Nachricht über die neue Erfindung erreicht dank des internationalen Mediums der Presse binnen kurzer Zeit alle europäischen Großstädte, wobei der zeitliche Verzug zum Zentrum des Geschehens nicht besonders gravierend ist. Werden in Frankreich die ersten Heißluftballon-Versuche erstmalig im August/

---

1 Pamiętnik historyczno-polityczno-ekonomiczny. Przypadków, Ustaw, Osob, mieysc i Pism Wiek nasz szczególniey interesuiących, 1789, Bd. I/II, Teile I–VI, S. 534 f. (Übersetzung von mir – J. K.-H.).

September 1783, also nach der ersten Vorführung vor dem französischen König Ludwig XVI, bekannt gegeben, erscheint die erste polnische Meldung bereits einen Monat später, und zwar am 08.10.1783 in der Zeitung *Gazeta Warszawska*.² Auch wenn diese Meldung noch in einem trocken-sachlichen Stil gehalten und zum Teil aus Zitaten französischer Quellen zusammengesetzt wird, sorgen die einige Tage später folgenden polnischen Berichte für eine wahre Sensation und unablässig steigende Spannung: Am 15. Oktober referiert *Gazeta* ausführlich über den Pariser Versuch vom 19. September, an dem die Brüder Montgolfier in Anwesenheit des Königs „das bauchige Gefäß mit einem Korb" mit drei Tieren am Bord (Hammel, Ente und Hahn), „welche es überlebten und dabei gar nicht wild geworden sind", aufsteigen ließen.³ Am 22. Oktober wird über eine mögliche Fahrt der Montgolfiers selbst spekuliert,⁴ am 8. November über die hierzu getroffenen Vorbereitungen⁵ und am 12. November wird schließlich über die ersten Erhebungen des Menschen mit „dieser Maschine"⁶ berichtet. Auch die erste Ballonfahrt über Paris, die der Physiker Jean-François Pilâtre de Rozier und der Offizier François d'Arlandes am 21. November 1783 unternahmen, wird verzeichnet.⁷ Dabei werden die polnischen Leser in dieser Frühzeit der Luftreise nicht nur über die realen Flüge auf dem Laufenden gehalten, sondern auch mit den Grundlagen der Konstruktion eines Ballons und der praktischen Nutzung der Erfindung vertraut gemacht. In Anlehnung an französische Vorlagen werden Ratgeber veröffentlicht, wie man selbst einen Ballon konstruiert; ein Beispiel ist das bereits 1784 erschienene Handbuch Józef Osińskis mit dem Titel *Robota machiny powietrznej Pana Montgolfier* [dt. Wie man die Luftmaschine des Herrn Montgolfier erbaut].⁸ Bemerkenswerterweise geht die Luftschiff-Begeisterung der polnischen Bevölkerung, insbesondere des polnischen Adels, über die bloße, durchs Lesen zu befriedigende Neugier hinaus und führt zu einer Welle wirklicher Experimente mit einem Ballon sowohl in Städten wie Warschau, Krakau,⁹ Kamieniec und Puławy als auch auf eher abgelegenen Gütern des Adels. Angesichts der hohen Anzahl der durchgeführten Versuche und der ihnen geschenkten Aufmerksamkeit wird in Bezug auf die 1780er

---

2   Gazeta Warszawska vom 8. Oktober 1783, Nr. 81, S. 3–4.
3   Gazeta Warszawska vom 15. Oktober 1783, Nr. 83.
4   Gazeta Warszawska vom 22. Oktober 1783, Nr. 85, S. 3.
5   Gazeta Warszawska vom 8. November 1783, Nr. 90, S. 5.
6   Gazeta Warszawska vom 12. November 1783, Nr. 91, S. 6. Mehr zu diesem Hintergrund vgl. auch Edmund Rabowicz: Stanisław Trembecki w świetle nowych źródeł. Wrocław 1965, S. 273.
7   Gazeta Warszawska vom 13. Dezember 1783, Nr. 100, S. 6–7.
8   Vgl. Józef Osiński: Robota machiny powietrznej Pana Montgolfier. Warszawa 1784 und Magdalena Górska: Balon. In: Tomasz Chachulski (Hg.): Czytanie Naruszewicza. Interpretacje. Wrocław 2000, S. 177–194, hier S. 178 f.
9   Vgl. Opisanie doświadczenia czynionego z banią powietrzną w Krakowie dnia 1 kwietnia roku 1784 puszczoną z Ogrodu Botanicznego na Wesołej, Kraków 1784 (hg. Jan Jaśkiewicz).

Jahre sogar von einer „Ballon-Krankheit"[10] gesprochen, auch wenn die Einstellung zur Luftfahrt bei vielen – selbst den ‚Ballonkranken' – ambivalent ist.

Der erwähnte Warschauer Ballonaufstieg Jean Pierre Blanchards im Mai 1789 wird zu einem der Schlüsselereignisse im Warschau des Zeitalters der Aufklärung,[11] das sich auch in anderen Bereichen geltend macht. Wie das Quellenmaterial belegt, befeuert die Ballonfahrt die aufklärerischen Ideale und liefert Stoff für Diskussionen über die neue Machtzunahme des Menschen. Die realen Flüge haben auch direkte Auswirkungen auf die entstehende polnische Literatur (Poesie und Prosa), die auf die neue technische Errungenschaft auf unterschiedliche Weise – thematisch, motivisch, aber auch strukturell – reagiert. Die am Beispiel der Ballonfahrt in ganz Europa sichtbaren Wechselwirkungen von Technik, Wissenschaft und Literatur gewinnen im polnischen Sprachraum zusätzliche Vektoren, werden hier religiöse und politische Fragen verstärkt mit einbezogen. Zudem treten in der polnischen Literatur (und Presse) schon in den 1980er Jahren des 18. Jahrhunderts die positiven und die negativen Konnotationen des Ballons nebeneinander auf, während es im westlichen Europa erst um 1800 zu einem Umschwung in der Einstellung zur Ballonfahrt kommt.[12] Die Ballonfahrt wird zwar primär als Ausdruck des menschlichen Fortschritts gedeutet, mit dem sowohl die technische als auch die kulturelle und politische Entwicklung gemeint sind. Gleichzeitig wird eine dichotomisch entgegengesetzte Einstellung spürbar, die das risikohafte, kontingente Moment der Luftfahrt hervorhebt und die mögliche Absturzgefahr auf alle Bereiche der menschlichen Aktivität metaphorisch bezieht, wie die folgenden Beispiele zeigen werden. Einerseits haben wir es also mit einer Apotheose des Ballons zu tun, andererseits mit der Befürchtung um die Richtung der zivilisatorischen Entwicklung: Wohin führt die technisch ermöglichte Himmelfahrt, die metaphysische Entzauberung des Himmels?

Darüber hinaus scheint sich an der literarischen Behandlung der Ballonfahrt im polnischen Sprachraum noch eine weitere und weiterführende Entwicklung innerhalb der polnischen Literatur abzuzeichnen. An der Entscheidung für oder gegen die Einbeziehung der aerostatischen (wissenschaftlich erfassbaren) Luftfahrt bzw. ihre Umkodierung lassen sich zwei künftige Tendenzen dieser Literatur erkennen: (1) die in Richtung Moderne führende Traditionslinie, zu der etwa Cyprian K. Norwid gehört, der polnische Klassiker der modernen Lyrik[13] und Verfasser der Novelle *Das*

---

10 Edmund Rabowicz: Stanisław Trembecki w świetle nowych źródeł. Wrocław 1965, S. 275.
11 Vgl. Jan Kott/Stanisław Lorentz: Warszawa wieku Oświecenia. Warszawa 1986, S. 186 f.
12 Vgl. Jürgen Link: „Einfluß des Fliegens – auf den Stil selbst!" Diskursanalyse des Ballonsymbols. In Ders./Wulf Wülfing (Hg.): Bewegung und Stillstand in Metaphern und Mythen. Fallstudien zum Verhältnis von elementarem Wissen und Literatur im 19. Jahrhundert. Stuttgart 1984, S. 149–164, hier S. 154 f.
13 Vgl. Jadwiga Kita-Huber: Jean Pauls Rezeption in Polen, insbesondere bei Cyprian K. Norwid. In: Jahrbuch der Jean Paul Gesellschaft 48/49(2013/14), S. 99–118, hier S. 112.

Geheimnis des Lord Singelworth (1883) über einen einsamen, eigenwilligen Luftschiffer und (2) die romantisch-irrationale Linie. Die Romantik, die in Polen erst 1822 mit der Erstausgabe des ersten Bandes der Dichtungen von Adam Mickiewicz ansetzt, wandelt das Motiv der realen Flüge in die Vorstellung eines metaphysisch-religiösen Flugs der Seele, des Geistes, des poetischen Genies etc. um, rekurriert also nicht mehr auf die realen Ballonfahrten.[14] Da die Nachzeichnung dieser literarischen Entwicklung den Rahmen dieses Beitrags sprengen würde, werden im Folgenden nur die Darstellungsmodi der Ballonfahrt in literarischen Werken der polnischen Aufklärung unter die Lupe genommen. Diese Epoche kann im Hinblick auf die poetische Ausgestaltung des Motivs als eine relativ abgeschlossene Entwicklungsphase betrachtet werden, nach der es mit der Romantik zu einem (radikalen) Paradigmenwechsel kommt.[15] Zu prüfen ist, wie die reale Ballonfahrt in der Literatur der polnischen Aufklärung funktionalisiert und metaphorisiert wird. Abschließend wird den polnischen Texten *Des Luftschiffers Giannozzo Seebuch* von 1801 aus dem Komischen Anhang zum *Titan* Jean Pauls gegenübergestellt, der den Ballonflug als „Teil des bestehenden europäischen Bildarchivs"[16] in seiner Verwendung noch einmal radikalisiert.

2.

Betrachtet man die literarischen Zeugnisse, die die Ballonfahrt thematisieren, so kann man hier zunächst von Texten unterschiedlicher Qualität sprechen: Von zum Teil anonym verfassten Dichtungen, welche als Gelegenheitsreaktionen auf die aerostatischen Versuche bzw. als Gelegenheitsdichtung – in Anlehnung an französische und andere europäische Antworten auf diese Erfindung – aufzufassen und meist in Zeitschriften erschienen sind, bis zu künstlerisch anspruchsvolleren Texten, verfasst von (literaturgeschichtlich) bereits etablierten Vertretern der polnischen Aufklärung. In meinem Beitrag werde ich nur auf Beispiele aus der zweiten Gruppe von Texten eingehen, wobei ich mich auf die Poesie beschränken werde.[17]

---

14 Nicht der Ballon, sondern die Flügel, die dem Subjekt ebenso eine Luftreise ermöglichen, treten jetzt auf der Bildebene literarischer Texte auf. Hierzu sind die beiden programmatischen Gedichte von Adam Mickiewicz zu nennen: *Oda do młodości* (entstanden 1820) und die Ballade *Romantyczność* (entstanden 1821) sowie die Kleine Improvisation aus dem 3. Teil von Mickiewicz' Nationalepos *Dziady* (1822), dt. *Ahnenfeier*. Mit einer geistig-metaphysischen Überhöhung des Fliegens haben wir es auch in Juliusz Słowackis Versepos *Beniowski* zu tun.
15 Im polnischen Sprachraum wird diese Debatte innerhalb der Aufklärung geführt, in Deutschland hingegen – wie oben angedeutet – im Übergang von der Romantik in den Realismus. Zu beachten ist allerdings die Verschiebung der Epochengrenzen zwischen den beiden Ländern.
16 Hans Esselborn: Dialektik der Aufklärung in Jean Pauls *Des Luftschiffers Giannozzo Seebuch*. In: Jahrbuch der Jean Paul Gesellschaft 52(2017), S. 99–116, hier S. 99.
17 Aus Platzgründen können in diesem Beitrag die polnischen Romanutopien der Aufklärung

2.1 Ignacy Potocki

Wie angedeutet, rief der Ballon schon in den 1780er Jahren unterschiedliche Reaktionen hervor, manchmal bei ein und demselben Autor. Zu den Enthusiasten und Fürsprechern der Ballonfahrt gehörte in Polen der Schriftsteller und Publizist Ignacy Potocki (1750–1809), der sich auch durch sein starkes politisches Engagement als Mitgründer der polnischen Verfassung von 1791 und Mitglied der reformorientierten Kommission für Nationale Bildung hervorgetan hat. Potockis schon 1783 verfasstes Gedicht, eine der ersten polnischen Dichtungen über den Ballon überhaupt, war eine poetische Reaktion auf die im Herbst 1783 in Lyon durchgeführten Versuche, die der Verfasser miterlebte. Schon die erste Strophe des Langgedichts ist programmatisch, wird hier zum einen durch die Hervorhebung des experimentellen Charakters der Ballonfahrt das Bewusstsein von der Entwicklung der Wissenschaften manifest. Zum anderen werden zwei entgegengesetzte Erkenntnisperspektiven – (Aber)glaube und Wissen – enggeführt:

> Der Grieche treibt, befiehlst du's, selbst in den Himmel,
> Sprach Juvenal zu den Römern scherzhaft.
> Nicht scherzhaft ist die Leichtigkeit in Paris.
> Wenn Montgolfier seine Lüfte entfacht,
> Kommt er auf seiner Himmelfahrt den Göttern näher,
> wie einst der vom Teufel erhobene Simon.[18]

---

nicht berücksichtigt werden, welche die Ballonfahrt als Motiv, Thema oder Bewegungsart künstlerisch ausgestalten. Ein Beispiel wäre hier der 1784 veröffentlichte fantastisch-utopische Roman Wojciech *Zdarzyński życie i przypadki swoje opisujący* von Michał D. Krajewski, die erste polnische ‚wissenschaftliche Fantastik' mit intertextuellen Bezügen zu Voltaires *Candide*, Jonathan Swifts *Gulliver's Travels* oder John Wilkins *The Discovery of a World in the Moon* und Cyran de Bergeracs *Histoire comique des États et Empires de la Lune*. Den unmittelbaren Impuls für die dargestellte Handlung, die Geschichte einer Mondfahrt, bilden bei Krajewski die Ballonfahrt(-versuche) von 1784 in Warschau, Krakau und in anderen polnischen Städten. Sie wurden in den Roman in Form von Informationen aus Zeitungen und Zeitschriften zum Thema Ballonfahrt eingeflochten. Bemerkenswert an diesem Roman ist der Widerspruch zwischen der Skepsis des Ich-Erzählers gegenüber der Mondreise (und somit den Luftfahrten überhaupt) einerseits und der eindeutig prowissenschaftlichen Orientierung des ganzen Romans andererseits (das eingearbeitete astronomische Wissen entspricht dem zeitgenössischen Wissensstand; äußerlich macht sich der wissenschaftliche Diskurs z.B. in der Hinzufügung der Fußnoten bemerkbar). Daraus kann auf die Gespaltenheit des Verfassers hinsichtlich der Bewertung neuer Entwicklungen geschlossen werden. Vgl. Irena Łossowska: Wstęp. In: Michał Dymitr Krajewski „Wojciech Zdarzyński życie i przypadki swoje opisujący", eing. u. bearb. von Irena Łossowska, Warszawa 1998, S. 7–44.

18 Ignacy Potocki: [Greczyn do nieba, jeśli każesz, wzleci …]. In: Teresa Kostkiewiczowa, Zbigniew

Das Gedicht, das mit einem auf den römischen Satirendichter Juvenal anspielenden Vers „Der Grieche treibt, befiehlst du's, selbst in den Himmel"[19] beginnt, ergreift Partei für die Ideale der Aufklärung. Schon in der ersten Strophe distanziert sich der lyrische Sprecher zugunsten der technischen Errungenschaft Montgolfiers von den traditionellen Konnotationen des Himmelaufstiegs: von poetischen Visionen des Altertums einerseits, für die die ironisch-scherzhaften Schreibweisen Juvenals stehen, und magisch-legendären Überlieferungen über diverse Himmelfahrten andererseits. Auf die letzteren verweist die im Gedicht angesprochene Legende von Simon Magus, einem Schwarzmagier, der nach den Apokryphen („Petrusakte') und den christlichen Polemiken gegen die Gnostiker als der Vater und Auslöser aller Häresie galt. Simon Magus wurde von seinen Anhängern als Gott in menschlicher Gestalt verehrt. Um seine Göttlichkeit vor dem Kaiser Nero in Rom unter Beweis zu stellen, musste er nach einer der Quellen seinen eigenen Tod und seine Auferstehung vorspielen, fiel jedoch infolge der Gebete Simon Petrus', der sich in dieser Zeit ebenso in Rom aufhielt, auf die Straße und brach sich die Beine.[20] Die apokryphen Bilder *ex negativo* zitierend, argumentiert das Gedicht, dass der zeitgenössische Luftschifffahrer nicht wie Simon Magus herunterfallen bzw. hintergangen werden kann, da die Ballonfahrt eine Tatsache und kein „Märchen" sei: „ich schreibe keine Märchen, keine unfruchtbaren Fiktionen."[21] Dass nicht nur Vögel fliegen können,[22] entspricht der Empirie und nicht einer Wunschvorstellung. Die Betrachtungsweise des Ballons ist in diesem Gedicht durchgehend wissenschaftlich und aufklärerisch, wird die Kunst des Fliegens auch durch Parallelen aus dem Alltagsleben nachvollziehbar gemacht, z.B. durch den Verweis auf das Spiel mit Seifenblasen. Im weiteren Verlauf des Gedichts wird die Bewunderung für den ersten Ausflug über Paris am 21. November 1783 ausgesprochen und auf die europäische Debatte über den Ballon, etwa den Streit zwischen den Italienern und Franzosen über die ersten Ideen zur Montgolfiere und die Experimente mit verschiedenen Luftarten, angespielt. Der Sprecher äußert sich enthusiastisch über neue Explorationsräume, die der Ballon eröffnet.[23]

    Goliński, Elżbieta Drużbacka (Hg.): Świat poprawiać – zuchwałe rzemiosło. Antologia poezji polskiego Oświecenia. Kraków 2004, S. 360–363, hier S. 360.

19 In der dritten Satire von Juvenal werden die außergewöhnlichen Fähigkeiten der Griechen mit Ironie behandelt: „Er [der Grieche] vereinigt alles ja in sich, / Er ist Gelehrter, Rhetor und Maler, ist Arzt, Geometer / Augur, Magier, auch Seiltänzer und Turner, kurz Alles / Treibt er, der hungrige Mensch, selbst in den Himmel, befiehlst du's". Juvenalis, D.J.: Die dritte Satire Juvenals in deutscher Übersetzung (1871), übers. von Heinrich Schmauser. In: https://warburg.sas.ac.uk/pdf/eph342b2761301%23.pdf (letzter Zugriff: 14.08.2017).

20 Vgl. A. H. B. Logan: Simon Magus. In: Theologische Realenzyklopädie. Bd. 31. Berlin 1999, S. 272–276.

21 Potocki 2004, S. 360.

22 Ebd.

23 So in der drittletzten Strophe: „Erkennt der Sterbliche die überirdischen Lüfte, / in denen

Allerdings schlägt die neutrale Betrachtungsperspektive des Ich in den zwei letzten Strophen um. Das lyrische Subjekt spricht nicht mehr allgemein belehrend von einem auktorialen Standpunkt aus, sondern befindet sich mitten in einer Menschenmenge, die das sich am Himmel abzeichnende „Luft-Wunder" („powietrzne cudo"), die Montgolfiere, nur von unten betrachten kann. Während die jubelnde Masse sich beim Ballonfest bestens amüsiert, ruft das Luftspektakel im Sprecher Traurigkeit hervor, die auf einen persönlichen Schicksalsschlag, den frühen Tod der Ehefrau des Verfassers, rekurriert.[24] Durch die Wendung zum persönlichen Schicksal wird im Gedicht eine Spannung zu den gelehrt rationalen Ausführungen der vorausgegangenen Strophen aufgebaut, die nicht wieder aufgelöst wird. Alles in allem: Potockis Gedicht sieht in der Ballonfahrt ein Zeichen des Fortschritts und einen Beitrag zum Kampf gegen den Aberglauben und die unkritisch rückwärtsgewandte Haltung insbesondere des polnischen Adels. Trotz der abschließenden emotionalen Aufladung ist es aufklärerisch und gesellschaftskritisch zu verstehen.

2.2 Raimondo Cunich und Ignacy Krasicki

Trotz der anhaltenden Erfolge der Aeronautik, zu denen insbesondere die Überquerung des Kanals La Manche von Blanchard 1785 und seine darauffolgenden mehrfachen Aufstiege in Warschau (1788) gehören,[25] lief im polnischen Sprachraum – wie bereits vermerkt – ein Gegendiskurs zu der positiven Aufnahme der Erfindung. Der Hauptkritikpunkt war, dass der mit Erhebungen in der Luft experimentierende Mensch die göttlichen Attribute bzw. den Platz Gottes für sich beansprucht. Eine große Verbreitung findet in diesem Kontext das lateinische Epigramm des Ex-Jesuiten Raimondo Cunich *Terra neci sat erat* (1784), das direkt nach der Erstausgabe in vier unterschiedlichen polnischen Übersetzungen, darunter in drei anonymen, kursiert.[26] Sie finden Eingang in verschiedene polnische Zeitungen und Zeitschriften, häufig samt dem parallel abgebildeten Original:

Regen, Schnee und Donnerblitze / ihren Sitz haben / in denen Hageln tagen; / in denen sie sich in schwarze Wolken verwandeln. / Er erkennt außerhalb der Zeit die neuluftigen Wege / und die sichere Zusammensetzung der Windsysteme". Potocki 2004, S. 362. (Übers. von mir – J. K.-H.).

24 Potocki 2004, S. 363.
25 Diese Ereignisse werden vom polnischen König durch die Prägung einer speziellen Medaille begrüßt. Vgl. Zbigniew Goliński: Komentar. In: Ignacy Krasicki: Pisma poetyckie. Bd. 2. Warszawa 1976, S. 359.
26 Die autorisierte Übersetzung des Vierzeilers kommt von Adam Naruszewicz und trägt den Titel *Wiersz na balon powietrzny* (1784). Vgl. Barbara Wolska: W świecie żywiołów Boga i człowieka. Studia o poezji Adama Naruszewicza, Łódź 1995, S. 79 f.

> Terra neci sat erat; terra olim adjecimus undas;
> Nunc undis tractus iungimus aereos.
> Quae mortale genus, Regno perdebat in uno,
> Ocius ut perdat, nunc tria Regna tenet.[27]

Das der religiösen Didaktik[28] zuzuordnende Gedicht, das in einfachen Reimen den herkömmlichen Vanitas-Gedanken aufgreift, versteht sich als eine Warnung vor einer zu großen menschlichen Neugier. Getadelt wird der Hochmut des Menschen, der die Naturgesetze nicht respektiert, wenn er das ihm ‚naturgemäß' zugeschriebene Reich der Erde verlässt, um sich Naturgewalten wie Luft und Wasser unterzuordnen. Die Exploration des Luftraums, die den Naturgesetzen widerspräche, wird gar mit dem Aufkommen einer neuen Todesart gleichgesetzt.

Skeptisch im Hinblick auf den Zweck der Experimente mit dem Ballon war auch Ignacy Krasicki (1735–1801), einer der bedeutendsten Schriftsteller der polnischen Aufklärung. In seinem Gedicht *18. Do… (To prawda, iż zima jest przykra)* lobt er – ganz im Sinne Cunichs, also aufklärungsfern – die von Gott auf der Erde geschaffene Ordnung, während er das Bestreben, „in der Luft zu fliegen", als wider die menschliche Natur anprangert. Die in Cunichs Epigramm angesprochene Vier-Elementen-Lehre aufgreifend, verurteilt Krasicki das Eindringen des Menschen in die ihm nicht eigenen Grundelemente Wasser und Luft als Flausen (pol. głupstwa), wobei er sich auf abschreckende Beispiele aus der Seefahrt und allgemein auf dramatische Unfälle mit dem Ballon, die aufgrund der zeitgenössischen Chroniken jedoch nicht belegbar sind, bezieht.

> Darum gelüstete es uns, auch in der Luft zu fliegen
>
> Und wir fielen im Spiel herunter;
> Die Erde ist für uns, die uns zerreibt,
> Lass Vögel fliegen,
> Die Luft ist nicht unser Element[29]

---

27 *Gazeta Warszawska* vom 2. Juni 1784, Nr. 44, S. 5.

28 Vgl. Witold Wojtowicz: *Milczenie bogów. Szkice i studia o liryce Oświecenia*. Warszawa 2006, S. 128.

29 „Jakoż zachciało się nam i po powietrzu latać / I spadliśmy wśród igraszki; / Ziemia dla nas, co nas zetrze, / Niech latają sobie ptaszki, / Nie nasz żywioł jest powietrze. / Płonny zapęd czuje szkoda, / Miedzioserczny pierwszy płynął, / Nie dla człeka była woda, / Chciał rwać tamę i rwąc zginął. / Przecież i floty, i wojowniki, i bitwy na morzu, / Jakby w tym opłakanym zdań naszych przesądzie, / Nie dosyć było głupstwa jeszcze i na lądzie." Ignacy Krasicki: *Pisma poetyckie*. Bd. 2, S. 61. (Übers. von mir – J. K.-H.).

Das Thema der Luftfahrt kehrt bei Krasicki noch in einem anderen, briefähnlichen Text mit poetischen Anlagen zurück, in dem er eine allgemeine zeit- und aufklärungskritische Reflexion entfaltet.[30] Zum einen gehe die Verbreitung der Bildung auf Kosten der Tiefe des Wissens, zum anderen würden andere Bereiche vernachlässigt, die ebenso zur Vermehrung des Guten dienen könnten.[31] Die Ballonfahrt wird zur negativen Metapher: Die vertikale Bewegung gegen die Schwerkraft ermöglicht das zügellose Schweben der Gemüter, ein mit dem Verlust des Realitätssinns gleichzusetzendes Abheben von der Erde.[32] Stehen die realen Ballonflüge mit irrationalen (gefährlichen) Gedankenflügen im Zusammenhang, möchte das lyrische Ich – so die Pointe – lieber auf der Erde bleiben.[33]

Dass Krasicki in seiner Dichtung so skeptisch gegenüber Experimenten mit dem Ballon ist, erstaunt umso mehr, als er in Wirklichkeit auf seinem Land in Lidzbark (Lautenburg) selbst Ballon-Versuche durchführte. In einem Brief an den befreundeten Grafen E. A .H. Lehndorff schrieb er schon am 18.01.1784, also in der allerersten Phase der Ballonfahrt, wie folgt:

> Ich befahl, an der Maschine zu arbeiten; komm, lieber Graf, wir werden zusammen montgolfieren. Falls Du bei dem Experiment nicht anwesend sein kannst, warne bitte Deine Untertanen, dass sie, falls der Ballon auf Deine Ländereien hinunterstürzt, ihn nicht beschädigen mögen, wie dies in Frankreich die Einwohner von Gonesse getan haben.[34]

2.3 Adam Naruszewicz

Das berühmteste Ballon-Gedicht aus der Zeit der Aufklärung stammt von Adam Naruszewicz (1733–1796), einem Dichter und Historiker aus der engsten Umgebung von König Stanisław August Poniatowski, der sich – wie seine Texte belegen – allmählich vom Skeptiker zum Bewunderer der neuen Bewegungsart verwandelte.[35]

---

30 Vgl. Krasicki: 25. Do … Ebd. S. 68–70.
31 „Nie z książek dawniej działano, / A gdy nie nazbyt szperano, / Co dobre, miano w zalecie, / I lepiej było na świecie." Ebd. S. 69.
32 „Czasy nasze, które zdarzyły ciałom przymiot niepospolity po powietrzu latać, pozwoliły umysłom nad powietrze bujać." Ebd. S. 69.
33 „Prostak jak na banie lotne / Patrzy na myśli obrotne. / Dziwią mnie cudy swojemi, / Jednak ja się trzymam ziemi." Ebd., S. 69.
34 Ignacy Krasicki, zitiert nach Goliński 1976, S. 363 f. Nach dem Bericht der *Gazeta Warszawska* vom 08.10.1783 sind die Dorfeinwohner nach dem Ballon-Versuch der Brüder Montgolfier mit der Maschine wie „mit einem vom Himmel runtergefallenen Monstrum" umgegangen. Vgl. Gazeta Warszawska, Nr. 81.
35 Naruszewicz (1733–1796), Bischof, Dichter, Historiker, Übersetzer, lehrte an der Wilnaer Akademie

Sein Gedicht entstand im Mai 1789 als eine poetische Reaktion auf den eingangs erwähnten Flug Blanchards über Warschau am 10. Mai 1789.[36] Da die deutsche Übersetzung aus dem Lesebuch *Polnische Aufklärung* (Reihe ‚Polnische Bibliothek') nur frei auf dem polnischen Original basiert, wird im Folgenden auch der polnische Ausgangtext[37] berücksichtigt. Die Übersetzung lautet:

Der Ballon

Wo in raschem Flug des Adlers Schwingen
Ängstigen die scheue Vogelschar
Und des Zeus Zornesblitze dringen
Durch die Himmel weit und klar,

Hat ein kühnes Paar von Menschenkindern
Der Natur den Kampf erklärt,
Die, den Flug Ikarus zu hindern,
Den Weg zum Himmel hat verwehrt.

Kreisrund schwillt die Haut, vom Erz befeuert
Steigt der Gondel Korb hinauf
Und, vom Schicksalsfaden leicht gesteuert,
Kämpft er mit der Winde Lauf.

Was der eitle Stolz an Burgen mächtig
Und Herrensitzen aufgeführt,
Scheint dem Blick von oben schon verdächtig,
Wie Trümmer, die vom Blitz gerührt.

Ob König, Fürst, ob Bauer redlich,
Ob einer lenkt, ob pflügt das Land,
Von oben sind's Gebilde kläglich,
Dem Stamm der Würmer anverwandt.

---

und am Jesuiten-Kolleg in Warschau, Herausgeber der Zeitschrift „Angenehmer und Nützlicher Zeitvertreib".

36 Zu den Hintergründen der Entstehung dieses Gedichts vgl. Górska 2000, S. 177 f. Ein weiterer Beitrag in diesem Band, der sich mit Naruszewiczs *Balon* beschäftigt, kommt von Paweł Kaczyński: Balon. Zapiski z lektury. In: Tomasz Chachulski (Hg.): Czytanie Naruszewicza. Interpretacje. Wrocław 2000, S. 195–214.

37 Vgl. Adam Naruszewicz: Balon. In Ders.: Liryki wybrane, ausg. u. eing. von Juliusz Wiktor Gomulnicki, Warszawa 1964, S. 190 f.

Wie von Kinderhand auf einem Holzbrett
Ein Bach durch Tropfen wird markiert,
Schimmert tief im Tal der Weichsel Flußbett,
Das sonst schäumt und Fluten führt.

Ländlich Volk, was drängst du dich zum Reigen,
Welch' Wunderding spukt dir im Hirn?
Laß nur den Zauber wirken, Drachen steigen,
Den Klugen wird das nicht verwirr'n.

Wenn auch dreifach dich mit Eisenreifen
Fest umschlossen die Natur,
Wird der Geist des Menschen frei doch schweifen,
Von Tat und Zeit befördert nur.

Mit ihrer Hilfe hat des Waldes Masten
Er anvertraut der Wasser Flut,
Dem Berg entrissen hat er gold'ne Lasten.
Und Felsgebirg' gesprengt mit Mut.

Üppig spendet die Natur ihm Gaben,
Ist seinem Willen zu Befehl;
Träge Wasser führt er ab im Graben,
Berge ebnet ein er schnell.

Dessen Steuer nahm in günst'ger Stunde
Ein Pole fest in seine Hand,
Wenn auch mit Wind und Wetter nicht im Bunde,
Den Flug zu lenken er verstand.

Du edler Nachen, wirst immer siegen,
Gefeit gegen feindliche Hand;
Und Ruhm ist diesem Schiff beschieden,
Den auch Blanchard nicht gekannt.

(1789)[38]

---

[38] Adam Naruszewicz: Der Ballon, übers. von Alois Woldan. In: Andreas Lawaty/Bernd Schwibs (Hg.): Polnische Aufklärung. Ein literarisches Lesebuch von Zdzisław Libera. Frankfurt 1989, S. 57–59.

Der Ode Naruszewicz' wurde im Original ein lateinisches Motto vorangestellt, ein Vers aus Horaz' Lied I,3 *Nil mortalibus ardui est*, der ins Deutsche als *Nichts ist Sterblichen allzu schwer!* übersetzt wurde.[39] Die Heranziehung dieses Verses hat eine doppelte Bedeutung: Erstens, aus dem ursprünglichen Kontext herausgerissen, scheint das Zitat den Hauptgedanken des Gedichts Naruszewicz' zu bekräftigen, d.h. das Lob auf den Genius und die Vernunft des Menschen, der fortschrittsgemäß die Naturgesetze aufdeckt. Der Sinn der zitierten Horaz'schen Ode (*Auf Vergils Meerfahrt*) wird mit dieser Strategie jedoch umgekehrt. Denn bei dem römischen Dichter, der den Übermut der Seefahrer und somit das menschliche Vorgehen gegen die Götter scharf ablehnt, klingt deutlich der zivilisatorische Verdruss an:

Tollkühn, aller Gefahr zum Trotz,
  Rennt das Menschengeschlecht Gräuel und Sünd' hindurch. [...]
Zur Einöde der Luft wagte sich Dädalus
Aus nicht menschlichen Fittigen.
Durch den Acheron brach Herkules Heldenkraft.
Nichts ist Sterblichen allzu schwer!
Selbst den Himmel bedrohn thörichte wir; [...].[40]

Zweitens wurde die Horaz'sche Ode auch von anderen zeitgenössischen Dichtern, wie etwa Moritz August von Thümmel in Deutschland, im Zusammenhang mit den ersten Experimenten mit dem Ballon aufgegriffen, woran Naruszewicz anknüpft. Bei Thümmel wird Blanchard dank der technisch ermöglichten Himmelfahrt des Menschen zu einem neuen Dädalus. Benjamin Franklin, der Erfinder des Blitzableiters, sei für den Olymp gefährlicher als Prometheus, wie es parodistisch heißt.[41] Die mit dem Motto aktivierten intertextuellen Verweise bei Naruszewicz sind umso interessanter, als seine Ode eindeutig als ein Loblied auf die menschliche Vernunft konstruiert wird: Die Kraft der Vernunft kann die Mentalität der Menschen verwandeln und sie zur Einheit und politischen Handlung anregen.

Das Gedicht zerfällt in zwei Teile: die Beschreibung einer Ballonfahrt und die Reflexion über das Experiment unter Einbeziehung der politischen Situation Polens. Genauso wie andere polnische Texte greift es die bei der Beschreibung der ersten Flugversuche gebräuchliche nautische Metaphorik auf,[42] ist aber offener für poetische

---

39 So in einer Übersetzung dieser Ode von Johann Heinrich Voß.
40 Horaz: Sämtliche Werke. Oden. Übers. von Johann Heinrich Voß. Leipzig 1893.
41 „Ein neuer Dädal, Blanchard, eilet / Von Piripi hinweg und teilet / Den Adlern gleich der Lüfte Bahn / Ein Franklin zündet an dem Blitze / Olympens seinen Wachsstock an" (V 34–38). Moritz August von Thümmel. Zit. nach Eduard Stemplinger: Das Fortleben der horazischen Lyrik seit der Renaissance. Leipzig 1906, S. 82.
42 Naruszewiczs Text knüpft an die reale Luftfahrt Blanchards in Warschau an. Erwähnt werden

Experimente, die mit dem neuartigen Charakter der Luftreise auch auf anderen Textebenen korrelieren. Konkret wird der Ballonflug zum Movens für bestimmte Perspektivierungen im Text, die zugleich symbolisch transformiert bzw. metaphorisiert werden. Zwar nimmt der lyrische Sprecher am Flug nicht teil, verfügt aber über die gleiche Sicht wie das Paar im Luftschiff. Die Perspektive von oben nach unten korreliert mit dem durchgehend belehrenden Charakter der Ode, führt aber zugleich zu Einsichten, die sich auf den sozialen Bereich beziehen.[43] Dabei ist mit dieser Perspektive nicht mehr zwangsläufig der auktoriale, göttliche Blick gemeint, sondern der menschliche, säkularisierte. Die Perspektive des Beobachters wird zu der eines Kindes in Parallele gesetzt, das eine Landschaftskarte auf dem Holztisch betrachtet: „Wie von Kinderhand auf einem Holzbrett / Ein Bach durch Tropfen wird markiert, / Schimmert tief im Tal der Weichsel Flußbett, / Das sonst schäumt und Fluten führt."[44]

In der zentralen 7. Strophe werden zwei Perspektiven auf die Ballonfahrt einander gegenübergestellt: die Perspektive der sich am Fest amüsierenden Menschenmenge, die „nur den Zauber wirken, Drachen steigen [lassen]" will (wie es im Original heißt: in ihrem Gehirn ‚spukt ein Wunderding') und die eines Philosophen, der „anders denkt"[45] – sein Standpunkt stimmt mit dem des lyrischen Subjekts überein. Während das (unaufgeklärte) Volk die Welt grundsätzlich als ein Geheimnis wahrnimmt, steht der Philosoph für das objektive Modell der neuen empirischen Wissenschaften, nach dem die Welt grundsätzlich rational ist.

Im zweiten Teil wird die Hauptthese des Gedichts entwickelt, dass die entsprechend eingesetzte Vernunft nicht nur zum wissenschaftlich-technischen Fortschritt, sondern auch zur politischen Wiedergeburt eines Landes beitragen kann.[46] In den letzten zwei Strophen wird das Luftschiff mit dem Staatsgebilde verglichen, womit an die in der polnischen Literatur übliche Schiffsmetapher für Heimat angeknüpft

---

die Schiffsform seiner Ballon-Gondel und die Verzierung mit einem Anker, womit die Idee von einem fliegenden Schiff veranschaulicht werden sollte etc. Vgl. Górska 2000, S. 187.

43 Blickt man aus dem Ballon auf die Erde herunter, so sind alle – „Ob König, Fürst, ob Bauer redlich, / Ob einer lenkt, ob pflügt das Land, / Von oben sind's Gebilde kläglich, / Dem Stamm der Würmer anverwandt" – gleich. Naruszewicz: Der Ballon. In: Lawaty/Schwibs 1989, S. 58.

44 Die durch das neue Medium der Luftfahrt provozierte Perspektivierung zieht im Gedicht eine Reihe weiterer Transformationen nach sich, die insbesondere die Lexik betreffen. So etwa, wenn von dem die Ballonhülle erfüllenden ‚Geist' die Rede ist, mit dem nichts anderes als der Wasserstoff gemeint ist. Begriffe aus dem sakralen Bereich gewinnen eine neue weltliche Dimension: die den Ballon ausfüllende erwärmte Luftmenge ist jetzt der neue Geist. Vgl. das polnische Original: Naruszewicz: Ballon. In: Lawaty/Schwibs 1989, S. 191.

45 Der polnische Vers „Filozof inaczej myśli" [dt. der Philosoph denkt anders] wurde von Woldan als „Den Klugen wird das nicht verwirr'n" übersetzt. Vgl. Naruszewicz: Der Ballon. In: Lawaty/Schwibs 1989, S. 58.

46 Kaczyński: Balon. Zapiski z lektury. In: Chachulski 2000 S. 210.

wird. Der „kühne Sarmate"[47] am Steuer ist der König, der vernünftig die Reformen des Großen Reichstags (Sejm Wielki) leitet. Der Steuermann vertraut nicht auf Gott, der hier ganz aus dem Spiel zu sein scheint, sondern auf Gesetze der Physik und die Regeln der Vernunft, die den Fortschritt ermöglichen. Damit gewinnt der Text eine politische Dimension – die Ballonfahrt wird zu einer Metapher, mit der auf die aktuellen Probleme und Hoffnungen des Landes verwiesen wird. Der empirische Erkenntnisoptimismus hinsichtlich der Überwindung der Raumgrenzen geht mit dem politischen Optimismus einher. In der letzten Strophe wendet sich der lyrische Sprecher direkt an das edle Schiff, das für das Land Polen steht, und prophezeit, dass der künftige Ruhm Polens, der infolge der laufenden Reformen erreicht würde, den Ruhm Blanchards überschatten wird. Diese Prophezeiung ging jedoch nicht in Erfüllung: nach zwei weiteren Teilungen 1793 und 1795 verschwindet Polen für über 100 Jahre von der politischen Karte Europas.[48]

3.

Zieht man abschließend Jean Pauls über zehn Jahre später entstandenen großen Text über den Ballonflug *Des Luftschiffers Giannozzo Seebuch* (1801) heran, so fällt zunächst auf, dass er schon vom Umfang her mit den polnischen Dichtungen unvergleichbar ist. Darüber hinaus sind sie durch die Zäsur der Französischen Revolution historisch scharf voneinander getrennt. Die polnischen Gedichte, von denen das letzte hier besprochene im Mai 1789 entstand, konnten dieses Ereignis, das bei Jean Paul durch ein dickes Netz von Verweisen ganz zentral bedacht wird, reflexiv nicht mit einbeziehen. Das bei allen im Zentrum stehende Thema einer Ballonfahrt lässt jedoch bestimmte Vergleichsperspektiven ziehen, die sich erhellend auf die polnischen Texte zurückbeziehen, wie z.B. die Frage nach der textimmanenten Aufklärungskritik. Während

---

47 Die Bezeichnung „mężny Sarmata" [dt. der kühne Sarmate] steht im Original, in der deutschen Übersetzung hingegen nur „ein Pole". Vgl. Naruszewicz: Der Ballon. In: Lawaty/Schwibs 1989, S. 59.

48 Im letzten Dezennium des 18. Jahrhunderts überstürzten sich die Ereignisse: 1788–1792 versammelte sich der Große Reichstag, dessen aufklärerisch-reformerische Bestrebungen in der Verfassung vom 3. Mai 1791 ihren Niederschlag fanden. 1792 gründeten die Gegner der Reformen die Konföderation von Targowica und riefen russische Truppen zu Hilfe, woraufhin der polnisch-russische Krieg begann. 1793 kam es zur Zweiten Teilung Polens, 1795 zur Dritten Teilung. Wie Zdzisław Libera im Vorwort zum Band *Polnische Aufklärung* schreibt: „Zur Ironie der Geschichte gehört, daß Polen just in dem Moment unterging, als es sich aus der Anarchie und Rückständigkeit, in die es am Anfang des 18. Jahrhunderts verfallen war, zu erheben begann. Eben darin liegt aber auch das besondere Verdienst der Aufklärung, daß sie kulturelle Werte schuf, die es der Nation erleichterten, die über ein Jahrhundert andauernde Unfreiheit zu ertragen.". In: Lawaty/Schwibs 1989, S. 10.

bei den polnischen Autoren diese Kritik innerhalb des Diskurses der Aufklärung und somit parallel zum Aufkommen der aufklärerischen Ideen verläuft, kann Jean Paul retrospektiv argumentieren. Sein Text beschreibt immer wieder, so Hans Esselborn, „die Pervertierung der ursprünglichen Ziele der Aufklärung, nämlich Vernunft und Utopie, und ihr Enden in Materialismus […] und Banalität".[49] Er demonstriere „die innere Widersprüchlichkeit und Selbstaufhebung der Aufklärung […], das Scheitern ihrer Ideale durch ihr Umkippen ins Negative gerade aufgrund ihrer tendenziellen Verwirklichung."[50] In eine ähnliche Richtung geht die von der Darstellung einer Ballonfahrt ausgehende Aufklärungskritik Krasickis, wie gezeigt werden konnte. Die polnischen Ballon-Texte verbindet mit Jean Pauls *Luftschiffer Giannozzo* weiter die Problematisierung der menschlichen Natur, insbesondere des Hochmuts, die bei Jean Paul in eine explizite Kritik am Subjektivismus mündet. Während in den polnischen Texten allgemein über den Menschen gesprochen wird, haben wir es bei Jean Paul mit einem eigenwilligen, ichbezogenen Individuum zu tun, wie Jost Hermand in Bezug auf *Giannozzo* bemerkt: „Vor allem in den letzten Abschnitten erscheint das Genie immer stärker als der Ichwütige, der Exreligiosist oder – barock gesprochen – als der vom Teufel Besessene."[51] Diese Gefahr wird in dem mehrfach ins Polnische übersetzten Epigramm Raimondo Cunichs und bei Ignacy Krasicki – in der Konvention der religiösen Didaktik – heraufbeschworen, jedoch nicht weiter poetisch ausgestaltet. In den eindeutig ballonaffinen Texten werden die Luftschiffer als vernünftige, besonnene Menschen dargestellt, die sich für die zivilisatorische Entwicklung einsetzen, mit ihren Erkenntnissen jedoch meist einsam sind. Gemeinsam ist den polnischen Autoren und Jean Paul in diesem Zusammenhang der Kontrast zwischen dem einsamen Luftschiffer, dessen Perspektive mit der Perspektive des lyrischen Subjekts verschmilzt, und der oberflächlichen, sich am Ballonspektakel amüsierenden Menschenmenge. Erzähltechnisch hingegen lassen sich Gemeinsamkeiten in Bezug auf die Experimente mit der Perspektivierung im Text erkennen. Der Blick aus dem Ballon – sowohl herunter auf die Erde als auch hinauf gen den Himmel – eröffnet neue Explorations- und Erzählräume und begründet zugleich eine nichtmetaphorische, säkulare Sicht des Ich. Trotz gewisser Differenzen in der Herangehensweise an das Problem der Selbstermächtigung, das Jean Paul wegen seiner zeitlichen Distanz zu den ersten Flügen schärfer umreißen konnte, ist allen hier behandelten Texten

---

49 Esselborn 2017, S. 102.
50 Esselborn schreibt weiter: „Offensichtlich steht der Freigeist und anarchistische Rebell in der Tradition der metaphysischen Entzauberung des Himmels durch die Französische Aufklärung, die sich im Ballonflug manifestiert. Da aber Giannozzo nicht mehr den früheren Optimismus der Aufklärung teilt, sieht er auf der Erde nur ihre Misserfolge und die Perversion ihrer Ideale: ein kleinbürgerliches Philistertum". Ebd. S. 108 f.
51 Jost Hermand: Jean Pauls Seebuch. In: Euphorion 60(1966), S. 91–109, hier S.106.

das zugrunde gelegte Verständnis der Ballonfahrt als einer technisch ermöglichten, säkularen Himmelfahrt gemeinsam.

Viel stärker als in *Giannozzo* wird allerdings in den polnischen Texten, etwa in Adam Naruszewicz' Ode, die politische Dimension der Ballonfahrt betont. Sie hängt mit der spezifischen Situation Polens in den 1780er Jahren zusammen, das im Begriff war, sich aus der politischen Rückständigkeit zu erheben. Dass die Ballonfahrt bei Naruszewicz letztendlich zur politischen Metapher wird, verweist auf die auch in den folgenden Jahrzehnten erkennbare Tendenz bezüglich der Verhandlung des Politischen im Medium der Poesie. Während die deutsche Romantik (auch die Weimarer Klassik) bis ca. 1806, wie Marta Kopij-Weiß festhält, „im Grunde genommen unpolitisch bleibt"[52], finden in Polen bestimmte Prozesse, wie etwa „die Prägung des nationalen kollektiven Bewusstseins [...] überwiegend im kulturellen Bereich"[53] statt. Die aus Mangel an politischem Spielraum erfolgte Verschiebung dieser Prozesse in den Bereich der Literatur ist der Entwicklung der polnischen Literatur nach der Aufklärung, insbesondere hinsichtlich ihrer Anschlussmöglichkeiten an die westlichen Tendenzen, nicht nur zu Gute gekommen. Außer Zweifel bleibt allerdings, dass die auf die realen Flüge rekurrierende literarische Ballonreise auch in der polnischen Literatur die etablierten Darstellungstechniken herausgefordert hat.

---

52 Marta Kopij-Weiß: Zwischen Patriotismus und Nationalismus. Reale Niederlage – medialer Sieg. In: Rafał Biskup (Hg.): Schlesien – Grenzliterarisch. Studien zu deutsch-polnischen Kulturtransferprozessen. Leipzig 2015, S. 75–82, hier S. 77.
53 Ebd.

Christian Kehrt (Braunschweig)
Phänomenologie der arktischen Landschaft · Die Arktisreise des Luftschiffes LZ 127 im Jahr 1931

Der Versuch, per Ballon oder Luftschiff die Polarregionen zu erforschen, die letzten weißen Flecken von der Landkarte zu tilgen sowie sensationelle Erstleistungen zu erzielen, reicht bis ins 19. Jahrhundert zurück. Insbesondere Luftbeobachtungen aus dem Fesselballon und das sich entwickelnde Gebiet der Meteorologie und Aerologie motivierten wissenschaftliche Expeditionen nach Spitzbergen und in die Arktis.[1] Bereits im Jahr 1910 unternahm Erich von Drygalski zusammen mit Adolf Miethe und Hugo Hergesell eine meteorologisch orientierte Studienexpedition nach Spitzbergen.[2] Der Italiener Umberto Nobile flog 1926 zusammen mit Roald Amundsen und Lincoln Ellsworth mit Luftschiff „Norge" zum Nordpol, 1928 kam es in der Arktis zu einem Unfall mit Luftschiff „Italia".[3] In den bisherigen Arbeiten zur Luftschifftechnologie wie auch der Geschichte der Polarforschung blieb der Arktisflug im Jahr 1931 eher eine Randnotiz. Der Historiker Guillaume de Syon misst der Expedition nur geringe Bedeutung zu, nicht zuletzt aufgrund der angeblich fehlenden wissenschaftlichen Relevanz dieser Reise.[4] Dagegen betonen jüngere Arbeiten, dass die wissenschaftlichen Leistungen stärker zu beachten seien, riskieren damit aber, auf Topoi des damaligen Diskurses zurückzufallen.[5] Im Folgenden lege ich den Fokus auf die kulturgeschichtliche und

---

1   Cornelia Lüdecke: Geschichte der Meteorologie in der Arktis – Beispiele aus der deutschen Polarforschung. In: Jürgen Bleibler (Hg.): 66°30' Nord: Luftschiffe über der Arktis. Bremen 2009, S. 135–144. Vgl. zur Geschichte der Aerologie Sabine Höhler: Luftfahrtforschung und Luftfahrtmythos: Wissenschaftliche Ballonfahrt in Deutschland, 1880–1910. Frankfurt/M./New York 2001.
2   Adolf Miethe/Hugo Hergesell (Hg.): Mit Zeppelin nach Spitzbergen: Bilder von der Studienreise der deutschen arktischen Zeppelin-Expedition. Berlin 1911.
3   Umberto Nobile u. Rita Jaenicke: Im Luftschiff zum Nordpol: Die Fahrten der ‚Italia'. Berlin 1929.
4   Guillaume de Syon: Zeppelin!: Germany and the airship, 1900–1939. Baltimore 2002, S. 170f. Peter Fritzsche: A nation of fliers. German aviation and the popular imagination. Cambridge 1992.
5   Barbara Waibel spricht vom „Ende der romantischen Ära" und beträchtlichen „wissenschaftlichen Erfolgen" des Zeppelins. Vgl. Barbara Waibel: Die Arktisfahrt des Luftschiffes LZ 127 Graf Zeppelin vom 24. bis 31. Juli 1931 – Eine Forschungsfahrt mit Startschwierigkeiten. In: Jürgen Bleibler (Hg.): 66°30' Nord: Luftschiffe über der Arktis. Bremen 2009, S. 113–134. Auch Barbara Schennerlein betont in ihrem Beitrag über das aerophotogrammetrische Forschungsprogramm der Arktisfahrt, dass „die Kenntnisse über die Geografie dieser Polargebiete wesentlich erweitert" wurden. Barbara Schennerlein: Das aerophotogrammetrische Forschungsprogramm der Arktisfahrt des Luftschiffes „Graf Zeppelin" LZ 127 im Jahr 19. In: Polarforschung 84(2014), S. 67–92, hier S. 67.

mediale Dimension der Arktisfahrt und explizit auf die zeitgenössischen Diskurse und die damit einhergehenden Interessen, Motive und Wahrnehmungsformen der einwöchigen internationalen Luftschiffexpedition in die russische Arktis.

Warum kam es im Jahr 1931 zur Arktisexpedition per Luftschiff? Arktisexpeditionen waren teuer, riskant und hatten keinen unmittelbaren ökonomischen Nutzen. Zum Verständnis der zeitgenössischen Motive und Interessen an dieser Fahrt ist die mediale Dimension der Arktisfahrt, so die These dieses Beitrags, entscheidend. Der Fokus liegt demnach auf dem öffentlichen und medialen Rahmen, ohne den die Arktisreise des Luftschiffes LZ 127 im Jahr 1931 nicht zu verstehen ist. Dabei geht es um die Frage, wie in Presse und Medien die arktische Landschaft dargestellt und in welche Narrative diese Flugerfahrung eingebunden wurde. Hierbei ist zu beachten, dass in den 1920er Jahren die Frage eines zukünftigen Weltluftverkehrs und damit die Potentiale des Prinzips ‚schwerer als Luft‘ oder ‚leichter als Luft‘ verhandelt wurden und diese Fahrt neben wissenschaftlichen Motiven insbesondere die Werbung für das Luftschiff als Verkehrsmittel im Rahmen eines zukünftigen transkontinentalen Weltluftverkehrs zum Ziel hatte.

Zur Analyse historischer Bedeutungsstrukturen und Wahrnehmungsformen bietet sich ein Rückgriff auf literarische Quellen und die damit einhergehenden medialen Rahmenbedingungen an.[6] Als Quellen werden die zeitgenössische Berichterstattung in der *Vossischen Zeitung*, ein populäres zeitnah veröffentlichtes Buch über die Arktisexpedition sowie die begleitende Dokumentation der wissenschaftlichen Expeditionsberichte in *Petermanns Geographische Mitteilungen* herangezogen. Anhand der täglichen Presseberichterstattung des mitfliegenden Ullsteinreporters Arthur Koestler und des zeitnah veröffentlichten populär gehaltenen Expeditionsberichtes des Arztes und Forschungsreisenden Kohl-Larsen werde ich die Phänomenologie der arktischen Landschaft und die damit verbundenen zeitgenössischen Sinnkonstrukte skizzieren. Diese medial vermittelte Wahrnehmung der Arktis wird als Phänomenologie bezeichnet, wenn es um die Frage geht, welchen Zugang das Luftschiff als mediale Plattform und Wahrnehmungsdispositiv zur arktischen Landschaft eröffnet, und wo die Grenzen dieser technisch vermittelten Wahrnehmungsformen liegen.[7]

---

6   Automobil- oder Fliegerliteratur bilden ein eigenes Genre, das lange Zeit von Historkerinnen vernachlässigt wurde. Vgl. zur Rolle der Literatur in der Technikgeschichte: Stefanie Schüler-Springorum: Vom Fliegen und Töten. Militärische Männlichkeit in der deutschen Fliegerliteratur, 1914–1939. In: Karen Hagemann/dies. (Hg.): Heimat–Front. Militär und Geschlechterverhältnisse im Zeitalter der Weltkriege. Frankfurt/M. 2002, S. 208–233. Gijs Mom: Atlantic automobilism: Emergence and persistence of the car, 1895–1940. New York/Oxford 2015; Anke Hertling: Eroberung der Männerdomäne Automobil: Die Selbstfahrerinnen Ruth Landshoff-Yorck, Erika Mann und Annemarie Schwarzenbach. Bielefeld 2013.

7   Vgl. zur Technikphänpomenologie Don Ihde: Technology and the lifeworld. From garden to earth. Bloomington 2010.

Im Folgenden werden drei Akteursgruppen, die für die Durchführung der Arktisexpedition im Jahr 1931 entscheidend waren, genauer betrachtet. Erstens der Zeppelinkonzern mit dem Luftschiffer und Vorstandsvorsitzenden Hugo Eckener (1868–1954), der versuchte neue Märkte für die Luftschifftechnologie zu finden und ihre Zukunftsfähigkeit für einen sich anbahnenden Weltluftverkehr unter Beweis zu stellen. Zweitens internationale Wissenschaftler, Meteorologen, Polarforscher und Geographen, die sich in der internationalen Gesellschaft zur Erforschung der Arktis (Aeroarctic) im Jahr 1924 zusammenschlossen und sich für den wissenschaftlichen Arktisflug einsetzten. Drittens eine breitere mediale Öffentlichkeit, die sich sowohl für die Arktis als auch die Luftschifffahrt begeisterte.

1. Die Schwierige Ausgangssituation des Zeppelinkonzerns in den 1920er Jahren

Zum Verständnis der Motive für den Arktisflug ist ein Blick auf die schwierige ökonomische Situation des Zeppelin-Konzerns nach dem Ersten Weltkrieg erforderlich.[8] Zwar konnte sich im Ersten Weltkrieg die Luftschifftechnologie nicht durchsetzen. Dennoch waren die Zeppelinwerke mit ihren 12000 Mitarbeitern unmittelbar in die Rüstungsproduktion involviert und produzierten pro Jahr mehr als 20 Luftschiffe.[9] Nach dem weitgehenden Verbot der militärischen und erheblichen Einschränkung der zivilen Luftfahrt stand der Konzern jedoch vor existenzbedrohenden ökonomischen Problemen. Gesucht war eine Überlebensstrategie, die dem Unternehmen auch bei einem weitgehenden Verbot der zivilen Luftfahrt neue Märkte und Tätigkeitsfelder eröffnen würde.

Eine unternehmerische Antwort in dieser Situation war die Diversifizierung, d.h. die Aufteilung oder gar Zerschlagung des Konzerns in mehrere Teilbereiche wie der Maybach-Motorenproduktion, der Dornier-Metallbauten, der Zahnradfabrik und der Textilwerke. Dies waren z.T. hochinnovative Teilbereich des Unternehmens, die zwar zum Luftschiffbau benötigt wurden, aber auch eigenständig ihre Märkte finden konnten, wie Roman Köster gezeigt hat.[10] Eine unmittelbare Zukunft für die Luftschifftechnologie war hierbei nicht notwendigerweise vorgesehen oder erforderlich, zumal diese auch bei Wegfall der Einschränkungen von staatlichen Subventionen abhängig und damit insgesamt wenig rentabel gewesen wäre. Diese Diversifizierungsstrategie änderte sich jedoch als Hugo Eckener schließlich den internen Führungsstreit

---

8 Vgl. de Syon 2002.
9 Vgl. Roman Köster: Der lange Abschied vom Luftschiff. Die Diversifizierung des Zeppelin-Konzerns nach dem Ersten Weltkrieg, in: Zeitschrift für Unternehmensgeschichte (2009)1, S. 73–99.
10 Ebd.

mit Alfred Colsman (1873–1955) für sich entschied und versuchte, erneut den Luftschiffgedanken zu stärken. Ein Weg hierfür war 1924 der Bau eines Reparationsluftschiffes für die USA, das auf enormen öffentlichen Anklang stieß und schließlich zur Propagierung des Weltluftfahrtgedankens führte. Im sich abzeichnenden transkontinentalen Luftverkehr nach Südamerika, Nordamerika, aber auch Russland und Japan sollten Luftschiffe eine wichtige Rolle spielen.

Das im Jahr 1928 fertiggestellte und für den internationalen Luftverkehr konzipierte Luftschiff LZ 127 knüpfte an den Zeppelinmythos aus der Vorkriegszeit an und versuchte, durch populäre Weltfahrten diesen nationalen Mythos zu beleben und für zukünftige kommerzielle Luftschiffprojekte zu nutzen. Hierfür stand der symbolträchtige Name „Graf Zeppelin" wie auch das Förderinstrument der Zeppelinflugspende, die an die populäre Sammelaktion der Zeppelinspende aus dem Jahr 1910 anknüpfte. Damit sollte die breite Unterstützung der Bevölkerung für die subventionsabhängige Luftschifftechnologie als gemeinschaftliche nationale Angelegenheit gewonnen werden.[11]

In der Öffentlichkeit wurde LZ 127 als ,deutsches Luftschiff' wahrgenommen, das durch seine moderne Bauweise als Starrluftschiff und vor allem seine überwältigende Größe im internationalen Wettbewerb überzeugen sollte. Der Neubau des LZ 127 sollte Deutschlands Vorsprung auf dem Gebiet Luftschifftechnologie unter Beweis stellen und so die hohen Kosten von mehreren Millionen Reichsmark als Investition in die Zukunft deutscher Luftfahrttechnik rechtfertigen.[12] Der Luftfahrtpublizist Werner von Langsdorff (1899–1940) bezeichnete LZ 127 als Luftschiff des „deutschen Volkes"[13] und verortete es damit in einem nach nationaler Luftgeltung strebenden, machtpolitisch aufgeladen Luftfahrtdiskurs der Weimarer Republik:

> In diesem Sinne ist der Bau des LZ 127 lebhaft zu begrüßen. Er ist zugleich für uns Deutsche besonders wesentlich, weil das Starrschiff eine deutsche Erfindung ist. [...] Wir brauchen daher heute LZ 127 Graf Zeppelin nicht als sterbenden Elch zu betrachten, sondern als Anfang eines neuen Aufschwungs im Luftschiffwesen. Es ist besonders erfreulich, daß Deutschland hier gegenüber dem Ausland, von dem besonders Amerika und England die Bedeutung des Luftschiffes längst erkannt haben, nicht zurücksteht.[14]

---

11 Vgl. zum Zeppelin als nationale Ikone und zukunftsträchtige Technologie in der Weimarer Republik de Syon 2002, S. 110–146.
12 Etwa 2,5 Millionen RM wurden durch die Eckener-Zeppelinflugspende erbracht, 1 RM durch den Staat.
13 Werner v. Langsdorff/Hella Gräfin von Brandenstein-Zeppelin: L.Z. 127 „Graf Zeppelin". Das Luftschiff des deutschen Volkes. Frankfurt/M. 1928.
14 Ebd. S. 80.

Phänomenologie der arktischen Landschaft

Abb. 1: Das Luftschiff als zukünftige Konkurrenz zum Ozeandampfer: „Größenvergleich zwischen LZ 127 und dem Hapag-Dampfer ‚Resolute'". In: Werner v. Langsdorff/Hella Gräfin v. Brandenstein-Zeppelin: L.Z. 127 „Graf Zeppelin". Das Luftschiff des deutschen Volkes. Frankfurt/M. 1928, S. 11.

Abb. 2: „Erster Flug des neuerbauten Luftschiffes ‚Graf Zeppelin' in Friedrichshafen am Bodensee! Der Riesen-Kolloss ‚Graf Zeppelin' wird aus der Luftschiffhalle in Friedrichshafen zum Start herausgeschleppt. September 1928." LZ 127 Bundesarchiv, Bild 102-06556 / CC-BY-SA 3.0.

Abb. 3: Pressebericht über die populäre Weltfahrt des ‚Graf Zeppelin' über Friedrichshafen, Tokyo, Los Angeles und Lakehurst im Jahr 1928: „Ein alter verwegener Traum der Menschen ist greifbare Wirklichkeit geworden. Das ganze deutsche Volk schaut in gemeinsamer Freude, in gemeinsamem Stolz auf die Leistung von ‚Graf Zeppelin': auf die Leistung des Luftschiffes, das aus den Spenden des ganzen Volkes erbaut wurde. Dem deutschen Volke ist dieses Heft zur Erinnerung an die Weltfahrt gewidmet. Es ist verfaßt von Max Geisenheyner, dem Chefredakteur des ‚Illustrierten Blattes', der an dieser Fahrt im Auftrag der ‚Frankfurter Zeitung' teilnahm". In: Max Geisenheyner: Mit „Graf Zeppelin" um die Welt: Ein Bildbuch. Frankfurt 1929, S. 2.

LZ 127 war mit 230 Metern Länge für den Passagierflug auf langen Strecken ausgelegt, verfügte über komfortable Kabinen und Platz für circa 20 Passagiere und 40 Besatzungsmitglieder. Das Luftschiff konnte nonstop Strecken von mehreren tausend Kilometern zurücklegen. Aus damaliger Sicht hatte es deshalb im Vergleich mit dem Flugzeug durchaus Vorteile in Fragen der Transportkapazität, der Reichweite sowie Platzes und Komforts aufzuweisen.

Das Luftschiff „Graf Zeppelin" unternahm in der Zeit von 1928 bis 1937 zahlreiche Langstreckenflüge in die USA, nach Brasilien, Palästina, Ägypten, die Sowjetunion und Japan. Diese sollten das Potential des Luftschiffes für den Weltluftverkehr unter Beweis stellen, neue Märkte und Flugrouten erschließen und vor allem auch eine große internationale mediale Aufmerksamkeit generieren. Besonders spektakulär war die zwölftägige Weltfahrt im Jahr 1931 von Friedrichshafen über Lakehurst, Los Angeles und Tokyo, die ein internationales Medienecho in der Hearst-Presse erzeugte und von dieser mitfinanziert wurde. Im Dritten Reich wurde der LZ 127 dann auch für Propagandafahrten der NSDAP benutzt.[15]

---

15 Der Flugbetrieb wurde nach der Katastrophe der Hindenburg im Jahr 1937 eingestellt und das Luftschiff im Jahr 1940 verschrottet.

Phänomenologie der arktischen Landschaft

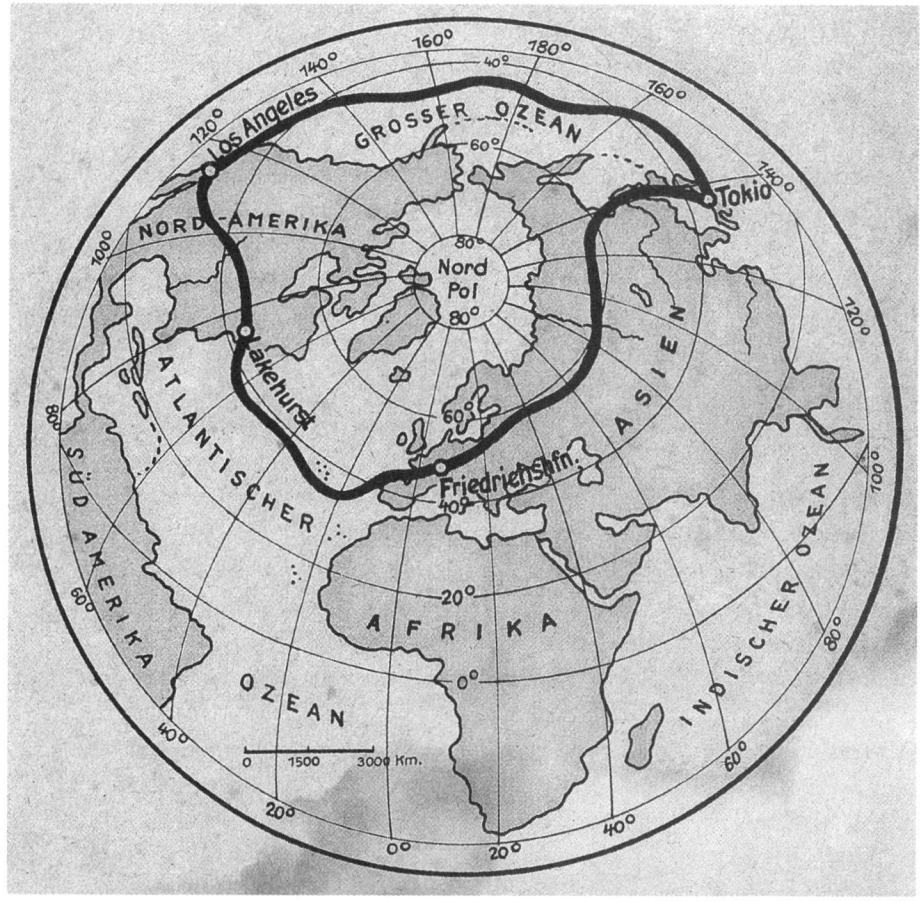

Abb. 4: Strecke der Weltfahrt des LZ 127 im Jahr 1929. In: Max Geisenheyner: Mit „Graf Zeppelin" um die Welt: Ein Bildbuch. Frankfurt 1929, S. 112.

2. Aeroarctic: Wissenschaftliche Arktisflüge

Eigentlicher Initiator des Arktisfluges war die Aeroarctic, eine 1924 gegründete internationale Studiengesellschaft zur Erforschung der Arktis mit dem Luftschiff. Diese bestand nicht nur aus deutschen Wissenschaftlern und Luftschiffern, sondern war stark international ausgerichtet. Insbesondere russische Wissenschaftler, aber auch Amerikaner, Dänen, Norweger und Schweizer waren vertreten; Fridtjof Nansen hatte anfangs den Vorsitz inne. Ziel war es, durch die wissenschaftliche Erschließung der Arktis, den zukünftigen Weltluftverkehr anzubahnen. Unter Berufung auf Ideen des Luftschiffers Walter Bruns hieß es in der Denkschrift *Das Luftschiff als Forschungsmittel*, dass die „später vielleicht einmal zu verwirklichende Luftverkehrslinie die

Erforschung der Arktis zur Voraussetzung hat" und zu prüfen sei, ob das Luftschiff überhaupt soweit entwickelt ist, dass es als Hilfsmittel in den Dienst der arktischen Forschung gestellt werden könne.[16] Diese Passage aus dem Jahr 1924 zeigt, dass die Idee einer zukünftigen Verkehrsluftfahrt eng mit der wissenschaftlichen Erforschung der Arktis verknüpft war. Grund hierfür war die Relevanz arktischer Wetterbedingungen für den europäischen und transatlantischen Luftverkehr als auch mögliche Flugrouten durch die Arktis. Ziel war es, einen transatlantischen und transkontinentalen Weltluftverkehr mit Luftschiffen zu etablieren, der neben dem europäischen Kerndreieck zwischen London, Paris und Berlin alle Kontinente verbinden und sich bis nach Quebec, Buenos Aires, Kapstadt, Adelaide und Osaka als äußerste Punkte eines zukünftigen Weltluftverkehrsnetzes erstrecken sollte.

Auffallend ist, dass die ursprüngliche Routenplanung der Aeroarctic auf den Nordpol abzielte. Das hatte nicht allein wissenschaftliche Gründe. Denn ursprünglich war ein spektakuläres Zusammentreffen des Luftschiffes mit dem Unterseeboot Nautilus des Australiers Hubert Wilkins geplant. Dieses sensationelle Stelldichein am Nordpol scheiterte aber nicht allein aufgrund technischer Probleme des kaum fahrtauglichen U-Bootes. Im Grunde kam die Aktion mehrere Jahre zu spät. Der Nordpol war schon ‚erobert' und auch die Arktis mehrfach per Flugzeug und Luftschiff durchquert, so dass keine sensationelle Erstleitung mehr möglich war und allenfalls noch wissenschaftliche Motive in den Vordergrund gestellt werden konnten, wie etwa die Kartierung der letzten weißen Flecken in der russischen Arktis als eigentliches Ziel der einwöchigen Expedition. So verwundert es nicht, dass der wichtigste Geldgeber, die amerikanische Hearst-Presse, absprang und schließlich die *Vossische Zeitung* sich die Presseberichterstattung zu weitaus günstigeren Konditionen sichern konnte. Die Kosten allein für die Fahrt beliefen sich auf über eine Million Reichsmark, die in Zeiten der Weltwirtschaftskrise nicht aus staatlichen Mitteln, sondern durch Werbung gedeckt werden mussten. Die IG Farben lieferte das Frostschutzmittel „Glysanthin" fürs Ballastwasser, Agfa die Filme und Fotoplatten, Knorr Erbswurst, Sarotti Schokolade usw. Zusätzliche Einnahmen wurden durch 500000 Briefe mit Sonderpoststempel aus der Arktis generiert und nicht zuletzt durch die schnelle Publikation eines populären Buches zur Arktisfahrt und nahezu tägliche Presseberichte in der Vossischen Zeitung. Staatliche Mittel für die Arktisfahrt flossen keine mehr, da dies im Zuge der Weltwirtschaftskrise nicht zu rechtfertigen gewesen wäre. Die sich in der Zwischenkriegszeit herausbildende zivile Luftfahrt war insgesamt stark subventionsabhängig. Dies hat Lutz Budrass in seiner Studie zur Lufthansa deutlich herausgestellt.[17] Auch der Bau von

---

16 Das Luftschiff als Forschungsmittel in der Arktis: Eine Denkschrift mit 4 Anlagen. 2012. Aufl. Berlin 1924, S. 6.
17 Lutz Budraß: Adler und Kranich: Die Lufthansa und ihre Geschichte 1926–1955. München 2016.

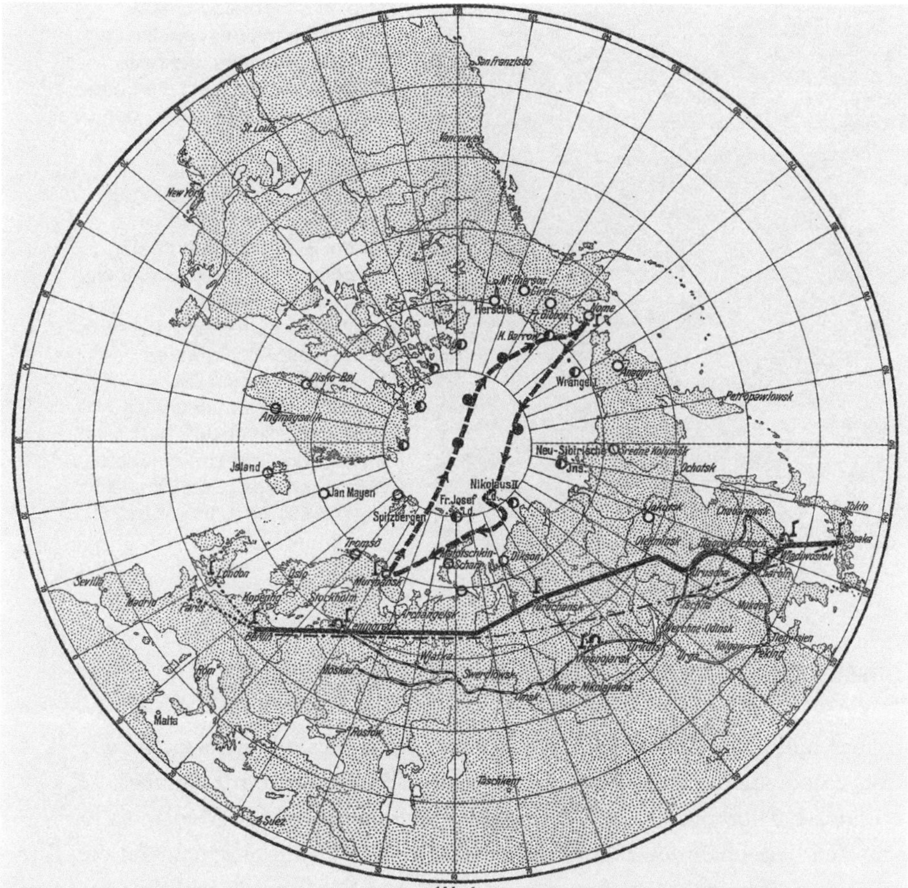

Phänomenologie der arktischen Landschaft

Abb. 5: Karte zu Verkehrs- und Forschungsprojekten mit Luftschiffen. Die gestrichelte Linie gibt die ursprünglich geplante Route der *Aeroarctic* über den Nordpol an. Die durchgehend schwarze Linie bezieht sich auf die von Walter Bruns im Jahr 1924 ausgearbeitete Weltluftverkehrslinie mit Luftschiffen von Europa nach Ostasien (Länge 10500 Reisekilometer, 5 Tage Reisedauer mit fünf Aufenthalten. Daneben ist die kürzeste Verbindung zwischen Berlin und Osaka zu sehen (gepunktete und gestrichelte Line) sowie darunter die Sibirische Eisenbahnlinie (schwarz-weiß). In: Petermanns Geographische Mitteilungen (1927) Ergänzungsheft 191, Anhang, Tafel 1.

Luftschiffen war auf staatliche Förderung angewiesen, so dass die Arktisfahrt zwar nicht direkt finanziert, aber der Bau des hierfür verwendeten Luftschiffes sehr wohl mit erheblichen staatlichen Mitteln gefördert wurde.

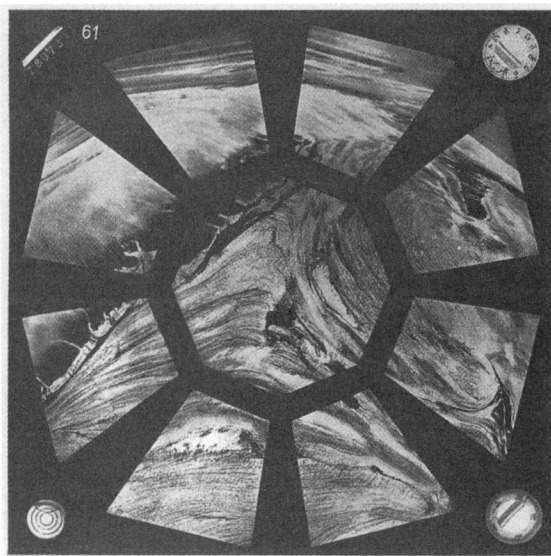

Abb. 6: Severnaja Semlja. Aufnahme mit der neunlinsigen Panoramakamera, die neun Teilbilder automatisch verband und dabei den Zeitpunkt der Aufnahme sowie die Höhe registrierte. Die Kamera wurde für die Vermessung der arktischen Landschaft extra für die Expedition durch die Münchner Firma Aschbrenner, die wissenschaftliche Präzisionsinstrumente baute, entwickelt. Aschbrenner: Severnaja Semlja: Die Arktisfahrt des Luftschiffes Graf Zeppelin im Juli 1931. In: Ludwig Kohl-Larsen: Die Arktisfahrt des „Graf Zeppelin". Berlin 1931, S. 136f., Abb. 3.[18]

3. Das Luftschiff als Wahrnehmungsdispositiv und mediale Plattform

Das Luftschiff bildete im Kontext der Arktisfahrt eine mediale Plattform, die wissenschaftliche und zugleich auch öffentlichkeitswirksame Bilder vom Flug über die arktische Landschaft produzierte.[19] LZ 127 war in diesem Sinne eine Mediendispositiv, das für den Betrachter der Arktis eine neue, technisch vermittelte Sicht auf die arktische Landschaft eröffnete, so dass Wissenschaft und Medien hier nicht voneinander zu trennen sind.[20] Diesen konstitutiven Zusammenhang von Wissenschaft und Medien hat insbesondere Dorit Müller am Beispiel des antarktischen Wissensraumes um 1900 herausgestellt.[21] Für die Arktisreise wurde LZ 127 umgebaut und mit mehre-

18 Vgl. zum photogrammetrischen Kontext und der Biografie Claudius Aschbrenners insbesondere Schennerlein 2004, S. 67–92.
19 Vgl. zum medientheoretischen Dispositivbegriff Knut Hickethier: Dispositiv Kino und Dispositiv Fernsehen. In: Mediengeschichte des Films, München u.a. 2011, S. 23–42.
20 Sybilla Nikolow/Arne Schirrmacher: Wissenschaft und Öffentlichkeit als Ressourcen füreinander: Studien zur Wissenschaftsgeschichte im 20. Jahrhundert. Frankfurt/M. 2007.
21 Zur medialen Dimension insbesondere Dorith Müller: Antarktis als medialer Wissensraum. Die Expeditionen Ernest Shackletons. In: Dorit Müller/Sebastian Scholz (Hg.): Raum-Wissen-Medien. Bielefeld 2012, S. 181–212. Diess.: Kartierungen polarer Räume. In: Stephan Günzel/Lars Nowak (Hg.): Karten Wissen. Territoriale Räume zwischen Bild und Diagramm. Wiesbaden 2012, S. 377–395. Diess.: Transformationen populären Wissens im Medienwandel am Beispiel der Polarforschung. In: Petra Boden/Dorit Müller (Hg.): Populäres Wissen im Medienwandel. Berlin 2009, S. 35–79. Diess.: Fotografie und Südpolforschung um 1900. In: Bernd Hüppauf/

Abb. 7: Bericht zum Start der Arktisfahrt auf der Titelseite der *Vossischen Zeitung*, 25.7.1931.

ren Film- und Fotoapparaten für wissenschaftliche als auch öffentlichkeitswirksame Zwecke ausgestattet. Die an Bord befindlichen Apparate und Medientechniken reichten vom Beobachten der arktischen Eisverhältnisse per Auge und Notizbuch über das persönliche Tagebuch, das offizielle Logbuch bis hin zu mitgeführten Filmkameras, Reihenbildern und photogrammetrischen Instrumenten, wie der neunäugigen Kamera oder der Zeiss-Reihenbildner.[22] Diese ausdifferenzierten Messinstrumente und Aufnahmegeräte sollten dazu beitragen, die überflogene Landschaft genau zu vermessen, zu repräsentieren und sowohl für Wissenschaft als auch Öffentlichkeit zugänglich zu machen. Die beteiligten Wissenschaftler, Presseberichterstatter und Flugbegleiter trugen mit ihren Augenzeugenberichten, Dokumentationen und populären Schilderungen zur öffentlichen Wahrnehmung der Expedition bei. Um das Aktualitäts- und Aufmerksamkeitsbedürfnis der Presse zu bedienen, schickte der für die Vossische Zeitung mitfliegende Arthur Koestler nahezu täglich aktuelle Berichte in Kurzform per Funk in die Metropole, die dann zu Zeitungmeldungen verarbeitet wurden.

Peter Weingart (Hg.): Frosch und Frankenstein. Bilder als Medium der Popularisierung von Wissenschaft. Bielefeld 2009, S. 233–254.
22 Schennerlein 2014, S. 67–92.

Der sich mit dem Luftschiff vollziehende Perspektivwechsel zeigt sich schon im Moment des Starts. Hier ist nicht nur die Zeppelinbegeisterung einer jubelnden Menschenmenge am Startplatz festzustellen:

> Das aber ist der herrlichste Augenblick in der Kette aller Erhebungen und Schönheiten, die eine Luftfahrt uns bringt; diese Sekunden, in denen das Schiff sich von der Erde löst. Diese Momentspannung ist unvorstellbar, ehe man sie nicht selbst empfunden hat. Unter uns gleitet die Erde weg mit ihrer Lust und ihrem Leide. Es ist als ob nicht nur der Ballast von dem Luftschiffe genommen wurde. Von jedem Menschen muß in der Minute des Steigens etwas von seiner eigenen Schwere und Last fallen, die ihn eben noch mit der Erde und ihren Sorgen verbunden hat.[23]

Der flugbegleitende Arzt und Berichterstatter Kohl-Larsen beschreibt in seinem zeitnahen, populären Expeditionsbericht diesen Moment des Starts als Erlebnis eines sich befreienden Erhebens von der Erde und als die Erfahrung eines Schrumpfens der Welt. Im Unterschied z.B. zu Alfred Wegeners nahezu zeitgleich stattfindender Grönlandexpedition, die unter lebensbedrohlichen Wetterbedingungen mit Hundeschlitten und Iglus auf dem Inlandeis durchgeführt wurde, ermöglicht erst das Luftschiff den komfortablen und distanzierten Blick aus der Passagierkanzel auf eine Landschaft, deren Ästhetik dann durch die mitfliegenden Berichterstatter per Film, Foto und Text einer breiten Öffentlichkeit vermittelt wurde. In den literarischen Quellen finden sich zahlreiche Passagen, die die überflogene arktische Landschaft als überwältigend, großartig, aber auch als fremd und öde beschreiben.

> 30.7.1931 Nach einem kurzen Schlaf bietet sich um 7 Uhr morgens durch das Kojenfenster eine prächtige Mondlandschaft. Gigantische Gletscher ragen über den Wolken empor, kilometerhoch durchfurcht ein Gletscherbach den roten Basalt. Samilowitsch erklärt, daß er in der Arktis noch nie eine so prächtige Landschaft gesehen habe. Es ist der Nordarchipel Nordlands, den bisher kein menschliches Auge erblickt hat.[24]

Diese ästhetische Wahrnehmung der Erhabenheit und Fremde der Arktis und die damit transportierte Faszinationsgeschichte trifft jedoch nicht nur auf die Naturlandschaft der Arktis, sondern auch auf die Technik zu. So erzählt Kohl-Larsen, dass das Luftschiff von russischen Zuschauern in Leningrad als „deutsches Wundertier" bestaunt wurde. Die Erfahrung einer überwältigenden, technischen Erhabenheit[25]

---

23 Kohl-Larsen 1931, S. 33.
24 Arthur Koestler: Vossische Zeitung, 30.7.1931, S. 3.
25 Vgl. zur technischen Erhabenheit: David E. Nye: American Technological Sublime. Cambridge 1994.

des Luftschiffs beschreibt Kohl-Larsen mit Metaphern aus der Tierwelt und Urzeit, um die Entfremdung und Zugleich sein Erstaunen über die Eigenmächtigkeit der Technik zum Ausdruck zu bringen:

> Den Anblick aber vergesse ich nie: Das Luftschiff war in einen weichen, hellen Nebel gebettet, und auf seinem Bug lag erstes, mattes Silber. Es schien keine Verbindung mit der Erde zu haben. „Ist dies wirklich Menschenwerk?" frage ich mich begeistert, „ist es nicht eine Riesenechse der Vorzeit, die zwischen Nacht und Tag noch in Ruhe liegt?"[26]

Das Fliegen per Luftschiff bezeichnet der flugbegleitende Presseberichterstatter Arthur Koestler als eine Art „Schwimmen durch trübe Milch"[27]. Kohl-Larsen spricht vom ziellosen Fahren im Äther[28], bei dem sich die Unterschiede zwischen Himmel und Erde aufheben. Diese ästhetische Erfahrung steigert sich bis hin zur Wahrnehmung einer unwirklichen Traumlandschaft voller Farben: „Es ist, als ob wir ziellos im Aether fahren. Nur der schwache, eben sichtbare Schatten des Luftschiffes erinnert uns an die wirkliche Hülle, an der wir hängen. Zu aller Schönheit legt sich um das Schattenbild noch eine Aureole in den Farben des Regenbogens."[29] Allerdings waren die Feinheiten der arktischen Geographie nur schwer mit dem menschlichen Auge zu erkennen, da Eis, Schnee, Wasser, Himmel und Erde sich oft zu einem unterschiedslosen, monotonen Grau verwischten. Bei schlechtem Wetter kommt es gar zum ‚white out', der völligen Orientierungslosigkeit, die durch das Versagen des Kompasses in der Nähe des Nordpols noch verstärkt wird.

Auch die Reisegeschwindigkeit und die damit einhergehende Überforderung der Wahrnehmungskapazitäten des menschlichen Beobachters machte wissenschaftliche Instrumente und automatische Registrierungsverfahren erforderlich:

> Es ist unheimlich, wie rasch es vorwärts geht. Die Bilder drängen sich, meine Kamera ist immer schußbereit, und doch muß ich wie ein geölter Blitz von einer Seite der Messe nach der anderen rennen, um alles übersehen zu können. Man wünscht jetzt selbst, ein Filmband im Gehirn zu haben, das man nach seiner Heimkehr entwickeln könnte. Es ist zuviel des Guten.[30]

Erst die Technik, der Blick von oben und die hierfür eingebauten wissenschaftlichen Instrumente und photogrammetrischen Geräte erlaubten es, im Buch der Natur zu lesen und dieses zu entziffern: „In einer Sekunde kommt mir jedes Eisbild wie ein

---

26 Kohl-Larsen 1931, S. 73.
27 Koestler 1931, S. 3.
28 Kohl-Larsen 1931, S. 119
29 Ebd. S. 119.
30 Ebd. S. 136.

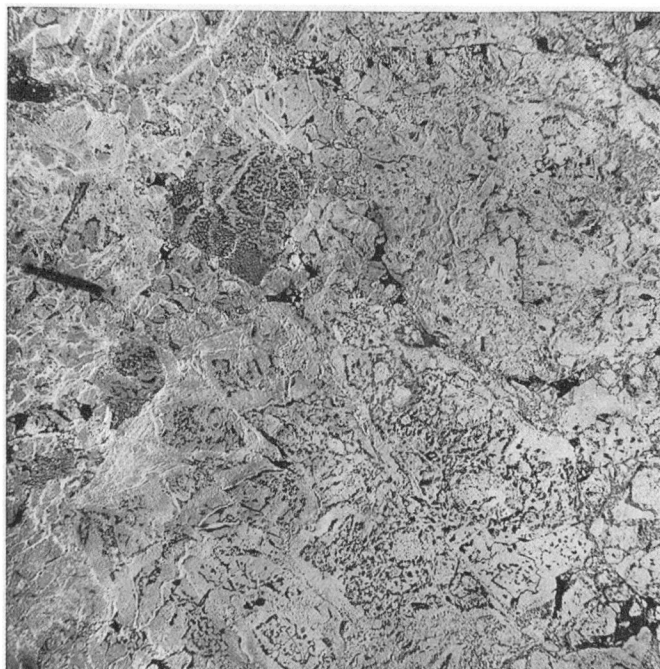

Abb. 8: Eisaufnahme zwischen Franz-Josef-Land und Sewernaka Semla. In: Ludwig Kohl-Larsen: Die Arktisfahrt des „Graf Zeppelin". Berlin 1931, Abb. 1.

mikroskopisch-anatomisches Präparat vor. Man blättert wie in einem Bilderbuch mit Hieroglyphen, das unter uns aufgeschlagen liegt. Die reife Frucht einer Technik fällt uns in den Schoß."[31] Diese Passage verdeutlicht, dass der Zugang zur arktischen Landschaft ein genuin technisch vermittelter war. Kohl-Larsen, der Medizin studiert hatte und als Expeditionsarzt im Rahmen der Filchner-Schelfeisexpedition im Jahr 1911 tätig war, vergleicht diese Wahrnehmungsanordnung aus dem Luftschiff mit der Situation im Labor beim Studium eines anatomischen Präparates, um zu zeigen, wie präzise nun die Details der Arktischen Landschaft sichtbar werden. Zugleich wird betont, dass erst die moderne Luftschifftechnologie, das scheinbar mühelose Schweben über die nur schwer zugängliche extreme Umwelt, die wissenschaftliche Erschließung der Arktis ermögliche. Der Zeppelin versetzt den wissenschaftlichen Beobachter in die Lage, im Buch der Natur zu lesen und ihre Zeichen zu entziffern. Diese Inszenierung von Wissenschaftlichkeit und Präzision ist integraler Bestandteil der Arktisexpedition. Die exakte photogrammetrische Vermessung von z.T. erstmals überflogenen Gebieten sollte den wissenschaftlichen Beitrag dieser Expedition für die Polarforschung unterstreichen.

---

31 Kohl-Larsen 1931, S. 150.

Abb. 9: Panoramabild von Franz-Josef-Land, mit perspektivischem Netz, aufgenommen mit der Zeis Zweifach-Kammer, in: Arthur Berson/Rudolf R. Samoilowitsch/Ludwig Weickmann (Hg.): Die Arktisfahrt des Luftschiffes „Graf Zeppelin" im Juli 1931. Wissenschaftliche Ergebnisse. Gotha 1933, Abb. 6.

Damit eröffneten Wissenschaft und Technik eine neue, stark medial vermittelte Perspektive auf die arktische Landschaft. Mit dieser zeitgenössischen Betonung von Wissenschaft und Technik und dem damit einhergehenden Fortschrittsnarrativ verband sich aus deutscher Perspektive auch ein gewisser Technikstolz, der charakteristisch für den Technikdiskurs in der Weimarer Republik ist. Trotz oder gerade wegen des transnationalen, Ländergrenzen überschreitenden Fluges des LZ 127 und der internationalen Ausrichtung der Luftfahrt und Polarforschung wird die technische und wissenschaftliche Leitung als nationale Errungenschaft gedeutet und betont, dass es letztlich das Verdienst des Grafen Zeppelins sei, dass nun die deutsche Fahne über der Arktis wehe.[32]

> Denke daran, wie stolz und unaufhaltsam das Schiff nach Norden zieht und daß es diese Stunde ist, die in Erfüllung bringt, was der alte Graf Zeppelin bereits im Jahr 1910 vorausgesagt hat. Du darfst auch daran denken, auch wenn die Teilnehmer der Fahrt eine internationale Zusammensetzung haben und ein Glied von seltener Einheit und Freundschaftlichkeit darstellen, dass es die deutsche Flagge ist, die über fremden Städten und Siedlungen die Menschen grüßt und jetzt Bären und Robben einen ersten fremden Laut entgegenträgt.[33]

---

32 Ebd. S. 110.
33 Ebd.

Polarforschung und Luftfahrt waren genuin transnationale Unternehmungen und hatten einen globalgeschichtlichen Charakter. Dies zeigt sich auch am zeitgenössischen Diskurs, in dem von Visionen der ‚Weltluftfahrt' und ‚Weltfahrten' die Rede ist. Dennoch war die öffentliche Wahrnehmung der Polarforschung wie auch der Luftfahrt jeweils stark national orientiert, zumal aus deutscher Sicht, dessen Luftfahrtdiskurs eng mit machtpolitischen Motiven eines Wiedererstarkens der Nation verknüpft war.

Fazit

Die Luftschifftechnologie eröffnete nach dem Ersten Weltkrieg einen neuen Möglichkeitsraum im Kontext des sich anbahnenden internationalen Langstreckenfluges und ‚Weltluftverkehrs', von dem der Zeppelinkonzern sich neue Geschäftsfelder und staatliche, wie auch breite öffentliche Unterstützung erhoffte. Um im sich abzeichnenden Wettbewerb mit dem Flugzeug die Potentiale des Luftschiffes unter Beweis zu stellen und insgesamt für Vertrauen in diese Zukunftstechnologie zu werben, unternahm der Konzern zahlreiche, werbewirksame Fahrten, mit dem im Jahr 1928 fertiggestellten LZ 127 „Graf Zeppelin". Diese z.T. spektakulären Erstleistungen, Langstreckenflüge und Ozeanüberquerungen dienten der Anbahnung des kommerziellen Luftverkehrs, der zu diesem Zeitpunkt stark subventionsabhängig war. Die Arktis war relevant für den zukünftigen Luftverkehr für transatlantische Flüge und als Region, deren Wetterbedingungen die globale Schifffahrt und Luftfahrt beeinflussten. So sind die zeitgenössischen Grönlandexpeditionen und ihr Versuch, exakte Wetterbedingungen zu erheben im Kontext des sich anbahnenden transatlantischen Luftverkehrs zu betrachten.[34] Die sogenannte ‚Eroberung der Pole' war zudem ein populäres zeitgenössisches Thema, das sich der Zeppelinkonzern zu Nutze machte, so dass die Arktisfahrt nicht nur wissenschaftlichen Motiven folgte, sondern im Kontext des Luftfahrtdiskurses der Weimarer Republik und der Unternehmensstrategie der Zeppelinkonzerns zu verorten ist. Aus Sicht des Zeppelin-Konzerns trugen die Bilder und Berichte der Arktisfahrt und die scheinbare Leichtigkeit, mit der LZ 127 diese extreme Umwelt durchquerte, zur Popularität des Luftschiffes bei.

Aber auch aus wissenschaftlicher Sicht eröffnete das Luftschiff als Beobachtungsplattform neue Möglichkeiten zur Erschließung und Vermessung der russischen Arktis, der Erforschung der Atmosphäre und Beobachtung von Eisverhältnissen in abgelegenen, schwer zugänglichen und weiträumigen Gebieten. Wissenschaft, Technik und Öffentlichkeit waren hierbei eng und untrennbar miteinander verwoben. Mit Hilfe wissenschaftlicher Präzisionsinstrumente, Filmkameras und Fotoapparaten, die z.T.

---

34 Dies trifft durchaus auch auf Alfred Wegeners letzte Grönlandexpedition im Jahr 1930/31 zu, aber vor allem auf die British Arctic Air Route Expedition im Jahr 1931.

extra für diese Fahrt entwickelt wurden, produzierte die Arktisfahrt eine Unmenge an Bildern, Karten und Repräsentationen der arktischen Landschaft, die möglichst zeitnah einer breiteren Öffentlichkeit zugänglich gemacht werden sollten. Diese mediale und ästhetisch vermittelte Faszinationsgeschichte ist entscheidend zum Verständnis der Arktisexpedition im Jahr 1931.

Johanna Bohley (Jena)
Flug- und Weltraumreisen in der Kinder- und Jugendliteratur der DDR

In Bilderbüchern für Kinder aus der DDR wie *Das Aprikosenbäumchen* und *Janas kleiner Stern* gestaltet sich die Flugreise als Rettungsaktion, die von einem starken Glauben an den technischen Fortschritt getragen ist. Flieger, Kosmonauten, Himmel und Weltraum bleiben auf einen ideologisch gelenkten und somit stark funktionalisierten Kontext bezogen, der weder subversiv unterminiert noch durchbrochen wird. In Margarete Neumann und Ingeborg Frosts *Das Aprikosenbäumchen* von 1962 erlöst das Flugzeug und eine Flugreise das Dorf von einer nahezu biblischen Dürre, die für das Aprikosenbäumchen eines Jungen mit dem Namen Zopf den Tod bedeuten würde. Die Flugzeuge können Gewitterwolken zum Regnen bringen und retten somit das Bäumchen. Das Fliegen selbst erscheint dabei kaum als schöner oder ästhetischer Selbstzweck. Vielmehr fokussiert sich die Wahrnehmung der Flugreise auf die Handlung der Rettungsaktion, da durch das Durchfliegen der Wolke Regen hervorgerufen werden kann:

> Zuerst fuhren sie ein Stück über die Wiese, dann rumpelte es mit einem Mal nicht mehr unter ihnen, sondern es wurde sanft und weich. Sie flogen. Man konnte das Dorf und die Felder, die Wege und die Wagen, die darauf fuhren, von hier oben viel besser sehen als sonst.
>
> Als Zopf aufpassen wollte, ob sie dem Wolkenkamel nun auf den Buckel oder über den Pferdekopf flögen, war nichts mehr zu sehen als Nebel. Und gleich danach war der Nebel unter ihnen, und sie flogen im Sonnenschein. Jetzt sahen sie die Wolke unter sich schwimmen wie einen großen, grauen Suppenteller.[1]

In Werner Heiduczeks *Jana und der kleine Stern*[2] verbindet sich die Flug- mit einer Weltraumreise. Der kleine Stern fällt vom Himmel in Janas Zimmer und muss noch in der Nacht in den Himmel zurückgebracht werden. Von der Meise bringt ihn Jana zum Adler, schließlich zum Flieger und endlich zum Kosmonauten, der ihn tatsächlich retten kann. Auch hier reduziert sich die Flug- bzw. Weltraumreise auf die Handlungsaktion, den Stern zu retten. Flug- und Weltraumreise sind in ihrem

---

1 Margarete Neumann/Ingeborg Frost: Das Aprikosenbäumchen. Ein Bilderbuch. Berlin (DDR) 1962.
2 Werner Heiduczek: Jana und der kleine Stern. Mit Illustrationen von Karl-Heinz Appelmann. Berlin (DDR) 1968 [für Leser von 6 Jahren an].

Rettungsaspekt als Hilfen, Sicherheiten und technische Verlässlichkeiten determiniert und werden als solche gleichermaßen pragmatisiert und romantisiert:

> „Flieger", rief Jana.
> „Warum weckst du mich, Jana?" sagte der Flieger.
> „Hier ist der kleine Stern", sagte Jana. „Er hat sich zu weit aus seinem Fenster gebeugt, um mich zu sehen, und da ist er zu mir heruntergefallen, geradewegs in mein Zimmer. Und nun muß er wieder hinauf, denn er wird blind, wenn der Tag kommt und er ist noch hier. Flieg mit ihm hinauf."
> „Das kann ich nicht", sagte der Flieger. „Aber mein Bruder, der Kosmonaut, der hinter der Stadt wohnt und hinterm Feld und hinterm Wald, er kann den kleinen Stern wieder an den dunklen Himmel bringen. Setzt euch in mein Flugzeug. Ich fliege mit euch zu meinem Bruder."
> Jana nahm den kleinen Stern und setzte sich mit ihm neben den Flieger.
> „Hab Dank, Adler", rief sie.
> Und der Flieger flog mit Jana und dem kleinen Stern hinter die Stadt und hinter das Feld und hinter den Wald zu seinem Bruder, dem Kosmonauten.
> „Hier ist es", sagte der Flieger und ließ das Flugzeug auf die Erde nieder.
> „Kosmonaut", rief Jana.
> „Warum weckst du mich, Jana?", sagte der Kosmonaut.
> „Hier ist der kleine Stern", sagte Jana. „Er hat sich zu weit aus seinem Fenster gebeugt, um mich zu sehen, und da ist er zu mir heruntergefallen, geradewegs in mein Zimmer. Und nun muß er wieder hinauf, denn er wird blind, wenn der Tag kommt und er ist noch hier. Flieg mit ihm hinauf."
> „Leg dich zu mir in die Rakete, kleiner Stern", sagte der Kosmonaut. „Ich werde dich zurück an den dunklen Himmel bringen." – Und der kleine Stern legte sich neben den Kosmonauten in die Rakete.
> „Auf Wiedersehen, Jana", sagte der kleine Stern. „Hab Dank. Und grüß die Meise und die Lerche und den Adler. Auf Wiedersehen, Flieger", rief er.
> „Auf Wiedersehen, kleiner Stern", rief der Flieger. „Gib acht, daß du nicht wieder herunterfällst."
> Und die Rakete flog hoch an den dunklen Himmel.[3]

Beide Ausschnitte zeigen, dass durch zwei komplett unterschiedliche Rettungsaktionen (Dürre, Stern) die Flug- und Weltraumreise funktionalisiert und damit eingeschränkt, damit zugleich aber romantisiert wird. Ein Rettungs- und Erlösungsmotiv verbindet sich mit dem technischen Fortschritt und wertet diesen als Heilsbringer auf.

Dennoch bestimmt weniger die Flug-, sondern vielmehr die Weltraumreise die Kinder- und Jugendliteratur der DDR maßgeblich und lässt zentrale literaturgeschichtliche Entwicklungen innerhalb dieses literarischen Systems sichtbar werden.

---

3 Ebd. S. 34–42.

Die Weltraumreise konzentriert sich auf ideologische Standortbestimmungen, in denen das Weltall sozialistisch kartographiert wird. Im Wesentlichen ordnen sich die Darstellung und die Wahrnehmung der Flugreise diesem sozialistischen Erziehungsauftrag unter. Ebenso stark bestimmt ist dies von der ideologischen Sputnikeuphorie Ende der 1950er Jahre, die besonders Gerhard Holtz-Baumerts Pechvogelgeschichten um *Alfons Zitterbacke* prägen. Bis heute zählt der Kinderroman für „Leser von 10 Jahren an" mit komischen Elementen zu den Klassikern der Kinder- und Jugendliteratur der DDR. In den 1970er Jahren zeichnet sich in der Kinder- und Jugendliteratur eine Phase individueller und subjektiver Handlungsmuster in der Literatur ab, wie sie wiederum in Hannes Hüttners *Das Blaue vom Himmel* als phantastische Erzählung gestaltet ist. Als Folge der Sputnikeuphorie spielt dann eine spielerische Vermittlung technisch-naturwissenschaftlichen Wissens eine zentrale Rolle. Gert Prokops im Wendejahr 1989 erschienener Roman *Der Hausflug* behält die beiden sozialistischen Erziehungsmodelle bei und verstärkt den Aspekt der inneren Reise.

Die Flug- und Weltraumreise in der Kinder- und Jugendliteratur der DDR transportiert und spiegelt die Ideologien des Sozialismus und des Kalten Kriegs wieder, wie es bereits Stefan Wolle in *Aufbruch nach Utopia. Alltag und Herrschaft in der DDR 1961–1971* dokumentiert hat. Ein Höhepunkt und vermeintlicher Sieg des Sozialismus stellte im Kalten Krieg und dessen Wettrüsten der 4. Oktober 1957 dar, an dem der erste Sputnik ins All geschickt wurde. Jene sozialistische Eroberung des Weltalls trifft den Westen als Sputnikschock, der wiederum die Apollo-11-Mondlandung herbeiführte. Vor allem in der Sowjetunion sowie in der SED-Propaganda wurde die Eroberung des Weltraums als schwerwiegender Beweis gegen den Gottesglauben interpretiert. In der Sowjetunion war dieses Ereignis deshalb auch von einem atheistischen Feldzug begleitet. Dieser konnte nicht mehr „nur" in Verfolgungen und Zerstörungen agieren, sondern war quasi geadelt als „Kampagne der wissenschaftlichen Aufklärung".[4] Dieser Zusammenschluss, Fortschritt und Technik als Wahrheiten und faktischen Glauben zu inszenieren, bestimmte die Kinder- und Jugendliteratur der DDR vorrangig. Im Zuge der Weltraumeroberung und Sputnikeuphorie festigte sich auch die Monopolstellung der Pionierorganisationen. Diese waren von einem starken Freund-Feind-Denken bestimmt. Die Jung- und Thälmannpioniere und die Freie Deutsche Jugend funktionalisierten Kinder für die Gemeinschaft, wobei der Kollektivgedanke Vorrang hatte und das Fehlen des Individuellen Voraussetzung war. Ebenso bereiteten sie auf eine Militarisierung der Jugendlichen vor, die zeitgleich mit dem Aufbau der kasernierten Volkspolizei, Nationalen Volksarmee und Kampfgruppen einherging. In den Pionierorganisationen wurden Kinder und Jugendliche zu den sogenannten ‚Hausherrn von morgen' erhöht. Der Fortschritt von Wissenschaft und

---

4   Stefan Wolle: Aufbruch nach Utopia. Alltag und Herrschaft in der DDR 1961–1971. Bonn 2011, S. 105.

Technik hatte dabei den Status von Glaubenssätzen. Am Berufswunsch Kosmonaut kam im Sozialismus nahezu kein Kind vorbei.

Die vor diesem Hintergrund zentral gesteuerte Weltall- und Sputnikeuphorie betraf auch den einzigen und damit konkurrenzlosen DDR-Comic *Digedags*, der sich eigentlich auf historische Stoffe konzentrierte und damit eine Nische schuf. Ihr Erfinder Hannes Hegen wurde Ende der 1950er Jahre unter Druck gesetzt, ebenfalls eine Weltraumreise zu veröffentlichen. Er beugte sich diesem Druck der Partei im Dezemberheft von 1958, das extrem rar und bei Sammlern sehr beliebt ist.[5] Da die aktuelle Handlung jedoch zu diesem Zeitpunkt noch in Ägypten spielte, musste die Weltraumreise als gewagte Entführung von Außerirdischen aus der Wüste inszeniert werden. Trotz dieser Freiräume blieb die Ausführung der Weltraumreise auf geradezu schematisierte Weise linien- und systemtreu. Gegenstand der Erzählung war der Kalte Krieg, der vom Kampf zweier Staaten auf dem Planeten Neos handelte. Dabei waren in der Union klar die Sowjetunion und die Gegner des Großneonischen Reichs wiederum eindeutig als BRD und amerikanisierte Staaten erkennbar. Die sozialistische Weltraumerzählung fand also bei der Flugreise vor allem den Kalten Krieg vor. In leichten Abwandlungen und Variationen bleibt dieses Narrativ bis zum Ende der DDR in der Literatur bestehen.

Der DEFA-Zeichentrickfilm *Gleich links hintern Mond,* in der Regie von Günter Rätz aus dem Jahr 1959, lässt das in den Rahmen der Lügen- bzw. Märchenerzählung gefügte Schema die erwartbare Absicht umso deutlicher erkennen.[6] Die Rahmengeschichte von *Gleich links hinterm Mond* spielt in einer ferneren Zukunft und betrifft den Flug internationaler Pioniere. Interessanterweise sitzen die Pioniere im Raumschiff und schweben nicht schwerelos in der Kabine, was sich wohl weniger auf eine Unkenntnis der Schwerelosigkeit denn vielmehr auf die fehlende technische Umsetzung beim Puppentrickfilm zurückführen lässt. Im Raumschiff entdeckt einer der Pioniere ein ‚Märchenbuch', das *Gleich links hinterm Mond* heißt, seine erste Auflage 1957 hatte und im Film in einer Zukunftsversion aus dem Jahr 1999 wiedergegeben wird. Durch dieses Zukunftsnarrativ bestätigt es die Überwindung des Alten: So handelt das Märchen vom Weihnachtsmann und einer veralteten Himmelsordnung, die aus Petrus, Gott (einem Direktor) sowie weiteren recht zwielichtigen und überaus zweifelhaften Gestalten aus einer überholten Zeit repräsentiert wird. Der Direktor trägt neben dem Bart einen Heiligenschein, hat einen Talar an und droht autoritär mit dem Zeigefinger. Mit Hilfe der Entdeckung des Sputniks kann die als scheinheilig

---

5   Siehe hierzu: Mark Lehmstedt: Die geheime Welt der Digedags. Zur Publikations- und Zensurgeschichte des „Mosaik" von Hannes Hegen (1955–1975). Leipzig 2010.

6   Der Film ist als Bonusmaterial enthalten zur DVD *Alfons Zitterbacke. Ein Film der DEFA nach Motiven der Kinderbücher von Gerhard Holtz-Baumert* (Regie Konrad Petzold, DEFA-Studio für Spielfilme 1965) [Lizenzgeber ICESTORM Entertainment, ©DEFA-Stiftung 2013].

überzeichnete Himmelsordnung leicht als hochgradig lügenhaft entlarvt werden, woraufhin die veralte Gesellschaft aus dem Weltall flüchtet. Dem Weihnachtsmann, der daraufhin die Herrschaft übernimmt, gelingt es gerade noch, für die Nachwelt ein Foto der Schurken zu machen. Eine Verbindung von einfachem Feindbilddenken und Fortschrittsmotiv bestimmt die simple Erzählung und sozialistische Exempelgeschichte des Films. Infolge steckt sie den erzählerischen Rahmen der Flug- und Weltraumreise in der Kinder- und Jugendliteratur der DDR ab.

Gerhard Holtz-Baumerts Klassiker und Bestseller *Alfons Zitterbacke. Die heiteren Geschichten eines Pechvogels* aus dem Jahr 1958 erzählt das sozialistische Masternarrativ als realistische Erzählung mit komischen, unterhaltsamen Elementen. Holtz-Baumert wählte die Darstellungsmethode des Realismus. Diese wurde von staatlicher Seite für das Kinder- und Jugendbuch bis 1970 als „einzig brauchbare Methode"[7] erachtet. So war es ein erklärtes Ziel der 5. Tagung des Zentralkomitees der SED im „Kampf gegen den Formalismus in Kunst und Literatur", „realistische Beispiele und Vorbilder zu gestalten, die tief in die Wirklichkeit eingreifen, um die Wirklichkeit von morgen sichtbar zu machen".[8] In seiner Funktion als Literaturfunktionär verstand Holtz-Baumert die Kinder- und Jugendliteratur als das zentrale Instrument für die sozialistische Erziehung: „Auch bei der Erziehung unserer Kinder zu jungen Sozialisten ist die Kunst eine Waffe und wir wären dumm, wenn wir diese Waffe im Bücherschrank verrosten ließen."[9]

Alfons Zitterbacke handelt von einem Pechvogel, der naiv und mit Eulenspiegel'scher Prägung zum jungen Sozialisten erzogen wird. Seine Erlebnisse werden in einem „sozialistisch-gezügelt aufmuckenden"[10] Stil erzählt. Als Einzelner ist er zunächst aus der Art geschlagen, um gemäß dem für die Kinder- und Jugendliteratur der DDR typischen Erzählmusters wieder in das Kollektiv eingegliedert werden zu können. Als Orientierung und Vorbild für die komische Figurenzeichnung diente Nikolai Nossows *Nimmerklug im Knirpsenland* (1954). Im Zentrum stehen Gegenwartsstoffe, die einer ideologischen Erziehung im Sinne der aufzubauenden sozialistischen Gesellschaft entsprechen, dem Einzelnen seine Aufgabe im Kollektiv aufzeigen und darüber hinaus exemplarisch demonstrieren, wie das Individuum im Handlungsverlauf vom Ideal des Kollektivs überzeugt wird. Hierbei war die Kinder- und Jugendliteratur in der DDR und in der Sowjetunion wesentlich stärker auf die Vermittlung dieser Botschaft eingeschränkt als dies in der allgemeinen oder Erwachsenenliteratur der Fall war.[11]

---

7   Marianne Lüdecke: Realistische Erzählungen und Romane mit Gegenwartsstoffen (Überblick 1945 bis 1965). In: Rüdiger Steinlein/Heide Strobel/Thomas Kramer (Hg.): Handbuch zur Kinder- und Jugendliteratur SBZ/DDR von 1945 bis 1990. Stuttgart 2007, S. 129 f.
8   Ebd.
9   Uta Strewe: Kinder- und Jugendliteratur und literarisches Leben in der DDR. In: Ebd. S. 84.
10 Andreas Bode: Bilderbücher und Kinderbuchillustrationen. In: Ebd., S. 876.
11 Katrin Pieper: Die besten Helden. Literatur für Kinder und Jugendliche nach sowjetischen

Wenngleich es im Roman keinen Weltraumflug gibt, bildet dieser dennoch einen festen Bestandteil in der identitären Bestimmung von Alfons Zitterbacke. Im Kapitel *Wie ich mich entschloß, Weltraumfahrer zu werden*,[12] verfolgt Alfons seine Pläne, Kosmonaut zu werden, im Alleingang. So bereitet er sich zunächst auf die Stille des Alls vor und erlegt sich selbst die Prüfung auf, drei Tage lang zu schweigen, was zu verschiedenen Missverständnissen und natürlich einer Fünf in Mathematik führt. Darauf folgt eine Umgewöhnung an Weltraumnahrung in Tuben, wozu sich Alfons ebenfalls mehrere Tage von der Kinderzahnpasta „Putzi" und einer Anchovispaste, einer Mischung aus Senf und Mayonnaise, ernährt. Seine dritte Übung besteht darin, zehn Runden Kettenkarussell zu fahren, um für die Schwerelosigkeit zu trainieren. Parallel zu seinen Selbsterprobungen verpasst Alfons wichtige soziale Termine wie die Gruppenratssitzung in der Schule und den Timur-Einsatz bei den Pionieren. Den Abschluss bildet seine Flucht nach Moskau, bei der er nicht weit kommt bzw. wieder zu seiner Pioniergruppe stößt, die sich zufällig in seiner Nähe auf einem Ausflug befindet und ihn wieder freudig aufnimmt. Erst im Beisein eines Offiziers der Nationalen Volksarmee gelangt Alfons zu der eigenen Einsicht, dass der Weg zu Heldentaten niemals alleine angetreten werden darf, sondern nur gemeinsam im Kollektiv gelingen kann:

> Gleich darauf kam ein Lastwagen von der Volksarmee. Der holte uns zum Flugplatz ab. Wir besuchten dort die Luftstreitkräfte. Wir durften sogar in ein Flugzeug klettern. Ein Offizier erzählte uns, was man alles lernen und üben muß, ehe man Flieger wird. Oje, das war ja tausendmal mehr, als ich geübt hatte mit Schweigen, Tubenessen und Karussellfliegen. Da war es wohl besser, ich versuchte nicht, weiter nach Moskau zu marschieren und übte erst mal vorläufig im stillen weiter.[13]

Der Pechvogel und Pionier in ihm werden schließlich in einem zunächst als Bestrafung angedachten Vortrag über den Weltraumflug versöhnt.

Der Erziehungsplan, Kinder und Jugendliche in der Fortschritts- und Zukunftsemphase der 1960er Jahre über Erzählungen von Flügen und Weltraum geradezu schematisiert zu neuen Menschen zu erziehen, wandelt sich ab 1970 leicht ab. Denn ab den 1970er Jahren verzeichnet die Kinder- und Jugendliteratur der DDR einen

---

Vorbildern. In: Karl Eimermacher/Astrid Volpert (Hg.): Tauwetter, Eiszeit und gelenkte Dialoge. Russen und Deutsche nach 1945. München 2006, S. 1033–1056, hier S. 1044.

12 Gerhard Holtz-Baumert: Alfons Zitterbacke. Die heiteren Geschichten eines Pechvogels aufgeschrieben von Gerhard Holtz-Baumert. Berlin (DDR): 1970 [Für Leser von 10 Jahren an], S. 128–148.

13 Ebd. S 147.

stärkeren Einschlag in das Individuelle[14] und Subjektive.[15] Nach 1970 bildet sich eine auf „gute Lösungen hin kalkulierte Problemliteratur"[16] heraus, die sich nicht nur realistischer Gestaltungen bedient. Das Weltall erscheint erstmals als vermeintlich phantastischer Fiktionsraum, in dem sich jedoch weiterhin Anklänge an den Kalten Krieg und jene vermeintlich überwundenen ‚alten Ordnungen' finden.

So verlassen in Hannes Hüttners *Das Blaue vom Himmel* die kindlichen Protagonisten Hermann und Trulle mittels einer fliegenden Blockhütte die Erde, um auf den Quarkstern zu gelangen. Hermann und Trulle erleben auf ihrer Fahrt einige Abenteuer: Sie landen auf dem Höllenstern und nehmen, nachdem sie dort zunächst einmal in Fortschrittsmanier die Produktionsweise automatisiert und umgestellt haben, den märchenhaft starken Hans mit auf ihre Fahrt. Die Kinder erreichen den Quarkstern, der sich als der Sitz des Schlaraffenlands erweist. Doch dieser Planet wird von dem diktatorisch regierenden Zauberer Professor Zirbelwirbel aus einer sogenannten Antiwelt regiert. Die Kinder unterstützen das Volk der Schlaraffen bei ihrem Befreiungskampf und kehren schließlich auf die Erde zurück.

Hüttners Weltraumgeschichte hatte ähnlich wie Alfons Zitterbacke hohe Auflagenzahlen. Allein bis 1985 erschienen sieben Auflagen. Ab 1981 wurde sie zusätzlich als Taschenbuchausgabe verlegt. Sogar in der Bundesrepublik erschien 1976 eine Ausgabe bei Ensslin und Laiblin, Reutlingen. Ein Verlagsgutachten von 1972 dokumentiert, dass der Text kaum literarisch eingeordnet werden konnte, da es sich weder um eine Utopie noch um ein Märchen noch um eine Schelmen- oder Lügengeschichte handelte. Daraufhin einigte man sich auf die Bezeichnung „phantastische Literatur". Tatsächlich werden in *Das Blaue vom Himmel* gleichermaßen Märchen und Dystopie sowie Science Fiction-Elemente bedient. Zeitlich ist der Roman nicht in einer bald eintretenden Zukunft angesiedelt, sondern spielt auf den Schulalltag und den DDR-Alltag an. Da er ebenso ein soziales Modell entwickelt, stuft Wolfgang Emmerich den Text treffender als „realistische Phantastik"[17] ein.

Indem bereits der Titel redensartlich auf Lügen anspielt, bleibt die phantastische Erzählung wesentlich auf das sozialistische Modell, dessen Sieg und ‚Bewahrheitung' fokussiert. Dass das vom bösen Zauberer regierte Schlaraffenland den Westen markiert, liegt auf der Hand. Das Warenüberangebot deutet auf kapitalistische Konsumkulturen, die sich schließlich zum Terror ausweiten. Auch die Mediengesellschaft wird kritisch reflektiert, da die Bewohner des Schlaraffenlands ständig fernsehen und – Aldous

---

14 Siehe hierzu Karin Richter: Entwicklungslinien in der Kinder- und Jugendliteratur der DDR. Vorüberlegungen für eine neue literaturhistorische Betrachtung des kinderliterarischen Schaffens von 1945–1989. In: Zeitschrift für Germanistik, Neue Folge 5 (1995), Bd. 2, S. 290–300.
15 Pieper 2006, S. 1033–1056.
16 Steinlein et al.: Zur Kinder- und Jugendliteratur der DDR. In: Dies. 2007, S. 8.
17 Nach: Caroline Roeder: Phantastische Kinderliteratur [Geteilte Himmel]. In: Ebd. S. 712 f.

Huxley lässt grüßen – über ihre Geräte überwacht werden. Eindeutige sozialistische Einschläge zeigen sich wiederum im *Märchen vom Gutsbesitzer Anselm Raffzahn*.

Der zu rettende Weltraum stellt einen phantastischen Raum dar. Dieser wird in Antithese zu den Gesetzmäßigkeiten auf der Erde verstanden, womit erneut der Märchen- bzw. Lügendiskurs aus dem Film der 1950er Jahre bemüht wird. Die sogenannte Schwelle als Übergang ins Phantastische kennzeichnet phantastische Erzählliteratur bekanntermaßen durch Kaninchenlöcher, Schränke, Gleis 9 3/4 u. ä. Bei *Das Blaue vom Himmel* fehlt die eindeutige Schwelle zur phantastischen Welt, die diese von der Realität abkoppeln würde, und betrifft stattdessen einen fiktiven, technischen „Gedankenenergiewandler"[18], der über den Kopf gezogen werden kann und als Schubtrieb funktioniert. Trotz zunächst subversiv anmutendem Gedankenschub folgt die Erzählung dennoch dem bekannten Freund-Feind-Denken. Zwar bringt der Text einerseits Phantasietätigkeit und technische Erfindungen zusammen und evoziert einen kritischen Leser, wenn nahezu völlig plausibel die Erfindung eines magnetischen Fußbodens dafür verantwortlich gemacht wird, dass das Haus tatsächlich fliegen kann. Andererseits steht hinter dem phantastischen Modell Hüttners in seinen ausführlichen Experimentanordnungen, systematischen Plänen, Erörterungen über Zeit- und Raumgesetze u.a. im Bild der Quarks der Bildungsauftrag einer auf Technik und Fortschritt ausgerichteten Erziehung, die wiederum eine zu bekämpfende Ordnung im Weltall vorfindet. Durch die Vielschichtigkeit und das Figureninventar Hermann als Forscher/Entdecker, Trulle als starker Hans, phantastische Tiere wie Sonnen- und Tomatenhund sowie durch den Sprachwitz und weitere Nonsenselemente tritt die sozialistische Sendung zunächst in den Hintergrund.

Dies zeigt sich auch in der größeren Freiheit im Umgang mit individuelleren Alleingängen, die sich in folgender Szene zeigt: So möchten Hermanns Eltern, nachdem die Brüder bei ihrer ersten Raumexpedition verschwunden sind, dass Hermann eine Gärtnerlehre macht, da sie denken, dass er ihrer Ansicht nach eines Tages froh sein werde, nicht Raumpilot geworden zu sein.[19] Ähnlich wie Alfons Zitterbacke setzt sich Hermann jedoch darüber hinweg und verfolgt einen individuellen Weg, den der Text jedoch gerade nicht als Beispiel für Egoismus anführt, sondern vielmehr als gute Absicht gegenüber den Eltern auslegt:

> [Er] ging zu den Gärtnern in die Lehre und absolvierte nachts die Kurse für Raumflieger, ohne daß jemand davon wußte.
> Wir sagten schon, daß er eigensinnig ist.

---

18 Hannes Hüttner: Das Blaue vom Himmel. Mit Illustrationen von Gerhard Rappus. Berlin (DDR) 1974, S. 30.
19 Ebd. S. 29.

Und er hatte sich ja vorgenommen, seinen Eltern eine Freude zu machen. Er wollte seine Brüder wiederfinden und sie zurück auf die Erde bringen.[20]

Doch die intertextuelle Umdeutung führt keineswegs eine geistesgeschichtliche Neudeutung der sozialistischen Erzählung mit sich. So darf und muss Hüttners Roman aufgrund der phantastischen Anteile im Weltraum spielen, so dass dieser die Beschreibung eines Weltraumflugs enthält, wie es sie in der realistischen Erzählung Zitterbackes bislang noch nicht gab. Auffällig zeigt sich dabei die Dominanz des Innenraums (Rakete) sowie eine erstaunlicherweise wiederum an Technikferne kaum zu übertreffende Version des Weltraums als Märchen- und Fiktionsraum:

> Jetzt aber hat Hermann den Hut an den Nagel gehängt, sie fliegen bereits ohne Antrieb. Er stützt sich aufs Fensterbrett: Die Erde ist noch zu sehen, eine blaue Murmel in der Ferne. Doch sie sind schon in der Gegend der bunten kleinen Planeten, sechs Stunden von der Erde entfernt. Quina macht gerade das Nachtmahl der Expedition zurecht. Sie klappert gerade durch das ganze Haus und rennt einem Eierkuchen hinterher, der schwerelos in der Luft umherschwebt. Sie hat vergessen, beim Einrühren Eisentinktur in den Teig zu tun. Draußen vor dem Fenster blinken die kleinen Planeten wie die Kugeln am Weihnachtsbaum.[21]

Durch diese Ambivalenzen sowie nicht zuletzt durch die Anspielung auf den Weihnachtsmann und das Weihnachtsfest schließt sich der Roman an das sozialistische Narrativ an. Dem entspricht, dass erneut nicht nur der Weihnachtsmann und Weihnachten durchs Weltall geistern, sondern im Blick in die Weiten des Weltraums ebenso die bekannte, veraltete Weltordnung eines ehemaligen Himmels vorgefunden wird. Hierin zeigt sich eine weitere Ambivalenz der DDR-Literatur. Wenngleich die Reminiszenz an die sozialistischen Weltraumordnungen affirmativ gestaltet ist, eignet ihr ebenso ein vorsichtig angedeutetes, kritisches Potential, wenn die überholten und veralteten Engel in einem wohl nunmehr vom Kalten Krieg bestimmten Weltall wiederum für freundliche Musik sorgen:

> Noch sitzen draußen alle paar hundert Kilometer die Polizisten der Allpolizei in ihren weißen Hemden, die goldenen Flügel zusammengeklappt, auf den Leitplanken und winken der Quarksternexpedition zu. Es sind alles Engel aus dem ehemaligen Himmel, den man vor ein paar hundert Jahren zu einem Erholungsheim für Kosmonauten umgewandelt hat. Sie sitzen zu dritt und machen Musik. Einer spielt Harfe, der andere Flöte, der dritte Mundharmonika. Sie machen Musik, damit es im Weltraum ein bißchen freundlich ist.[22]

---

20 Ebd.
21 Ebd. S. 33.
22 Ebd. S. 34.

Dennoch erfüllen Hüttners ambivalente, phantastisch-technische Reisen die Weltraumlogiken des sozialistischen Realismus und setzen das Phantastische nicht als subversives Gestaltungsmittel ein.

Ein letztes Beispiel ist Gert Prokops *Der Hausflug* von 1989, das ebenfalls auf das ambivalente Modell zwischen Realismus und Phantastik setzt. Sein kurz vor der Wende erschienener Roman erzählt von einem Weltraumflug in einem fliegenden Haus. Dieses bleibt jedoch unsichtbar, so dass nochmals unentschieden bleibt, ob die Reise zwischen Realität oder Phantastik angesiedelt ist. Demgemäß fehlt erneut eine klare Definition der phantastischen Schwelle. Die Flugreise spielt sich im Innenraum ab. Ebenso erweist sich die Erzählung am Ende als Traum:

> Doch er fand keine Ruhe zum Denken. Was er vor dem Fenster erblickte, nahm ihn völlig gefangen. Sie stiegen weiter, flogen jetzt schon ein ganzes Stück über den Wolken. Zwischen den Wolken! Unter ihnen breitete sich, soweit Jonas sehen konnte, eine dicke Wolkendecke mit bizarren Bergen und Türmen, über sich erblickte er dünne, ausfransende Wolkenschleier und darüber einen Himmel, wie er ihn noch nie gesehen hatte: blauschwarz. Doch, einmal hatte er solch einen Himmel schon gesehen, in einem Film über die Kosmonauten. Wollte das Haus mit ihm bis über die Atmosphäre steigen? Nein, jetzt schien es in dieser Höhe zu bleiben, es drehte ein wenig, die Sonne knallte ins Fenster, sie schien so grell, daß Jonas die Hand an die Stirn riß, um seine Augen zu schützen. Er holte die Mütze aus dem Rucksack, zog sie tief in die Stirn.
> Einmal um die Erde fliegen, dachte er. Und landen, wo immer es ihm paßte. Daß er den Fotoapparat nicht mitgenommen hatte![23]

Die Augen vor der Weltraumreise im Bild einer ideologisch aufgeheizten Sonne zu verschließen, erscheint als logische Konsequenz und Ausweg innerhalb eines zu stark ideologisch determinierten Erzählrahmens phantastischer Flugreisen. Ebenso formuliert es das Eingeständnis einer Nicht-Wahrnehmung des Weltalls innerhalb des Systems Kinder- und Jugendliteratur der DDR. Ein Jahr vor dem Ende der DDR werden in der Gestaltung der Flug- und Weltraumreise als Wunschtraum so die manipulativen Wahrnehmungsmodelle der Flug- und Weltraumreise innerhalb der Kinder- und Jugendliteratur der DDR verabschiedet.

---

23 Gert Prokop: Der Hausflug. Mit Illustrationen von Klaus Vonderwerth. Berlin (DDR) 1989, S. 20.

Jan Röhnert (Braunschweig)
Zwischen *La Jetée* und *Terminal* · Raum und Zeit des Airports

1.

Ich möchte im Folgenden einen unverzichtbaren Aspekt der Flugreise schlaglichtartig erhellen, welcher dem eigentlichen Unterwegssein in der Luft zwar jeweils vor- *und* nachgelagert ist, ohne den eine Flugreise jedoch weder denkbar noch durchführbar wäre. Für die – in der Tat als besonders kritisch eingeschätzten – Momente des Starts und der Landung benötigt das Flugzeug die Rollbahn des Flughafens; kein Passagier, der eine Verkehrsmaschine besteigt, für die er sich nicht zuvor im Flughafen eingecheckt und sich den dortigen Sicherheitskontrollen unterworfen hat; kein Passagier, der nach sicherer Landung den Weg in die Außenwelt, nachdem er sein Gepäck vom Rollband aufgelesen hat, nicht über die Exit-Türen des Flughafens antritt. Der Flughafen ist eine eigene transitäre Raumstruktur, die den Vorbereitungen des Fliegens und dem Wiedereintreffen am Boden gilt; Verkehrs-, Sicherheits- und Versorgungs- bzw. reine Shoppinginfrastrukturen treffen aufeinander.[1]

Der Flughafen hat eine mit der Entwicklung des Verkehrsflugwesens eng verknüpfte Geschichte, auf die hier nicht weiter eingegangen werden kann. Es wäre einen eigenen Beitrag wert, die Transformationen seiner Architektur über die Jahrzehnte hinweg im Kontext der in das jeweils sich verschiebende Ideal eines Airports hineinspielenden städtebaulichen, verkehrstechnischen, politischen, juristischen und ökonomischen Parameter und die mit dieser Architektur verknüpften Welt- und Menschenbilder zu verfolgen: Man denke nur an die verschiedenartige Gestaltung der Berliner Flughäfen, angefangen mit dem noch in der Weimarer Republik fertiggestellten Repräsentationsbau des Flughafens Tempelhof, den das beschleunigte ubiquitäre Lebensgefühl der 1970er Jahre vermittelnden Flughafen Tegel und die Pläne zum aktuell unvollendeten Berliner Großflughafen der Zukunft, um festzustellen, dass Flughäfen keine statischen Konstrukte, sondern selber einer Dynamik dauernder Veränderungen, Umbau- und Erweiterungsmaßnahmen unterworfen sind – allein schon wegen der Zunahme an Flugdichte und Raumbedarf.[2]

---

1   Vgl. hierzu auch den in diesem Band enthaltenen Beitrag von Asmus Trautsch zur Phänomenologie des Fliegens.
2   Vgl. Frank Seehausen: Rhetorik einer mobilen Moderne – Visuelle Inszenierungen von Stadt

Einige Aspekte des Flughafens sind jedoch von Anfang an zentral geblieben, dies betrifft v.a. die funktionale Seite zur Organisation und Administration des Fliegens und seiner Passagiere, die sich freilich durch die digitale Revolution der vergangenen Jahrzehnte enorm transformiert und verfeinert hat. Einige Aspekte sind zum einen von früheren Nebenmerkmalen in den Vordergrund getreten, v.a. die gesamte auf die faktischen und virtuellen Bedrohungen des Terrorismus antwortende Sicherheitsarchitektur, die das Gesicht des Flughafens der Gegenwart entscheidend prägt. Zum anderen gibt es die entlang der Gates sich reihenden oder um den Flughafen herum verlaufenden Shoppingbereiche, die nicht zum eigentlich funktionalen Ambiente des Airports gehören. In ihrem durchlässigen und nur zum vorübergehenden Verweilen einladenden Charakter, dem sich darin vollziehenden Fluss von Geld, Waren und Menschen und der Konzentration auf das Duty-Free-Shopping wirken diese Areale symbiotisch mit dem Transitraum des Flughafens und der Transitbewegung des Fliegens verwoben, was von der Intention her die Überlegung erkennen lässt, Fliegen und Shopping in *einem* Vorgang gipfeln, den Passagier-Konsumenten beides als *einen* Akt empfinden zu lassen und so den Akt des Kaufens als inwendigen Bestandteil des Fliegens im Bewusstsein des Fluggasts zu verankern. In der Tat sind Fluggesellschaften nichts anderes als börsennotierte, an Profitmaximierung interessierte Wirtschaftsunternehmen. Man könnte demzufolge auch vom Flughafen als architektonischer Speerspitze der neoliberalen Ideologie sprechen.[3]

Ich möchte die Latte etwas niedriger legen und danach fragen, welche Bandbreite an filmischen und literarischen Imaginationen der Transitraum des Flughafens heraufbeschworen hat. Dies kann ich selbstverständlich nur ansatzweise und exemplarisch tun, hoffe jedoch, dass die in ihrer Handschrift, Herkunft und Form divergierenden Beispiele, die ich heranziehe, einen symptomatischen Wert in Bezug auf die Phänomenologie des *Flughafens* als Initial- und Finalstufe jeder Flugreise besitzen. Unter den zwei vielleicht prominentesten Hermeneutiken des Flughafens als spezifischem Ort bzw. Raum – ich meine Marc Augés berühmte Charakterisierung von Orten einer global identischen Infrastruktur als ,non-lieus' von 1992 versus Michel Foucaults nicht minder berühmter Charakterisierung von Transiträumen als ,Heterotopien', die er bereits 1967 in dem Vortrag *des espaces autres* vornahm – ist es wohl die letztere, Foucaults Hommage an die regelsprengende Macht der Heterotopie, die, auf den Flughafen angewandt, am ehesten zur Vielfalt literarischer und filmischer Imaginationen zu passen scheint, welche dieser Ort heraufbeschworen hat. Doch sind ,non-lieu' und ,Heterotopie' zwei Perspektiven auf das Phänomen Flughafen, die sich keineswegs gegenseitig ausschließen müssen, sondern wie zwei Seiten

---

durch Autobahnen und Hochstraßen in der Nachkriegsmoderne. In: Jan Röhnert (Hg.): Metaphorik der Autobahn. Köln/Weimar/Wien 2014, S. 35–76.

3 Vgl. Peter Adey/Mark B. Salter (Hg.): Politics at the Airport. Minneapolis 2008.

einer Medaille einander bedingen: Im Sinne der Heterotopie kann der zunächst als steriler Nicht-Ort empfundene, vermeintlich identitätslose Flughafen ein für Film und Literatur willkommener Ursprungs- und Austragungsort von Imaginationen und Phantasien des Transits werden, die Narrative des Wechsels und Wandels, der Lebensveränderung initiieren oder einfach Blick- und Wahrnehmungsverschiebungen bewirken, die aus der plötzlich fremden Raumperspektive des Flughafens ein neues Licht auf die umgebende Welt werfen.

Ich möchte zwei jeweils grundverschiedene Beispielpaare aus Film und Literatur anführen, um die Bandbreite der Flughafenrepräsentation im Imaginären beider Medien zu zeigen. Es handelt sich innerhalb der Beispiele zugleich um grundverschiedene Genres, die man jedoch nach ihrer Publikumswirksamkeit wiederum zu jeweils einem Paar aus Film und Literatur verknüpfen könnte: Zwei eher populären Gattungen (Spielfilm und Reportage) stehen zwei Kunstgattungen (Experimentalfilm bzw. Lyrik) gegenüber. Ich beziehe mich filmisch auf Steven Spielbergs Komödie *The Terminal* von 2004 und Chris Markers Avantgardeklassiker *La Jetée* aus dem Jahr 1962 sowie literarisch auf Alain de Bottons Reportage seiner Woche als Writer-in-Residence am neuen Terminal 5 des Flughafens Heathrow von 2009 und den der Flughafensphäre und dem Flugtransit gewidmeten Aspekte in Rolf Dieter Brinkmanns Gedichtband *Westwärts 1&2* aus dem Jahr 1975.

Ich möchte die vier Beispiele v.a. hinsichtlich ihrer Darstellung des Flughafen-Transitraums als einer mehr oder weniger fremden Lebenswelt diskutieren. Dabei fällt auf, dass die beiden mehr publikumsfixierten Beispiele, Spielbergs *The Terminal* und de Bottons *Airport*, die Tendenz haben, aller Fremdheit zum Trotz zum Flughafen eine Art von Vertrautsein und Geläufigsein aufzubauen, ja ein – wenn auch vorübergehendes – Heimischsein am Airport zu inszenieren suchen, während Markers *La Jetée* und Brinkmanns *Westwärts 1&2* gerade das Gegenteil, die absolute Fremdheit, ja Unheimlichkeit des Ortes, seine verstörende und Zerstörung vorwegnehmende Unbewohnbarkeit und Inhumanität herausstreichen – gegensätzlichere Darstellungen ein und derselben Raumstruktur sind kaum vorstellbar. Ob es für die Interpretation eine Rolle spielt, dass die die Fremdheit des Airports betonenden Beispiele früheren Datums, aus den 1960er und 1970er Jahren, sind, während die mit seiner Bewohnbarkeit und Aneignung spielenden Exempel aus dem ersten Jahrzehnt unseres Jahrtausends stammen, sei als offene Frage in den Raum gestellt. Es berechtigt jedenfalls noch nicht zu dem sich in dieser Konstellation aufdrängenden Schluss, die Akzeptanz gegenüber der Lebenswelt des Flughafens sei in jüngerer Zeit gestiegen oder es habe eine Gewöhnung an die fremde Transitstruktur eingesetzt, sie sei sozusagen inzwischen tiefer in unsere Lebenswelt integriert. Auch wenn Flughäfen heute, und Spielberg und de Botton greifen das auf, mehr noch als vor 50 Jahren dieses Gefühl des Vertrautseins, nicht zuletzt durch die integrierten Shoppingbereiche, vermitteln wollen, so ließen sich aus Literatur und Film genug andere Beispiele heranziehen oder werden auch in anderen Beiträgen dieses Bandes angeführt, die genau das Gegenteil zeigen – nämlich dass Flughäfen noch immer fremd in unsere Lebenswelt hineinragen und ihre depersonalisierte Architektur und ihre anonymen Erfassungsmechanismen das Subjekt mehr denn je nicht nur seiner Individualität, sondern auch seiner Privat- und Intimsphäre in einer Weise berauben, wie dies vor vier, fünf Jahrzehnten noch nicht der Fall gewesen ist.[4] Nachgerade scheint es eher so, dass sich in der Sensibilität der von kommerziellen und populären Aspekten absehenden Kunstgattungen Experimentalfilm und Lyrik, aus denen Marker bzw. Brinkmann kommen, bereits Erscheinungen bezüglich der Phänomenologie des Flughafens manifestieren, die sich in späteren Jahrzehnten in der Realität des Ortes nur umso eindringlicher bestätigt haben. Umgekehrt ließen sich ohne weiteres en masse Beispiele aus populären Genres früherer Jahrzehnte anführen, die den Flughafen bereits als Ort einer vermeintlichen Normalität und Gewöhnlichkeit darstellen. Aber normal und gewöhnlich geht es in keinem der vier literarisch oder filmisch transformierten Terminals zu; stets kippt die Situation und das Vertrauenerweckende, Normierte schlägt um ins Fremde, nicht Festgestellte – oder es gilt gar, sich mit der dauernden Fremdheit des Ortes und seinen unheimlichen Umständen zu arrangieren.

2.

Ich beginne chronologisch mit der in dieser Reihe frühesten und in ihrem verstörenden Potential gleichwohl kaum mehr zu überbietenden Flughafenrepräsentation: Chris Markers Streifen *La Jetée* von 1962.[5] Der bis auf eine kurze Szene aus Foto-Standbildern montierte (und ebenso als Buch veröffentlichte) *ciné-roman*,[6] wie Marker ihn, auf die Intermedialität des Experiments verweisend, nannte, handelt, so berichtet die Erzählerstimme, von der Geschichte eines Mannes, der nach der atomaren Katastrophe eines Dritten Weltkriegs über keine eigenen, authentischen Erinnerungen mehr verfügt. Er wird von Ärzten, die in den zum Dahinvegetieren verbliebenen Katakomben nach dubiosen Wegen zum Überleben der Menschheit mithilfe der Animation von Bildern vergangener oder künftiger Zeiten in ihren Probanden forschen, zur Versuchsperson auserkoren, die weiter als alle vor ihm dem Wahnsinn oder dem Tod Geopferten an Bilder eines authentischen, vor dem Atomkrieg gelebten Daseins gelangt. Es ist vor allem das Bild einer Frau, welches ihn heimsucht und nicht wieder verlassen soll bis

---

4   Vgl. zur Symbiose von Heimischsein und Unheimlichkeit des Airports beispielsweise den in diesem Band enthaltenen Beitrag von Rüdiger Heinze zur Flugreise im amerikanischen Katastrophenfilm.
5   La Jetée (Film). Frankreich 1962. Regie/Drehbuch Chris Marker.
6   Chris Marker: La Jetée. Ciné-roman. New York 1992.

zu jenem fremd-vertrauten Punkt auf der Aussichtsplattform des Flughafens Paris, mit welchem der Film wie in einer Kreisstruktur anfängt und schließt. Das auf dieser Flughafenplattform (frz.: la jetée) stattfindende, für die Handlung der Geschichte entscheidende Ereignis ist nicht nur, wie wir zu Anfang erfahren, der Auftakt eines Dritten Weltkriegs, sondern auch das entscheidende Moment der Verstörung, das nicht nur den Protagonisten, sondern vor allem die Zuschauer mit jedem wiederholten Betrachten des Films heimsucht: Es handelt sich in der finalen, zugleich an den Anfang der Geschichte zurückkehrenden Sequenz des Films nämlich um den Augenblick des Todes, an den der Protagonist mit seiner reaktivierten Erinnerung rührt, ohne ihn doch dadurch rückgängig machen zu können. Eine entscheidende Veränderung hat sich nämlich zwischen den beiden scheinbar identischen Sequenzen zu Anfang und Ende vollzogen: Ist es am Anfang die Perspektive der über das Rollfeld blickenden *Frau*, aus der dieser Moment betrachtet wird, so ist es am Ende die des *Mannes*, der auf die Frau zueilt und dabei von seinen plötzlich ins Bild drängenden, die Zukunft repräsentierenden Ärzten niedergeschossen wird; der lapidare Kommentar des Erzählers lautet, dass niemand der Zeit entfliehen könne, ihn seine Wächter also in dem Moment, in welchem er der Zeit dank der wiedergefundenen Erinnerung entkommen zu sein scheint, kaltblütig liquidieren.

Dieser ciné-roman hat v.a. aufgrund seiner Foto-Film-Montage und der aus dieser resultierenden verwirrenden Zeit- und Erzählstruktur unendlich viele tiefsinnige, medienkritische und medienphilosophische Deutungen erfahren;[7] ich möchte hier lediglich auf die Rolle des Flughafens für die Geschichte hinweisen. Genau die Rampe, an dem die Geschichte sich, wenn man so will, zweimal ereignet, einmal zu Anfang und einmal gegen Ende, einmal aus den Augen der Frau, einmal aus denen des Mannes, ist der Punkt, von dem aus die Zerstörung und Gewalt, die den Hintergrund der Erzählung bilden, einsetzen. Um es auf die beiden namenlosen Menschen, von welchen die Rede ist, herunterzubrechen (was in den Medienanalysen selten geschieht), so wird hier die zwischen beiden angebahnte Liebesgeschichte mit einem Schlag vernichtet. Zwar bleibt die Art der Beziehung beider vage und unbestimmt, die Art der aus der Bewegung heraus aufgenommenen Fotos beider auf dem Flugplatz deutet jedoch die Intensität und innere Bewegung ihres Verhältnisses an, das durch die Ereignisse auf dem Rollfeld ausgelöscht wird. Aus dieser Perspektive lässt sich *La Jetée* auch als eine Liebesgeschichte betrachten, vermutlich eine der frühesten Liebesgeschichten des Kinos, die an einem internationalen Großflughafen spielen, und zugleich eine der illusionslosesten in Bezug auf den Transitort und die Möglichkeit

---

7 Vgl. aus der neueren Forschung (mit jeweils ausführlicher Bibliographie) Nora M. Alter: Chris Marker. Illinois 2006; Natalie Binczek/Martin Rass (Hg.): „Sie wollen eben sein, was sie sind, nämlich Bilder". Anschlüsse an Chris Marker. Würzburg 1999; Birgit Kämper/Thomas Tode (Hg.): Marker. Filmessayist. München 1998.

der Liebe dort: deren Permanenz wird nämlich radikal verneint. Der Flughafen ist ein Ort des Todes für die beiden Individuen, die sich sinnlich-subjektiv nahezukommen suchen: Ihre Existenz ist nurmehr (wie in den Bildwelten des Nouveau Roman) von außen durch die Fotokamera dokumentiert; ihr Inneres, ihre persönliche Geschichte bleibt uns auf der von Maschinenlärm umtosten Flughafenplattform trotz des die Bilder kommentierenden Erzählers verschlossen.

3.

In seinem 13 Jahre später erschienenen Gedichtband *Westwärts 1&2*[8] zeigt Rolf Dieter Brinkmann, wie vertraut er mit Markers foto-filmischer Ästhetik ist[9] und wie virtuos er dessen intermediales Experiment ins Genre der Lyrik verpflanzt: Seine Gedichte sind von schwarz-weißen Fotoserien am Beginn und am Ende des Bandes gerahmt, die in ihrer Abfolge auch als eine Art aus Einzelfotos montierter Film betrachtet werden können und wohl auch sollen – Brinkmann hat sich vielfach zu Fotografie und Film als visuellen Stimulantien seiner Lyrik bekannt.[10] Und noch etwas Entscheidendes verbindet ihn mit Markers *La Jetée*: nämlich der Topos des Flugzeugs – bei Brinkmann mit aus der Kabine heraus geschossenen Blicken auf die Maschine und Loudon Wainwrights Song *Plane, Too* als eine Art vorangestellten Mottos –, was seinem früherem Gedichtband *Die Piloten* (1968) folgend eine Metaphorik des Fliegens fortsetzt, sowie in seinen titelgebenden Gedichten *Westwärts* und *Westwärts, Teil 2* insbesondere das Motiv des Flughafens bzw. in Brinkmanns Diktion, des ‚Flugfelds', von dem aus das in den Gedichten sprechende Ich mit der Maschine abhebt oder wo es wieder am Boden aufkommt.[11] Das ‚Flugfeld' ist für das Ich ein Ort äußerster Unbehaustheit und Fremde, was sowohl von Emotionen des Staunens wie des Schreckens begleitet wird. „Meine erstaunliche Fremdheit", lässt Brinkmann im Stenogramm des Flugs, einer mehrspaltigen Komposition aus eingerückten, abbrechenden, verschobenen, an anderer Stelle wieder ansetzenden

---

8 Rolf Dieter Brinkmann: Westwärts 1&2. Gedichte. Reinbek 1975.
9 In einem Brief an seinen amerikanischen Freund Hartmut Schnell vom Herbst 1974 bezeugt Brinkmann seine „Vorliebe für Filme von Chris Marker (z.B. La Jete [sic] [...]". Vgl. Rolf Dieter Brinkmann: Briefe an Hartmut. Reinbek 1999, S. 116.
10 Vgl. Jan Röhnert: „Springende Gedanken und flackernde Bilder". Lyrik im Zeitalter der Kinematographie. Cendrars, Ashbery, Brinkmann. Göttingen 2007, 283–393.
11 Rolf Dieter Brinkmann: „Westwärts" und „Westwärts, Teil 2". In Ders. 1975, S. 42–60. – Zu diesen Gedichten in der Brinkmann-Forschung vgl. Andreas Kramers Kommentar und Interpretation beider Texte in Jan Röhnert/Gunter Geduldig (Hg.): Rolf Dieter Brinkmann. Seine Gedichte in Einzelinterpretationen. Berlin/Boston 2012, S. 825–846.

Zeilen und Zeilenfragmenten, seinen Protagonisten in *Westwärts* notieren,[12] und der in der Inversion markante Satz „Auf einmal, da war ich, an dieser Stelle, in meinem Leben"[13] wird, einmal nach den ersten Zeilen festgehalten und noch einmal am Schluss wiederholt, zu einem Indiz der dem Ich mit dem Flughafen begegnenden Fremde und des dadurch ausgelösten Staunens im Gedicht *Westwärts*, welches aus der radikal subjektiven Form seiner lyrischen Mehrspalten- und Zeilenkomposition einen Transatlantikflug von Köln nach Austin/Texas mit Umsteigen in London und New York nachzeichnet, wie ihn Brinkmann selber im Januar 1974 angetreten hatte.

Das längere sechsteilige Pendant, *Westwärts, Teil 2* ist dann, in der selben mehrspaltigen Kompositionsweise aus Zeilen, Fragmenten, eingeschobenen Textblöcken, mit zahlreichen Abschweifungen, Digressionen, Pausen und Unterbrechungen, der fragmentarischen ‚Erzählung' des Rückflugs und des Ankommens des Ichs am neu gebauten Flughafen Köln/Bonn gewidmet – Brinkmann kehrte im Mai 1974 aus Austin zurück. Hier steht nicht mehr die Fremdheit des durch das Flugfeld und die Halle des Airports betretenen amerikanischen Bodens im Fokus, sondern die Fremdheit der eigenen deutschen Welt angesichts des neuen Flughafens, aus dessen Optik heraus das Ich seine deutsche Wirklichkeit neu und diesmal von einem Gefühl des Erschreckens und kaum mehr des Staunens grundiert wahrnimmt. Dies wird v.a. vom Bild der Sicherheitskontrollen und der Polizeipräsenz und anderer dort registrierter Überwachungsstrukturen vermittelt. Dennoch zeichnet Brinkmann nicht durchweg das düstere Bild eines Überwachungsstaates, der alle seine Bürger als potentielle Terroristen ansieht, anstatt sie als Menschen willkommen zu heißen; das Bild des Airports und der dort stattfindenden Abflüge wird von Brinkmann in den Kippmomenten seiner lyrisch vielschichtigen, offenen Erzählung immer wieder auch positiv in die Vision poetischer Abschweifungen und ‚Abflüge' transformiert: Das lyrische Bewusstsein ‚fliegt' mit seinen spontanen Alltagsphantasien und -epiphanien permanent anderswohin statt dort zu verharren, wohin die funktionale phantasielose Sicherheits- und Verkehrsarchitektur des Flughafens das Ich körperlich dirigiert.

Damit bleibt die Metapher des Fliegens offen und ambivalent für Brinkmann; einerseits erschüttert das Unterwegssein im Flugzeug die gewohnten Raum- und Zeitwahrnehmungen, die in der ungewohnten technischen Umgebung plötzlich wertlos geworden sind – „die Mythologie der vier Himmels / Richtungen bricht zusammen",[14] resümiert der lyrische Stenograph lapidar im *Westwärts*-Gedicht –; andererseits ist das Ich am narrativen Nullpunkt des Airports auf sich selbst zurückgeworfen und seinen widerstreitenden subjektiven Empfindungen und Fremdheitsgefühlen ausgeliefert. Eine Hilflosigkeit manifestiert sich angesichts des urplötzlichen

---

12 Brinkmann: Westwärts 1&2 (wie Anm. 8), S. 43.
13 Ebd. S. 44.
14 Ebd.

Ankommens am identitäts- und geschichtslosen Airport; zugleich jedoch kann der ‚leere' ‚Nicht-Ort' immer wieder als ‚Heterotopie' empfunden werden, bewirkt das Ausgesetztsein im Transitbereich für Brinkmanns lyrischen Protagonisten doch die Rückbesinnung auf sich selbst und evoziert rauschhafte biographische Momente und Lektüren, die, wie die Zitate aus Nietzsche, Rimbaud und den Vorsokratikern, das Ich stets aufs Neue weit weg von der empfundenen Leere und Öde der Transitstruktur führen, in der es sich körperlich aufhält.

4.

Extreme Hilflosigkeit und existentielles Ausgesetztsein am Flughafen könnte man auch als Thema der Komödie *The Terminal* von Steven Spielberg bezeichnen, die auf die wahre Geschichte eines fast zwei Jahrzehnte im Pariser Flughafen Orly lebenden Iraners zurückgeht, dessen Dokumente es ihm nicht gestatteten, den Transitbereich zu verlassen.[15] Spielberg siedelt seine Komödie mit Tom Hanks in der Hauptrolle am New Yorker Flughafen John F. Kennedy an und gibt seinem Protagonisten die fiktive osteuropäische Identität eines Bewohners des Staates ‚Krakhozia', in welchem während des Flugs ein Militärputsch stattgefunden hat, so dass alle diplomatischen Beziehungen auf Eis liegen und Viktor Nakorskis Pass und Visum ihre Gültigkeit verloren haben. *Terminal* ist eine Komödie mit einem das Genre kennzeichnenden stereotypen, aber durchaus diversen Figurenensemble: da sind der zunächst unbeholfene, ohne Englischkenntnisse ankommende Osteuropäer, der es mit seinem guten Herz und seinem robusten Wesen schafft, die Sympathien aller zu erringen; sein Gegenspieler, der macht- und karrierebewusste, empathielose weiße Sicherheitsoffizier, konterkariert von seinem gutmütigen schwarzen Untergebenen, mit dessen Hilfe Hanks am Ende das Terminal verlassen kann; die von Liebeskummer nach einem verheirateten Mann umhergetriebene, attraktive Flugbegleiterin, die kurzzeitig Nakorskis Charme verfällt; die in Gastronomie und Reinigung arbeitenden Underdogs, die Nakorskis beste Freunde werden. Gleichwohl offenbart der Streifen einiges über das Wesen eines (US-amerikanischen) Flughafens der Gegenwart, insbesondere seit dem 11. September 2001 (der als Datum im 2004 entstandenen Film nicht erwähnt wird).

---

15 The Terminal (Film). USA 2004. Regie Steven Spielberg. – Dasselbe Thema hatte 1993 bereits der französische Film *Tombés du Ciel* (Regie Philippe Lioret) aufgegriffen; der iranischstämmige Staatenlose Mehran Karimi Nasseri, auf dessen Geschichte die filmischen Fiktionen lose zurückgreifen, lebte zwischen 1988 und 2006 am Terminal 1 des Pariser Flughafens; seine Autobiographie *The Terminal Man* erschien 2004. Vgl. https://en.wikipedia.org/wiki/Mehran_Karimi_Nasseri (letzter Zugriff: 15.02.2018).

Letztlich muss der wider Willen über Monate im Transitbereich des JFK-Flughafens sich umherbewegende, weltoffene osteuropäische Gast, der nach New York nur wegen des von einer Jazzlegende sehnlich erhofften Autogramms gekommen ist, feststellen, dass dieses Terminal ihm zwar vieles, was ihm sonst entgangen wäre – über die anderen und sich selber, über menschliche Großzügigkeit und Kleinkariertheit – lehrt, und dass er dort Freundschaften schließen und sich sogar verlieben kann, dass all dies jedoch nur, dem Transit-Charakter des Raums entsprechend, vorübergehend geschieht und (daher wohl auch die Komödienform?) über eine gewisse Oberflächlichkeit kaum hinausreicht. Die kaum begonnene Liebesbeziehung zur liebessehnsüchtigen Flugbegleiterin findet folgerichtig kein Happy End, sondern verliert sich alsbald wieder mit den Passantenströmen des Airports und den potentiell neu auf der Bildfläche auftauchenden Partnern zum Verlieben.

Nakorskis Fazit ist daher nicht der Neuanfang im Land der unbegrenzten Möglichkeiten, dem er nach seiner trickreichen Befreiung vom Transitstatus nur einen Kurzbesuch zu seiner Jazzlegende nach Manhattan abstattet, sondern die erleichterte Rückkehr in sein osteuropäisches Heimatland, nachdem dort der Militärputsch abgewendet ist. Er hat gesehen, dass das Terminal kein Raum der Freiheit, sondern eine elektronisch abgeschirmte Hochsicherheitszone geworden ist und die Freiheit sich allein auf das Kaufen von Sachen beschränkt – seine von Bürgerkrieg gezeichnete Heimat Krakhozia scheint ihm deshalb die allemal humanere Alternative zur zwischen den Flugsteigen irrenden Unbehaustheit auf Abruf zu bieten, wie der Film in seinen luzidesten Momenten zeigt.

5.

Der mit *Wie Proust Ihr Leben verändern kann* und *Die Kunst des Reisens* bekannt gewordene britische Autor und Lebensphilosoph Alain de Botton war anders als der fiktive Spielberg-Held Nakorski und sein reales alter ego Mehran Nasseri für einen überschaubaren Zeitraum freiwilliger Bewohner eines Flughafenterminals, und zwar residierte er 2009 auf Einladung des Flughafenbetreibers als Writer in Residence am neuen Terminal 5 des Londoner Flughafens Heathrow. Daraus entstand noch im selben Jahr seine mit Farbaufnahmen des ihn begleitenden Fotografen Richard Baker ausgestattete Reportage *A week at the airport*. De Botton inszeniert sich in seinem Bericht, der Bringschuld für das sein Schreibprojekt ermöglichende Unternehmen, als Phänomenologe des Transitraums, in dem er zunächst – das Paradox auskostend – für eine Woche das einzige statische Element darin darzustellen schien. Genau das scheinbar Widersinnige dieser ‚festgestellten' Disposition inmitten permanenter Fluktuation wird jedoch als eigentlicher Anreiz und willkommene Einladung zur schreibenden Reflexion empfunden:

> Mein Dienstherr hatte Wort gehalten und für einen anständigen Arbeitsplatz gesorgt. Wie sich herausstellte, war er zum Schreiben ideal, da allein der Gedanke ans Schreiben hier so unmöglich schien, dass er schon wieder vorstellbar wurde. Objektiv gute Arbeitsplätze sind nämlich nur selten wirklich gut, bergen doch stille, gut ausgestattete Studierzimmer die Gefahr, dass die Furcht vor dem Scheitern übergroß wird. Originäre Gedanken sind wie scheue Tiere. Manchmal müssen wir in eine andere Richtung schauen – etwa hinüber zu einer lebhaften Straße oder zu einem betriebsamen Terminal –, damit sie sich aus ihren Höhlen wagen.[16]

De Botton kann das Leben und die Infrastrukturen des Airports für die Woche seiner ungewöhnlichen Schreibresidenz als neugieriger Unbeteiligter wahrnehmen, welcher zu allen Bereichen freien Zutritt hat, die gewöhnlichen Flugreisenden normalerweise untersagt sind, oder die aufzusuchen und näher kennenzulernen sie während ihres kurzen hektischen Aufenthalts am Terminal von allein gar nicht die Muße hätten. De Botton jedoch nutzt und ‚lebt' diesen Raum bewusst gegen den Strich: Er braucht während seiner Woche am Airport weder abzufliegen noch anzukommen, sondern hat die Freiheit und Muße, scheinbar uneingeschränkt zu beobachten.

Seine, im Gegensatz zu seinem Arbeitsplatz, dem Schreibort inmitten des Terminals, umherschweifende Kuriosität streift die Art der Hoteleinrichtung neben dem Terminal, beschäftigt sich mit der Psyche und den Leidenschaften der Sicherheitsbeamten sowie mit dem von ihnen verlangten Röntgenblick auf Fluggäste als potentiellen Attentätern. Er schwärmt von der Erste-Klasse-Lounge bei British Airways, charakterisiert die dort ansässige neue unauffällige Elite aus Softwareunternehmern und Start-Up-Wissenschaftlern und vergleicht sie mit dem über abenteuerliche Fluchtwege aus den Vororten Manilas nach Europa gelangten und zur Bedienung der Eliten angeheuerten Küchen- und Reinigungspersonal. Er diagnostiziert mit britischer Höflichkeit den ihm mit dem Vorstandschef von British Airways gewährten Smalltalk als das, was es ist: leeres Geplänkel; erwähnt die Fließbandtrakte, in denen die Flugzeugmahlzeiten zusammengestellt werden und verhilft den dort Tätigen mit einer Namensnennung aus ihrer Anonymität; bestaunt die Präzision der Flug- und Lotsentechnik sowie das ihn beschämende Expertenwissen der Flugkapitäne; lässt sich den Punkt auf dem Rollfeld zeigen, auf dem alle in Heathrow eintreffenden Maschinen zuerst britischen Boden berühren; sammelt Eindrücke vom bescheiden-unheimlichen Nachtleben des Airports und vor allem charakterisiert er die verschiedenen Menschen, die ihm unterwegs zu ihren Reisezielen begegnen und ihm ihre Lebensgeschichten offenbaren. Dabei stellt sich seiner Optik folgend heraus, dass, je mehr sie gerade vom Unterwegssein und fernen Orten schwärmen, sie doch immer wieder bei sich selbst und ihren Schwächen und Ticks landen und nicht

---

16 Alain de Botton: Airport. Eine Woche in Heathrow. Aus dem Englischen von Bernhard Robben. Fotografien von Richard Baker. Frankfurt/M. 2010, S. 48 f.

umhinkönnen, ihr eigenes unzulängliches, abgründiges Ich während des Flugs und nach der Landung am anderen, angepeilten Ort ertragen zu müssen.

Deshalb ist für de Botton der Airport letztlich ein Kristallisationspunkt für das Verständnis des gegenwärtigen Lebens mit seinen kollektiven Widersprüchen, Sehnsüchten, Ängsten, materiellen, technischen, ökonomischen und geistigen Dispositiven, das sich ihm nirgendwo auf so engem Raum verdichtet wie in den Hallen des Terminals präsentiert. Sein Fazit über die Phänomenologie des Airports fasst de Botton bereits eingangs in der feinsinnigen Charakteristik zusammen:

> In einer Welt voller Chaos und Unregelmäßigkeit scheint mir der Flughafen eine ebenso würdige wie faszinierende Zuflucht von Eleganz und Logik zu sein. Er ist das imaginative Zentrum unserer heutigen Kultur. Würde man gebeten, einen Marsianer an nur einen einzigen Ort zu bringen, an dem sich exemplarisch die Vielfalt der unsere Zivilisation prägenden Themen ausmachen ließe – von unserem Glauben an den technischen Fortschritt bis zur Zerstörung der Natur, von globaler Vernetzung bis zur Romantisierung des Reisens –, dann müsste man ihm wohl die Ankunfts- und Abflughallen eines Flughafens zeigen.[17]

Als Spiegel der globalisierten Gegenwart entdeckt de Botton im Airport unter Berufung auf Walter Benjamin „ein Dokument der Kultur", „das zugleich ein solches der Barbarei" ist,[18] doch er hütet sich davor, mit diesem Satz nun die Dialektik der Aufklärung am Beispiel des Flughafens durchzuexerzieren. Nicht, weil dies nicht möglich oder falsch wäre, sondern weil er primär am Beobachten, Notieren, Geschichtenmitteilen und eher leisen ironischen Reflektieren als an apodiktischer Kulturkritik interessiert ist. Ihm ist bewusst, dass ihm mit der Dialektik der Aufklärung der Vorwurf gemacht werden könnte, seine Aufzeichnungen im Sold des falschen Bewusstseins zu verfassen und damit das schlechte Bestehende – so hätte es Adorno gesagt – als bezahlter Kritiker oder „Salonphilosoph" zu bestätigen.

De Botton weiß jedoch auch, dass er über diesen Airport nur schreiben kann aufgrund des ihm dort für eine Woche gewährten Privilegs, er ansonsten jedoch sich kaum unterscheidet von jener Masse heutiger Menschen und ihrem Bewusstsein, das sich in den Hallen des Terminals verdichtet. Als Ort einer sowohl gegenwärtigen als auch überzeitlich-anthropologischen condition humaine ist der Airport für de Botton verdichtete Lebenswelt und Selbsterfahrungsraum in einem.

Auf die Frage, ob der Airport eher als „Nicht-Ort" oder „Heterotopie" zu begreifen wäre, die beiden Begriffe, von denen ich bei meiner Analyse angesichts der literarisch-filmischen Repräsentation des Flughafens ausgegangen bin, würde ein Autor wie de Botton, der diese Begriffe meidet, wohl sibyllinisch entgegnen, dass es von

---

17 Ebd. S. 14.
18 Ebd. S. 74.

Jan Röhnert

jedem einzelnen abhängt, ob er diesen Raum für sein eigenes Lebens als Nicht-Ort, als ereignisleeren Raum, oder als Heterotopie, also offenen Raum für andere Erfahrungen erleben wird. De Botton hat eindeutig das letztere vorgezogen und mit seiner Reportage, wie auch die anderen drei hier vorgestellten Beispiele, dazu beigetragen, den Airport, der nun einmal eine wesentliche Infrastruktur, wenn nicht das Dispositiv der gegenwärtigen fluktuierenden neoliberalen Lebenswelt ist, seiner bloßen Funktionalität, Technizität und seiner anonyme Menschen-, Waren- und Geldströme steuernden Strukturen zu entkleiden und ihn mit seiner Darstellung zu einem Raum individueller ästhetischer Reflexion zu transformieren – ohne dabei doch der himmelschreienden Widersprüche zu vergessen, die sich in ihm verkörpern und verdichten.

Dietmar Elflein (Braunschweig)
Über den Wolken · Zur Metapher des Fliegens in der populären Musik

Das Fliegen, die Flugreise, repräsentiert in der populären Musik selten oder fast nie einen Sehnsuchtsort, häufiger, der Klappentext dieses Bandes deutet es an, geht es um die Spanne, die „durchgestanden [...] werden will, um mit dem geringsten Zeitverlust am andren Ort auszusteigen."[1] Lyrisch wird dies mit mehr oder weniger Humor thematisiert. Wenn die Idee des Fliegens tatsächlich lyrische Sehnsüchte hervorruft, dann fliegt der/die Protagonist*in wiederum meist nicht mit, sondern schaut dem Flugzeug hinterher und wäre (vielleicht) gern mitgeflogen. Klänge, die mit dem Fliegen unmittelbar verbunden sind, erscheinen ebenfalls nicht unmittelbar vor dem geistigen Ohr, sieht man von Propeller- oder Düsentriebwerksgeräuschen respektive einem vorbeifliegenden (Kampf-)Jet als Spezialeffekt ab. Stattdessen findet das Fliegen in Songtexten gerne als Metapher für Sex, Drogen oder auch ‚sich gegen Widerstände durchsetzen' Verwendung.

Der folgende Beitrag möchte sich diesen drei Bereichen des Fliegens als Metapher in der populären Musik nähern. Zuerst soll näher auf Reinhard Mey und sein ikonisches Lied *Über den Wolken* eingegangen werden. Im Anschluss wird die Metapher des Fliegens durch verschiedene Sujets, Genres und Zeiten verfolgt – natürlich ohne Anspruch auf Vollständigkeit. Auffällig erscheint bei diesen Assoziationen ein Gendering: Fast alle direkten und metaphorischen lyrischen Nutzungen der Begriffe Fliegen und Flugzeug stammen von Männern. Abschließend möchte ich mich vier von Männern komponierten Instrumentalstücken aus den 1970er Jahren widmen, die im Titel das Fliegen thematisieren und durchaus ähnliche klangliche Lösungen finden, die sich nicht in Antriebsgeräuschen eines Flugzeugmotors erschöpfen und ebenfalls unter Genderaspekten reflektiert werden.

1. Über den Wolken

Das Single Cover[2] zu Reinhard Meys Stück *Über den Wolken* von 1974 zeigt den Künstler beim Einsteigen in ein Flugzeug. Typ und Größe bleiben für die Laiin oder den Laien genauso im Unklaren wie ebenso die Frage, ob Mey in der Abbildung einen Passagier

---

1   Vgl. den Klappentext des vorliegenden Sammelbandes.
2   Reinhard Mey: Über den Wolken/ Der alte Bär ist tot und sein Käfig leer. Intercord 1974. https://

oder Piloten darstellen soll. Es scheint sich jedoch um ein Leichtflugzeug zu handeln, das Mey zu betreten vorgibt. Ganz im Gegensatz zu dieser Ankündigung fliegt der Protagonist des Liedes „Über den Wolken" jedoch nirgendwo hin – „ich wäre gern mitgeflogen" dichtet Mey am Ende der letzten Strophe –, vielmehr steht er als Beobachter am Flughafen und stellt sich vor, wie beeindruckend es wohl wäre, mitzufliegen.

Der Text beschreibt also Vorstellungen eines Nicht-Fliegers vom Fliegen bzw. eines Noch-Nicht-Fliegers, denn seinen ersten Flugschein erwarb Mey parallel zum Entstehungsprozess des Stückes 1973 – das Stück könnte also seine Motivation, den Flugschein zu erwerben, beschreiben. Das Single-Cover schickt einen in Bezug auf die Person Mey damit auf die richtige Fährte, in Bezug auf den Songtext jedoch in die Irre. Gleiches gilt auch für die klangliche Ebene: Der Song beginnt mit einem eher an Düsentriebwerke erinnernden Sound, der nicht zu der auf dem Cover abgebildeten Propellermaschine passt.

Das eben beschriebene Plattencover ist übrigens gar nicht in Deutschland erschienen, sondern in den Niederlanden. In der BRD erscheint *Über den Wolken* 1974 zunächst nur als B-Seite der Single *Mann aus Alemannia*, die ein humoristisch intendiertes Cover aufweist, das den *Mann aus Alemannia* als Tourist persifliert.[3] 1976 wird die Single dann mit vertauschten Seiten und neutralem Portrait-Cover wiederveröffentlicht, *Über den Wolken* ist jetzt die A-Seite und Mey blickt doch etwas skeptisch vom Cover.[4] Zu Recht möchte man fast meinen, denn erfolgreich in Bezug auf die deutschen Charts scheint nur die Erstveröffentlichung *Mann aus Alemannia* gewesen zu sein, die 1974 bis auf Platz 18 der deutschen Single-Charts klettert.[5] Die beiden Alben, auf denen *Über den Wolken* 1974 erscheint, als Studioversion auf *Wie vor Jahr und Tag* und ein halbes Jahr später als Live Version auf *20.00 Uhr* erreichen in den deutschen Charts die Plätze 16 respektive 23.[6]

Nichtsdestotrotz wird *Über den Wolken* 1983 als Werbeschallplatte der Flughafen Stuttgart GmbH erneut veröffentlicht.[7] Das Cover zeigt jetzt natürlich ein Bild vom Flughafen Stuttgart inklusive Tower. Das Stück ist auch ohne direkten Charterfolg

---

www.discogs.com/Reinhard-Mey-%C3%9Cber-Den-Wolken-Der-Alte-B%C3%A4r-Ist-Tot-Und-Sein-K%C3%A4fig-Leer/master/927808 (letzter Zugriff: 11.12.2017).

3 Reinhard Mey: Mann aus Alemannia/ Über den Wolken. Intercord 1974. https://www.discogs.com/de/Reinhard-Mey-Mann-Aus-Alemannia/master/205079 (letzter Zugriff: 11.12.2017).

4 Reinhard Mey: Über den Wolken/ Mann aus Alemannia. Intercord 1976. https://www.discogs.com/de/Reinhard-Mey-%C3%9Cber-Den-Wolken-Mann-Aus-Alemannia-/release/8513600 (letzter Zugriff: 11.12.2017).

5 http://www.chartsurfer.de/artist/reinhard-mey/songs-cer.html (letzter Zugriff: 11.12.2017).

6 Reinhard Mey: Wie vor Jahr und Tag. Intercord 1974; Ders.: 20 Uhr. Intercord 1974. http://www.chartsurfer.de/artist/reinhard-mey/album-cer.html (letzter Zugriff am 11.12.2017).

7 Reinhard Mey: Über den Wolken / Ikarus. Intercord 1983. https://www.discogs.com/de/Reinhard-Mey-%C3%9Cber-Den-Wolken/release/8513681 (letzter Zugriff: 11.12.2017).

bereits zu einem von Meys Dauerbrennern geworden und Auszüge aus dem Refrain finden Eingang in das kulturelle Gedächtnis der deutschsprachigen Welt. Dementsprechend erscheint *Über den Wolken* über die Jahre auch immer wieder als Teil von Liedzusammenstellungen unterschiedlicher Provenienz. Allein die Open-Source-Datenbank und Marktplatz Discogs verzeichnen zwischen 1975 und 2015 beispielsweise 17 derartige Zweitverwertungen.[8] Damit ist *Über den Wolken* deutlich wirkungsmächtiger als die konkreten Flugerlebnisse, die der mit Pilotenschein ausgestattete Mey später immer mal wieder als einerseits lyrische und andererseits akribische Beschreibungen von Vorbereitung, Start, eigentlichem Flug und Landung dichtet und *Alleinflug*[9], *Nachtflug*[10] oder *Ikarus*[11] betitelt. In *All die sturmfesten Himmelhunde*[12] widmet er sich zudem berühmten Fliegerpersönlichkeiten. Aber erinnert wird eben vor allem *Über den Wolken* und damit das Bild des Wunsches nach der Möglichkeit grenzenloser Freiheit.[13]

Musikalisch betrachtet führt der Eingang des Stückes in das kulturelle Gedächtnis interessanterweise zu einer durchaus wichtigen Veränderung, ja vielleicht sogar zu einer entscheidenden Vereinfachung bzw. zur Ignoranz eines kleinen, aber dennoch vorhandenen kompositorischen Kniffes, den Mey anwendet.

Formal beruht *Über den Wolken* auf einer Vers-Chorus-Struktur, die dreimal musikalisch unverändert (aber natürlich mit wechselndem Text) wiederholt wird und von je sechs Takten, Einleitung und Coda gerahmt wird. Diese Struktur, bei der zwei Formteile sich abwechseln, ein kontrastierender Mittelteil (oder B-Teil oder Bridge) aber fehlt, entspricht einer mitteleuropäischen Liedtradition, die auch für den deutschen Schlager typisch ist. Sie ist uns bekannt, klingt vertraut und steht höchstens in Gefahr zu bekannt und damit langweilig zu werden. Aufgrund der dreimaligen, musikalisch unveränderten Wiederholung von Vers und Chorus, beschränke ich mich im Folgenden darauf, einen Vers und einen Chorus genauer zu betrachten, um herauszufinden, wie Mey mit der Gefahr des Zu-vertraut-werdens umgeht.

Harmonisch dominiert eine ii-V-I[14] Verbindung, also eine der gängigen Harmonieformeln der populären Musik, die gerne im Jazz, aber auch als Schlussformel in Popsongs Verwendung findet. Die ersten beiden Akkorde dauern jeweils einen Takt

---

8 https://www.discogs.com/de/artist/397360-Reinhard-Mey?filter_anv=0&subtype=Compilations&type=Appearances (letzter Zugriff: 11.12.2017).
9 Auf: Reinhard Mey: Jahreszeiten. Intercord 1980.
10 Auf: Reinhard Mey: Mairegen. EMI 2010.
11 Auf: Reinhard Mey: Ikarus. Intercord 1975. „Ikarus" wird auch als B-Seite der erwähnten Werbesingle der Flughafen Stuttgart GmbH von 1983 zweitverwertet.
12 Auf: Reinhard Mey: Freundliche Gesichter. Intercord 1981.
13 Die Toten Hosen veröffentlichen noch 2017 mit *Unter den Wolken* (JKP/Warner) einen sozialkritischen Song, der diese Metapher nutzt, ohne dass eine weitere Erklärung notwendig wäre.
14 Die Bezeichnung der Akkordstufen nutzt römische Zahlen für Dur-Akkorde. Mollakkorde werden mit kleinen Zahlensymbolen beziffert, z.B. v statt V.

an, die die Formel abschließende erste Stufe dagegen zwei Takte, sodass aus den drei Akkorden ein viertaktiges Pattern entsteht, dass im Vers viermal unverändert wiederholt wird und sich zu einer Gesamtlänge von 16 Takten pro Vers addiert. Über die Melodie, die während der dritten Wiederholung des II-V-I Patterns eine Sext nach oben springt, bildet sich im Vers wahlweise eine AABA- oder SRDC-Struktur[15] angloamerikanischer Provenienz heraus, die bezogen auf den strukturellen Spannungsbogen des Verses jedoch genauso die Erwartungen eines mitteleuropäischen Publikums erfüllt wie die harmonische Formel: Eine melodische Idee wird präsentiert (A bzw. S), wiederholt (A bzw. R), dann verändert (B bzw. D) und wieder ins bereits bekannte zurückgeführt (A bzw. C). Die Veränderung kann wie im Beispiel von *Über den Wolken* eine Steigerung bzw. einen Spannungsaufbau zur Folge haben, die bzw. der anschließend wieder aufgelöst werden will – dies ist jedoch nicht zwangsläufig der Fall.

Der Chorus ist etwas trickreicher gestaltet als der Vers. Er beginnt ebenfalls mit dem bekannten viertaktigen II-V-I-I Pattern, das in der Wiederholung jedoch entscheidend zu I-II-V-I variiert wird, wobei zusätzlich der erste Takt um zwei Viertel verkürzt, also halbiert ist. Auf diese variierte Wiederholung der II-V-I Formel folgen vier Takte mit der Harmoniefolge IV-I-V-I und dem Charakter einer Schlussformel. Daran schließt noch ein zusätzlich eingeschobener Takt an, den Mey für den Auftakt der nächsten Versmelodie benötigt. Der Chorus hat also eine Länge von elfeinhalb Takten plus einem Takt anstatt der zu erwartenden zwölf Takte und produziert deshalb ein gewisses Überraschungsmoment bei der/dem Hörer*in oder auch eine leichte Beunruhigung. Irgendetwas an diesem Lied entspricht nicht ganz den Erwartungen …

Dieser kompositorische Kniff wird von allen mir bekannten Lehrvideos auf YouTube ignoriert.[16] Im anspruchsvollsten Falle wird die beschriebene Verkürzung um einen halben Takt in die Pause zwischen Vers und Chorus gelegt. Der Chorus verliert so seine eigentliche Spannung und verliert sich wie der Vers vollständig im Schein des Bekannten. Die Aufregung, die den Protagonisten bei Mey aufgrund der Vorstellung des Fliegens im Chorus auch musikalisch ereilt, wird so als Folie für dauerhafte Entspannung konterkariert und gleichzeitig deshalb geliebt.

---

15 AABA-Strukturen entstammen dem Classic American Song der Tin Pan Alley Ära zu Beginn des 20. Jahrhunderts (vgl. Allen Forte: Listening to Classic American Popular Songs + CD. Yale 2001). Das SRDC-Schema gliedert eine Strophe in Statement (S), Restatement (R), Departure (D) und Closure (C) (vgl. Ulrich Kaiser: Das SRDC Schema. 2015, online unter: http://www.musikanalyse.net/tutorials/srdc/ (letzter Zugriff: 18.07.2019)).

16 Z.B. https://www.youtube.com/watch?v=BbhK3aaLxzg, https://www.youtube.com/watch?v=yx5isKc0AHI, https://www.youtube.com/watch?v=112saRO2tyM (letzter Zugriff für alle: 11.12.2017).

2. Falsche Fährten

Das für diesen Aufsatz titelgebende Stück ist eigentlich gar kein Stück über Flugreisen, es thematisiert eher mit dem Fliegen verbundene romantische Vorstellungen, ist jedoch musikalisch nicht ganz so einfach, wie viele, die es nachspielen und singen, glauben. Analog dazu liegen auch jenseits des Œuvre von Reinhard Mey die Dinge nicht so einfach, wie ich es mir vorgestellt habe, als ich zugesagt habe, etwas zur Flugreise zu schreiben. Man landet erstaunlich häufig auf falschen Fährten. Hierzu zwei weitere Beispiele, ebenfalls aus dem Jahr 1974, in dem *Über die Wolken* erscheint.

So handelt der Song *Jet* von Paul McCartney & the Wings trotz des ‚über den Wolken' aufgenommenen Coverfotos[17] und trotz seiner Präsenz auf vielen Playlists zum Thema ziemlich sicher nicht vom Fliegen oder einem Flugzeug, sondern von einem Haustier, je nach Quelle ein Labrador oder ein Pony gleichen Namens.[18] Albert Hammonds *I Don't Wanna Die In An Air Disaster*[19] behandelt dieses nur als eines von mehreren Beispielen für das eigentliche Thema, nicht zu jung sterben zu wollen. Die zweite Strophe macht aus dem titelgebenden ‚Air Disaster' dann auch die Angst vor einem Autounfall.

3. Katastrophen

Flugkatastrophen werden in der populären Musik überhaupt erstaunlich selten thematisiert, ganz im Gegensatz zum Film.[20] Eines der seltenen Gegenbeispiele eines Liedes über zumindest eine Beinahe-Katastrophe ist *747 (Strangers In The Night)* von Saxon,[21] das die Folgen des Stromausfalls am JFK-Flughafen im Rahmen des Stromausfalls in Nordamerika im November 1965 für zwei Linienflüge zum Thema hat. Neil Young schreibt in *Let's Roll*[22] aus der Sicht der Passagiere des am 11. September 2001 entführten Flugzeugs, das nicht sein Ziel erreicht, weil die Passagiere bei dem Versuch, die Entführer zu überwältigen, das Flugzeug zum Absturz bringen. Rammstein, die sich ja immerhin nach einer Flugkatastrophe benannt haben, thematisieren den Zusammenhang von Fliegen und Gefahr in ihren Songtexten tatsächlich auch

---

17 Paul Mc Cartney & Wings: Jet/ Let Me Roll It. Apple Rec./EMI 1973. https://www.discogs.com/Paul-McCartney-Wings-Jet/release/1620599 (letzter Zugriff: 18.07.2019).
18 https://en.wikipedia.org/wiki/Jet_(song) (letzter Zugriff: 11.12.2017).
19 Albert Hammond: I Don't Wanna Die In An Air Disaster/ Candle Light, Sweet Candle Light. Epic 1974.
20 Siehe den Beitrag von Rüdiger Heinze im vorliegenden Band.
21 Saxon: 747 (Strangers In The Night)/ See The Light Shining. Carrere 1980.
22 Auf: Neil Young: Are You Passionate? Reprise 2002.

nur ein einziges Mal, nämlich in dem Stück *Dalai Lama*[23] auf dem 2004 erschienenen Album *Reise Reise* und verlegen dabei die Geschichte von Goethes *Erlkönig* mehr oder weniger subtil in ein Passagierflugzeug. Das Cover von *Reise Reise* ziert passenderweise einen Flugrekorder.

4. Autos und Züge

Die eigentlich bevorzugten Fortbewegungsmittel in der populären Musik sind vielmehr Autos und Züge. Eine kurze Suche im Forum des deutschen *Rolling Stone* zu Themensongs[24] fördert 32 Beiträge zu Songs übers Fliegen, 71 Beiträge zu Autos und 145 Beiträge zu Zügen zu Tage. Auch der Weltraum übertrifft mit 53 Beiträgen das Fliegen. Autos und Motorräder sind die Fortbewegungsmittel, die die Individualisierung, die für Popkultur und Rockmusik zentral ist, transportieren. Zeilen wie die folgenden von Marc Bolan sind mir in Bezug auf Flugzeuge nicht bekannt: „I drive a Rolls Royce, cause it's good for my voice."[25] Der Zug steht zudem insbesondere in afroamerikanischen Traditionen für den Weg in die Freiheit, raus aus der Sklaverei.[26] Er ist auch das Fortbewegungsmittel der armen Leute, die sich ein individuelles Gefährt nicht leisten können. Die Freiheitsmetapher, die ja Reinhard Mey stark macht, ist also in Bezug auf das Mitfahren bereits vom Zug und in Bezug auf das Selberfahren von Autos (und Motorrädern) besetzt, als das Flugzeug erfunden wird. Insbesondere wegen der mit dem Fliegen in früheren Zeiten verbundenen Kosten, die es nicht zum Fortbewegungsmittel der breiten Masse machen, hat das Flugzeug hier nur eine Außenseiterchance.

5. Zeitverlust

Interessant wird es z.B. in der Rockmusik der 1960er Jahre deshalb ganz profan dann, wenn es um pure Schnelligkeit geht. So bei den Box Tops, fünf weißen Jungs aus Memphis, denen 1967 in *The Letter*[27] ein Schnellzug nicht schnell genug ist und die deshalb ein Flugzeug nehmen, um zurück zu ihrer Geliebten zu reisen: „gimme a ticket for an aeroplane, ain't got time to take a fast train / lonely days are gone, now I'm going

---

23 Auf: Rammstein: Reise Reise. Universal 2004.
24 http://forum.rollingstone.de/foren/topic-tag/themensongs/ (letzter Zugriff: 12.02.2018).
25 T.Rex: Children Of The Revolution/ Jitterbug Love. Ariola 1972.
26 Vgl. den Roman *Underground Railroad* von Colson Whitehead (Coloson Whitehead: Underground Railroad. München 2016).
27 The Box Tops: The Letter/ Happy Times. CBS 1967.

home / cause my baby wrote me a letter." Das gleiche Thema wird im Schlager den 1990er Jahre prosaisch mit *Nimm den ersten Flieger*[28] abgehandelt. Das Flugzeug ist mittlerweile zum Flieger abgesunken, irgendetwas Besonderes wird mit dieser Reiseform nicht mehr verbunden. Auch die Beatles nutzen 1968 in *Back In The USSR*[29] die Entfernung, das Überwinden des Ozeans, nur als Einleitung, um schlussendlich die Qualitäten russischer Frauen zu besingen. Um die Opfer zu verdeutlichen, die man für diese zu bringen bereit ist, wird der für die Rückkehr in die UdSSR notwendige Flug als strapaziöser imaginiert und vom Protagonisten dementsprechend eher erlitten.

Während die letzten drei Beispiele das Flugzeug nutzen, um möglichst schnell ein Ziel zu erreichen, thematisiert John Denver 1969 in *Leaving On A Jet Plane*[30] in umgekehrter Perspektive die Verunsicherung bezüglich der Rückkehr zur Geliebten aufgrund der immensen Entfernung, die mittels Flugzeug in kurzer Zeit zurücklegbar ist. Ähnlich bittet auch Steve Miller 1977 in *Jet Airliner*[31] darum, nicht zu weit weg von der Geliebten zu fliegen. Die Dixie Chicks als erste weibliche Beispielband in dieser Aufzählung setzen denn auch in *Let Him Fly*[32] einen nicht mehr Geliebten in klassischer Country & Western Manier vor die Tür, sie lassen ihn wegfliegen und sind froh darüber.

In allen Beispielen erscheint in traditioneller Rollenzuschreibung das Weibliche statisch und das Männliche mobil, es muss sich zum Weiblichen hinbewegen oder ist gezwungen, sich temporär wegzubewegen – verbunden mit Ängsten, ob, wie und wann eine Rückkehr möglich sein wird.

6. Exzesse und/oder Flucht

Der Gebrauch der Flug- bzw. Flugzeugmetapher meint eher selten Unruhe, wenn z.B. die *Flugzeuge im Bauch*[33] rumoren. Häufiger geht es um rauschartige Zustände, die auf die Schnelligkeit der psychischen und physischen Zustandsänderung rekurrieren. So ist man als Kampfflieger allein mit dem Geschwindigkeits-, Höhen und Zerstörungsrausch, wie z.B. der Protagonist des Videos zum Fatboy Slim-Track *Sunset (Bird Of Prey)*.[34] Ein beständig wiederholtes Sample der Stimme von Jim Morrison

---

28 Ibo: Nimm den ersten Flieger/ Mann im Mond. Da Records 1994.
29 Auf: The Beatles: The Beatles (aka The White Album). Apple Records 1968.
30 Peter, Paul & Mary: Leaving On A Jet Plane/ The House Song. Warner Bros. 1969 bzw. John Denver: Leaving On A Jet Plane. Auf: Rhymes & Reasons. RCA 1969.
31 Steve Miller Band: Jet Airliner/ Babes In The Wood. Mercury 1977.
32 Auf: Dixie Chicks: Fly. Monument Records 1999.
33 Auf: Herbert Grönemeyer: 4630 Bochum. EMI 1984.
34 Fatboy Slim: Sunset (Bird Of Prey)/ My Game. Skint 2000. https://www.youtube.com/watch?v=zKEWdRPRf3I (Zugriff: 12.02.2018).

setzt das Kampflugzeug im Clip synonym zum Greifvogel, der durch die Manneskraft des Piloten unter Kontrolle gehalten wird. *20.000 Ft.*[35] wiederum von Saxon sieht die Freiheit ‚über den Wolken' aus männlicher Sicht ebenfalls eher in einem Kampfjet gegeben als in einem Leichtflugzeug à la Mey. Der männliche *Bomberpilot*[36] der Böhsen Onkelz steht wie der von Männern geflogene *Bomber*[37] von Motörhead via Zerstörungskraft für den Drogenexzess. Iron Maiden erzählen – stellvertretend für viele Metal Bands – in Stücken wie *Tailgunner*[38] und *Aces High*[39] Luftkampfgeschichten als typisch männliche Heldengeschichten, bei denen das Flugzeug eine austauschbare Kulisse ist.

Dagegen beschreibt der *Fighter Pilot*[40] von John Cale explizit einen „terrible man", einen furchtbaren bis grausamen Mann, hat also die Zielrichtung eines Antikriegsliedes, wie auch *Enola Gay*[41] von OMD über den Abwurf der Hiroshima-Bombe eindeutig ein Antikriegslied ist.

Eric Burdons *Sky Pilot*[42] kontrastiert 1968 im Rahmen eines Antikriegsliedes die Figur eines Ausbilders von Kampfpiloten in der Strophe mit einem Drogenrausch im Refrain und kommt so zu dem Fazit, dass auf jeden Fall Mann (und vielleicht auch Frau) nur mit Drogen wirklich den Himmel erreichen kann. Der gleichen Meinung ist übrigens auch Fatboy Slim im vorhin zitierten Video zu *Sunset (Bird Of Prey)*. Die Fetischisierung des Flugzeugs ist auf chemische Drogen zurückzuführen, der Pilot hat die Erde nie verlassen und wird von der Militärpolizei verhaftet. Lenny Kravitz relativiert in *Fly Away*[43] die Drogenmetapher mit dem Bild der Libelle, die dorthin fliegt, wo es ihr gefällt und damit aus dem Unbill des Alltags entflieht. Der Flug bzw. das Flugzeug als Metapher für einen Drogenrausch steht auch bei *8 Miles High*[44] der Byrds, *Aeroplane*[45] der Red Hot Chili Peppers oder *Flying High*[46] des finnischen Eurodance-Projektes DCX im Vordergrund. *Aschenflug*[47] von Adel Tawil feat. Prinz Pi und Sido thematisiert 2013 dagegen als eine seltene Ausnahme auch die Gefahren des Drogenmissbrauchs mittels einer etwas unbeholfenen Flugmetapher, denn der Aschenflug meint, dass der explizit männliche Protagonist („Kumpel") verbrannte

---

35 Auf: Saxon: Strong Arm Of The Law. Carrere 1980.
36 Auf: Böhse Onkelz: Onkelz Wie Wir ... Metal Enterprises 1987.
37 Auf: Motörhead: Bomber. Bronze Rec. 1979.
38 Auf: Iron Maiden: No Prayer For The Dying. EMI 1990.
39 Auf: Iron Maiden: Powerslave. EMI 1984.
40 Auf: John Cale: Honi Soit. A&M Records 1981.
41 Orchestral Manouvres In The Dark: Enola Gay/ Annex. Dindisc 1980.
42 Eric Burdon & The Animals: Sky Pilot Part One & Two. MGM Records 1968.
43 Lenny Kravitz: Fly Away/ Believe. Virgin 1998.
44 The Byrds: Eight Miles High/ Why. CBS 1966.
45 Auf: Red Hot Chili Peppers: One Hot Minute. Warner Bros. 1995.
46 DCX: Flying High Radio Edit, Dub Edit, Radio Mix, Extended. A1 Music 2005.
47 Auf: Adel Tawil: Lieder. Vertigo 2013.

Erde hinterlässt. In ähnlicher Zielrichtung, aber ohne den erhobenen Zeigefinger von Tawil, wird der Drogenrausch bei den Chili Peppers mit BDSM sexuell aufgeladen, denn das lyrische Ich vermischt dort gerne Genuss und Schmerz.

Der Absturz, der auf den Exzess folgt oder folgen kann, wird in allen Beispielen interessanterweise nicht mit Hilfe der Metapher des Flugzeugabsturzes thematisiert. Man verliert vielleicht, wie bei Fatboy Slim über die abschließende Verhaftung impliziert, die Pilotenlizenz, wird also nie mehr fliegen, das eigene Leben erscheint in den Heldengeschichten des Exzesses aber nicht in Gefahr.

Jenseits dieser Dichotomie von Exzess und Gefahr dient das Fliegen auch einfach als Metapher für orgiastischen Sex oder das Gefühl, frisch verliebt zu sein: Der emotionale Haushalt verlässt die Grenzen des Alltäglichen und man fliegt weg, fliegt in den Himmel, schaut von oben nach unten, durchbricht die Wolken und vieles mehr, wird aber auch gerne wieder aufgefangen, wie an dieser Stelle Helene Fischer exemplarisch mit „Du fängst mich auf und lässt mich fliegen"[48] verdeutlicht. Gleichwohl verbleibt auch sie der traditionellen patriarchalen Geschlechteraufteilung verhaftet – allerdings stammt der Songtext auch von einem Mann. 2017 greift sie mit *Flieger*[49] das Thema wieder auf und beschreibt verklausuliert eine aktivere Frauenrolle beim Sex – hier stammt der Songtext von einer Frau.

7. Fliegen lernen

Verbindet sich Fliegen lyrisch mit Lernen, so sind weder Sex noch Drogen gemeint, sondern es geht darum, sich durchzusetzen, beispielsweise um einer als unerträglich erlebten Situation zu entfliehen. Im Englischen lernt man fliegen, wie man im Deutschen ins kalte Wasser geschmissen wird. Sowohl Tom Petty & The Heartbreakers und Pink Floyd in ihren identisch mit *Learning To Fly*[50] betitelten Stücken als auch die Foo Fighters im leicht variierten *Learn To Fly*[51] versuchen dementsprechend jeweils, unerträgliche Situationen hinter sich zu lassen.[52]

Menschen, die Fliegen lernen, sind im Normalfall erfolgreich, sie meistern nicht alltägliche Situationen im Beruf, in der Liebe, beim Sex, im Umgang mit Drogen. Sie sind bereit für ihr wie auch immer geartetes Glück, gehen gewisse Risiken ein,

---

48 Auf: Helene Fischer: So nah wie du. EMI 2007.
49 Auf: Helene Fischer: Helene Fischer. Polydor 2017.
50 Tom Petty & the Heartbreakers: Learning To Fly/ Too Good To Be True. MCA 1991; Pink Floyd: Learning To Fly/ Terminal Frost. EMI 1987.
51 Foo Fighters: Learn To Fly/ Have A Cigar. BMG 1999.
52 Pink Floyd Gitarrist Davis Gilmour, der *Learning To Fly* mitkomponiert hat, ist zusammen mit Reinhard Mey und Iron Maidens Bruce Dickinson übrigens Teil der Minderheit der Musiker*innen mit Pilotenschein.

bestimmen diese aber selbst und sind nicht wie die Flugzeugpassagiere der Risikobereitschaft anderer ausgeliefert. Fliegen lernen ist eine Aktivität, die mit traditionell männlichen Attributen verbunden ist. Dies gilt paradigmatisch auch für den Abenteurer, den Hans Albers 1932 in dem frühen Science-Fiction Film *FP1 antwortet nicht*[53] gibt. Erkennungsmelodie des Films ist das Fliegerlied *Flieger grüß mir die Sonne*[54], dessen Text die Freiheit des Fliegens als individuellen männlichen Akt der Eroberung des Himmels und fremder Welten verherrlicht.

Schafft Mann es nicht, sich durchzusetzen, weil man beispielsweise zu undiszipliniert lebt, droht Ungemach. Jeff Bridges hat das in *Fallin' & Flyin*[55] aus dem Film *Crazy Heart* mit der Zeile „sometimes fallin' feels like flyin'/ for a little while" treffend umschrieben. Fliegt Mann zu hoch, ist man zu wagemutig, dann kann man ebenfalls abstürzen wie der *Ikarus*[56] der Puhdys, der im Rahmen der DDR von Freiheit träumen lässt, aber auch staatstragend vor den realen Konsequenzen einer Republikflucht warnt. Dass Runterkommen, der Einbruch der Realität ist auch für Inga Humpes Protagonistin in *Sie kann fliegen*[57] von Zweiraumwohnung hart. Das Lied mischt die Wunschträume vom Fliegen schlussendlich zwar mit einem neoliberalen Appell an den eigenen Willen, sich durchzusetzen, ob der Erfolg kommt, bleibt jedoch offen.

8. Flugversuche ohne Text

Zwischen 1973 und 1979, also ab der Entstehung von *Über den Wolken* bis zum Ende des Jahrzehnts, erscheinen vier Instrumentalkompositionen zum Thema Fliegen, die für meine Ohren klanglich und auch strukturell erstaunliche Ähnlichkeiten aufweisen. Es handelt sich in chronologischer Reihenfolge um *Here Come The Warm Jets*[58] des Produzenten, Klangkünstlers und Elektronikspezialisten Brian Eno, *Magic Fly*[59] des französischen Disco-Projektes Space um Didier Marouani, *Wolkenreise*[60] des Klangtüftlers, Schlagzeugers und Tontechnikers der Krautrockband Grobschnitt Joachim

---

53 FP1 antwortet nicht. Regie: Karl Hartl. Berlin: Ufa 1932.
54 Hans Albers: Flieger, grüß mir die Sonne .../ Ganz dahinten, wo der Leuchtturm steht, Odeon 1932. Die Musik stammt übrigens vom Arnold Schönberg Schüler Josef Smigrod aka Allan Gray in Anlehnung an Oscar Wildes Dorian Gray.
55 Auf: V.A.: Crazy Heart (Original Motion Picture Soundtrack). New West Records/Rough Trade 2010.
56 Die Puhdys: Ikarus/ Sommernacht. Amiga 1973.
57 Auf: Zweiraumwohnung: Kommt zusammen. Goldrush 2004.
58 Auf: Brian Eno: Here Come The Warm Jets. Island 1973. Das Stück weißt im letzten Viertel Gesang und Text auf, wirkt aber überwiegend instrumental.
59 Space: Magic Fly/ Ballad For Space Lovers. Hansa International 1977.
60 Eroc: Wolkenreise/ Fito Linte. Metronome 1979.

Heinz Ehrig aka Eroc und *Airlane*[61] des britischen New Wave und Synthi-Pop Musikers Gary Numan. Die Nummern von Eroc und Space sind die jeweils größten Erfolge der beiden Künstler, die Stücke von Numan und Eno sind an prominenter Stelle – als erstes und letztes Stück – auf ihren jeweils kommerziell erfolgreichsten Alben platziert.

In struktureller Hinsicht wird bei allen vier Stücken eine geradtaktige Melodie, die aus mehreren Blöcken oder Phrasen von vier oder acht Takten Dauer besteht, diverse Male wiederholt und schließlich ausgeblendet. Alle vier Melodien haben eher getragenen Charakter mit prominent gesetzten ganzen Notenwerten. Das Tempo der Stücke von Eno, Numan und Space pendelt jeweils um 130 bpm, *Wolkenreise* ist mit 115 bpm eindeutig langsamer angelegt. Gemäßigte Tempi reichen in der Musiktheorie bis 120 bpm, danach spricht man von raschen Tempi. Diese werden in allen vier Beispielen mit den eher langen Notenwerten in der Melodie kontrastiert.

Der die Melodie tragende Sound verändert sich bei Eno, Space und Numan nicht, bei Eroc erhalten die ersten drei Durchläufe der 24-taktigen Melodie einen neuen ähnlichen Klang, der vierte Durchlauf entspricht klanglich dem zweiten. Auffällig ähnlich ist bei allen vier Stücken die lange Einschwingphase (Attack) der die Melodie tragenden Klänge, eine eher körperlose Klangcharakteristik, die etwas Schwebendes und auch Weiches hat, sowie eine sehr ähnliche Tonlage. Space und Numan arbeiten mit auch deutlich hörbaren Schwebungen im Klang, die im Spektrogramm als An- und Abschwellen der Amplitude erkennbar sind – also als Tremolo –, bei Eno sind sie, wenn überhaupt, dann sehr kurz und kaum wahrnehmbar, bei Eroc nicht vorhanden.

Dagegen weisen die von Eroc verwendeten Klänge die deutlichsten Assoziationen zu existenten Instrumenten wie Horn, Orgel und Akkordeon auf. Der von Eno hergestellte Klang könnte einem Kazoo oder einer E-Gitarre minus Anschlags- oder Zupfgeräusch des Plektrons respektive Fingers entstammen, ist aber ziemlich sicher im Tonstudio klanglich weiterbearbeitet worden. Space und Numan verwenden, wie die Spektrogramme[62] aufgrund der Obertonstruktur zeigen, eindeutig Synthesizer.

Die Abbildungen (s. nächste Seiten) zeigen, wie bereits erwähnt, über den Wechsel der Farbschattierungen von grün bis rot in dem als Strich zu sehenden, durchgehend aktiven Frequenzbereich sehr schön das Tremolo bei Numan und Space. Rot entspricht der höchsten Intensität, die über gelb, grün und blau bis zu schwarz abnimmt. Der tiefere breite Strich bei Space entspricht dem zusätzlich zu hörenden Bass, während bei Numan nur das Melodieinstrument abgebildet ist. Die Spektrogramme von Eroc und Eno sind insgesamt bewegter, obertonreichere und vielfältigere Klangquellen werden abgebildet. Aber auch hier ist der Melodieton durch den roten

---

61 Auf: Gary Numan: The Pleasure Principle. Beggars Banquet 1979.
62 Die Spektralanalysen wurden mit *Sonic Visualiser* mit den Einstellungen Scale: Linear, Window: 1024, 93,75% und Bins: Peak bins, log hergestellt.

Dietmar Elflein

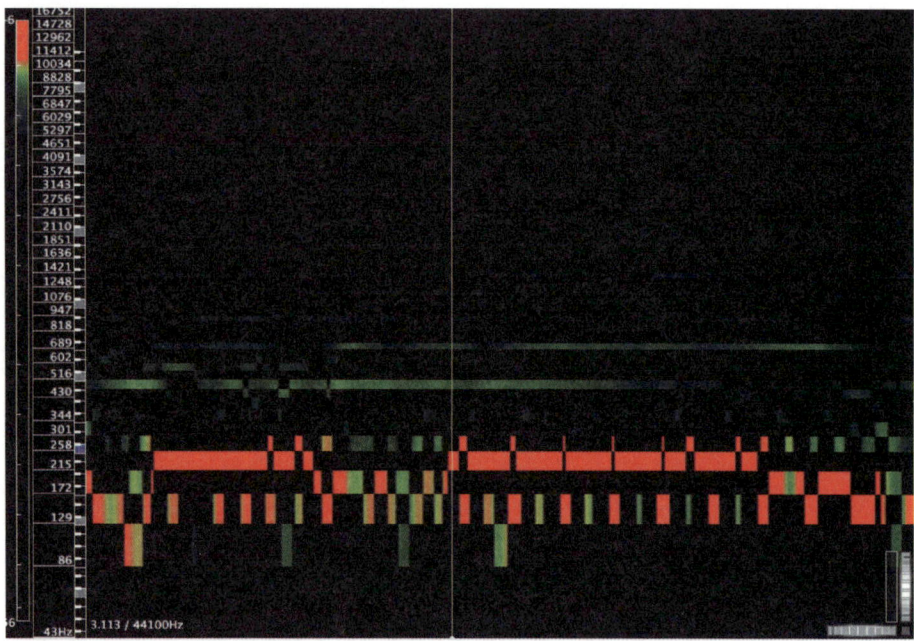

Abb. 1: Brian Eno *Here come the Warm Jets*, Sek. 0,6–1,1.

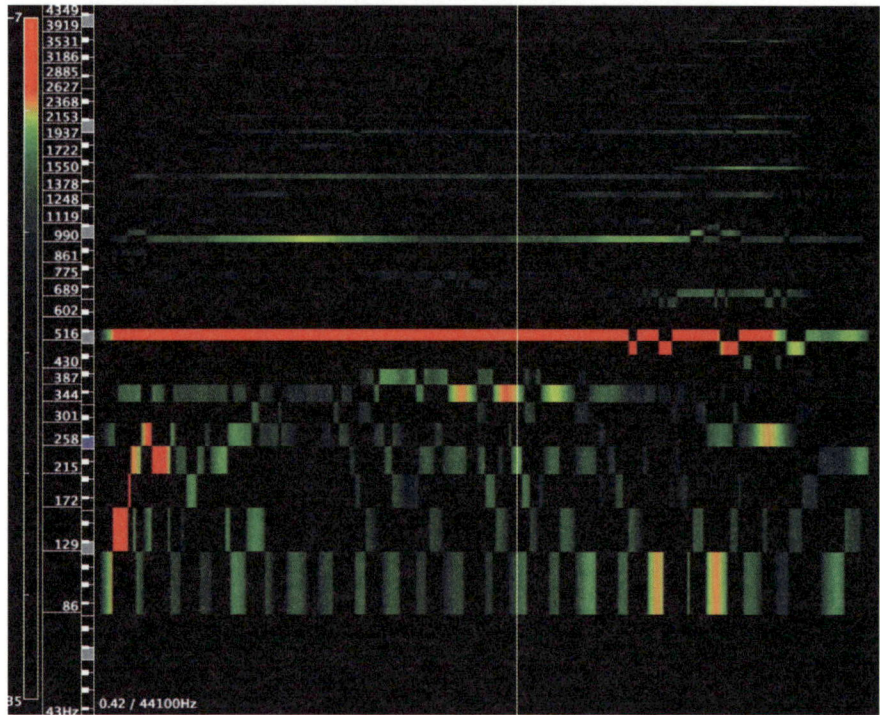

Abb. 2: Eroc: *Wolkenreise*, Sek. 55,5–56.

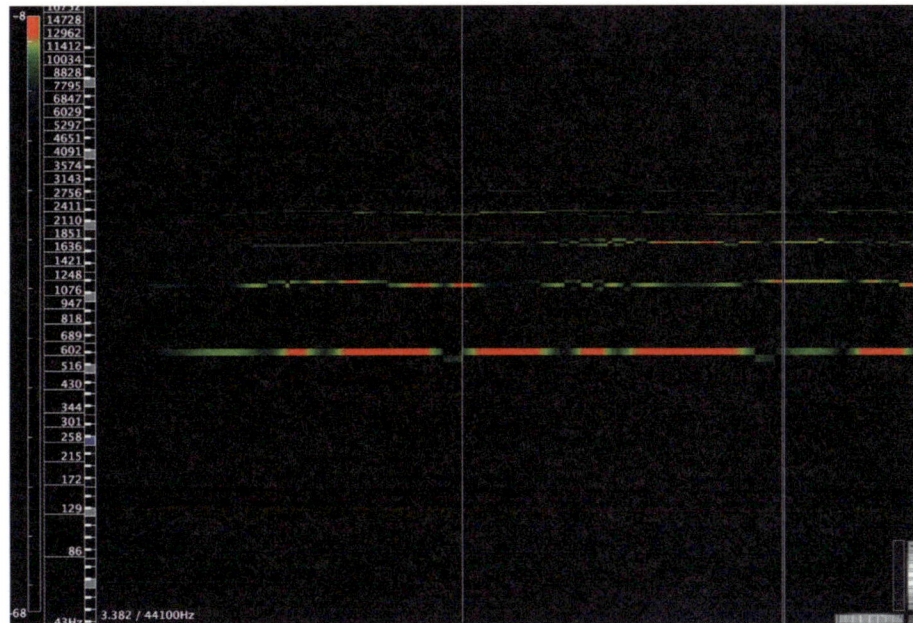

Abb. 3: Gary Numan: *Airlane*, Sek. 0–0,6.

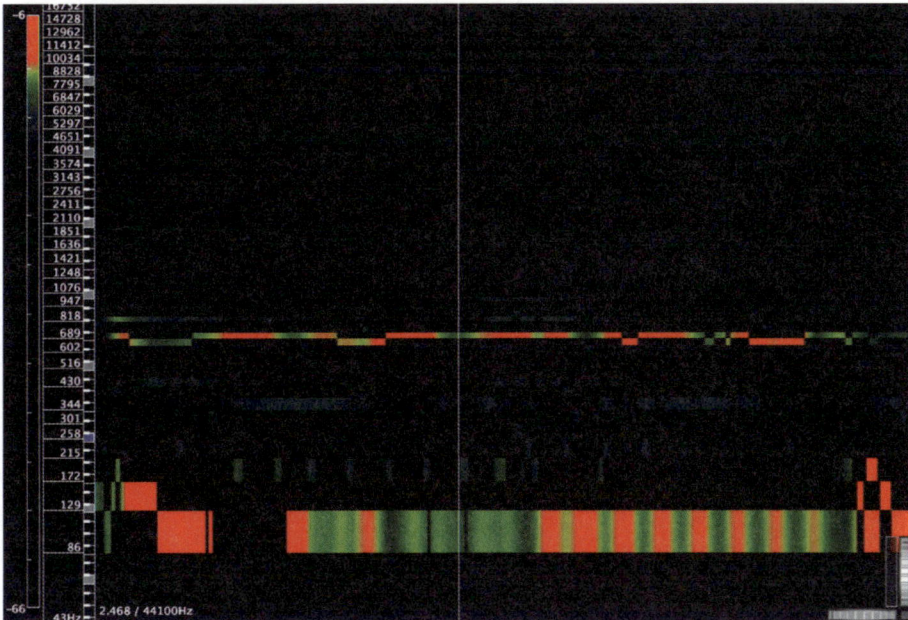

Abb. 4: Space: *Magic Fly*, Sek. 15,88–16,38.

Strich höchster Intensität deutlich zu sehen. Bei Eroc, Numan und Space bewegen wir uns dabei in sehr ähnlichen Frequenzbereichen, bei Eno liegt die größte Intensität eine Oktave tiefer, die durch die in grün zu sehenden Obertöne aber teilweise ausgeglichen wird. Die Hörempfindung bestätigt sich damit durchaus auch in der Visualisierung. Die klanglichen Realisierungen der vermeintlichen Freiheit über den Wolken erscheinen einander erstaunlich ähnlich.

9. Fazit

Aus Genderperspektive betrachtet ist sowohl die Weichheit der Sounds interessant, die das Fliegen oder auch den Raum charakterisieren soll, als auch der getragene, schwebende Charakter der Melodien. Beides ist im Rahmen der bisher dominanten traditionellen Geschlechterbilder als eher weiblich zu deuten. Die männliche Gegenfigur ist der Pilot, der die absolute Kontrolle hat. Diese Kontrolle wird nicht in Zweifel gezogen, möglicherweise sind deswegen Flugzeugabstürze in Songtexten kaum ein Thema, auch wenn man metaphorisch durchaus abstürzen kann. Im Gegensatz zum Auto oder Zug ist für den/die Passagier*in eines Fluggeräts keinerlei aktiver Part vorgesehen – mit einem Piloten kann nicht diskutiert werden, eingreifen und abspringen und sich erobernd (auf dem Güterzug) bewegen erscheint ebenfalls nicht möglich. Die Aufgabe der Kontrolle, das sich Hingeben, ist eindeutig unmännlich und muss gebändigt werden. Insofern stellt der Flieger eine klassische männliche Sehnsuchtsfigur dar, die sich in der populären Musik jedoch nur bedingt durchsetzt. Auto- und Motorradfahrer sind unmittelbarer mit populärer Musik und ihren Publika verbunden. Zum Mitfahren ist der Zug erheblich besser geeignet, denn er bietet mehr Möglichkeiten zur männlichen Aktivität als brav angeschnallt im Flugzeugsitz auf die Landung zu warten. Die Freiheit ‚Über den Wolken' bleibt aus männlicher Perspektive eine zu elitäre, da sie nur zugänglich erscheint, wenn Mann selbst fliegt. Die passive Rolle des Passagiers ist eine ungeliebte, der Flug wird so eher erlitten, um möglichst schnell zum Ziel zu kommen. Als Metapher für weiblich konnotierten Kontrollverlust im Drogenrausch und beim Sex sowie männlich konnotierte Durchsetzungsstärke im restlichen Leben ist die Flugreise bzw. das Fliegen dagegen in Songtexten populärer Lieder durchaus verbreitet. Die grenzenlose Freiheit ‚Über den Wolken' erscheint jedoch in der populären Musik nicht sehr begehrenswert.

Christoph Seelinger (Braunschweig)
Von der Flugmaschine zum Mouse-Cursor · Zur Genese der Mondo-Ästhetik zwischen travelogues und shock sites

Nachdem *Mondo Cane* sein Publikum auf eine Reise rund um die Welt mitgenommen hat, findet der italienische Film seinen Kulminationspunkt im Hochland von Papa-Neuguinea, wo er Teile der dortigen indigenen Bevölkerung bei der Ausübung ihrer millenaristischen Religion, dem sogenannten cargo cult illustriert. In der Höhe von etwa 3000 Metern haben die Angehörigen zweier Volksstämme – die Mekeo und die Rozzo – einen Altar errichtet, dessen beide Bestandteile, obwohl hauptsächlich aus Bambus zusammengezimmert, eindeutig einem Flugzeug und einem Flughafenkontrollturm nachempfunden sind. Die Gläubigen selbst sitzen entlang der vermeintlichen Landebahnschneise, und starren zum Firmament hinauf, wartend auf einen der großen Vögel mit kostbaren Handelsgütern in ihren hohlen Bäuchen, die ihnen ihre verstorbenen Ahnen regelmäßig als Sendboten schicken. Bislang haben die weißen Diebe am Fuß der Berge es allerdings jedes Mal fertiggebracht, sie um ihr rechtmäßiges Manna zu betrügen, indem sie die Himmelstiere in die große Falle von Port Moresby locken, wo sie sich selbst an den Waren aus dem Jenseits bereichern. Trotz allem aber hoffen die rechtmäßigen Adressaten auf die Wiederkehr ihrer Vorväter und Vormütter, und suchen weiter den Horizont nach deren Botschafter ab, auf dass diese endlich Kurs zu einem ihrer eigenen Landeplätze nehmen.[1]

Wenn *Mondo Cane* mit der pittoresken Silhouette des artifiziellen Kontrollturms vor einem nächtlichen Himmel endet, vereint das nicht nur die beiden kulturellen Sphären, zwischen denen der Film bis dahin oszillierte, in einem einzigen ikonischen Bild, sondern fasst auch die grundlegende Agenda des von Gualtiero Jacopetti, Franco Prosperi und Paolo Cavara geschaffenen und am 30. März 1962 in die italienischen Kinos gebrachten Überraschungserfolgs zusammen. Aus einem „encyclopaedic world view"[2] heraus betrachten die aus ganz unterschiedlichen Professionen stammenden Filmemacher[3] das gesamte bekannte und unbekannte Erdenrund als

---

1 Gualtiero Jacopetti/Franco Prosperi/Paolo Cavara: Mondo Cane. DVD, USA 2008 [Italien 1962], Min. 1'37'25–1'46'33.
2 David Kerekes/David Slater: Killing for Culture. An Illustrated History of Death Film from Mondo to Snuff. London 1994, S. 127.
3 Während Franco Prosperi, von Haus aus Ichthyologe, und der studierte Architekt und spätere

Fundgrube für Bildmaterial, dessen Hauptverwertungszweck sein Affizierungspotential in Hinblick auf spätere Rezipienten darstellt. Betrunkene in den frühen Morgenstunden auf der Reeperbahn, blutige Schweineschlachtungen im Rahmen traditioneller Fruchtbarkeitsriten, bizarre Freudenhäuser in den Metropolen Japans oder Schildkröten, deren Orientierungssinn durch radioaktive Strahlung gestört ist und die daher qualvoll an den Sandstränden des Bikini-Atolls verenden – prinzipiell alles, was dafür prädestiniert scheint, unterhaltend, schockierend oder stimulierend das skopophilische Bedürfnis eines westlichen Mainstream-Publikums zu befriedigen, findet seinen Weg in das disparate Bildgeflecht spektakulär-spekulativer Segmente.[4]

Freilich rekurriert *Mondo Cane,* diese „großflächige Collage verschiedenster mehr oder minder absonderlicher Riten und Praktiken aus allen Teilen der Welt, die nur so vor verstörender wie belustigender Momente strotzt",[5] deutlich auf klassische kolonialistische travelogues.[6] Differenzen zu deren privilegierter (abendländischer) Perspektive bestehen indes zum einen darin, dass Jacopettis, Prosperis

---

Dokumentarist Paolo Cavara als Pioniere der Unterwasserforschung bereits seit den frühen 1950ern gemeinsame (Film-)Expeditionen zum Indischen Ozean unternahmen, wirkte Gualtiero Jacopetti als Mitbegründer der Wochenzeitschrift *L'Espresso,* Verfasser des Kommentartextes zu Alessandro Blasettis Proto-Mondo *Europa di notte* (1959) sowie als Regisseur und Cutter populärer Kino-Wochenschauen vorwiegend im journalistisch-boulevardesken Feld. Vgl. zu den Biographien der Mondo-Regisseure bspw. Stefano Loparco: Gualtiero Jacopetti. Graffi sul mondo. Rom 2014 u. Fabrizio Fogliato: Paolo Cavara. Gli occhi che raccontano il mondo. Rom 2014.

4 Problemlos können Mondo-Filme deshalb mit Linda Williams „body genre" gekoppelt werden, zu dem sie ausführt, es handle sich um Filme, in deren Zentrum nicht nur „the spectacle of a body caught in the grip of intense sensation or emotion" stünde – das Spektakel unkontrollierter Ausschüttungen von Köperflüssigkeiten wie Sperma im Hardcore-Porno, Blut im Horrorfilm und Tränen im Melodram, die Williams als die drei großen relevanten Kategorien des „body genres" definiert –, sondern gerade auch dessen affektive Rückwirkung auf das betrachtende Subjekt – „What seems to bracket these particular genres from others is an apparent lack of proper aesthetic distance, a sense of overinvolvement in sensation and emotion" –, die zu einer mimetischen Angleichung der Körper der Akteure „on screen" und derjenigen der Zuschauerschaft führt, von der Mary Ann Doane, allerdings bei ihr allein auf Betrachterinnen bezogen, als „a kind of ‚textual' rape of the targeted [...] viewer" spricht. Vgl. Linda J. Williams: Film Bodies. Gender, Genre and Excess. In: Barry Keith Grant (Hg.): Film Genre Reader II. Austin 1995, S. 142 ff.

5 Anastasia Muntaniol: Mondovision oder eine alternative Sichtweise. In: SYN 6(2013)3, S. 83–85, hier: S. 83.

6 In ihrer Analyse von Reiseberichten aus der Kolonialzeit postuliert Mary Louise Pratt drei Strategien imperialistischen Schreibens über das kulturelle, topographische, ethnische ‚Andere', die auch im Mondo-Kino noch virulent sind: 1. „estheticization" (bspw. die Transformation einer Landschaft in ein Gemälde, vergleichbar mit dem filmischen opening oder establishing shot), 2. „density of meaning" (bspw. die Fülle einer Landschaft an semantischer Substanz, die erst durch Extraktion und Kondensation erfahrbar gemacht werden kann), und 3. „Domination" (bspw. die Unterwerfung einer Landschaft unter eine Sinnzuschreibung, die ihr, sie überwältigend,

und Cavaras Film den eigenen Blickwinkel grundsätzlich mit der Position eines grausamen, seine Schöpfung verlachenden Gottes gleichsetzt, dessen immaterielle, extradiegetische Stimme aus dem Off, dem titelgebenden Grundtenor des Films folgend – eine Welt solle entlarvt werden, die in ihrem Kern verflucht und verdorben ist[7] – prinzipiell jeden der revuehaft vorgeführten Bräuche oder Protagonisten mit einer Mischung aus nihilistischem Spott, arrogantem Hohngelächter oder regelrechtem Zynismus über-, und damit die gesamte Spezies Mensch einer fundamentalen Pejoration unterzieht.

Genauso bricht der Film aber mit etablierten Sehgewohnheiten und Konventionen gerade des Dokumentarfilms, dem er gemeinhin zugeordnet wird.[8] Trotz eines Authentizitäts-Markers gleich in der allerersten Szene[9] erweist sich primär die Montagepraxis, mit der Jacopetti, Prosperi und Cavara ihr Material kompilieren, deutlich an Technik und Ästhetik des zeitgenössischen Avantgarde-Kinos geschult, was ihren

---

ebenfalls erst von einer externen Position aus auferlegt wird.). Vgl. Mary Louise Pratt: Imperial Eyes. Travel Writing and Transculturation. London/New York 1992.

7 Der Filmtitel *Mondo Cane* bezieht sich auf einen Fluch aus der toskanischen Heimat Jacopettis, der frei als Ausruf „Verfluchte Welt!" übersetzt werden kann. Vgl. Mark Goodall: The Real Faces of Death. Art Shock in Des Morts. In: John Cline/Robert G. Weiner (Hg.): From the Arthouse to the Grindhouse. Highbrow & Lowbrow Transgressions in Cinema's First Century. Lanham/Toronto et al. 2010, S. 255–263, hier: S. 246.

8 Für eine tabellarische Gegenüberstellung zwischen Brian Nichols' „four modes of documentary representation" – „the expository mode, the observational mode, the interactive mode, the reflexive mode" – und den Charakteristika des Mondo-Films vgl. Mark Goodall: Shockumentary evidence. The Perverse Politics of the Mondo Film. In: Stephanie Dennison/Song Hwee Lim (Hg.): Remapping World Cinema. Identity, Culture and Politics in Film. London/New York 2006, S. 118–128, hier: S. 123.

9 Während wir dort sehen, wie ein Straßenhund auf recht rüde Art und Weise zu seinen Artgenossen in einen Tierheim-Großraumkäfig geworfen wird, versichert uns ein von unten nach oben durchs Bild laufender Text, jede der nun folgenden Aufnahmen sei hundertprozentig authentisch, und, sollten sie auch manchmal schwer zu ertragen sein, ihre Vorführung sei allein durch die Chronistenpflicht gerechtfertigt. („Tutte le scene che vedete in questo film sono vere e sempre riprese dal vero. Se spesso saranno scene amare è perché molte cose sono amare su questa terra. D'altronde il dovere del cronista non è quello di addolcire la verità ma di riferirla obbiettivamente.") Dies entspricht einer Taktik, die Eric Schaefer bezüglich des frühen US-amerikanischen Exploitation-Kinos als „square up" bezeichnet – ein Statement der Verantwortlichen zu Beginn eines Films transgressiven (und diesen sensationalistisch zur Schau stellenden) Inhalts „[to] apologize for the necessity of bringing an unsavory subject to light [or to] claim the producer's earnest hope that such exposure will put an end to an evil or bring about a greater understanding." Eric Schaefer: ‚Bold! Darin! Shocking! True!'. A History of Exploitation Films 1919–1959. Durham 1999, S. 71.

Film, trotz oder gerade aufgrund seines immensen Erfolgs an den Kinokassen,[10] seither dem Vorwurf fehlender Objektivität aussetzt.[11]

Unter dem Diktat, die an sich bereits aufsehenerregenden Bildinhalte, was ihr affizierendes Potential betrifft, sowohl zu steigern, aber auch von jeglichem ideologischen, politischen, informellen Ballast zu befreien, der ihre pure Affektwirkung beeinträchtigen könnte, schneiden die Regisseure oft und gerne mitten in Zooms, kontrastieren die Großaufnahmen mit Panoramablicken, lassen die einzelnen Segmente nicht etwa harmonisch ineinander übergehen, sondern bevorzugen harte Brüche oder abstrakte Assoziationsketten, um räumliche und thematische Distanzen zu überbrücken, versehen das Material nachträglich mit unnatürlich lauten Soundeffekten und einem paraphrasierenden Orchester-Score Riz Ortolanis – oder lassen ihre rasante tour de force eben in dem überraschend versöhnlichen, zugleich meditativen wie surrealen Bild eines aus Bambusrohr geflochtenen Flugzeugs enden, hinter dem die Abendsonne untergeht.[12]

---

10 Neben seinen kommerziellen Meriten erlangte *Mondo Cane* solche prestigeträchtigen Auszeichnungen wie den von der Accademia del Cinema Italiano verliehenen David di Donatello in der Kategorie „‚Migliore Produzione', eine Nominierung für die Palme d'Or beim fünfzehnten Filmfestival von Cannes und sogar eine Oscar-Nominierung für seinen von Riz Ortolani komponierten Titelsong *More*. Seine Verwurzelung in einer Avantgarde-Ästhetik erfährt ihr Echo indes nicht zuletzt in mehreren Antworten der literarischen Avantgarde auf das Phänomen ‚Mondo'. Während J. G. Ballard in seinem cut-up-Experiment *The Atrocity Exhibition* (1969) gleich mehrfach explizit den Namen Jacopetti metonymisch mit dem Genre verwendet, das dieser begründete („A helicopter clattered overhead, a cameraman crouched in the bubble cockpit. It circled the overturned truck, then pulled away and hovered above the three wrecked cars on the verge. Zooms for some new Jacopetti, the elegant declensions of serialized violence." J. G. Ballard: The Atrocity Exhibition. London 2014 [1969], S. 107.), verschlägt es Rolf Dieter Brinkmann während seines Rom-Aufenthalts 1972–1973 in die, wie er selbst schreibt, „Mondo-Cane-Gruft" – das Kapuzinerkloster Santa Maria Immacolata a Via Veneto in Rom, dem auch Jacopetti, Prosperi und Cavara knapp zehn Jahre zuvor einen Besuch abgestattet haben –, wo er in einer bemerkenswerten, die Vereinzelung und Zerstückelung der Mondo-Montage nachzeichnenden Szene Kultur nur noch als Reigen von Todesbildern denken kann. („Stapel von Köpfen[,] Stapel von Beckenknochen, Stapel von Arm & Beinknochen, Stapel von Schulterknochen – alles getrennt, für sich – sortierte Menschenknochen /: ringsum gestapelt, wie 1 Todeslager, etwas, nein, nichts an 1 Ersatzteillager erinnernd. / Das Grauen kommt langsam: ein Grauen über die Perversion, 1 Grauen an das Show-Tod-Business mit Toten, 1 Grauen über Menschen & Ideen, so etwas anzustellen, zu verfertigen." Rolf Dieter Brinkmann: Rom. Blicke. Hamburg 2006 [1979], S. 247 f.)
11 Vgl. hierzu v.a. Doug Bentins pointierte Analyse einiger exemplarischer Mondo-Szenen unter der Fragestellung, welche ihrer Bestandteile durch gezielte Schnitte oder Kameraführung verschleiert oder besonders betont werden sollen: Doug Bentin: Mondo Barnum. In: Gary D. Rhodes, John Parris Springer (Hg.): Docufictions. Essays on the Intersection of Documentary and Fictional Filmmaking. Jefferson/London 2006, S. 144–153.
12 Für die Kongruenzen zwischen Mondo-Genre und Avantgarde- bzw. Experimentalkino und

Während Flugzeuge im ersten *Mondo Cane* einzig dann in den Fokus der Filmemacher rücken, wenn sie der Zurschaustellung synkretistischer Auswüchse des Zusammenpralls divergenter Kulturräume dienen, thematisieren Jacopetti und Prosperi – geschweige denn einer ihrer zahllosen Epigonen[13] – auch in ihren beiden Folgefilmen[14] die logistisch schwierigen Produktionsbedingungen, sprich die Flugreisen, die sie selbst unternehmen müssen, um ihre exotischeren Drehorte zu erreichen, mit keiner Szene. Ihre Haltung, sich selbst als Demiurgen außerhalb einer Schöpfung zu setzen, deren wild florierende Bilder sie nachträglich aber omnipotent mit jeder beliebigen Bedeutungszuschreibung versehen können, lassen Jacopetti und Prosperi erst mit ihrem magnum opus *Africa Addio* (1966) fahren – und dort, scheint es, vor allem aus der Motivation heraus, Szenen non-fiktionalen Sterbens zu legitimieren, deren graphische Gräuel quantitativ und qualitativ noch die kontroversesten Szenen ihrer vorangegangenen Filme überschreiten.

Für das Großprojekt, das über drei Jahre hinweg mit einem Endergebnis von mehr als 150.000 Metern Film und über 200.000 zu Land zurückgelegter Kilometer[15] die blutigen Umbrüche im postkolonialen Ostafrika schildert, befleißigen sich Jacopetti und Prosperi einer Strategie, die Vivian Sobchack in ihren Untersuchungen zu indexikalischen Todesdarstellungen im Dokumentarkino im Terminus des „gefährdeten Blicks" kondensiert. Mit seinen Makulaturen wie Unschärfe oder Beschmutzung des Objektivs, instabiler Kadrierung oder das Sichtfeld behindernder Artefakte rückt dieser Blick-Modus den Kameramann selbst als sterbliches Subjekt in den Vordergrund, um dadurch das Filmen sterbender Menschen vor seiner Kameralinse als eine Art „moralisches Tauschgeschäft im Gegenzug für die Verletzung eines visuellen Tabus" zu rechtfertigen. „Der Filmemacher weist auf die Gefahr für sein eigenes Leben

---

viele konkrete Fallbeispiele vgl. v.a. das bisherige Standardwerk zum Thema Mark Goodall: Sweet & Savage. The World Through the Shockumentary Lens. London 2006.

13 Gemäß der Filone-Industrie, die sich im Nachkriegsitalien auf den Grundsätzen herausbildete, dass, wenn ein Film sich als kommerziell besonders erfolgreich herausgestellt hat, diesem sogleich eine ganze Reihe ähnlich gelagerter Filme hinterhergeschickt werden, um den jeweiligen Produzenten ebenfalls noch einen größeren oder kleineren Teil des Erfolgs zu sichern, folgten auch *Mondo Cane* gerade in den Jahren zwischen 1962 und 1966 zahllose Imitatoren mit bezeichnenden Titeln wie *Mondo caldo di notte* (Renzo Russo, 1962), *Mondo Balordo* (Roberto Bianchi Montero, 1964) oder *I malamondo* (Paolo Cavara, 1964), und begründen damit ein ganzes Genre, das nach seinem allersten Vertreter fortan schlicht ‚Mondo' heißt.

14 Es handelt sich um den von Produzentenseite eingeforderten, hauptsächlich aus in ihrem Debut nicht verwendetem Material zusammengesetzten *Mondo Cane n. 2* (1963) und den im gleichen Jahr realisierten *La donna nel mondo*, der das Mondo-Konzept auf eine pseudo-feministische Querschau von Frauenrollen innerhalb unterschiedlichster kultureller und geographischer Kontexte anwendet. Paolo Cavara wird das Team 1963 verlassen, und sich in seinem Spielfilm *L'occhio selvaggio* von 1967 kritisch mit seiner Zeit als Mondo-Regisseur auseinandersetzen.

15 Vgl. John Cohen: Africa Addio. München 1966, S. 10.

hin, während er den Tod eines anderen zeigt",[16] fasst Sobchack zusammen, bevor sie explizit auf Béla Balázs' Eindrücke beim Sichten einer Kriegsdokumentation verweist, die denjenigen Kameramännern gewidmet ist, welche in Ausübung ihres Berufs ihr Leben verloren haben:

> Diese Art Bilder unterscheidet sich von jeder Art geschriebener Darstellung, von Erzählung, historischem Bericht, Reportage, usw. Es ist nämlich gar keine Darstellung. In der Photographie der Wirklichkeit wird die Begebenheit selbst, in ihrer noch unabgeschlossenen Gegenwart sichtbar. [...] Wir sehen die Situation in dem Augenblick, da der Kameramann noch dabei ist, und wissen nicht, ob er sie überleben wird.[17]

In einer der erschütterndsten Szenen von *Africa Addio* werden Flugmaschinen ganz in Sobchacks Sinne zu Protagonisten, die sowohl die aktive Präsenz der Filmemacher innerhalb bzw. oberhalb eines Völkermordszenarios markieren, zugleich aber naturgemäß auch Prothesen der dieses Szenario aufzeichnenden Kameras darstellen: Durch ihre Platzierung in Hubschraubern und Kleinflugzeugen gelangen diese zu Bildern, die allein durch die gott- oder vogelgleiche Perspektive der Filmenden wiederum zwangsläufig den Eindruck einer materiellen Entkoppelung von den sich in vertikaler Distanz vollziehenden Tragödien erwecken.

Am Samstag, den 18. Januar 1964, als in Sansibar schon seit knapp einer Woche die Revolution tobt, fliegt Jacopetti mit einem gemieteten Sportflugzeug und begleitet von einer zweiten Maschine, die drei deutsche Journalisten gechartert haben, zu der Insel im Indischen Ozean, um den dort stattfindenden Genozid der schwarzafrikanischen Rebellen an der muslimischen Oberschicht zu dokumentieren.[18] Obwohl Funksignale vom Flughafen der Hauptstadt ausbleiben, versuchen die beiden Flugzeuge doch auf einer aufgelassenen Landebahn niederzugehen. Kaum aber haben die deutschen Journalisten den Boden erreicht, werden sie von Rebellen, die sich im Busch versteckt gehalten haben, angegriffen, ihre Maschine in Brand gesteckt, sie selbst verschleppt. Jacopettis Pilot gelingt es nur in letzter Not, den Steuerknüppel nach oben zu reißen, und damit den Gewehrschüssen, die die Rebellen nun auch auf sie abzugeben beginnen, auszuweichen.[19]

---

16 Vivian Sobchack: Die Einschreibung ethischen Raums. Zehn Thesen über Tod, Repräsentation und Dokumentarfilm. In: Eva Hohenberger (Hg.): Bilder des Wirklichen. Texte zur Theorie des Dokumentarfilms. Berlin 1998, S. 165–194, hier: S. 186.
17 Béla Balázs: Der Geist des Films. Frankfurt/M. 1972, S. 101.
18 Vgl. zu den historischen Hintergründen der Revolution in Sansibar und ihrer Widerspiegelung in Jacopettis und Prosperis Afrikabericht: John Cohen: Africa Addio. München 1966, S. 112–167.
19 Gualtiero Jacopetti/Franco Prosperi: Africa Addio. DVD, USA 2008 [Italien 1966], Min. 1'00'10–1'02'12.

Die strikte Zweiteilung in eine erste Hälfte, in der die Filmemacher sich selbst zu Prototypen des ‚embedded journalist' stilisieren, der kaltblütig sein eigenes Leben für authentische Aufnahmen riskiert, und in eine zweite, bei der Jacopetti und Prosperi wiederum einem ‚olympischen Blickfeld' verhaftet sind,[20] wird besonders dadurch sinnfällig, dass die Sansibar-Sequenz in *Africa Addio* bereits zeitlich und räumlich als Diptychon komponiert ist. Mit einem Hubschrauber kehrt Jacopetti für die folgenden zwei Tage immer wieder nach Sansibar zurück, und kreist, ebenso kontinuierlich von den Rebellen beschossen, über in Schutt und Asche gelegte Dörfer, muslimische Friedhöfe, die kurzerhand zu Hinrichtungsstätten umfunktioniert werden, und zuletzt einem breiten Korallenstrand, wo flüchtende Araber in ihrer Verzweiflung zu Fuß ins Meer waten.[21] Am nächsten Morgen sehen diese „aus einiger Entfernung [aus] wie ein Feld weißer Blumen, das sich gegen die dunklen Korallenfelsen abhebt. Aber heute sind sie alle tot. Der Strand ist übersät mit Leichen."[22]

Gleich auf mehreren Ebenen tritt das Sansibar-Segment von *Africa Addio* in eine komplexe Komplizenschaft zu seinen Rezipienten. Diese erleben zunächst an Jacopettis Seite dessen Todesnähe aus der Ego-Perspektive mit, das heißt sie sind gewissermaßen selbst Zielscheibe der vergeblich auf ihn abgefeuerten Gewehrkugeln. Zugleich aber stellen sie auch die Adressaten eines nachträglich hinzugefügten, argumentativ-anklagenden Off-Kommentars dar, der, eine Apologetik des gesamten Filmprojekts betreibend, einmal mehr die moralische Notwendigkeit von derlei Aufnahmen unterstreicht.[23] Nicht zuletzt bilden sie dann im zweiten Teilabschnitt der

---

20 Zur Abkehr von den gemäß klassischer Bildästhetik komponierten Panoramaansichten von Feldern nach ihren Schlachten, wie man sie beispielsweise aus den Aufnahmen Alexander Gardeners während des Amerikanischen Bürgerkriegs kennt (und die identisch mit der wiederkehrenden gottgleichen Perspektive des Mondo-Kinos ist), hin zur authentischen Momentaufnahme, bei der das Blickfeld individualisiert, d.h. bewusst begrenzt ist, und bei der sich der Fotograf seinem Bildmaterial sowohl als Observator wie auch als Akteur einschreibt (und die in *Africa Addio* vermehrte Verwendung findet), konstatiert Bernd Stiegler bei seinem Vergleich der Bilder Gardeners mit denen, die Robert Capa während des Spanischen Bürgerkriegs schießt: „Die Augenzeugenschaft der Fotografie in den 1860er Jahren privilegierte den ‚olympischen' Blick und die fast durchweg räumlich distanzierte wie zugleich streng komponierte Aufnahme selbst bei jenen Aufnahmen, die gefallene Soldaten zeigten. Jene der 1930er-Jahre erforderte hingegen eine doppelte Präsenz: Einerseits geht es, wenn man nach der Zeitlichkeit fragt, um den ‚entscheidenden Augenblick', der andererseits auch eine räumliche, sprich physische Präsenz des Fotografen als ‚embedded journalist' erfordert." Bernd Stiegler: Eingebettete Bilder. Photographie im Amerikanischen und Spanischen Bürgerkrieg. In: Sabina Ferhadbegović/ Brigitte Weiffen (Hg.): Bürgerkriege erzählen. Zum Verlauf unziviler Konflikte. Konstanz 2011, S. 113–152, hier: S. 139 f.

21 Gualtiero Jacopetti/Franco Prosperi: Africa Addio. DVD, USA 2008 [Italien 1966], Min. 1'02'14–1'06'55.

22 John Cohen: Africa Addio. München 1966, S. 155.

23 An dieser Stelle seien die zeitgenössischen Kontroversen um *Africa Addio* zumindest erwähnt,

Szene jedoch gemeinsam mit Jacopetti und seinem Team, nach dem diese einen Weg gefunden haben, die Massaker zu filmen ohne sich selbst permanent in Lebensgefahr zu bringen, die privilegierte Position des ungefährdeten Voyeurs in seinem Kinosessel ab. *Africa Addio* platziert Filmautoren, Kameras, Flugmaschinen und Zuschauerschaft in seinem Sansibar-Segment damit außerdem beständig zwischen den beiden thanatologischen Metaphern, die bereits die Fotografie (und später das Kino) seit ihrer Frühzeit zum einen als Mittel zur Einbalsamierung des Vergangenen, zum anderen als mortifizierende Waffe konstituieren.[24]

Schon für Ernst Jünger ist die Foto- bzw. Kinematographie 1934 in seinem Essay *Über den Schmerz* „ein Ausdruck der uns eigentümlichen, und zwar [...] grausamen, Weise zu sehen." Jüngers Betrachtungen sowohl der integralen Verflechtung zwischen technischem Apparat und moderner Kriegsführung, die Paul Virilio theoretisch aufgreifen und systematisieren wird, treffen nicht zuletzt gerade in Bezug auf Jacopettis und Prosperis Bürgerkriegsszenarien zu, wenn er schreibt:

> Die Aufnahme steht außerhalb der Zone der Empfindsamkeit. Es haftet ihr ein teleskopischer Charakter an: man merkt, daß der Vorgang von einem unempfindlichen und unverletzlichen Auge gesehen ist. Sie hält ebensowohl die Kugel im Fluge fest wie den Menschen im Augenblick, in dem er von einer Explosion zerrissen wird. [...]
>
> Das Sehen ist [...] ein Angriffsakt. Entsprechend wächst das Bestreben, sich unsichtbar zu machen, wie es schon im Weltkrieg als ‚Tarnung' hervorgetreten ist. Eine Kampfstellung war in demselben Augenblick unhaltbar geworden, in dem sie aus dem Lichtbild des Beobachtungsfliegers herauszulesen war. [...] Heute bereits gibt es Schußwaffen, die mit optischen

---

die ein *L'Espresso*-Artikel von Carlo Gregoretti am 20. Dezember 1964, also lange vor Fertigstellung und Publikation des Films, unter dem Titel *Una guerra privata in Cinemascope* lostritt, und in der der Journalist, der Jacopetti kurz zuvor bei seinen Dreharbeiten in Afrika besucht hatte, diesem vorwirft, eine deutsche Söldnertruppe gegen eine Alkoholspende dazu veranlasst zu haben, die Erschießungen einiger ihrer Gefangenen etwas ‚kameragerechter' zu gestalten. Der anschließende Prozess Jacopettis endet zwar mit Freispruch – aufgrund Jacopettis später zurückgenommener Erklärung, sämtliche Todesszenen in *Africa Addio* seien reine Inszenierung –, trotzdem führt die anschließende Veröffentlichung des Films gerade im linkspolitischen Milieu zu handfesten Protesten. Vgl. bspw. zur Situation in Westdeutschland: Quinn Slobodian: Foreign Front. Third World Politics in Sixties West Germany. Durham/London 2012, S. 137–147 sowie für die retrospektiven Stellungnahmen, Apologien und nostalgischen Erinnerungen Jacopettis und Prosperis zu ihrer Zeit als Mondo-Regisseure die beiden mit ihnen im hohen Alter geführten Film-Interviews: Mark Gregory: The Godfathers of Mondo. DVD, USA 2008 [USA 2003] u. O.A.: Around the World in 15 Years. In: Gualtiero Jacopetti/Franco Prosperi: Mondo Candido. DVD, Deutschland 2011 [Italien 1975].

24 Vgl. Katharina Sykora: Die Tode der Fotografie II. Tod, Theorie und Fotokunst. Paderborn 2015.

Zellen gekoppelt sind, ja selbst fliegende und schwimmende Angriffsmaschinen mit optischer Steuerung.²⁵

Ohne dezidiert auf die gewaltsamen Seiten der politisch-gesellschaftlichen Veränderungen des Kontinents einzugehen, bringt auch Alberto Moravia in seinen Afrika-Reisetagebüchern, die im März 1963 mit einer in der Ghanaischen Hauptstadt Accra verfassten Passage beginnen und im April 1972 in Fort Lamy, Republik Tschad, enden, also nahezu zeitgleich mit der Hochphase von Jacopettis und Prosperis Schaffen abgefasst sind, eine Ästhetik zum Sprechen, in der mittels ihrer weiten Distanz zum Festland und ihrer hohen Geschwindigkeit Flugmaschinen als panoptische Hilfswerkzeuge dazu dienen, vor allem Landschaften dem betrachtenden Subjekt regelrecht zu entschlüsseln.

Der italienische Schriftsteller, der bezeichnenderweise für zwei der stilbildenden und populärsten Mondos der 1970er Jahre das Skript abfassen und einsprechen wird,²⁶ vertraut seinem Tagebuch im März 1969, inzwischen in der ehemaligen Hauptstadt Ugandas, Entebbe, angelangt, die Schilderung einer Flugreise zur tansanischen Binnenstadt Tabora an, die bis auf die shock values von Jacopettis und Prosperis Filmen in vielen charakteristischen Punkten nicht nur mit denjenigen in *Africa Addio* übereinstimmt – als wolle er Jacopettis und Prosperis Überblendung der ertrunkenen Araber zu einer Kolonie von Vögeln auf der Oberfläche eines Naturschutzparks, mit der das Sansibar-Segment schließt, literarisch nachahmen, lässt Moravia am Ende des Kapitels sein Flugzeug in einem Schwarm aufgeschreckter Vögel aufgehen –,²⁷

---

25 Ernst Jünger: Über den Schmerz. In: Sämtliche Werke Bd. 7. Essays I. Betrachtungen zur Zeit. Stuttgart 1980 [1934], S. 143–191, hier: S. 182.

26 Es handelt sich um *Ultime grida dalla savana* von Antonio Climati und Mario Morra sowie um *Magia nuda* der Castiglioni-Gebrüder Alfredo und Angelo, beide 1975 veröffentlicht. Außerdem hat Moravia als Co-Autor interessanterweise auch an Paolo Cavaris Mondo-kritischem Spielfilm *L'occhio selvaggio* mitgewirkt.

27 Gerade dieses Bild der im Ozean treibenden Leichen, das von einer paradigmatischen Mondo-Montage überführt wird in die Aufnahme einer von zahllosen Vögeln bedeckten Wasseroberfläche, von der aus der Film sich für die folgenden Minuten einer anthropomorphisierenden Darstellung der Tierwelt Ostafrikas im Stil einer Disney-Naturdokumentation widmen wird, bringt pointiert das Wechselbad der Gefühle zum Ausdruck, in dessen Dienst die kontrastreichen Überblendungen des Mondo-Kinos stehen. Übrigens beginnt das Sansibar-Segment in *Africa Addio* mit einer ganz ähnlichen strukturellen Assoziation: Bevor wir ins Innere des Flugzeugs geraten, mit dem Jacopetti erstmals nach Sansibar aufbricht, wird das Flugmaschinenmotiv bereits durch das Bild eines verletzten Zebras eingeführt, das im Gegenlicht einer untergehenden Sonne per Hubschrauber aus seinem Naturschutzgebiet zur Behandlung in die nächste Großstadt geflogen wird.

sondern vor allem auch mit jenen, von denen das Mondo-Genre nach dem Rückzug seiner Begründer in den fiktionalen Kinosektor bestimmt werden wird:[28]

> É uno die caratteri principali della vita moderna il potersi trasportare nel giro di poche ore da una realtà all'altra, da una dimensione all'altra. Due ore prima eravamo a Tabora, in un mondo che non deve essere molto cambiato da come era due o tre secoli fa; adesso, seduti nella cabina di un piccolo aeroplano di linea, già voliamo al disopra di Tabora, in direzione di Mwanza. Dall'aeroplano si capisce molto bene perché la vita a Tabora abbia aspetti così torpidi e così arretrati. La boscaglia selvaggia circonda la città d'ogni parte, folta, verde e ricciuta. Non un borgo, non una casa, non una coltivazione, non una strada. […]
> Poi scorgo una roccia candida. Ma all'avvicinarsi dell'aeroplano tutto quel bianco se ne va, si sparge nel cielo e la roccia diventa nera come il carbone, nel mezzo dell'acqua piatta e griglia. Erano uccelli; adesso fanno tutti insieme un giro sul lago e poi tornano verso la roccia. Continuiamo a volare.[29]

Anhand der Mondo-Trilogie, die Jacopettis und Prosperis Kameramann der ersten Stunde, Antonio Climati, zwischen 1975 und 1983 gemeinsam mit dem Cutter Mario Morra realisiert, lässt sich sinnfällig die Entwicklung nachzeichnen, mit der das durch *Mondo Cane* losgetretene Genre seine ihm von Anfang an immanente Heterogenität nunmehr aus primär ökonomischen Gründen zum hauptsächlichen Gestaltungsprinzip erhebt, den von Jacopetti und Prosperi noch vertretenen holistischen Ansatz ablegt und Moravias poetische Landschaftsentschleierungsflüge zu einer standardisierten Trope degradiert.

Während *Ultime grida dalla savana* (1975) sein höchst disparates Bildmaterial noch unter dem Oberthema der Jagd subsumiert und folgerichtig das gegenseitige Hetzen und Töten von Menschen und Tieren in den möglichsten und unmöglichsten Konstellationen illustriert, handelt es sich bereits beim hastig hinterhergeschickten Nachfolgefilm *Savana violenta* (1976), vergleichbar mit Jacopettis und Prosperis eigenem *Mondo Pazzo*, um eine Zusammenstellung von für den Vorgänger nicht verwendeten Archivaufnahmen, zu deren Legitimierung die Filmemacher in ihrem

---

28 Nach den Kontroversen um *Africa Addio* inszenieren Jacopetti und Prosperi – laut Selbstaussage um die gegen sie vorgebrachten Vorwürfe des Rassismus zu entkräften – mit *Addio zio Tom* (1971) ihren ersten, sich zwar auf authentische Dokumente berufenden, jedoch vollständig inszenierten Film, in dem die Regisseure sich selbst als Regisseure verkörpern, die mit ihrem Team in die US-amerikanischen Südstaaten vor dem Bürgerkrieg reisen, um einen Mondo-Film zum Thema Sklaverei zu drehen. Nachdem aber auch dieses historische Reenactment nicht dazu beitragen konnte, das öffentliche Bild Jacopettis und Prosperis von den Vorwürfen der Sensationslust reinzuwaschen, bildet der Spielfilm *Mondo Candido* (1975) – eine surrealistische Adaption von Voltaires *Candide ou l'optimisme* – ihre letzte Gemeinschaftsarbeit.
29 Alberto Moravia: A quale tribù appartieni? Mailand 1981 [1972], S. 91f.

Einleitungstext einzig den sattsam bekannten Topos einer grausamen Welt instrumentalisieren, die durch investigative Kameraoperationen ihre Offenbarung erfahren soll. *Dolce e selvaggio* von 1983 kann dann aber die sukzessive Dekontextualisierung und Kontingenz der in jedem der drei Filme abgedeckten Themenspektren nicht einmal mehr notdürftig kaschieren, und spannt zwischen seine vermeintlichen Oppositionspole des Süßen und des Wilden nicht nur offensichtlich inszenierte, jedoch als dokumentarisch ausgegebene Bilder, sondern erneut in exzessiver Weise stock footage, das entweder von den Reisen stammt, die Climati und Morra selbst Jahre zuvor unternommen haben, oder das anderen (Mondo-)Filmen – am markantesten *Africa Addio* – entlehnt wurde.

Dass Flugmaschinen und Flugreisen in diesen späten Genre-Vertretern, für die sich die Verantwortlichen selten noch aus den heimischen Filmstudios hinausbewegen müssen, um ihren Materialstock, der, größtenteils bereits geschossen, lediglich von Film zu Film mittels innovativer Montage-Arrangements und variabler Paratexte neu kompiliert zu werden brauchte,[30] kaum noch im Dienste einer (Selbst-)Reflexion stehen, wie sie Jacopetti und Prosperi seinerzeit praktiziert haben, wird beispielsweise in Bitto Albertinis *Nudo e crudele* (1984) evident. Angefangen von der im Titel verankerten Dichotomie zwischen Sex und Gewalt, die jedoch im Verlauf des Films weniger in Kontrast zueinander treten, sondern sich vielmehr harmonisch zur Stimulation des Rezipienten miteinander verbinden, über seine inkohärente Szenen-Mixtur, bei der vornehmlich die bereits beschriebene Recycling-Praxis dominiert,[31] bis hin zu dem Distributionsumstand, dass dieser Film nicht mehr, wie beispielsweise noch *Ultime grida dalla savana*, seine Premiere auf einer Kinoleinwand erlebt, sondern von Anfang an als Direct-to-video-Veröffentlichung angelegt ist, kann *Nudo e Crudele* nicht nur als paradigmatisch für die Finalphase des Mondo-Genres gelten, sondern

---

30 Am deutlichsten werden diese die Glaubwürdigkeit der Filme großflächig torpedierenden Innovationen in einer Szene, die, ursprünglich in *Ultime grida dalla savana* gezeigt, von Climati und Morra später noch einmal in *Dolce e selvaggio* eingesetzt wird: Angehörige eines indigenen afrikanischen Volkes, die anlässlich eines Kultus nackt einen Stammestanz aufführen. Der Kommentar zur absolut identischen Szene unterscheidet sich von Film zu Film. Während *Ultime grida dalla savana* die Tanzenden zur im Norden Ghanas, an der Elfenbeinküste und im Süden Burkina Fasos lebenden Ethnie der Lobi rechnet, identifiziert sie *Dolce e selvaggio* wiederum als Mitglieder des nicht verifizierbaren Stammes der Mashoni.

31 Das augenfälligste Beispiel einer widerrechtlich entlehnten Szene in *Nudo e crudele* dürften die Aufnahmen eines Alligatorenangriffs sein, die eigentlich zur sechs Jahre zuvor veröffentlichten shockumentary *Faces of Death* von John Allen Schwartz gehören. Bezeichnend für die dem Genre immanente Zirkulation von Signifikaten, die permanent ihre Signifikanten wechseln, ist, dass diese Szene bereits in *Faces of Death* einen doppelten Boden besitzt: Während sie dort als authentisches Bildmaterial eines indexikalischen Sterbens vor laufender Kamera ausgegeben wird, weisen sie ihre eher kostengünstigen Spezialeffekte für heutige Betrachter eindeutig als fabriziert aus.

veranschaulicht gleich in seinem Vorspann auch die Funktion, die Flugzeuge in diesem nunmehr erfüllen.

Zur Musik von Nico Fidenco, die ebenfalls nicht originär für diesen Film komponiert worden ist,[32] sehen wir ein startendes Passagierflugzeug in Untersicht, worauf zu einer Aufnahme New Yorks aus der Vogelperspektive geschnitten wird, und der obligatorische Offkommentator, in einem Tonfall ähnlich dem Moravias in der oben zitierten Passage, von der zunehmenden Geschwindigkeit berichtet, mittels derer Flugmaschinen in der Überwindung topographischer Grenzen die Welt sukzessive ihrer Entmystifizierung entgegentreiben. Während mit Kamelen und Dschunken weitere archaischere Transportmittel eingeblendet werden, stellt sich der immaterielle Sprecher die (rhetorische) Frage, die von ihm zugleich als eigentliches Movens für die Konzeption des Films ausgegeben wird, ob es in dieser Epoche der Minimierung räumlich-zeitlicher Distanzen für die ihn Bewohnenden denn noch irgendwelche Geheimnisse auf dem Erdenball zu entdecken gebe. Der knapp einminütige Prolog schließt mit einem diesmal im Landeanflug begriffenen Flugzeug, bevor man in einer Reminiszenz an sowohl die beschriebene Szene aus *Africa Addio* als auch die zitierte Moravia-Notiz von der sich nach rechts aus dem Bildkader schiebenden technologischen Flugmaschine zu einer aus Fleisch und Blut schneidet: In einer exemplarischen audiovisuellen Kontrastmontage geht die rasante Fahrt des Flugzeugs auf der Landebahn nicht nur optisch in die ihr entgegengesetzte Flugbewegung eines Marabus über; das ohrenbetäubende Quietschen der Flugzeugreifen verklingt zudem akustisch im nahezu lautlosen Flügelschlag des subsaharischen Storchvogels.[33]

Offenbar wird allein in dieser kurzen Exposition: Flugzeuge treten in den späten Filmen des italienischen Mondo-Zyklus durchaus noch als integrales agens zur Beschaffung spektakulären Bildmaterials auf. Dabei werden sie zwar noch immer eingebunden in simple Argumentationsmuster, mit denen die Filme mehr oder minder subtil Säkularisationsprozesse der modernen Welt beklagen, um danach umso frenetischer deren bizarre, grausame, kuriose Wunder besingen zu können. Gleichwohl bieten sie, wie *Nudo e crudele* in Gänze zeigt, nicht viel mehr als materielle Zeichen, die als visuelles Lötmaterial fungieren. Um den korrekten Eindruck, ein Film wie *Nudo e crudele* sei nicht mehr als die bloße Summe seiner unsystematisch und wenig kunstvoll zusammengesetzten Teile, immerhin ansatzweise zu desavouieren, geraten Aufnahmen von Flugzeugen, Hubschraubern, Zügen oder Autos immer dann zwischen die ansonsten absolut kontingenten Segmente, wenn der Text aus dem Off

---

32 Vielmehr handelt es sich offenbar entweder um eine Neueinspielung oder eine seinerzeit nicht verwendete Version des Instrumentalstücks *Samba safari*, das bereits in Bitto Albertinis *Emanuelle nera* – dem Auftakt einer ganzen Reihe von italienischen Antworten auf die französische Softporno-Reihe *Emmanuelle* mit Laura Gemser in der Hauptrolle – neun Jahre zuvor erklungen ist.
33 Bitto Albertini: Naked and cruel. VHS, Hongkong o.J. [Italien 1984], Min. 01'00–01'58.

ein zusätzliches optisches Äquivalent zur Verwischung der deutlichen Brüche in der nur vorgeblich homogenen ästhetischen und strukturellen Film-architektur benötigt.

Wenn Flugmaschinen und Flugreisen über diese Funktion hinaus ins Blickfeld der späteren Mondos oder den mit ihr verwandten bzw. kongruenten Shockumentaries[34] treten, dann nicht mehr, um dem jeweiligen Film seine Produktionsbedingungen einzuschreiben und zur Legitimation seiner sich im Laufe der Genre-Genese quantitativ und qualitativ stetig steigernden visuellen Tabubrüche beizutragen. Stattdessen werden Flugmaschinen und Flugreisen selbst unter dem Gesichtspunkt, Garanten für möglichst effektive Transgressionen zu sein, in das Schema einer steil aufwärtsführenden Exponentialfunktion mitunter fingierter graphischer Gräuel integriert, wie das Genre sie spätestens seit *Ultime grida dalla savana* kennt. Während Climatis und Morras Debut aber noch den von Jacopetti und Prosperi ins Feld geführten Statuten einer Ästhetisierung des Schreckens folgt und allein durch den Moravia-Kommentar den Nimbus einer intellektuell-lyrischen Reflexion der Thematik besitzt, befleißigt sich John Allen Schwartz' berühmt-berüchtigter *Faces of Death* (1978), wenn er seinem Publikum nicht gerade offenkundig inszenierte Szenen als angeblich authentisch zu verkaufen versucht, demgegenüber einer Ästhetik der Schmucklosigkeit, die vor allem darauf gründet, dass Bilder von schweren Unfällen und ihren Opfern direkt aus den Kameras von Einsatzkräften, Presseleuten oder zufälliger Zeugen stammen.

Gewissermaßen verfährt Schwartz' Film mit Flugmaschinen ähnlich wie *Mondo Cane*, setzt doch auch dieser Film sie nur dann in Szene, wenn sie im Kontext eines visuellen Schreckenskabinetts virulent gemacht werden können. Dennoch sind die Aufnahmen, in denen der fiktive Pathologe Francis B. Grösse, der als Gastgeber und vermeintlich akademische Autorität durch den Film führt, nach eineinhalb Stunden die, wie er sagt, schauerlichste Fratze des Todes zu erblicken meint, schon allein aufgrund ihrer erwähnten Antiästhetik dem avantgardistischen Ansatz Jacopettis und Prosperis nahezu diametral entgegengesetzt. Während wir Amateuraufnahmen des bis dato schwerwiegendsten Flugzeugunglücks auf US-amerikanischem Territorium zu sehen bekommen – dem Crash eines Linienflugs der Pacific Southwest Airlines von

---

34 Eine genaue Unterscheidung zwischen dem Terminus ‚Mondo' und dem portmanteau-Wort ‚shockumentary' ist in der (überschaubaren) Fachliteratur zum Thema bislang nicht getroffen worden. Wenn überhaupt, lässt sich eine Differenz anhand der topographisch-kulturellen Kontexte konstatieren, denen die Filme jeweils entstammen – Mondos, ihrem Namen gemäß, eher aus dem italienischen oder europäischen Raum, shockumentaries eher aus US-Amerika – bzw. anhand des Härtegrads des jeweiligen Films: Mondos sind eher noch einer spezifischen Ästhetik verpflichtet, shockumentaries forcieren tatsächlich einzig das pietät- und ornamentlose Aufeinanderfolgen möglichst drastischer indexikalischer Todes- und Gewaltszenen. Vgl. bspw. Mikita Brottmann: Mondo Horror. Carnivalizing the Taboo. In: Stephen Prince (Hg.): The Horror Film. New Jersey/London et al. 2004, S. 167–189, wo die Begriffe beispielsweise nahezu synonym gebraucht werden.

Sacramento nach San Diego mit einem privaten Kleinflugzeug, der sämtlichen 137 Passagieren sowie sieben Personen am Boden das Leben kostete –, bildet B. Grösses Resümee auf der Tonspur das einzige audiovisuelle Artefakt, das die verwackelten, grobkörnigen Bilder von aus Wracks geborgenen Leichen und über Kleinstadtstraßen verstreuten Leichenteilen in eine Narration einbettet, und damit kontextualisiert und (ansatzweise) konsumierbar macht:

> On that warm September day, there were no survivors. 149 people [sic!] died. A commercial 727 airliner collided in the sky with a light plane and both came crashing down in a residential section of San Diego. Many of those who witnessed the crash and the aftermath which followed are still to this day under psychiatric care. Living through this nightmare is an experience one cannot easily forget. When a woman heard the crash, and went to her door, a body came flying through the window, covering her in blood. It would be a long time before the people of this area would ever board a plane again. From the massive impact, bodies were strewn in every imaginable area throughout the neighborhood. The stench of the dead turned this peaceful community into a virtual morgue. Screams could be heard as new victims were discovered. Viewing the bodies mutilated beyond recognition. I had the painful realization this disaster could be the most gruesome face of death.[35]

Mit *Faces of Death* ist das Genre über den Umweg des selbstbezüglichen *Africa Addio* erneut bei einer Ästhetik angelangt, die sich nicht durch subtextuelle moralische Tauschgeschäfte auszeichnet, bei denen man sein eigenes Leben einsetzen muss, um das Ende des Lebens anderer filmen und später öffentlich vorführen zu dürfen, sondern die die gesamte Welt als Bildarchiv begreift, dem man lediglich dann originäre Eigenschöpfungen hinzuaddiert, um seine Defizite in Form noch fehlender drastischer Aufnahmen aus bestimmten Sektoren auszugleichen.[36] Der Trend einer Oszillation zwischen Schockbildern, die leicht als inszeniert decodiert werden können, und ebenso eindeutig indexikalischen, die ursprünglich nicht für eine spätere Veröffentlichung hin getätigt oder aufbewahrt worden sind, und die die Filmemacher deshalb oftmals widerrechtlich ihren externen Quellen entlehnt haben, findet anhand der mehrminütigen Illustration des oben skizzierten Flugzeugunglücks in *Faces of Death* eine Formvollendung, die nachfolgende shockumentaries prinzipiell einzig

---

35 Conan Le Cilaire (d. i. John Alan Schwartz): Faces of Death. Blu-Ray, USA 2008 [USA 1978], Min. 1:32:56–1:35:06.
36 Gerade *Faces of Death* verbindet ganz kalkuliert Aufnahmen indexikalischer Tote und Tode mit fabrizierten Szenen – darunter eine Hinrichtung auf dem elektrischen Stuhl sowie ein Alligatorenangriff –, und enthüllt diese mit dem Jahrmarktskino verwandte Praktik, die Grenzen zwischen Inszenierung und Wirklichkeit als prinzipiell permeabel zu betrachten, selbst mehr oder minder deutlich, wenn es im Abspann heißt: „Exiguous scenes within this motion picture have been reconstructed to document and further clarify their factual origin."

durch eine Potenzierung sowohl der spezifischen Auswahl sich gegenseitig übertrumpfender Schockbilder im Feld des Visuellen wie auch der inhuman-zynischen Strukturelemente auf der auditiven Ebene noch weiter verfeinert bzw. vergröbert bieten.

Hierzu gehört Damon Fox' *Traces of Death* Serie, die bereits in ihrem Titel deutlich auf Schwartz' subversiven Klassiker verweist, in fünf Teilen von 1993 bis 2000 erscheint, und mit dem das Genre endgültig im Low-Budget-Bereich jenseits des Mainstreams angelangt ist. Publiziert werden die Filme auf VHS-Kassetten, die lediglich über Mailorder käuflich erworben werden können, als Gastgeber fungiert ab dem dritten Teil der Reihe ein vermummter Death-Metal-Fan namens Brain Damage, dessen Person sowie die damit verbundene musikalische Untermalung die Serie deutlich an das Klientel einer spezifischen Subkultur bindet, und die in *Faces of Death* nur partiell eingestreuten Amateuraufnahmen stellen im Prinzip den gesamten Filmkorpus.[37]

Durch das Fehlen selbst von Rudimenten der Legitimationsstrategien, Programmatiken oder Poetologien, die für das Genre in seiner Frühzeit noch kennzeichnend waren – alles, was bleibt, sind den Videos vorangestellte Warnungen bzw. Marketingargumente in Texttafelform, wie: „only meant for the true ‚reality death enthusiast'", „absolutely NONE of the footage contained in this film is recreated in any way" und „the first ‚TRUE SHOUCKUMENTARIES' ever released!!!"[38] – erklärt sich, dass Flugmaschinen und Flugreisen in der *Traces of Death* Serie nicht die anhand der italienischen Spät-Mondos herausgestellte Bedeutung mehr erlangen. Einzig der gemeinsame Nenner ihrer Schockhaftigkeit verbindet die graphischen Fragmente zu einer skizzenhaften Erzählung oder Argumentationslinie. Isoliert stehen der drei Menschenleben fordernde Absturz des Air-France-Flugs 296 bei einer Flugschau 1988, von dem zufällig mitgefilmte Amateuraufnahmen in *Traces of Death II* (1994) Verwendung finden, die Kollision der Maschine des russischen Sportpiloten Anatoly Kvochur bei der Paris Air Show 1989 mit einem Vogel, der sich in einer Turbine verfängt, neben detaillierten Autopsie-Videos aus medizinischen Kontexten, newsreport footage der Geiselnahme in der iranischen Botschaft in London 1980 durch arabische Terroristen, aber auch die Entdeckung einer Gletschermumie 1991 in einer Felsmulde des Ötztals – eine Isolation von Szenen, die durch die Anfangsmonologe Brain Damages, der in diffus erleuchteten Kellerräumen mit martialischer, anheizender Stimme einen verbalen Vorgeschmack des Folgenden liefert, mehr unterstrichen denn abgefedert wird.

Shockumentary-Serien wie *Traces of Death* oder auch Todd Tjerslands zwischen 1999 und 2000 erscheinendes *Faces of Gore*[39] können dabei problemlos als Antizi-

---

37 Vgl. Mark Astley: Snuff 2.0. Real Death Goes HD Ready. In: Neil Jackson/Shaun Kimber et al. (Hg.): Snuff. Real Death and Screen Media. New York/London et al. 2016, S. 153–170.
38 O.A: Traces of Death III. VHS, USA 1998 [USA 1995], Min. 0'07–1'13 (Hervorhebungen im Original)].
39 Mehr noch als *Traces of Death* hat sich die *Faces of Gore*-Reihe einem archivalischen Charakter

pation von virtuellen Shocksites gelesen werden, die im neuen Jahrtausend durch die Massenverbreitung des World Wide Web und damit verbundener kostengünstigerer Speichermedien und ökonomischerer Vertriebswege als digitales Äquivalent ihre analogen Vorläufer ablösen. Auch wenn die Betreiber der wohl prominentesten dieser Internetplattformen, www.bestgore.com, in einem apologetischen Statement auf ihrer Website erklären, diese sei begründet worden

> on the fundamental principle that freedom of expression, freedom of the press and the right of the public to be informed are fundamental and necessary conditions for the realization of the principles of transparency and accountability that are, in turn, essential for the promotion and protection of all human rights in a democratic society,[40]

so stellt diese doch letztlich nichts anderes dar als ein umfangreiches Archiv indexikalischer Todesszenen, die sich zum einen, wie aus dem Mondo-Kanon bekannt, aus Filmaufnahmen, aber auch Fotografien heterogenster historischer, kultureller, distributiver Kontexte speisen, und zum andern taxonomisch, wie das bereits die shockumentaries seit *Faces of Death* realisiert haben, in spezifische Einzelkategorien gegliedert sind wie „Beheading", „Impalement", „Animal Encounters" oder natürlich „Plane Crashes".

Die Flugmaschine, die in einem Film wie *Nudo e crudele* noch als Montage-Vehikel zur Wahrung einer bestimmten äußeren Form gebraucht wurde, hat sich auf dem Weg zu bestgore.com nicht nur zum sensationalistischen Konsumgut verwandelt – zumindest sofern sie aufgrund äußerer Umstände ihrem ursprünglichen Verwendungszweck, dem Transport von Menschen und Gütern, entfremdet wird, und sich in todbringende Technik verkehrt –, sondern außerdem eine Metamorphose erfahren, die mit der Struktur der Webseite zusammenhängt. Wie es jedem angemeldeten Nutzer freisteht, für jeden Clip eine Bewertung oder einen Kommentar abzugeben, so ist es jedem Nutzer ebenso möglich, sich mit Hilfe des Mouse-Cursors, der die einzelnen Clips in eine diachrone Ordnung versetzt, sie aber auch synchron abspielen lassen und kann als sein eigener Cutter seine ganz individuelle shockumentary zusammenzustellen. Die topographischen Grenzen und räumlich-zeitlichen Distanzen, die im Mondo-Kino zum einen als Depoetisierungsprozess betrauert werden, andererseits aber auch dazu beitragen, dass vormals

---

verschrieben. In systematischer Taxonomie werden die fraglichen Videoclips, die, wie schon bei *Traces of Death* ausnahmslos externen Kontexten entstammen, im ersten Teil der Serie unter die drei Großkategorien ‚Autounfälle', ‚Selbstmorde' und ‚Morde' subsumiert. Eine weitere Ausreizung von Tabugrenzen erreicht Tjersland beispielsweise mit einer ‚Dead Baby Section' im dritten und finalen Teil der Reihe.

40 www.bestgore.com (letzter Zugriff: 28.10.2017).

Unsichtbares sichtbar gemacht werden kann, erlangen auf bestgore.com höchstens noch durch ihren finalen Kollaps Bedeutung.

Eine sich an diese Beobachtungen anschließende Hoffnung könnte sein, dass wenigstens ein kleiner Teil der User, die sich Tag für Tag auf besagte Seite verirren oder auch ganz gezielt ihr mannigfaltiges Angebot aufsuchen, konfrontiert mit den, abgesehen von den Kommentarspalten, weitgehend unbehauenen, gleichsam nackten Bildern mehr als eines Jahrhunderts menschlicher Tragödien einen Weg der Korrespondenz mit diesem Material finden, welcher über die primitiven Schock- und Unterhaltungsmechanismen ihrer direkten filmischen Vorläufer hinausreicht.

III – Fallstudien

Annika Klanke (Dortmund)

„Zwei Augen genügen nicht" · Verteilte Wahrnehmung in Franz Kafkas *Die Aeroplane in Brescia*

> Wir schauen in die Luft, um die es sich hier ja handelt. Gott sei Dank, noch fliegt keiner![1]

Franz Kafka und seine Freunde Max und Otto Brod schauen am 11. September 1909 gebannt „in die Luft"[2]: Sie besuchen den vierten Tag der Flugschau von Brescia, ein spontan gefasster Plan auf der gemeinsamen Italienreise der Freunde, die sie eigentlich nach Riva in Südtirol geführt hat. Durch den Aufmacher der *Sentinella Bresciana* aufmerksam geworden, fahren die drei Freunde, von denen noch keiner ein Flugzeug am Himmel gesehen hat,[3] nach Brescia. Zurück in Riva schreibt Kafka auf Brods Anregung hin einen journalistischen Text über die Flugschau; auch Brod schreibt darüber. Sie veranstalten eine Art Schreibwettkampf, um Kafkas zu der Zeit bestehende Schreibkrise zu überwinden.[4] Kafkas Text, *Die Aeroplane in Brescia*, erscheint am 29. September 1909 in der Morgenausgabe der Prager Tageszeitung *Bohemia*, jedoch stark gekürzt.[5]

1909 ist die Fliegerei noch ein Abenteuer, welches als massenkulturelles Event inszeniert wird. Der Einsatz von Flugzeugen im Luftkrieg und im Linienverkehr zwischen Kontinenten liegt noch in (gleichwohl nicht allzu ferner) Zukunft. Als Spektakel, das Zehntausende anlockt, wird die neue Technik des mechanisierten Fliegens vorgeführt, bei dem die erwarteten Unfälle den Unterhaltungswert der Flugschauen noch

---

1   Franz Kafka: Die Aeroplane in Brescia. In: Wolf Kittler/Hans-Gert Koch/ Gerhard Neumann (Hg.): Drucke zu Lebzeiten [Textband]. Frankfurt/M. 1994, S. 401–412, hier S. 401. Im Folgenden mit Seitenzahl im Text zitiert.
2   Ebd.
3   So erinnert sich Max Brod: „Aeroplane hatten wir noch nie gesehen, mit großer Begeisterung faßten wir den Entschluss, trotz knappen Kassastandes nach Brescia zu fahren. Kafka vor allem trieb zu diesem Ausflug, – und es ist hier wohl der Ort, nochmals nachdrücklich darauf hinzuweisen, wie falsch die Ansicht ist, die Kafka in einer turris eburnae, einer lebensfernen Phantasiewelt, beheimatet glaubt, ihn nur als einen von religiösen Spekulationen verzehrten Asketen imaginiert. Ganz anders war er: für alles Neue, Aktuelle, Technische interessierte er sich, so zum Beispiel auch für die Anfänge des Films." Max Brod: Franz Kafka. Eine Biographie. 3. Aufl. Frankfurt/M. 1954, S. 126.
4   Vgl. ebd. S. 126 f.
5   Vgl. die Erläuterungen zu Entstehung und Druckgeschichte im Apparatband zu *Drucke zu Lebzeiten*. In: Wolf Kittler/Hans-Gert Koch/Gerhard Neumann (Hg.): Drucke zu Lebzeiten [Apparatband]. Frankfurt/M. 1996, S. 513–521, hier S. 514.

steigern.⁶ Hier sind alle Schichten vertreten, wie auch Kafka bemerkt – vom „Hochadel Italiens" über „glänzende Damen aus Paris" und „alle andern Tausende" (404) auf den billigen Plätzen.⁷ Von den eigens dafür errichteten Tribünen des Aerodroms verfolgt das Publikum, wie am Himmel die Stars der Aviatik, sowohl mit der neuen Technik wie auch mit den Luftströmungen kämpfen: „Hier oben ist 20 M. über der Erde ein Mensch in einem Holzgestell verfangen und wehrt sich gegen eine freiwillig übernommene unsichtbare Gefahr. Wir aber stehen unten ganz zurückgedrängt und wesenlos und sehen diesem Menschen zu" (409), fasst Kafka die Situation der Flugschau in zwei Sätzen zusammen. Damit ist eine doppelte Spannung beschrieben, die diesen frühen Text Kafkas sprachlich und inhaltlich strukturiert: zum einen der Gegensatz zwischen den zu einem „wesenlosen" Massenpublikum werdenden Besuchern der Flugschau und dem Aviatiker,⁸ der sich allein dem Kampf gegen die „unsichtbare Gefahr" (ebd.) stellen muss; zum anderen die räumliche Strukturierung zwischen den Zuschauertribünen am Boden und der nur durch den Horizont begrenzten Bühne des Himmels, an dem das Flugschauspiel stattfindet. Diese doppelte Spannung evoziert eine besondere Form der Wahrnehmung, die sowohl durch die neue Technik des mechanisierten Fliegens wie auch durch das massenkulturelle Event bestimmt ist: „Zwei Augen genügen nicht." (410) – So kommentiert Kafka gegen Ende des Textes.

Mit gleichermaßen journalistischen wie literarischen Mitteln führt der Text eine Verteilung des Blicks vor. Diese ist zum einen durch die Beschreibung des mechanisierten Fliegens bestimmt, die eine Dislokation der Perspektive erfordert. Dass Kafka zum andern das massenkulturelle Erleben dieser neuen Technik im Text vorführt, verstärkt den Eindruck eines fragmentierten, verteilten Blicks noch. So wird eine Wahrnehmungstechnik lesbar, die sich um 1900 erst herausbildet, und bei der die Popularisierung neuer Medientechniken (etwa aus dem Kino) eine zentrale Rolle einnimmt. Die Diskursivierung dieses neuen Perzeptionsmodus wird durch einen bestimmten Typ feuilletonistischen Schreibens vorangetrieben, zu dem sich auch der *Aeroplane*-Text zählen lässt. Wie Kafka diese Diskursivierung der verteilten

---

6   Vgl. zur Flugschau als massenkulturelle Veranstaltung Kaspar Maase: Grenzenloses Vergnügen. Der Aufstieg der Massenkultur 1850–1970. Frankfurt/M. 1997, S. 103.
7   Kafka zitiert zu Beginn der ursprünglichen Fassung seines *Aeroplane*-Textes aus dem Aufmacherartikel der *Sentinella Bresciana*, dass in „Brescia eine Volksmenge [war] wie noch nie, nicht einmal zur Zeit der grossen Wettfahrten der Automobile, die Fremden aus Venetien, Ligurien, Piemont, Toskana, ja bis aus Neapel, die grossen Herrschaften aus Frankreich, England, Amerika drängen sich auf unseren Plätzen, [...] auf den billigen Plätzen stehen 50.000 Menschen den ganzen Tag." Kafka 1996, S. 515f. Vgl. dazu auch Peter Demetz: Die Flugschau von Brescia. Kafka, D'Annuncio und die Männer, die vom Himmel fielen. Wien 2002, S. 77.
8   Von Beginn an gab es auch Aviatikerinnen wie etwa die Ballon-Luftschifferin Käthe Paulus. Auch das motorisierte Fliegen wurde gleichfalls von Frauen betrieben, auch wenn bei der Flugschau von Brescia keine Pilotinnen geflogen sind.

Aufmerksamkeit als moderne Wahrnehmungstechnik anhand der Aviatik und deren Inszenierung als Massenveranstaltung in feuilletonistischem Schreibstil vorführt, soll nun ‚in den Blick' genommen werden. Zusammengefasst geht dieser Beitrag also der Frage nach, warum „zwei Augen [nicht] genügen" (ebd.), um die Flugschau von Brescia in einen Text zu bringen.

1. Fliegen und Schauen

Die Vorgänge auf einer Flugschau zu beschreiben, ist von einigen Schwierigkeiten begleitet. Fliegen ist etwas, das – abgesehen von Start und Landung – in großer Distanz zum Betrachtenden stattfindet. Sind die Flugzeuge noch am Boden, passiert relativ wenig und das Publikum muss längere Zeiträume aushalten, in denen kaum etwas Unterhaltsames geschieht. Der Text begegnet dieser Schwierigkeit, indem er gerade nicht auf die Beschreibung einiger besonders spannender Momente fokussiert, sondern vielmehr mäandernd das Flugfeld, die Hangars, die Aeroplane, die Aviatiker, die technischen Schwierigkeiten vor den Starts und die Flugdarbietungen vor den Augen der Leserschaft entstehen lässt. Dabei liegt der Fokus des Textes auf der Beschreibung dessen, was zu sehen ist, während nur selten und beiläufig die Rede von dem ist, was das Publikum vom motorisierten Fliegen hören kann, etwa dass „der Motor [...] mit Lärm in Gang" kommt (406) oder: „Man hört kein Wort, nur der Lärm der Schraube scheint zu kommandieren" (407; mit „Schraube" ist der Propeller des Aeroplans gemeint). Ansonsten „fehlt auch jede Musik, nur das Pfeifen der Massen auf den billigen Plätzen mag den Bedürfnissen des Ohres und der Ungeduld zu erfüllen". (405). Das Sehen jedoch strukturiert den Text in einer ganz bestimmten Weise. Der Blick, der im Text ausgestellt wird, ist ein verteilter Blick, der nicht an ein distinktes Subjekt gebunden ist. Denn von Kafkas Blickpunkt auf der Zuschauertribüne ließen sich die Details, die der Text beschreibt, gar nicht so genau ausmachen. Ein Beispiel hierfür liefert die Schilderung der technischen Schwierigkeiten, die Blériots Mechaniker vor dem Start mit dessen Aeroplan haben: „Der Motor wird von allen Seiten geölt; verborgene Schrauben werden gelockert und zugeschnürt; ein Mann läuft ins Hangar, holt ein Ersatzstück, da passt es wieder nicht." (406) Ein Zuschauer auf der Tribüne jedenfalls wird nicht sehen können, wie die Mechaniker an den „verborgenen Schrauben" ziehen und wie der Motor „von allen Seiten geölt" wird. Dies wird umso deutlicher, da „die Zuschauer mehr ermüden als die nahe [sic] Beteiligten" (ebd.), weil sie eben nicht genau mitbekommen, was aus der Nähe zu sehen wäre. Noch deutlicher wird diese Strategie bei der Beschreibung von Einzelpersonen aus dem Publikum, so etwa vom Komponisten Giacomo Puccini: „Von der Tribüne schaut über das Geländer das starke Gesicht Puccinis, mit einer Nase, die man eine Trinkernase nennen könnte." (407 f.). Dieser Detailreichtum, der das

Geschehen der Flugschau vor dem inneren Auge des Lesenden teils wie ein Wimmelbild erscheinen lässt, wechselt ohne Überleitung zu Blickbeschreibungen, die Leere und Weite zu fassen suchen:

> Wir wenden uns und sehen das weite Feld. Es ist so groß, dass alles, was sich auf ihm befindet, verlassen scheint: die Zielstange nahe bei uns, der Signalmast in der Ferne, der Startkatapult irgendwo rechts, ein Komiteeautomobil, das mit im Wind gespannten gelben Fähnchen einen Bogen über das weite Feld beschreibt, in seinem eigenen Staub stehen bleibt und wieder fährt. Eine künstliche Einöde ist hier eingerichtet worden in einem fast tropischen Lande, und der Hochadel Italiens, glänzende Damen aus Paris und alle andern Tausende sind hier beisammen, um viele Stunden mit schmalen Augen in diese sonnige Einöde zu schauen. Nichts ist auf diesem Platz, was sonst auf Sportfeldern Abwechslung bringt. (404)

Unvermittelt berichtet der Text vor dem Hintergrund dieser „Einöde" dann vom ersten Flug: „Eine lange Pause und Blériot ist in der Luft." (408). Auch hier schwankt der Blick, der durch den Text vermittelt wird, zwischen verschiedenen Punkten: In einem Atemzug wird beschrieben, wie Blériot in seinem Aeroplan steckt – „man sieht seinen geraden Oberkörper über den Flügeln, seine Beine stecken tief als Teil der Maschinerie" (ebd.), während das Publikum unten kollektiv den Blick nach oben richtet, wie der Text im gleichen Atemzug verrät: „Hingegeben sehn alle zu ihm auf, in keinem Herzen ist für einen andern Platz." (ebd.)

Nicht besonders fern liegt hier die These, diesen Wechsel von Übersichtsbeschreibungen und Details mit filmischen Ästhetiken in Verbindung zu bringen (hier etwa die Kameraeinstellungen Totale vs. Close-Up). Dies hat schon Bodo Plachta bemerkt. Er beschreibt einen dem „Kameraobjektiv ähnelnde[n] Blick", wodurch „die Bilder wie im Film mit harten Schnitten voneinander getrennt oder derart durch Einstellungen perspektiviert" werden.[9] Dass und auf welche Weise Kafkas Schreiben vom neuen Medium Kino, für das er sich sehr interessierte, beeinflusst ist, lässt sich ausführlich in Peter André Alts Studie *Kafka und der Film* nachlesen. Kafka war ein begeisterter Kinogänger, wie Alt anhand seiner Briefe und Tagebücher beschreibt.[10] Seine Vorliebe fürs Kino beschränke sich dabei jedoch nicht, so Alt, „auf die Erwartung ‚maßloser Unterhaltung' – so die Charakteristik im November 1913 –, sondern schließe die

---

9   Bodo Plachta: „Himmel abgeschafft". Technischer Fortschritt und sozialer Wandel in Franz Kafkas *Die Aeroplane von Brescia* und Bertolt Brechts *Der Flug des Lindbergs*". In: Walter Delabar/Jörg Döring (Hg.): Bertolt Brecht (1898–1956). Berlin 1998, S. 163–188, hier S. 169.

10 1907 wurden in Prag zwei große Lichtspielhäuser eröffnet. Der früheste Beleg für einen Kinobesuch in Kafkas Aufzeichnungen ist ein Brief an Elsa Taussig, die später Max Brod geheiratet hat, in dem Kafka beiläufig „die letzte Kinematographenvorstellung" erwähnt, die ihn vom Schreiben dieses Briefes abgehalten habe. Vgl. Franz Kafka: Briefe 1900–1912. Hg. von Hans-Gert Koch. Frankfurt/M. 1999, S. 93.

permanente Reflexion über Fragen der Filmästhetik, der Bewegungswahrnehmung und des medientechnisch simulierten Sehens mit ein."[11] Diese reflexive Haltung gegenüber der Wahrnehmung von Dynamik und deren Übersetzung in ein technisches Medium lässt sich auch am *Aeroplane*-Text nachvollziehen. Doch erschöpft Kafkas Beschreibung der Flugschau sich nicht darin, im textuellen Medium filmästhetische Phänomene wie das Einnehmen bestimmter Kameraeinstellungen und die Montage von Sequenzen nachzuahmen, wie Plachtas Beobachtung nahelegt. Auch lässt sich Alts kurze Textanalyse von *Die Aeroplane von Brescia* nicht bestätigen. Alt führt aus, dass der „Text [...] eine menschliche Wahrnehmungspraxis nach[ahmt], die Ruhepunkte sucht, um Bewegungseindrücke verarbeiten zu können".[12] Auf diese Weise nähere sich der Text „auch einer filmanalogen Optik an, in der Geschwindigkeit über die Abhebung des dynamischen Objekts gegenüber einem stabilen Hintergrund sichtbar gemacht wird".[13] Die Szene, an der Alt seine These festmacht, ist die Beschreibung von Curtiss' Preisflug:

> [...], kaum sieht man hin, schon fliegt er von uns weg, fliegt über die Ebene, die sich vor ihm vergrößert, zu den Wäldern in der Ferne, die jetzt erst aufzusteigen scheinen. Lange geht sein Flug über jene Wälder, er verschwindet, wir sehen die Wälder an, nicht ihn. Hinter den Häusern, Gott weiß wo, kommt er in gleicher Höhe wie früher hervor, jagt gegen uns zu; steigt er, dann sieht man die unteren Flächen des Biplans dunkel sich neigen, sinkt er, dann glänzen die oberen Flächen in der Sonne. (409)

Alt führt aus, dass die Szene von der Begrenztheit des menschlichen Blicks bestimmt sei, „der, um einen Halt zu gewinnen, die Wälder fixiert, und die so wachsende Entfernung des Piloten registrieren kann".[14] Die „imaginäre Kamera"[15] des Textes zeige so nicht den Aeroplan, „sondern die festliegende Horizontlinie, die der ‚Aeroplan' sukzessive verlässt."[16] Liest man diese Szene jedoch genau, so fällt auf, dass sich hier gerade nicht der Blick an der Horizontlinie festhält, um die Bewegung des Aeroplans zu beschreiben. Vielmehr wechselt auch hier die Blickposition dynamisch. Sie ist zwischen Curtiss selbst und den Zuschauenden verteilt, denn es ist die „Ebene, die sich vor *ihm* [Curtiss] vergrößert" (ebd., Hervorh. A.K.), während er zu den Wäldern in der Ferne fliegt, „die jetzt erst aufzusteigen scheinen" (ebd.). Für welchen Blick die Wälder aufsteigen, ob für die zuschauenden Massen, mit denen der Satz einsetzt

---

11 Peter André Alt: Kafka und der Film. Über kinematographisches Erzählen. München 2009, S. 7.
12 Alt 2009, S. 73.
13 Alt 2009, S. 73 f.
14 Ebd.
15 Ebd.
16 Ebd.

("kaum sieht man hin, schon fliegt er vor uns weg"), oder für Curtiss, für dessen Blick sich die Ebene durch die durchs Aufsteigen größere Entfernung öffnet, das lässt sich nicht zweifelsfrei bestimmen. Auf diese Weise verteilt sich die Aufmerksamkeit des Textes vom Boden in die Lüfte und von der Masse zum Piloten selbst, ohne dass der Wechsel der Perspektiven markiert wäre, wie es etwa im Film durch einen Schnitt passieren würde. Diese Art von Blickverteilung im praktisch unbegrenzten Luftraum führt der Text nicht nur anhand von Curtiss' Preisflug vor, sie potenziert sich noch, während mehrere Aeroplane in der Luft sind:

> Man weiß nicht, ob man schon Curtiss applaudiert oder Blériot oder schon Rougier, dessen großer schwerer Apparat sich in die Luft wirft. Rougier sitzt an seinen Hebeln wie Herr an einem Schreibtisch, zu dem man hinter seinem Rücken auf einer kleinen Leiter kommen kann. Er steigt in kleinen Runden, überfliegt Blériot, macht ihn zum Zuschauer und hört nicht auf zu steigen. (410 f.)

Auch an dieser Stelle nimmt der Text kurz die Perspektive eines der Piloten ein: Louis Blériot wird hier seinerseits zum „Zuschauer", weil Henri Rougier ihn „überfliegt". Die Bemerkung, dass Rougier beim Fliegen aussehe wie „ein Herr an einem Schreibtisch" unterbricht die atemlos wirkende Beschreibung der Flugbewegungen und erinnert die Leserschaft daran, dass es sich um einen geschriebenen Text handelt. Fast wirkt es so, als würde Kafka, der ja in der Hauptsache ein „Herr an einem Schreibtisch" ist, während die Urlaubsreise und der Besuch der Flugschau eine absolute Ausnahme zu seinem übrigen Schreibtischleben darstellt,[17] sich selbst imaginativ ins Flugzeug hineinschreiben.

Festzuhalten ist, dass der dynamische Perspektivwechsel im Text sich gerade nicht anhand von Analogiebildungen zu filmischen Mitteln wie Schnitt und Montage fassen lässt. Mit einfachen Analogiebildungen zwischen Szenen im Text und kinematographischen Gestaltungstechniken kommt man dem *Aeroplane*-Text nicht näher. Trotzdem sind es der frühe Film und dessen zeitgenössische filmtheoretische wie epistemologische Reflexion, die die entscheidenden Stichworte liefern, um sich der Wahrnehmungsbeschreibung in Kafkas Text anzunähern.

2. Fliegen und der frühe Film

Die Überforderung der Wahrnehmung, die Kafka anhand der Flugschau beschreibt, ist der charakteristische Wahrnehmungseindruck einer urbanen, technisierten Moderne, die durch technisch-mediale Innovationen ständig in Veränderung begriffen ist. Um

---

17 Vgl. Demetz 2002, S. 14 f.

diesen Veränderungen gerecht zu werden, muss sich die menschliche Wahrnehmung anpassen – anders ausgedrückt: auch Wahrnehmung muss sich ständig innovieren. Dass Wahrnehmung weder konstant noch stabil, sondern historischen und kulturellen Veränderungen unterworfen ist, hat Walter Benjamin prominent und oft zitiert im *Kunstwerk*-Aufsatz formuliert:

> Innerhalb großer geschichtlicher Zeiträume verändert sich mit der gesamten Daseinsweise menschlicher Kollektiva auch die Art und Weise ihrer Sinneswahrnehmung. Die Art und Weise, in der die menschliche Sinneswahrnehmung sich organisiert – das Medium, in dem sie erfolgt – ist nicht nur natürlich sondern auch geschichtlich bedingt.[18]

Besonders dem Medium des Films wird für die Zeit um 1900 attestiert, einen epistemischen wie apperzeptiven Paradigmenwechsel herbeizuführen. Der Film wird zu einer Art Wahrnehmungsschule, die für das urbane, technisierte Leben ausbildet. In Benjamins Worten: „Der Film dient, den Menschen in denjenigen neuen Apperzeptionen und Reaktionen zu üben, die der Umgang mit einer Apparatur bedingt, deren Rolle in seinem Leben fast täglich zunimmt."[19] In der Wahl seiner Sujets ist der frühe Film besonders daran interessiert, Dynamik und Geschwindigkeit abzubilden, womit er eine beschleunigte Wahrnehmung herausfordert wie übt: „Womöglich schult uns die Geschwindigkeit des Films, geschwind zu sehen",[20] so formuliert es etwa der Filmtheoretiker Jean Epstein in seinem Essay *Das Kino und die moderne Literatur*. Wie drastisch der frühe Film auf die Sinne des Kinopublikums gewirkt haben muss,[21] lässt sich auch an Benjamins Einschätzung ablesen, dass das

---

18 Walter Benjamin: Das Kunstwerk im Zeitalter seiner technischen Reproduzierbarkeit (3. Fassung). In: Rolf Tiedemann/Hermann Schweppenhäuser (Hg.): Gesammelte Schriften. Bd. I/2. Frankfurt/M. 1991, S. 471–508, hier S. 478. Vgl. auch die Parallelstelle in der 1. Fassung im selben Band, S. 439, auf die sich hier hauptsächlich bezogen wird. (Zeichensetzung wie im Original).
19 Benjamin 1991, S. 444 (nur in der 1. Fassung). – Mit dem Begriff ‚Apparatur' meint Benjamin hier „die ungeheure technische Apparatur unserer Zeit", wie er im darauffolgenden Satz spezifiziert: „Die ungeheure technische Apparatur unserer Zeit zum Gegenstande der menschlichen Innervation zu machen – das ist die geschichtliche Aufgabe, in deren Dienst der Film seinen wahren Sinn hat." (ebd.). An dieser Stelle bezieht sich Benjamin mit dem Begriff ‚Apparatur' also allgemeiner auf die technische Verfasstheit des modernen, urbanen Lebens (und nicht speziell auf die technisch-materielle Seite von Medien wie dem Film, wie es etwa die Verwendung des Begriffs unter Punkt VIII nahelegt.
20 Jean Epstein: Das Kino und die moderne Literatur. In: Nicole Brenez/Ralph Eue: Bonjour Cinéma und andere Schriften zum Kino. Wien 2008, S. 22–26, hier S. 24.
21 Vgl. Alt 2009, S. 17. Ein prominentes Beispiel dieses Interesses ist etwa die Filmvorführung der Brüder Lumière Anfang des Jahres 1896 in Paris, bei der *Die Ankunft eines Zuges auf dem Bahnhof in La Ciotat* vorgeführt wurde und die die Zuschauenden, so die anekdotische Überlieferung, vor Schreck über den heranfahrenden Zug angeblich fluchtartig verlassen haben.

auszeichnende Charakteristikum des Films „auf dem Wechsel der Schauplätze und Einstellungen beruht, welche stoßweise auf den Beschauer eindringen".[22] Diese Art Wahrnehmung sei der „Kontemplation"[23] entgegengesetzt: Einen Film zu sehen, bedeute damit ständige Ablenkung und Zerstreuung. Der ständige „Wechsel der Schauplätze und Einstellungen"[24] ist es nun, der auch den *Aeroplane*-Text bestimmt. Dass Kafka dazu Schreibweisen nutzt, die sich an die filmische Ästhetik des in dieser Zeit bereits populären Kinos anlehnen, liegt auch deswegen auf der Hand, weil Flugschau und Kino ähnliche Sinneseindrücke hervorrufen. Was Erwin Panofsky zum ‚beweglichen' Zuschauer ausführt, den das Medium Film hervorgebracht habe, liest sich daher erstaunlich parallel zu dem, was hier zur verteilten Wahrnehmung im *Aeroplane*-Text ausgeführt wurde. Im Kino habe der

> Zuschauer einen festen Platz inne, aber nur äußerlich, nicht als Subjekt ästhetischer Erfahrung. Ästhetisch ist er in ständiger Bewegung, weil sein Auge sich mit der Linse der Kamera identifiziert, die ihre Blickweite und -richtung ständig ändert. Und ebenso beweglich wie der Zuschauer ist aus demselben Grund auch der vor ihm erscheinende Raum. Es bewegen sich nicht nur die Körper, der Raum selbst bewegt sich, nähert sich, weicht zurück, dreht sich, zerfließt und nimmt wieder Gestalt an […].[25]

Mit dynamischen Perspektivwechseln wird in Kafkas *Aeroplane in Brescia* eine sich ständig wandelnde Raumwahrnehmung lesbar, die nicht (mehr) an ein zugleich wahrnehmendes wie beschreibendes Subjekt – eine distinkte Perspektive also, von deren Position der Text geschrieben ist – gebunden wäre. Die (vor allem optische) Wahrnehmung, die in *Die Aeroplane von Brescia* vorgeführt wird, sei jedoch auch nicht an einen Zuschauer gebunden, der „einen festen Platz" innehabe, wie es Panofsky fürs Kino annimmt, sondern wird unmarkiert verteilt. Der Text *blickt* durch die Augen der Zuschauer, der Piloten, aber auch beispielsweise durch die der Mechaniker, wie man es etwa an der Detailbeschreibung der verborgenen Schrauben ablesen kann. Dabei nutzt Kafka eine Schreibweise, die die Dislokation, die beim Betrachten von Filmen entsteht, nachempfindet, weil diese besonders geeignet ist, die schnellen Bewegungen und den Nervenkitzel des Fliegens im Text vorzuführen. Kafkas Artikel lässt sich in diesem Zusammenhang als ein Dokument einer sich durch die neue Technik des Fliegens herausgeforderten Wahrnehmung lesen, die sich verteilen muss, um dem neuen Fortbewegungsmittel im Medium des Textes gerecht zu werden.

---

22 Benjamin 1991, S. 502 (3. Fassung); vgl. die Parallelstelle in der 1. Fassung im selben Band, S. 464.
23 Ebd.
24 Ebd.
25 Erwin Panofsky: Stil und Medium im Film. In: Helga Raulff/Ulrich Raulff (Hg.): Die ideologischen Vorläufer des Rolls-Royce-Kühlers & Stil und Medium im Film. Frankfurt/M. 1993 [1947], S. 17–51, hier S. 22 f.

Aufmerksamkeit – ursprünglich verstanden als gerichtete, fokussierte Wahrnehmung, ist in der beschleunigten, technisierten Welt nicht mehr auf einen Gegenstand konzentriert, sondern folgt vielmehr fluktuierend sich schnell verändernden Situationen. Diese These vertritt Kafka schon 1906 in seiner Reaktion auf einen Essay Max Brods zu zeitgenössischen ästhetischen Fragen: „Apperception ist kein Zustand, sondern eine Bewegung"[26] – und bezieht damit eine Position, die das menschliche Wahrnehmungsvermögen als prozesshaft begreift; oder anders formuliert, als ein Vermögen, auf eine sich bewegende Außenwelt mit perzeptiver Beweglichkeit zu antworten.

Petra Löffler zeichnet in ihrer *Mediengeschichte der Zerstreuung* anhand des Begriffs der ‚verteilten Aufmerksamkeit' nach, wie sich die Wahrnehmungsparameter durch technische und mediale Innovationen in Richtung Fragmentierung und Verteilung verschieben.[27] Löffler weist darauf hin, dass „Zerstreuung bereits um 1800 als verteilte Aufmerksamkeit verstanden wurde und im 19. Jahrhundert zu einer wichtigen Wahrnehmungstechnik aufgestiegen ist", die „nicht nur den gewachsenen Anforderungen an die menschlichen Sinne in der Moderne besser gewachsen"[28] ist, sondern auch eine erlernbare Technik darstellt.[29] Diese Technik stellt Kafka im *Aeroplane*-Text aus; die Aufmerksamkeit des Textes ist dynamisch – kurz: „Zwei Augen genügen nicht" (410). Dieser Satz reflektiert jedoch nicht nur die wahrnehmungsmäßige Überforderung, die durch die Flugschau hervorgerufen wurde, sondern zielt auch darauf, dass es sich um ein Massenevent handelt, bei welchem die neue Technik inszeniert wird.

3. Verteilte Wahrnehmung in der Masse

Liest man literarische wie journalistische Texte mit Fokus auf Fragen der Wahrnehmung, drängt sich die Frage auf, wessen Wahrnehmung es eigentlich ist, die im Text ausgestellt ist. Im Fall des *Aeroplane*-Texts ist es ein unbestimmtes ‚wir' mittels dessen alle Sehvorgänge ‚in den Text kommen' – von erzählen kann hier nicht gesprochen werden. In der Fassung, die in der *Bohemia* abgedruckt ist, wird zu Beginn nicht geklärt, wer mit diesem unspezifischen ‚wir' bezeichnet ist. Diese Unstimmigkeit lässt sich auflösen, wenn man einen Blick in die ursprüngliche Fassung des *Aeroplane*-Texts wirft, die sich im Apparatband der *Drucke zu Lebzeiten* nachvollziehen lässt. Hier klärt Kafka gleich zu Beginn, wer mit ‚wir' gemeint ist, nämlich „meine zwei

---

26 Aus einem Brief an Max Brod, Prag, etwa Mitte März 1906. Franz Kafka: Nachgelassene Schriften und Fragmente I. Hg. von Malcom Pasley. Frankfurt/M. 1993, S. 10.
27 Vgl. Petra Löffler: Verteilte Aufmerksamkeit. Eine Mediengeschichte der Zerstreuung. Zürich/Berlin 2014, S. 7–11.
28 Ebd. S. 8.
29 Vgl. ebd.

Freunde und ich"³⁰ – also, wie eingangs angemerkt, Kafkas Freunde Max und Otto Brod. In der gekürzten Fassung gibt der Text erst ganz am Ende implizit Aufschluss darüber, dass das ‚wir' sich nicht auf das kollektive ‚wir' der Besucher der Flugschau bezieht, sondern zumindest in der ursprünglichen Version drei spezifische Personen meint: „[E]ndlich wieder selbstständige Existenzen geworden, fahren wir los. Max macht die sehr richtige Bemerkung, daß man etwas ähnliches wie hier auch in Prag veranstalten könnte und sollte." (411). Die drei Freunde werden also erst wieder beim Verlassen des Flugschaugeländes „selbstständige Existenzen"; der Text markiert dies durch die Nennung von Namen. Während der Flugschau gehörten die drei Freunde jedoch zu denen, die als Teil einer Masse der Vorführung des motorisierten Fliegens zuschauen und gehen in ihr auf. Das Erzählpronomen ‚wir' lässt sich also auch als ein kollektives, unbestimmtes und unspezifisches Textsubjekt lesen – ein Textsubjekt der zuschauenden Masse. Diese Lesart korrespondiert mit der hier beschriebenen verteilten Aufmerksamkeit und der massenkulturellen Inszenierung des Fliegens als neuer Technik. Auch an dieser Stelle helfen Benjamins Überlegungen aus dem *Kunstwerk*-Aufsatz bei der Frage weiter, inwieweit das massenkulturelle Element eine sich verteilende Wahrnehmung bedingt und wie Kafka dieses Problem im Text verankert. Doch was wollen Massen überhaupt sehen und wie sehen sie? Ein „leidenschaftliches Anliegen der gegenwärtigen Massen", so formuliert es Benjamin, sei es, die „Dinge sich ‚näherzubringen'".³¹ Schärfer noch ist es im folgendem Satz ausgedrückt: „Tagtäglich macht sich unabweisbar das Bedürfnis geltend, des Gegenstands aus nächster Nähe im Bild, vielmehr im Abbild, in der Reproduktion habhaft zu werden."³² Dieses Bedürfnis der Massen, welches in den neuen, reproduzierbaren Medien³³ seine Befriedigung finde, habe weitreichende Konsequenzen: „Die Ausrichtung der Realität auf die Massen und der Massen auf sie ist ein Vorgang von unbegrenzter Tragweite sowohl für das Denken wie auch für die Anschauung."³⁴

Nicht nur bedingen also Medien in ihrer historischen Verortung und deren spezifischer Gebrauch die Organisation der Wahrnehmung wie des Denkens; auch deren Einbettung innerhalb einer Kultur der Masse führt ebenso zu neuen

---

30   Kafka: Drucke zu Lebzeiten. Apparatband, a.a.O., S. 516.
31   Benjamin 1991, S. 440 (1. Fassung). In der 3. Fassung spezifiziert Benjamin dieses Anliegen in seiner Qualität: Die Massen seien daran interessiert, „die Dinge sich räumlich und menschlich ‚näherzubringen'". (Ebd. S. 478).
32   Benjamin 1991, S. 440.
33   In diesem „Anliegen" bzw. „Bedürfnis" der Massen sieht Benjamin zugleich Bedingung und Begründung „des gegenwärtigen Verfalls der Aura", die Benjamin hier als „sonderbare[s] Gespinst aus Raum und Zeit: einmalige Erscheinung einer Ferne, so nah sie sein mag", definiert. Beispiel für die Aura wäre dann: „An einem Sommernachmittag ruhend einem Gebirgszug am Horizont oder einem Zweig folgend, der seinen Schatten auf den Ruhenden wirft – das heißt die Aura dieses Berges, dieses Zweiges atmen." (Benjamin 1991, S. 440).
34   Ebd.

Wahrnehmungsbedürfnissen wie auch insgesamt zu einer veränderten Art des Wahrnehmens. Begreift man nun die Flugschau als mediale Anordnung, die wiederum von Kafka durchs Beschreiben und Publizieren in ein anderes Medium gebracht wird – einen Zeitungsartikel, der zugleich journalistischen wie literarischen Ansprüchen beizukommen sucht – kann im Text genau dieses Bedürfnis der Massen, das Benjamin beschreibt, durch Kafkas Verfahren einer verteilten Aufmerksamkeitsbeschreibung nachvollzogen werden. Durch die fluktuierende Aufmerksamkeit suggeriert der Text den Zeitungslesenden diese Nähe, die Benjamin als ein Charakteristikum der visuell-reproduzierbaren Medien Fotografie und Film beschreibt, indem der Text ‚sichtbar' macht, was eigentlich von der Zuschauertribüne aus nicht zu sehen wäre, die Perspektive der Piloten und der Mechaniker etwa. Darin gründet die Literarizität des *Aeroplane*-Textes und seine Publikation im Feuilleton einer großstädtischen Tageszeitung.

4. „Kleinigkeiten" – Flugschau im Text

Tritt man also abschließend einen Schritt zurück und betrachtet den *Aeroplane*-Text, wie er in der *Bohemia* erschienen ist, aus der Distanz, so erscheint dieser recht disparat, und dies betrifft seine Form wie die Schreibweise. Der Text ist grob an der Chronologie des Tages auf dem Flugfeld orientiert; beispielsweise setzt er mit der deiktischen Bemerkung „Wir sind angekommen" (401) ein, die sowohl den Beginn des Textes wie auch den Beginn der Ereignisbeschreibung markiert. Doch wird dieser Beginn einer chronologischen Nachverfolgung des vierten Tags der Flugschau nach einem kurzen Absatz gleich wieder unterbrochen: Kafka schildert eine brenzlige Kutschfahrt und den vorhergehenden Streit mit dem Kutscher. Diese Ereignisse haben offenbar am Abend vor dem Besuch der Flugschau stattgefunden: „Einmal in Brescia spät am Abend wollten wir rasch in eine bestimmte Gasse kommen, die unserer Meinung nach ziemlich weit entfernt war. Ein Kutscher verlangt 3 Lire, wir bieten zwei." (401) Einem der Brod-Brüder ist das zu viel: „Otto, energischer als wir zwei andern, erklärt, es falle ihm natürlich nicht im Geringsten ein, für die Fahrt, die eine Minute gedauert hat, 3 Lire zu geben. Ein Lire sei mehr als genug." (402) Obwohl sich die drei schließlich mit dem Kutscher einigen können, schließt Kafka diese eingeschobene Episode mit Bedauern über den Streit, der ihm nun recht „unitalienisch" vorkommt, denn

> unser Benehmen ist leider nicht das Richtige gewesen; so darf man in Italien nicht auftreten, anderswo mag das recht sein, hier nicht. Nun wer überlegt das in der Eile! Da ist nichts zu beklagen, man kann eben in einer kleinen Flugwoche nicht Italiener werden. (402)

Während der erste Absatz in dramatischem Präsens gehalten ist („Wir sind angekommen [...]", 401), ist der darauffolgende eingeschobene Absatz im Präteritum eingeleitet („Einmal in Brescia [...] wollten wir rasch in eine bestimmte Gasse kommen", ebd.), welches auch auf die Stilistik einen Einfluss hat: Der Kutschfahrt-Einschub wirkt memoirenhaft, wie eine dramatische Reiseerinnerung, während sich der übrige Text deutlicher am Stil eines feuilletonistischen Texts orientiert, etwa einer Reportage oder einem Ereignisbericht mit kulturkritischer Reflexion. Dass der Anfang des Textes heterogen wirkt, lässt sich ebenfalls wie das zu Beginn unklare Erzählpronomen ‚wir' durch die redaktionelle Kürzung erklären. In der ungekürzten Fassung liest sich der Anfang nicht so holprig, da dieser der durchaus beschwerlichen Ankunft in Brescia und den damit verbundenen Schwierigkeiten gewidmet ist, vor deren Hintergrund sich die Beschreibung der Kutschfahrt gut einpasst.

Das Disparate des Textes, welches gleich zu Beginn auffällt, lässt sich durch den gesamten Text verfolgen: „Kafkas Bericht über Brescia kann als einzigartiger Text gelesen werden, der zwischen den Anforderungen eines Zeitungsartikels und seinen eigenen, sich erst entwickelnden Schreibgewohnheiten schwankt."[35] So brechen immer wieder Bilder, ausgestaltete Metaphern und ungewöhnliche Vergleiche in den Text ein. Kafkas spätere literarische Verfahrensweisen nimmt besonders deutlich dieses Bild vorweg: „Ungeheure, in ihren Wägelchen fett gewordene Bettler strecken uns ihre Arme in den Weg, man ist in der Eile versucht, über sie zu springen." (401) Solche Beobachtungen ragen heraus aus der übrigen am kinematographischen Blick orientierten Schreibweise, die unmarkiert Bewegung und Schnelligkeit der neuen Technik vermitteln soll. Es ist ein dezidiert literarisches Schreiben, welches durch das Zusammenfügen von semantisch inkongruenten Wörtern in einem syntaktischen Zusammenhang groteske Bilder entstehen lässt, wie etwa durch die Spannung zwischen dem Diminutiv „Wägelchen" und den in ihnen „fett gewordenen Bettler[n]" (ebd.)

Zugleich lässt sich am Text Kafkas der Versuch ablesen, journalistischen Ansprüchen zu genügen. Neben Passagen, die eher Teil eines einfachen Berichts über die Flugschau sein könnten („Er [Curtiss] führt fünf solche Runden aus, fliegt 50 Km. In 49'24" und gewinnt damit den großen Preis von Brescia, L. 30.000.", 409), versucht Kafka sich daran, zeitgenössische Phänomene wie eine sich verändernde Damenmode in essayistischem Stil zu reflektieren: So sehe man auf den Tribünen

> überall alles entwertend die langen Damen der heutigen Mode. Sie ziehen das Gehen dem Sitzen vor, in ihren Kleidern sitzt es sich nicht gut. Alle Gesichter, asiatisch verschleiert, werden in einer leichten Dämmerung getragen. Das am Oberkörper lange Kleid läßt die ganze Gestalt von rückwärts etwas zaghaft erscheinen; ein wie gemischter, ruheloser Eindruck entsteht, wenn

---

35 Demetz 2002, S. 117.

solche Damen zaghaft erscheinen! Das Mieder liegt tief, kaum noch zu fassen; die Taille scheint breiter, als gewöhnlich, weil alles schmal ist; diese Frauen wollen tiefer umarmt sein. (408)

Kafkas Mode-Reflexion bringt in wenigen Zeilen Überlegungen zur Bedeutung einer sich durch die Mode veränderten Silhouette, einem davon abhängigen veränderten Körpergefühl und zum visuellen Eindruck, den diese Veränderungen hervorrufen, zusammen. Der Text bedient damit ganz verschiedene Lesebedürfnisse, was in der Konsequenz jedoch einen „gemischte[n], ruhelose[n] Eindruck" hervorruft, wie Kafka ihn für die zeitgenössische Damenmode beschreibt. Damit wechselt der Text stetig von der am kinematographischen Sehen orientierten Wahrnehmung, die sich auf Bewegung bezieht, zu Passagen, die diese Wahrnehmung rasten lassen. Bisweilen lesen sich diese literarischen Bilder wie Standbilder, die den Text unterbrechen, wie an dieser Stelle, die mit einer ins Stocken gekommenen Technik koinzidiert:

> Aber der Motor ist unbarmherzig, wie ein Schüler, dem man immer hilft, die ganze Klasse sagt ihm ein, nein, er kann es nicht, immer wieder bleibt er stecken, immer wieder bei der gleichen Stelle bleibt er stecken, versagt. Ein Weilchen lang sitzt Blériot ganz still in seinem Sitz; seine sechs Mitarbeiter stehn um ihn herum, ohne sich zu rühren; alle scheinen zu träumen. (406)

Der Wechsel von ‚dynamischen' und ‚stillstehenden' Passagen ist etwas, was Andreas Huyssen als charakteristisches Moment einer Form ausmacht, die er als „metropolitan miniature" bezeichnet.[36] Auch Franz Kafka hat diese Miniatur-Form in seinen früh publizierten Texten mitgeprägt; nicht nur in *Die Aeroplane von Brescia*, sondern auch mit den kurzen Texten, die bereits 1908, also ein Jahr vor der Publikation von *Die Aeroplane in Brescia* in der Literaturzeitschrift *Hyperion* publiziert wurden und später als Sammlung unter dem Titel *Betrachtung* in Buchform erschienen.[37] Was Huyssen allgemein für den Publikationskontext und die Zielgruppe dieser Art von Texten ausführt, lässt sich direkt auf Kafkas offensichtliche Bemühungen beziehen, das Lesepublikum mit dem vielseitigen und doch kurzen *Aeroplane*-Text zu fesseln: „As a deliberately short form, it [the miniature] found its privileged venue in the feuilletons of large urban newspapers and magazines serving a rushed and distracted readership."[38] Den Bedürfnissen einer schnell lebenden und schnell wahrnehmenden Leserschaft

---

36 „This is the cultural context that generated the metropolitan miniature as a paradigmatic modernist form that sought to capture the fleeting and fragmentary experiences of metropolitan life, emphasizing both their transitory variety and their simultaneous ossification. As the early work of Kafka shows, motion and its sudden arrest, standstill and its transformation into renewed motion were central aspects of the urban experience." Andreas Huyssen: Miniature Metropolis. Literature in an Age of Photography and Film. Cambridge, Mass. et al. 2015, S. 2.
37 Vgl. ebd. S. 3.
38 Ebd.

einer Großstadt um 1900 genügen will Kafkas Text ganz offensichtlich – daher erklärt sich die Heterogenität der Schreibweisen. Kafka selbst bezeichnet seinen Text Felice Bauer gegenüber später als „gedruckte Kleinigkeit[]"[39] – es ist trotz seiner Kürze und seines kleinen Formates ein Text, der vieles will und darin vor allem eines realisiert: Zerstreuung vorführen und zugleich auf ein Zerstreuungsbedürfnis reagieren. In diesem doppelten Verfahren wird der Text selbst zu einer Art verschriftlichtem Labor einer modernen Wahrnehmung, die sich um 1900, auch an der neuen Technik des motorisierten Fliegens, neu ausrichten – oder besser: neu verteilen – muss.

---

[39] Brief an Felice Bauer vom 20. April 1914. Franz Kafka: Briefe an Felice Bauer und andere Korrespondenz aus der Verlobungszeit. Hg. von Erich Heller. Frankfurt/M. 1970, S. 559.

Andreas Kramer (London)
Sachliche Träume · Alfons Paquet, *Fluggast über Europa. Ein Roman der langen Strecken* (1935)

Alfons Paquets ‚Roman der langen Strecken' *Fluggast über Europa* ist ein aufschlussreiches Beispiel moderner Flugreiseliteratur. Das Buch des flugbegeisterten Autors gibt nicht nur einen Einblick in den internationalen Zivilluftverkehr der frühen 1930er Jahre, sondern hat zugleich an zeitgenössischen Debatten um die kulturelle Moderne teil. In Paquets Reisebuch verbindet sich die Technik- und Mobilitätsbegeisterung der Neuen Sachlichkeit mit einer internationalistischen Perspektive auf die geistige Einheit Europas, die sich deutlich vom offiziellen Nationalismus des Dritten Reiches absetzt. Ehe ich mich dem Buch zuwende, einige Angaben zum literarischen und geistigen Profil von Alfons Paquet (1882–1944), dem die deutsche Literaturgeschichte bislang wenig Aufmerksamkeit gewidmet hat: Der gebürtige Wiesbadener trat nach einer Ausbildung zum Industriekaufmann in London, der Promotion im Fach Volkswirtschaft und einer Tätigkeit als Redakteur an der Kulturzeitschrift *Die Rheinlande* als Journalist, Publizist und Schriftsteller hervor. Er schrieb hauptsächlich für die *Frankfurter Zeitung* und war in den 1910er Jahren Auslandskorrespondent des Blattes in Schweden, Finnland und Russland, wo er Augenzeuge der Revolution wurde.[1] In den 1930er Jahren leitete er die Kulturredaktion der Zeitschrift, während seine Publikationsmöglichkeiten zunehmend eingeschränkt wurden. 1944 kam er bei einem Luftangriff auf Frankfurt um. Ab 1903 und bis in die späten 30er Jahre unternahm er ausgedehnte Reisen, die ihn durch alle europäischen Länder sowie nach Sibirien, Nordamerika, den Nahen und Fernen Osten führten.[2] Als passionierter Reisender, der ‚in der ganzen Welt zu Hause' war, bejahte er die neuen Mobilitätsformen

---

1 Vgl. Alfons Paquet: Im kommunistischen Russland. Briefe aus Moskau. Jena 1919; Ders.: Der Geist der russischen Revolution, München 1920. Die vom Paquet Archiv herausgegebene Bibliografie Alfons Paquets (Frankfurt/M. 1958) verzeichnet die meisten seiner Beiträge für die FZ, wäre aber dringend zu aktualisieren. Bei der von Hanns-Martin Elster herausgegebenen dreibändigen Werkausgabe (Stuttgart 1970) handelt es sich um eine Auswahlausgabe, deren Kriterien nicht immer klar sind.
2 Vgl. Alfons Paquet: Asiatische Reibungen. Jena 1909; Li oder im Neuen Osten. Frankfurt/M. 1912; Ders.: In Palästina. München 1915; Ders.: Erzählungen an Bord. Frankfurt/M. 1913; Ders.: Delphische Wanderung. Ein Zeit- und Reisebuch. München 1922 und die Sammel- bzw. Auswahlbände: Ders.: Städte, Landschaften und ewige Bewegung. Ein Roman ohne Helden. Hamburg 1927; Ders.: Weltreise eines Deutschen. Landschaften, Inseln, Menschen, Städte. Berlin 1934; Ders.: Amerika unter dem Regenbogen. Farben, Konturen, Perspektiven. Frankfurt/M. 1938.

der technischen Moderne (Auto, Eisenbahn, Überseeschiff und Flugzeug) ebenso wie die neuartige Lebenswelt der großen Städte und Metropolen. Er war nicht nur ‚Weltdeutscher' (so auch der Titel von Oliver Piechas Paquet-Biografie),[3] sondern ebenso sehr Regionalist, der die kulturellen und geistigen Konsequenzen der umfassenden Modernisierung seiner Heimatregion (z.B. Umwandlung einer Agrar- in eine Industrie- und Verkehrslandschaft, zunehmende Urbanisierung) und die Bedeutung regionaler Eigenheit im deutschen und im europäischen Kontext reflektiert.[4] Paquet war kein reaktionärer Ideologe, der auf der Unwandelbarkeit landschaftlicher und kultureller Eigenart beharrte, sondern ein progressiver Regionalist, der gerade aus der Wandelbarkeit solcher Eigenart geistige und politische Perspektiven entwickelte. Beeinflusst wurde er in seinem Denken von der Lebensreformbewegung nach 1900, der er den wichtigen Organismusgedanken entnahm,[5] den Expressionismus der 10er Jahre und der Neuen Sachlichkeit der 20er, ohne dass seine Schreibweise und Weltanschauung ganz hierin aufgingen. Sein umfangreiches literarisches Werk umfasst freirhythmische Lyrik, die in der Tradition Whitmans und des langen Gedichts steht;[6] politische Dramen, in denen er mit Mitteln des epischen Theaters experimentiert;[7] Erzählungen und Romane[8] sowie Reisebücher. Daneben trat er als Publizist hervor und veröffentlichte Schriften und Essaysammlungen zu geistigen Fragen der Zeit.[9] Wie dieser knappe Abriss nahelegt, waren Paquets Interessen außerordentlich breit;

---

3 Oliver M. Piecha: Der Weltdeutsche. Eine Biographie Alfons Paquets. Wiesbaden 2016.
4 Vgl. Alfons Paquet: Der Rhein als Schicksal oder Das Problem der Völker. München 1920; Ders.: Die Antwort des Rheines. Eine Ideologie. Augsburg 1928. Ein städtebauliches Zukunftsmodell entwirft Paquet in dem Essay *Die Rhein-Ruhr-Stadt*, Ders.: Die Rhein-Ruhr-Stadt. In: Hochland 27(1930), S. 385–396. Zur politischen Kontroverse um Berlin und die Landschaft vgl. seinen Essay *City und Provinz*. In: Neue Rundschau 40 (1929), 618–628. Zu Paquets progressivem Regionalismus und seiner Verbindung mit dem Europagedanken siehe Sabine Brenner/Gertrude Cepl-Kaufmann/ Martina Thöne: Ich liebe nichts so sehr wie die Städte ... Alfons Paquet als Schriftsteller, Europäer, Weltreisender. Frankfurt/M. 2001 (Frankfurter Bibliotheksschriften, 9), S. 29–77. Zu Paquets Stellung innerhalb einer rheinischen Moderne vgl. Verf.: Regionalismus und Moderne. Studien zur deutschen Literatur 1900–1933. Berlin 2006, S. 266–282.
5 Vgl. hierzu Gertrude Cepl-Kaufmann: Alfons Paquet und die Lebensreform. In: Oliver M. Piecha/Sabine Brenner (Hg.): „In der ganzen Welt zu Hause". Tagungsband Alfons Paquet. Düsseldorf 2003, S. 21–32.
6 Zu nennen sind hier: Alfons Paquet: Held namenlos. Neun Gedichte. Jena 1912; Ders.: Die Botschaft des Rheines. Hamburg 1922; Ders.: Drei Balladen. München 1922; Ders.: Amerika. Hymnen. Leipzig 1925.
7 Ders.: Fahnen. Ein dramatischer Roman. München 1923; Ders.: Sturmflut. Berlin 1926. Hinzu kommen ab 1930 mehrere Hörspiele. Vgl. zum dramatischen Werk: Martina Thöne: Paquets Dramen auf der Piscator-Bühne. Moderner Text oder avantgardistische Inszenierung. In: „In der ganzen Welt zu Hause", S. 98–112.
8 Alfons Paquet: Kamerad Fleming. Berlin 1911; Ders.: Die Prophezeiungen. München 1923.
9 Vgl. Ders.: Rom oder Moskau. Sieben Aufsätze. München 1923.

versucht man, sein Werk und seine Weltanschauung auf einen knappen Nenner zu bringen, so ließe sich sagen: Paquet diagnostiziert die Widersprüchlichkeit der politischen, technischen, wirtschaftlichen und kulturellen Modernisierungsprozesse und beharrt auf der organischen, integrativen Einheit der Moderne im Sinne einer reformerischen, befreienden Umgestaltung der Lebenswelt. Als kosmopolitischer Regionalist, der die enorme Dynamik der technischen Moderne bejahte, aber auch als Sozialist und Pazifist, der z.B. mit Martin Buber und Walter Benjamin zusammenarbeitete und sich in der Region und darüber hinaus kultur- und literaturpolitisch engagierte, favorisiert er dabei ‚kleine', genossenschaftlich-föderale Formen internationaler, lebendiger Zusammenarbeit, die den ‚großen', nationalstaatlich verfassten Herrschaftsformen und Machtstrukturen ein gewisses Maß an Widerstand bieten. Paquets Konzept einer integrativen Moderne, das aus heutiger Sicht wieder ungeheuer spannend wirkt, lässt sich in seinem Buch *Fluggast über Europa* exemplarisch erkennen: im Thema und im Topos der Flugreise verbinden sich neusachliche Technik- und Mobilitätsemphase mit einer geistigen Zukunftsorientierung, die auf der Einheit der Moderne beharrt.

In diesem Reisebuch schildert Paquet in 12 Abschnitten eine Reihe von Flugreisen, die ihn kreuz und quer durch Europa führen und die er zum Anlass nimmt, über die technische Modernisierung der Lebenswelt und das hierdurch erzeugte Lebensgefühl nachzudenken.[10] Paquet unternahm diese Reisen in den frühen 1930er Jahren, also vor der Ausprägung der staatlich gelenkten ‚Reisekultur' im Dritten Reich; er enthält sich expliziter politischer Kommentare, obwohl er beispielsweise in Stockholm von der Gestapo festgehalten worden sein soll. Bei der Schilderung deutscher Flugrouten auf die ‚Drehscheibe Berlin' kommt die zunehmende Präsenz des Nationalsozialismus (etwa in Form uniformierter Menschen und NS-Symbole) deutlich in den Blick (vgl. 140–144).[11] Die starke Präsenz faschistischer Schwarzhemden auf den Straßen Roms ist Paquet Anlass zu einer relativ neutralen Reflexion über die politische und gesellschaftliche Modernisierung Italiens, ohne dass er Fragen autoritärer, illiberaler Macht ansprechen würde. Eine verhaltene, indirekte Kritik findet sich im selben Abschnitt, wo Paquet beim Besuch einer Ausstellung futuristischer Flugmalerei die Instrumentalisierung dieser ehemals avantgardistischen Kunst durch die politischen Machthaber als Verlust der künstlerischen Autonomie bewertet (251ff.). Ging es den italienischen Futuristen der ersten und der zweiten Generation

---

10 Die geschilderten Flugreisen sind undatiert. Es gibt jedoch Zeugnisse, die Paquets Flugbegeisterung ab Ende der 1920er Jahre belegen. Vgl. das Feuilleton *Im Flugzeug* im *Berliner Börsen-Courier* vom 3.6.1927 und eine Fotografie, die ihn mit seinem Sohn an Bord einer Lufthansa-Maschine zeigt, mit der er 1928 von Frankfurt/M. zur Kölner Pressa-Ausstellung flog: „In der ganzen Welt zu Hause", S. 144.

11 Seitenangaben beziehen sich auf die bei Knorr & Hirth erschienene Erstausgabe: Alfons Paquet: Fluggast über Europa. München 1935.

um künstlerische Darstellungen des individuellen Flugerlebnisses, wobei sie neben der Flug- bzw. Höhenperspektive antinaturalistische, dynamische Farben, Formen und Perspektiven verwenden, um Geschwindigkeitsrekorde und den Helden- und Opfermut der Piloten zu feiern, so geht es in Paquets Flugreisebuch ungleich ziviler und zivilisierter zu.[12] Versteht man Paquets Reisebuch als literarischen Beitrag zur Phänomenologie und kulturellen Bedeutung der modernen Flugreise, so kann man sich ihm (wie ich es im Folgenden tun möchte) in drei Schritten nähern: 1. Die Flugreise als Katalysator neuer Wahrnehmungs- und Darstellungsformen; 2. Die Flugreise als Poetik der Reiseliteratur;[13] und 3. Die Flugreise im Kontext der Kontroversen um die kulturelle Moderne in den frühen und mittleren 1930er Jahren.

Die Abfolge der geschilderten Flugreisen gibt bereits einigen Aufschluss über Anlage und Absicht von Paquets Reisebuch. Die erste im Buch geschilderte Flugreise führt den Autor von Frankfurt/M. über Saarbrücken nach Paris, von dort über Marseille nach Barcelona, ehe er über Genf und Stuttgart zurückfliegt. Eine weitere Reise führt von Frankfurt/M. aus den Rhein entlang, über Köln und Essen nach Amsterdam, ehe der Weiterflug nach London ansteht. Andere Reiserouten lauten: Berlin-Oslo-Göteborg-Stockholm-Kopenhagen-Hamburg, Leipzig-Prag-Wien-Budapest-Belgrad-Wien, München-Salzburg-Venedig-Rom, Berlin-Posen-Warschau. Insgesamt lässt sich eine Bewegungslinie ausmachen, die den Autor (und den Leser) zuerst nach Westen, dann in den Norden, sodann nach Mittel- und Südosteuropa und abschließend nach Osteuropa führt. Die Mehrzahl der Flüge beginnt in Frankfurt/M., Paquets Heimatstadt, die auf diese Weise als geheimes Zentrum des europäischen Zivilflugverkehrs inszeniert wird.[14] Paquets *Roman der langen Strecken* schildert dabei keine Langstreckenflüge, sondern die Flüge werden immer wieder von Zwischenstopps unterbrochen, die dem Auftanken oder (falls eine Staatsgrenze überflogen wurde) der Erledigung von Pass- und Zollformalitäten dienen. Bei den Flugzeugen handelt es sich überwiegend um relativ kleine Propellermaschinen der noch jungen Lufthansa, deren Taschenflugplan und Faltkarten der Autor eifrig studiert

---

12 Zur italienischen Flugmalerei vgl. Gudrun Escher: „Aeropittura – Arte Sacra Futurista". Die futuristische Flugmalerei im Kontext von Fluggeschichte und zeitgenössischer Kunst. In: Ingo Bartsch/Maurizio Scuderi (Hg.): Auch wir Maschinen, auch wir mechanisiert! Die zweite Phase des italienischen Futurismus 1915–1945. Bielefeld 2002, S. 47–56.

13 Zu Paquets Zugehörigkeit zur modernen Reiseliteratur vgl. Harry T. Craver: The Abominable Art of Running Away: Alfons Paquet and Concepts of Travel Writing in Germany, 1900–1933. In: Colloquia Germanica 46(2013), S. 284–302. Zur deutschsprachigen Reiseliteratur bzw. -kultur der Moderne vgl. die beiden von Peter J. Brenner herausgegebenen Bände: Der Reisebericht. Die Entwicklung einer Gattung in der deutschen Literatur. Frankfurt/M. 1989 und: Reisekultur in Deutschland von der Weimarer Republik zum „Dritten Reich". Tübingen 1997.

14 Vgl. auch Alfons Paquet: Kleines Europa. Frankfurt als Schnittpunkt der europäischen Luftverkehrswege. Frankfurter Zeitung, 14.4.1937.

und mit den unten vorbeiziehenden Natur- und Kulturlandschaften vergleicht. Der Autor findet sich mit etwa 10–15 Mitpassagieren in einer ‚wohnlichen Kabine' mit tapezierten Wänden, Ledersesseln, Klapptischchen, internationalem Zeitungsangebot und Tischservice durch livrierte Kellner (unter anderem 22, 110). Diese Mischung aus Wohnlichkeit und Geselligkeit charakterisiert auch die Beschreibung mancher (wenn auch nicht aller) Flughäfen; diese sind keinesfalls die Nicht-Orte der globalisierten Moderne (Marc Augé), sondern neue Orte einer modernen Heimat, die das Individuum in eine mobile, internationale Verkehrs- und Kommunikationsgemeinschaft einbindet.[15] Viele dieser neuen Flughäfen liegen weitab vom Stadtzentrum, so dass Anschlussfahrten mit dem Zubringerbus oder der Bahn erforderlich sind. Die Fahrten mit dem Autobus zum Londoner oder Pariser Flughafen werden sogar als Heimkehr beschrieben, was darauf hindeutet, dass die alte Entgegensetzung von Heimat und Fremde aufgehoben ist. Neben den Flügen, den Transfers und Aufenthalten in den europäischen Haupt- und Großstädten beschreibt Paquet Begegnungen und Gespräche mit Mitpassagieren und Stadtbewohnern. Ist die Reiseliteratur der Moderne häufig auch eine Form der Selbstvergewisserung eines sich von Ort zu Ort bewegenden Subjekts, so ist die Frage nach der Beherrschung der Technik durch das Subjekt bei Paquet eher nebensächlich: „Ich fliege ja nicht, ich lasse mich fliegen" (284) heißt es einmal. Da Paquet bei der Schilderung seiner Flugerlebnisse immer wieder die Rolle der kleinen, dabei sich stetig ändernden Gemeinschaft der Mitpassagiere hervorhebt, geht diese Schilderung oft in eine neue Form der Subjekt- und Selbsterfahrung über, die beispielsweise wie folgt formuliert wird: „Ich bin der Fluggast und höre [den Menschen] zu und male mir Bilder in die Luft." (230f.) Ich komme auf dieses Spannungsverhältnis von Sehen und Schreiben, Beobachten und Imaginieren unten bei der Frage nach der Reisepoetik zurück.

Nunmehr zum ersten Aspekt (1), der neuen Wahrnehmung und Darstellung: Moderne Reisen, zumal solche im Flugzeug, produzieren neue Wahrnehmungen der Erdoberfläche und der an- und überflogenen Stadt- und Naturlandschaften. Das Fliegen wird an einer Stelle emphatisch als „Neuentdeckung der Erde" (114) bezeichnet. „Dank den Motoren sehen wir zum ersten Male, die Erde von oben […] und das ist herrlich" (165). Paquet beschreibt das beginnende Zeitalter des zivilen Linienflugverkehrs als der Tendenz nach demokratisch und international, wie sich aus dem Profil und den Ansichten der Mitpassagiere ergibt, die aus unterschiedlichen gesellschaftlichen Schichten stammen, die aber international unterwegs sind. Paquet staunt über das neue Oberflächenbild der Erde, das dem Flugpassagier geboten wird

---

15 Vgl. neben der abschließenden Schilderung des Landeanflugs auf Frankfurt/M., die an die Heimkehr Odysseus erinnert (Paquet 1935, S. 285 f.), die Schilderungen des Berliner und des Warschauer Flughafens, die als „Zeichen des neuen, gefestigten Zusammenhangs mit Europa" (Paquet 1935, S. 284) gesehen werden.

und von Vielfliegern bereits internalisiert worden sei (38), ohne sich jedoch mit dieser jetzt sichtbar werdenden Oberfläche zufriedenzugeben. Zwar betont er, das Auge „sucht immer wieder das Faßbare" (78), aber zugleich ist auch das Unfassbare, die imaginative Dimension, präsent, die das Sichtbare immer wieder mit dem Unsichtbaren überlagert. Im Blick aus dem Flugzeugfenster (aus der Vogelperspektive) nimmt der Fluggast die Naturlandschaften – besonders eindrucksvoll während des mehrfachen Überfliegens der Alpen – als neu und fremd wahr, die Industrie- und Arbeitslandschaften, Städte, Kanäle, Felder usw. dagegen als Teil der umfassenden Natur. Neben der Umkehrung bzw. Integration von Natur und Kultur verwendet Paquet weitere literarische Verfahren, die vor allem bei der Beschreibung von Natur- und Kulturlandschaften in Erscheinung treten und in denen sich eine Nahsicht mit einer Fernsicht mischt. Eine ‚Miniaturisierung' ergibt sich aus der neugewonnenen Distanz zur überflogenen Erdoberfläche; eine ‚Vergrößerung' bei neugewonnener Nähe. Ein weiteres Verfahren, das mit der Entsubjektivierung und der Modulation bzw. Vervielfachung der Perspektiven zusammenhängt, kann man als ‚Mediatisierung' des Blicks bezeichnen; die dauernde Mischung aus Nah- und Fernaufnahmen hebt das Filmartig-Sukzessive der abrollenden Bilder hervor, die Wahrnehmung der Welt aus dem Flugzeugfenster wird in die Nähe zur Filmwahrnehmung gerückt bzw. im Kino fortgesetzt; von den Wochenschauen und Spielfilmen, die der Autor in Paris, London und andernorts sieht, heißt es: „Mir ist, als hätte ich das Flugzeug noch nicht verlassen. Es reißt mich über die Welt in wilden, maßlosen Sprüngen." (23)[16]

Zu diesen Wahrnehmungsformen und Wiedergabetechniken tritt die ‚Dynamisierung' hinzu. Immer wieder vergleicht der Fluggast den überflogenen Raum mit dem Taschenflugplan der Lufthansa oder den an Bord vorhandenen Landkarten und muss feststellen, dass der abstrakte Raum der Kartografie dem erlebten Raum kaum entspricht. Das langsame Entrollen der an jedem Sitzplatz angebrachten Rollkarten und das gleichzeitige Betrachten der unten langsam vorbeiziehenden Landschaft wird an einer Stelle mit dem Ablauf eines Films verglichen, was einen eigentümlich stereoskopischen Effekt ergibt und eine Spannung zwischen technischem Bild und scheinbar naturhafter Wirklichkeit herstellt (106). Zwar bewundert Paquet die Rationalität und Effizienz des den gesamten europäischen Kontinent abdeckenden Netzplans, der minutengenaue Reisezeiten und Anschlussflüge vorsieht und Risikofaktoren wie Verspätungen oder Wetterbedingungen ausschließt (41). Während die Land- und Netzkarten von Raum und Zeit abstrahieren, öffnet das konkrete Erlebnis des überflogenen Naturraums jedoch den Blick für zeitliche Veränderungen, wie man etwa in Paquets Beobachtungen über die Umwandlung von Agrar- in

---

16 Vgl. auch die Schilderung des Kinobesuchs in London, wo Paquet James Whales Verfilmung von H.G. Wells' *The Invisible Man* (1933) sieht und sich mit dem Problem der der Mediatisierung von Wirklichkeit und Körper auseinandersetzt (Paquet 1935, S. 127f.).

Industrielandschaften und den graduellen Aufbau einer modernen, internationalen Verkehrs- und Arbeitslandschaft erkennen kann. Wie diese Erläuterungen andeuten, treten Paquets literarische Verfahren oft auch in Kombination auf; wenn das geschieht, dann wird die Flugreise nachgerade zu einem Medium, das zu einer neuen dynamischen Wahrnehmung bzw. Auffassung von Raum und Zeit führt, wobei letztere sowohl nach hinten (in die Geschichte, auch in die Vor- und Naturgeschichte) als nach vorn (in die Zukunft) offen ist. Mit dieser doppelten Temporalität werden das wahrnehmende und beschreibende Ich und seine Mitreisenden als Avantgarde moderner Mobilität inszeniert, in der zugleich die Erinnerung an ältere Wanderbewegungen durch ein noch nicht in Nationalstaaten untergliedertes Europa mitschwingt:

> Wir gehören zum Vortrupp, zu allen, die die Größe und Einheit dieses Festlandes [Europa] spüren. Es kommt uns etwas vom Unendlichkeitsgefühl des Wanderers, des Pilgers, des schweifenden Siedlers zu, der in vergessenen Jahrhunderten durch unsern Erdteil zog und nirgends an Grenzen stieß [...]. Zur Zeit zerfällt dieses Festland in Grenzen auseinander, als ob es Abgründe wären. Aber die Völker und die Flieger wissen, daß das keine ewigen Abgründe sind. (286)

Komplementär zu dieser Gruppe von Verfahren steht ein anderes, das ebenfalls sehr häufig in Erscheinung tritt und sich als ‚Elementarisierung' bezeichnen lässt. In jedem Abschnitt finden sich Passagen, die das Flugzeug, die überflogenen Natur- und Kulturlandschaften, die dabei herrschenden Wetterlagen und dynamisierten Raum- und Zeitvorstellungen mit den Elementen Wasser, Erde, Luft und Feuer in Verbindung bringen – manchmal eher beiläufig, manchmal unter Gebrauch poetischer Bilder. Aus der großen Fülle greife ich nur einige Beispiele heraus. In der Kabine herrschen Wärme und Helligkeit: „Die Sonne scheint herein, das Heizrohr ist an den Füßen spürbar." (32) Auch der Verbrennungsmotor des Flugzeugs wird elementarisiert; einmal sogar mit dem prometheischen Mythos verglichen. Elementarisierung ist bei Paquet keine Reduktion auf das Alte oder Mythische, sondern ein Integrationsverfahren, das Innen und Außen, alt und neu, Natur und Technik synthetisiert, wie in der schönen Reflexion über den Luftschlauch, der an jedem Fenster angebracht ist und den Passagieren bei Betätigung „ein Strömchen frischer Luft" spendet: „Es ist reine Luft, geschöpft aus dem Flugwind, der draußen vorüberfließt." (32) Das zitierte Beispiel zeigt weiterhin, dass die Elementarisierung auf die Bildlichkeit des Wassers und des Fließens zurückgreift; Paquet tut dies mit einer Frequenz, die diese Metaphorik nachgerade zum Leitmotiv des Buches macht. Auch hierzu nur wenige Beispiele: Das Fliegen findet oben im „lodernden Luftmeer" statt, und der Blick nach unten sieht Menschen, Städte und Landschaften auf organische Weise in eine aquatische Verkehrs- und Arbeitswelt eingebunden (286). Aus der Perspektive des Passagiers nimmt Paquet Europa geradezu als Wasserlandschaft war, die nicht nur in der Luft, sondern auch am Boden durch natürliche und künstliche Wasserstraßen verbunden ist, die allesamt zum Meer führen – z.B. in dem Abschnitt *Waterland*, der die Reise von Frankfurt nach Amsterdam beschreibt (82 ff.; vgl. auch zuvor 79 f.). Das ist nicht atavistisch gemeint, sondern Ausdruck einer aktivistischen Veränderung der Erdoberfläche durch den gemeinschaftlichen Bau internationaler Verkehrs- und Handelswege. Im Kapitel *Der Weg zur Donau* entwirft Paquet die Vision eines transkontinentalen Großschifffahrtswegs, der von der Hamburger Elbmündung zur Moldau und zur Donau reicht und die Nordsee mit dem Schwarzen Meer, Nordwest- mit Südosteuropa verbindet. In Paquets literarischer Konstruktion sind die Fluglinien Wasserstraßen in der Luft, was sich auch in der neuen Terminologie des Luftverkehrs niederschlägt (Flughafen, Luftschiff, Kapitän usw.).

Paquets Verfahren der Elementarisierung hebt des Weiteren immer wieder die organische Vernetzung von Großstadt und ländlichem Raum hervor, wobei die einzelnen lokalen Beispiele einen gesamtkontinentalen Trend verdeutlichen. Bei der Schilderung seiner Eindrücke von Barcelona kommt Paquet auf den umfassenden Stadt- und Verkehrsentwicklungsplan zu sprechen, mit dem die Behörden durch den Bau weit ausschwingender Bahn- und Straßentangenten die Stadt mit ihrem Umland verbinden und aus der alten, an einer natürlichen Meeresbucht gelegenen Hafenstadt eine moderne, multinodale Verkehrsstadt machen möchten; dieser Plan geht seinerseits auf intensive Flugstudien zurück, wobei die Planer aus dem Flugzeug heraus den organischen Zusammenhang der Mikroregion erkennen und ihrerseits mit modernen verkehrs- und entwicklungspolitischen Maßnahmen hervorheben (54). Der Diskurs der Elementarisierung bezieht sich auch auf die funktionale Neuordnung der Städte durch Flughäfen und moderne Transportsysteme, vor allem die Anlage von Flugstationen und -häfen am Stadtrand, die Paquet mit der niederländischen ‚Randstad'-Bewegung parallelisiert, wobei der Gedanke der Dezentralisierung und Auflockerung hierarchischer Strukturen forciert wird (92 f.); die Elementarisierung dient hier dazu, das traditionelle Verhältnis von Zentrum und Peripherie umzuformen; in diesem Sinne werden nicht nur einzelne Städte, sondern ganze Nationen internationalisiert, wobei lokale Traditionen und historisch-kulturelle Zuschreibungen (West/Ost, Nord/Süd) in einer integrierten Verkehrsmoderne aufgehoben sind, wie sich Paquets Schilderungen Belgrads, Roms oder Stockholms entnehmen lässt. Paquets Elementarisierung ist damit auch eine geistige – oder, wenn man will: poetische – Überformung des Sichtbaren; die dem Auge des Fluggasts sich darbietenden Teile fügen sich in der geistigen und imaginativen Verarbeitung zu einem (neuen bzw. alten) Ganzen. Auch hierbei fungiert die Metaphorik des Meeres als Leitmotiv, um die allmähliche Verwirklichung des Integrationsgedankens zu veranschaulichen. Die Metaphorik kann dabei eine politisch-utopische Dimension bekommen, etwa wenn Paquet beim Überfliegen Genfs, dem Sitz des Völkerbundes, „das wogende, von oben unsichtbare Völkermeer" (80) beschwört oder wenn es gegen Ende des Buches heißt: „Fluglinien schnüren Europa zusammen, sie machen ein Ganzes aus dem zerstückelten, von Grenzen zerrissenen Festland, dessen Verkehrsstern mit seinen Strahlen überall das Meer trifft. Jede Fluglinie ist ein Sprungbrett auf das Meer." (285)

Ich komme zum zweiten Aspekt (2) – zur Poetik von Paquets Flugreisebuch und seinem Verhältnis zur modernen deutschsprachigen Reiseliteratur. Man kann das Buch als Reisebericht betrachten, der tatsächlich erfolgte Flugreisen und Stadtaufenthalte beschreibt und das Faktuale der Tatsachenwiedergabe betont. Der Untertitel *Roman der langen Strecken* wirft jedoch die Frage nach dem Verhältnis von Faktizität und Fiktionalität auf.[17] Die Schreibszenen werden ebenfalls scheinbar getreu wiedergegeben. Das Ich stilisiert sich des Öfteren zum Reporter, der während des Fluges mit dem Bleistift ins aufgeschlagene Notizbuch schreibt, Faltkarten konsultiert usw. (exemplarisch: 110). Neben den technischen Konstruktionen der Blickperspektive gibt es weitere Elemente, die aus der Neuen Sachlichkeit kommen, etwa: die Anthropomorphisierung der Technik – „Hirn der Maschine" (81) – und die Organisation des Linienflugverkehrs in der Form von „Flugpfeilen" (81), wobei Geräte und Menschen durch internationalen Funkverkehr miteinander verbunden sind. Paquets literarische Konstruktion der Flugreise weist also neusachliche Elemente auf, funktionalisiert diese aber neu im Kontext der Reiseliteratur der 1930er Jahre. Das betrifft zum einen die Konzeption der Reiseziele und -routen. War die Reiseliteratur der 1920er Jahre von Technikfaszination und Interesse an Fragen des wirtschaftlich-politischen Fortschritts vor allem in den USA und der Sowjetunion geprägt, so rücken in der Reiseliteratur der 1930er Jahre neben deutschen und europäischen Großstädten und Industriezonen die räumliche und zugleich zeitliche Peripherie, der ländliche und damit zugleich ‚alte', noch nicht modernisierte Raum in den Blick. Während bei Paquet die Städte sozusagen von unten erlebt werden, wird ihre Ordnung und ihr Zusammenhang mit der gesamteuropäischen Natur- und Arbeitslandschaft nur von oben sichtbar. Mehr noch: Die Bandbreite der Perspektivierungen und Wahrnehmungsformen, auch die Frequenz der Gespräche und Dialoge mit Mitpassagieren bedeutet, dass die von Paquet beschriebene Welt von oben und von unten keine Ansammlung von Tatsachen ist, sondern auf einer Wechselwirkung zwischen Wahrnehmendem und Wahrgenommenem, Erkennendem und Erkanntem beruht. In einem großen, kurz vor seinem Tod fertiggestellten Essay zu Goethes Konzeption des Reisens beschreibt Paquet das Reisen als die stärkste Form der Auseinandersetzung mit der vielfältigen Welt des Sichtbaren; die literarische Form des Reiseberichts sei daher den höchsten Formen des Romans und der Autobiografie gleichwertig.[18] In

---

17 Paquet scheint diese Strategie für mehrere seiner Reisebücher verfolgt zu haben und sie bewusst zwischen Bericht und ‚Roman' angelegt zu haben. Vgl. die Ausführungen zu dem ‚Roman' *Städte, Landschaften und ewige Bewegung. Ein Roman ohne Helden* (1927) bei Brenner, Cepl-Kaufmann, Thöne, S. 136–140.
18 Alfons Paquet: Goethes Reisen und Beschreiben. O. J., Nachlass A. Paquet. Stadt- und Universitätsbibliothek Frankfurt/M., II, A 4; zit. bei Brenner, Cepl-Kaufmann, Thöne, S. 131.

diesem Essay entwirft Paquet eine Poetik der Reisebeschreibung, die den Blick auf den „dialektischen Boden des Reisens"[19] öffne. Durch Zusehen und Zuhören, aber auch indem er sich „Bilder in die Luft" (230f.) malt, wie oben zitiert wurde, ist der Fluggast bei Paquet in gewissem Sinne nach wie vor auf den ‚Boden' angewiesen. Der Blick auf den Erdboden, auf Gestalt und Wandel der Natur- und Kulturlandschaften wird bei Paquet als dialektisches Ineinanderspiel von technischer Bewegung und ästhetischer Wahrnehmung inszeniert.

In dieser ‚dialektischen' Auseinandersetzung mit alten und neuen Formen der Wahrnehmung und der Reiseliteratur kann man Paquets Buch im Kontext zeitgenössischer Debatten um die kulturelle Moderne verstehen, womit ich – abschließend – auf den dritten Aspekt (3) zu sprechen komme. Georg Bollenbeck hat die lange Geschichte der deutschen Kontroversen um die kulturelle Moderne anhand verschiedener Argumentationsfiguren und -weisen beschrieben, wobei er als wichtiges Merkmal der 1920er Jahre das Scheitern einer nationalkulturellen Integration angesichts politischer Labilität und als deren Folge eine Erosion der liberal-ausgleichenden und eine Enthemmung der radikalnationalistischen Argumentationsweise bestimmt, wofür er Beispiele aus literarischen, kulturkritischen und populärkulturellen Debatten anführt.[20] In der deutschen Literaturgeschichte lässt sich dieses Auseinanderklaffen der Argumentationsfiguren und kontroverser Modernekonzeptionen vor allem am Beispiel des folgenreichen ‚Aufstandes der Landschaft gegen Berlin' beobachten.[21] Ein springender Punkt in diesen Kontroversen ist die Frage der technischen Modernisierung, und es ist kein literaturgeschichtlicher Zufall, dass (wie dieser Band zeigt), zahlreiche Autoren der 1920er und 30er Jahre das Flugreisethema zum Anlass nehmen, sich mit Fragen technischer Mobilität und kultureller Modernität auseinanderzusetzen. Gegenüber der modernistischen Technophilie der Neuen Sachlichkeit und dem Vertrauen auf die kulturell integrative Kraft der Technik wurden ab Ende der 1920er Jahre Stimmen laut, die sich angesichts des scheiternden Integrationsprojekts auf vermeintlich natürliche und zeitlose Werte (Landschaft, Boden, Deutschtum, Geist, Seele usw.) beriefen und in deren Namen zahlreiche Aspekte der gesellschaftlichen und politischen Modernisierung ablehnten. Zahlreiche Autoren der Neuen Sachlichkeit wollten die Finanz- und Produktivkräfte des wirtschaftlichen

---

19 Ebd.
20 Georg Bollenbeck: Tradition, Avantgarde, Reaktion. Deutsche Kontroversen um die kulturelle Moderne 1880–1945. Frankfurt/M. 1999, S. 194 ff.
21 Vgl. Dirk Oschmann: „Aufstand der Landschaft gegen Berlin". Zur geistigen Topographie am Ende der Weimarer Republik. In: Dieter Burdorf/Stefan Matuschek (Hg.): Provinz und Metropole. Zum Verhältnis von Regionalismus und Urbanität in der Literatur. Heidelberg 2008, S. 295–308 und Ulrike Haß: Vom „Aufstand der Landschaft gegen Berlin". In: Bernhard Weyergraf (Hg.): Literatur der Weimarer Republik 1918–1933. München/Wien 1995, S. 340–370 u. 700–706.

und technischen Fortschritts in einen nicht-privatwirtschaftlichen Kontext stellen; in seinem Flugreisebuch blendet Paquet hingegen offene und offenkundige Fragen wie etwa die nach der immanenten Logik des technischen Fortschritts und der Konzentration wirtschaftlicher und politischer Macht aus; auch die regionale oder genossenschaftliche Dimension kommt hier nicht zur Geltung (oder durfte es nicht). Hatten die Autoren der Neuen Sachlichkeit die technische Modernisierung weitgehend mit Einverständnis begleitet und als Modell zur Krisenbewältigung und Konfliktlösung in der modernen Gesellschaft verstanden, so entwickelt die konservative, reaktionäre und völkische Moderne ein ambivalentes und zuweilen, aber nicht immer, antagonistisches Verhältnis zur technischen Modernisierung. Paquet spielt in mehreren Stellen seines Buches auf die bei diesem epochalen Auseinanderklaffen der Modernisierungsdiskurse sichtbar werdenden Ambivalenzen an, etwa wenn vom angeblichen „Wettlauf der Seele mit den Motoren" die Rede ist; der Ausdruck stammt ausgerechnet von einem englischen Kleriker, worauf Paquet erwidert: „Unserem Eintritt in die Wolken wird die Erdenwelt einmal ganz neue geistige Bedeutung verdanken." (165)

Wie bei anderen Autoren der 1930er Jahre (man denke etwa an Ernst Jünger oder Heinrich Hauser) scheint mir in Paquets Flugreisebuch Konzept und Reflexion einer ‚anderen' Moderne vorzuliegen, die weder in der Technophilie und Technoästhetik der Neuen Sachlichkeit noch in der polarisierenden, konträren und stark ideologisierten Diskursgemengelage der reaktionären Moderne aufgeht, deren Autoren und Befürworter die technische Moderne zu einem Vehikel nationalkultureller (Re-)Integration instrumentalisieren wollten. Im historischen Kontext ist für Paquet festzuhalten, dass sein Beitrag zur Modernisierungsdebatte nicht durch politische Lenkung erfolgt, sondern wie bei anderen Autoren einer ‚gemäßigten' Moderne einem Bedürfnis nach einer „Neubewertung der Moderne" entspringt.[22] Diskursgeschichtlich lässt sich diese Neubewertung der Moderne, die etwa auch bei Heinrich Hauser und anderen Reiseschriftstellern der 1930er Jahre vorliegt, als Neubestimmung des Verhältnisses der in diesen Diskursen und Argumentationsfiguren identifizierten Bereiche beschreiben. Hatte das Auseinanderklaffen der Diskurse Ende der 1920er und Anfang der 30er Jahre etwa Begriffspaare wie Natur und Technik, Mensch und Technik, authentische, traditionelle Kultur und moderne Massenunterhaltung, soziale und ethnische Homogenität vs. Heterogenität als konträr und miteinander inkompatibel verstanden, so werden sie u.a. in der modernen Reiseliteratur der 30er Jahre neu bewertet und in ein anderes Verhältnis zueinander gebracht. Diese Neubewertung, diese andere Moderne scheint mir bei Paquet durch den Ausgleich der vermeintlichen Polaritäten

---

22 Gregor Streim: Erfahrung der anderen Moderne. Deutsche Reiseberichte in den 30er Jahren (Hanns Johst, Heinrich Hauser, Lothar-Günther Buchheim, Egon Vietta). In: Walter Fähnders et al. (Hg.): Berlin, Paris, Moskau. Reiseliteratur und die Metropolen. Bielefeld 2005, S. 135–152, hier S. 137.

Andreas Kramer

Technik-Mensch und Technik-Natur bestimmt zu sein, wie ich an der Bandbreite der literarischen Verfahren und Themen sowie der reiseliterarischen Formen zu zeigen versucht habe. In klarem Gegensatz zu Autoren der reaktionären oder konservativen Moderne spielt Paquet nicht Landschaft, Natur, Mensch gegen die technische Zivilisation aus, sondern hebt auf ein produktives Miteinander dieser Bereiche als Gradmesser einer gelingenden Modernisierung ab; die ästhetische Modernität seiner Reiseliteratur besteht u.a. darin, dass sie die Wechselwirkung zwischen diesen unterschiedlichen Bereichen beschreibt und imaginiert, wobei Paquets Vorbild wohl eher Goethe als die marxistische Geschichts- und Fortschrittsdialektik ist.

Ein Kapitel in Paquets Buch ist mit *Waterland* überschrieben, womit er die rheinische Landschaft meint, die er als gemeinsame europäische Urlandschaft und als moderne internationale Verkehrs- und Industriezone begreift. In Paquets Wortwahl ‚Waterland' klingt das Wort ‚Vaterland' mit, und ganz im Sinne von Paquets internationalisierender Poetik und Utopie der europäischen Wasser- und Luftstraßen ist damit eine scharfe Abgrenzung vom hochideologischen Begriff des Vaterlandes und seiner nationalistisch verengten Bedeutung gemeint. Gegenüber den Versuchen anderer gemäßigter Autoren der deutschsprachigen Moderne, angesichts der rastlosen, grenzüberschreitenden und nivellierenden Modernisierungsprozesse so etwas wie eine nationale kulturelle Eigenheit zu finden und zu behaupten, geht es Paquet um die Herstellung ‚internationaler, europäischer' Eigenart durch die kulturellen Praktiken des Reisens und der Reisebeschreibung. Sein Flugreisebuch entwickelt damit ausgerechnet am Beispiel der technisch avanciertesten Form des Reisens ein organisches, integratives, aber nach wie vor spannungsreiches Konzept kultureller Modernität, das auf die Vision einer Einigung des politisch und territorial ‚zerrissenen Festlandes' durch den internationalen ‚Verkehrsstern' des zivilen Luftverkehrs und die damit einher gehenden Kulturpraktiken zuläuft. Als Fluggast über Europa konnte Alfons Paquet noch Mitte der 1930er Jahre auf sachliche Weise von der friedlichen Zukunft ganz Europas träumen.

Jan Brandt (Berlin)
Zwischen den Welten · Männerfantasien und Maschinenträume in Heinrich Hausers Flugerfahrungsbericht *Ein Mann lernt fliegen*

1.

> Für manchen Reisenden ist es schon herrlich genug, sich fliegen zu lassen, aber selber fliegen zu können, in der Übung des Fliegens das lebendige Empfinden der Maschine zu gewinnen und über die kleinen Tücken, Schwierigkeiten und Überraschungen dieser Bewegungsart Herr zu werden, das ist noch viel mehr, und es lohnt die Beschreibung.[1]

Das schrieb Alfons Paquet in seiner Rezension von Heinrich Hausers *Ein Mann lernt fliegen* (1933) am 12. November 1933 in der Literaturbeilage der *Frankfurter Zeitung*. Paquets Roman *Fluggast über Europa* (1935) ist gewissermaßen das Gegenstück zu Hausers Erfahrungsbericht. Ein Fluggast ist als Passagier zur Passivität verdammt – eine Rolle, die zu einem Autor wie Heinrich Hauser nicht passen will, verstand er sich doch stets als Akteur, als Mann der Tat, als Abenteurer des Alltags.

2.

Der Traum vom Fliegen trieb ihn schon als Kind um. „Als ich ein Junge war, mein Junge / Brachen die Tage des Fliegens gerade erst an", schrieb Heinrich Hauser Anfang der 1940er Jahre seinem Sohn Huc im US-amerikanischen Exil.

> Die ‚Flugdrachen', wie wir sie nannten, sahen aus wie eine Mischung
> Aus Regenschirmen, Kastendrachen und Sonnensegeln
> Mit Kinderwagen, Klavieren und Fahrradrahmen. [...] Und doch:
> Als ich ein Junge war, mein Junge
> Träumten wir vom Fliegen
> Nicht wie du heute von fliegenden Güterwagen und Ozeanriesen mit Flügeln
> Die mit der brutalen Kraft zahlloser PS die Räume durchmessen
> Sondern davon, ganz leicht zu sein wie Bambus und Aluminium

---

1   Alfons Paquet: Fliegen lernen. In: Frankfurter Zeitung (12.11.1933), S. 1.

Jan Brandt

Und gleichzeitig sehr stark wie die Flügelmuskeln der Vögel
Damit wir fliegen könnten – wie Vögel[2]

Der Zeit seines Lebens unveröffentlichte Text endet damit, dass der Erzähler eine Tanne besteigt, bis zur Spitze hinaufklettert und oben angekommen eine Stimme vernimmt, die ihm zuflüstert: „Wenn Gott einer kleinen Maus die Gabe verliehen hat zu fliegen / Weshalb dann nicht auch dir? / Versuche es! Breite deine Arme aus, sie sind Flügel / Laß los, und du wirst dich über die Welt erheben / Wie du es dir immer gewünscht hast / Du wirst schweben und in immer größeren Spiralen / Auf die Wiese hinabgleiten und weich landen / Es ist wundervoll zu fliegen, Ikarus, o Ikarus! / Versuche es! Laß dich los, laß los!"[3]

Hauser beschreibt in diesem kurzen Text einen Menschheitstraum, den Traum vom Fliegen, wie ein Mann, ein Erwachsener auf sein kindliches Ich zurückblickt, auf die Naivität, den Irrglauben, diesen Wunsch, mit reiner Muskelkraft, ohne technische Hilfsmittel, verwirklichen zu können, und doch, heißt es da, hätte er es beinahe getan, so stark sei die Anziehungsmacht dieses Gedankens gewesen und die Überzeugung, dass es gelingen müsse.

Wie wohl bei keinem anderen Schriftsteller seiner Generation spiegelt sich im Leben und Werk Heinrich Hausers (1901–1955) die Zerrissenheit der Zwischenkriegszeit: Streben nach politischer, wirtschaftlicher und persönlicher Stabilität, Technikbegeisterung und -skepsis, Euphorie und Depression, Liebeshoffnung und Bindungsangst, Heimatgefühle, Fernweh und Reisesucht, manifestiert in einer permanenten Fluchtbewegung mit allen Hilfsmitteln auf allen Wegen in alle Himmelsrichtungen und alle Dimensionen.[4] Angesichts dessen verwundert es wenig, dass er in der Literaturwissenschaft und im Literaturbetrieb der Nachkriegszeit kaum Beachtung fand. Zwar waren einige seiner Bücher wieder oder erstmals verlegt worden – die Erfahrungs- und Reiseberichte *Meine Farm am Mississippi* (1950), *Kanada – Zukunftsland im Norden* (1950 und 1954) und *Die letzten Segelschiffe* (1952), Auftragsarbeiten für die deutsche Industrie *Bevor dies Stahlherz schlägt* (1951), *Dein Haus hat Räder* (1952) und *Unser Schicksal – Die deutsche Industrie* (1952) sowie die posthum erschienenen Neu- oder Erstauflagen der Romane *Brackwasser* (1957) und *Gigant Hirn* (1958) –, aber als Schriftsteller konnte er nicht mehr an die Erfolge der späten 1920er und frühen 1930er Jahre anknüpfen.

---

2   Heinrich Hauser: Ikarus, Ikarus! Erstveröffentlichung in: Sinn und Form 64(2012)1, S. 44.
3   Ebd.
4   Vgl. in diesem Zusammenhang Ute Gerhards Feststellung, dass Hausers Ich-Erzähler und Figuren ihre „Identität in der Bewegung" erfahren. Ute Gerhard: Nomadische Bewegungen in der Symbolik der Krise. Flucht und Wanderung in der Weimarer Republik. Opladen/Wiesbaden 1998, S. 232.

Das mag auf seine uneindeutige politische Haltung zurückzuführen sein, sowohl innerhalb der deutschnationalkonservativen Literaturkreise als auch während des Exils in den USA: Der antibürgerliche Gestus, die Verherrlichung des Nationalen, die Kritik am Liberalismus, und die zum Teil rassistischen, antisemitischen, antidemokratischen und antikommunistischen Tendenzen, die in seinen Texten aufscheinen, machten ihn zwar anschlussfähig an den Nationalsozialismus, der Individualitätsdruck und die Sehnsucht nach Freiheit, die seine Figuren ebenso auszeichnet wie ihn selbst, aber eine Eingliederung ins Kollektiv, gleich welcher Art, unmöglich. Auch wenn er sich im Exil vom Dritten Reich distanzierte und offen, aber aus einer „propreußischen Position"[5] heraus, gegen das Naziregime opponierte, stieß er bei denen, die bereits geflohen waren, auf Unverständnis oder Nichtbeachtung. Geografisch, politisch, gesellschaftlich und ästhetisch führte er ein Dasein zwischen den Welten.

Die mangelnde Rezeption und literarische Anerkennung ist aber sicherlich auch dem Umstand geschuldet, dass er gleichermaßen als Schriftsteller und Reporter auftrat, und beides, je nach Perspektive, entwertend wirkte: Für den Literaturbetrieb ist der Journalismus durch seine konstitutive Verpflichtung auf Tatsachen zu wenig artifiziell, für Journalisten ist die Fiktion verdächtig, weil sie bewusst mit Unschärfe, Dehnbarkeit und Verfälschung arbeitet.

Abgesehen von einigen Aufsätzen, vor allem im Hinblick auf den Technikdiskurs der 1920er und 1930er Jahre, etwa bei Helmut Lethen,[6] Erhard Schütz[7] oder Thomas Lange,[8] führte Hauser ein literaturwissenschaftliches Schattendasein, bis sich Gregor Streim[9] mit einigen Essays um die Hauserforschung verdient machte und Grit Graebner eine biografisch-bibliografische Dissertation[10] vorlegte, die sich vor allem

---

5 Walter Delabar: Zur Besinnung gekommen. Heinrich Hauser als Autor des Eugen Diederichs Verlags. In: Justus H. Ulbricht/Meike G. Werner (Hg.): Romantik, Revolution und Reform. Der Eugen Diederichs Verlag im Epochenkontext 1900–1949. Göttingen 1999, S. 248-270, hier S. 260.
6 Helmut Lethen: Neue Sachlichkeit 1924–1932. Studien zur Literatur des „Weißen Sozialismus". Stuttgart 1975.
7 Erhard Schütz: Kritik der literarischen Reportage. Reportagen und Reiseberichte aus der Weimarer Republik über die USA und die Sowjetunion. München 1977.
8 Thomas Lange: Literatur des technokratischen Bewußtseins. In: LiLi. Zeitschrift für Literaturwissenschaft und Linguistik 10(1980), S. 52–81.
9 Vgl. Gregor Streim: Junge Völker und neue Technik. Zur Reisereportage im Dritten Reich. In: Zeitschrift für Germanistik NF 2(1999)2, S. 344–359; Ders.: Flucht nach vorn zurück. Heinrich Hauser – Porträt eines Schriftstellers zwischen neuer Sachlichkeit und „reaktionärem Modernismus". In: Jahrbuch der deutschen Schillergesellschaft 43(1999), S. 377–402; Ders.: Als nationaler Pionier inner- und außerhalb des Dritten Reichs. Heinrich Hauser 1933–45. In: Walter Delabar/Horst Denkler/Erhard Schütz (Hg.): Spielräume des einzelnen. Deutsche Literatur in der Weimarer Republik und im Dritten Reich. Berlin 2000, S. 120–131.
10 Grit Graebner: „Dem Leben unter die Haut kriechen…". Heinrich Hauser. Leben und Werk. Eine kritisch-biographische Werkbibliographie. Aachen 2001.

durch ihre Totalität hinsichtlich des Gesamtwerkes auszeichnet. Seither findet Hauser in der Reiseliteratur-[11] und Dokumentarfilmforschung[12] Erwähnung, die auch die Multimedialität seines Œuvres mit einbezieht. Die Neuveröffentlichungen von *Donner überm Meer* (2001), *Fahrten und Abenteuer im Wohnwagen* (2004), *Schwarzes Revier* und *Die letzten Segelschiffe* (beide 2010) oder die Erstveröffentlichung seiner New Yorker Memoiren *Zwischen zwei Welten* (2012) zeugen von der künstlerischen Qualität und Aktualität seiner Werke, sodass jetzt, wie etwa im *Handbuch Nachkriegskultur* (2013),[13] der Erzähler Hauser wieder stärker in den Blick genommen wird. Eine ausführliche, alle Aspekte seines Schaffens berührende Monografie aber steht noch aus, sowohl in Bezug auf sein gesamtes Wirken als auch hinsichtlich einzelner Werke, wie etwa das das Thema Flugreise betreffende *Ein Mann lernt fliegen*.

Heinrich Hauser wurde am 27. August 1901 in Berlin geboren – bis zu seinem ersten eigenen Flug und der Verwirklichung seines Kindheitstraumes sollten mehr als 30 Jahre vergehen. Sein Vater war Kinderarzt, die Mutter, eine Geigerin, entstammte dem schlesischen Adel. Als Heinrich Hauser sieben Jahre alt war, ließen sich die Eltern scheiden. Damit einher ging eine Unruhe, die für sein Leben und sein Schreiben bestimmend sein sollte. Er wuchs in Weimar und Berlin auf und besuchte mit dem Großvater, einem preußischen General, das Tempelhofer Feld, damals noch Paradeplatz des Militärs, aber auch der Ort, an dem gigantische, mit Gas gefüllte Ballons in bis zu zehn Kilometer Höhe aufgestiegen und erste motorisierte Flieger in Flammen aufgegangen waren. Hier war die Stratosphäre entdeckt worden, hier hatten die ersten Flugschauen stattgefunden, von hier aus waren die ersten, vereinzelten Überlandflüge zum Flugplatz Johannisthal gestartet. Von diesen Pioniertaten inspiriert unternahm Heinrich Hauser eigene Flugversuche im heimischen Garten, wie es in *Ein Mann lernt fliegen* heißt: An der Schaukel übte er den Überschlag, den Looping, den er im Oktober 1913 bei einer Flugschau von Adolphe Pégoud in Johannisthal beobachtet hatte, schwang sich hoch und höher, bis sich die Seile aushakten und er ins Gras stürzte.

---

11 Vgl. Oliver Lubrich: Reisen ins Reich 1933 bis 1945. Ausländische Autoren berichten aus Deutschland. Frankfurt/M. 2004; Walter Fähnders: Berlin, Paris, Moskau. Reiseliteratur und die Metropolen. Bielefeld 2005; Viktor Otto: Deutsche Amerika-Bilder. Zu den intellektuellen Diskursen um die Moderne 1900–1950. München 2006; Tim Kangro: Die Welt, vom Steuerrad gesehen. Heinrich Hauser – Fiktion, Autobiografie und Reportage zwischen Neuer Sachlichkeit und Seefahrtsromantik. In: Kritische Ausgabe 20(2011), S. 102–107.
12 Vgl. Peter Zimmermann: Geschichte des dokumentarischen Films in Deutschland. Stuttgart 2005.
13 Elena Agazzi/Erhard Schütz (Hg.): Handbuch Nachkriegskultur. Literatur, Sachbuch und Film in Deutschland (1945–1962). Berlin 2013; darin Andy Hahnemann: Heinrich Hauser. Gigant Hirn (1958), S. 422–426.

Den im Sommer darauf einsetzenden Krieg erlebte Hauser zunächst von zu Hause aus. Er führte, schreibt er in seiner Autobiografie *Kampf. Geschichte einer Jugend* (1934) ein „seltsames Robinson-Crusoe-Leben, voll Arbeit, voll Sorge und dennoch wunderbar frei und schön".[14] Eine Erfahrung, die eine ganze Generation prägte, die sogenannte ‚Kriegsjugendgeneration' der zwischen 1900 und 1910 Geborenen. Nicht die heroischen *Stahlgewitter* (1920) Ernst Jüngers oder der zermürbende Frontalltag wie in Erich Maria Remarques *Im Westen nichts Neues* (1928/29) waren für die Jugendlichen paradigmatisch, sondern die Auswirkungen des Krieges in Deutschland: Abwesenheit der Väter und Lehrer, Siegesschulfeiern und Heeresberichte, vormilitärische Übungen und Kriegsspiele, vor allem aber Mangel an Nahrungsmitteln, Hunger, Not und Entbehrungen. Wer für all das verantwortlich war, darüber bestand bei den Jungen kein Zweifel. „Der Krieg", sagt jemand in Ernst Glaesers Roman *Jahrgang 1902* (1929), „das sind unsere Eltern",[15] und bringt damit zum Ausdruck, was viele seiner Altersgenossen dachten, die davon überzeugt waren, als erste Generation gegenüber vorangegangenen „als ganze, große Schicht enterbt und ausgesetzt"[16] worden und auf sich allein gestellt zu sein.

Hauser meldete sich im Sommer 1918 freiwillig zur Marine, fing eine Ausbildung an der Marineschule Flensburg an, erlebte in Kiel die Revolution mit. In Hamburg schloss er sich den Arbeiter- und Soldatenräten an, in Weimar dem Freikorps Maercker, das dort zum Schutz der Nationalversammlung eingesetzt war. In Halle und Braunschweig war er an der gewaltsamen Niederschlagung der Räteregierungen beteiligt, seiner fiktional überformten Autobiografie *Kampf. Geschichte einer Jugend* (1934) zufolge schoss er in Magdeburg auf Zivilisten[17] und wurde nach Eingliederung des Freikorps in die Reichswehr in die Arbeitslosigkeit entlassen.

Die Unsicherheit, die das ganze Nachkriegsdeutschland kennzeichnete, spiegelt sich in der Biografie Heinrich Hausers: Er war Schmelzer am Hochofen in Duisburg, Matrose auf einem Torpedoboot in Wilhelmshaven, Maler bei Bloom und Voss in Hamburg und studierte fünf Semester Medizin in Rostock, bevor er auf Segel- und Dampfschiffen anheuerte, um die Welt reiste, als Schafscherer in Australien arbeitete, als Hilfspolizist in Indien, als Autoschlosser in Chile, und seinen Erfahrungsüberschuss für die *Frankfurter Zeitung* aufzuschreiben begann. Zeitgleich erschien sein erster Roman *Das zwanzigste Jahr* (1925), eine tragische Liebesgeschichte, ein expressionistisches Jugendbeziehungsdrama.

---

14 Heinrich Hauser: Kampf. Geschichte einer Jugend. Jena 1934, S. 11.
15 Ernst Glaeser: Jahrgang 1902. Wiesbaden 1947, S. 160.
16 Günther Gründel: Die Sendung der Jungen Generation. Versuch einer umfassenden revolutionären Sinndeutung der Krise. München 1932, S. 41.
17 Vgl. Heinrich Hauser: Kampf. Geschichte einer Jugend, S. 90 f.

Aufschlussreicher für seine späteren Werke und seine Entwicklung als Schriftsteller und Reisereporter sind aber die beiden darauffolgenden Texte, der Essay *Friede mit Maschinen* (1928) und der Roman *Brackwasser* (1928), für den er den Gerhardt-Hauptmann-Preis erhielt. *Friede mit Maschinen* soll, so heißt es im Vorwort, „zwischen dem untechnischen Menschen und der Maschine eine Verständigung"[18] anbahnen.

> Wir wissen, daß gerade bei den ‚Gebildeten' vielfach eine tiefe, meist latente Feindseligkeit gegen das Maschinelle unserer Zeit besteht. Wir wollen zeigen, daß der feindliche Gegensatz Mensch-Maschine im Grunde ein künstlich konstruierter Gegensatz ist, eine Fiktion. Wir wollen ihm etwas entgegensetzen, was wir das ‚Humane' der Maschine nennen möchten.[19]

Der Ursprung dieses Gegensatzes besteht Hausers Ansicht nach darin, dass die Erfinder der Maschinen in die Lage versetzt worden seien, „Leistungen zu vollbringen, die ‚über Menschenkraft hinausgingen' – ‚übernatürliche' Dinge zu tun".[20] Nichts daran sei aber unnatürlich. „Da wir Menschen sind, können wir nichts aus uns herausstellen, was übermenschlich oder außermenschlich wäre. Auch keine Maschinen, überhaupt nichts, was nicht in der Natur schon irgendwie vorhanden wäre."[21] Jede technische Errungenschaft sei nichts anderes als Mimesis, Nachbau der Natur. „Lilienthal und Wels haben für ihre Flugversuche Naturformen, Flugsamen und Vogelflügel bewußt nachgeahmt."[22] Hauser preist also hier und andernorts jedoch nicht nur die Vollkommenheit menschlicher Schöpfungen, sondern schreibt ihnen mit Begriffen wie „Organismus eines Lastkraftwagens"[23] oder „Gesang der Preßlufthämmer"[24] auch ein quasibiologisches und künstlerisches Eigenleben zu.

Brackwasser, sein zweiter Roman, der der Neuen Sachlichkeit zuzuordnen ist, handelt von einem Matrosen namens Glen, der unter ungünstigen Umständen erst in Südamerika, später in Norddeutschland versucht, sesshaft zu werden, und ein Stück Land rekultiviert, das andere, landwirtschaftlich erfahrenere, aber seiner Ansicht nach weniger entschlossenere Männer vor ihm aufgegeben haben. Mit einer jungen Frau, die er aus Mexiko mitgenommen hat, eine Prostituierte, will er sich auf einer Nordseeinsel gegen die Natur behaupten, sein Ich gegen die Welt stellen.

---

18 Ders.: Friede mit Maschinen. Leipzig 1928, S. 3.
19 Ebd.
20 Ebd. S. 78.
21 Ebd. S. 79.
22 Ebd.
23 Heinrich Hauser: Ein Dichter reist im Wohnauto. Abenteuer der Landstraße. In: Die Woche 26(1934), S. 716.
24 Ebd.

In diesen Texten finden sich eben jene Motive, die auch für *Ein Mann lernt fliegen* maßgeblich werden: mithilfe der Technik über die eigenen beschränkten Möglichkeiten hinauswachsen und als einer der Ersten in unwirtliche Welten vorstoßen.

3.

Zur gleichen Zeit, als Hausers journalistische und literarische Karriere auf Touren kam, rückte die zivile Luftfahrt mehr und mehr in den Fokus der Öffentlichkeit. In der Nähe vieler deutscher Großstädte entstanden Flugplätze, Flugschauen zogen allerorts tausende Besucher an. 1926 kam es zur Aufnahme des Landes in die Fédération Aéronautique Internationale, zur Gründung der damals auseinander geschriebenen Luft Hansa und zum Start eines planmäßigen Flugverkehrs innerhalb des Deutschen Reiches. Der Österreicher Hans Guritzer und der Deutsche Werner von Langsdorff flogen mit einem Daimler-Klemm-Tiefdecker über die Hochalpen nach Wien, was manche Autoren dazu bewog, sofort auf weitere nationale Höhenflüge zu hoffen:

> Das war eine Leistung, die noch nicht erreicht und die von keinem anderen Lande vollbracht war. Mit einem Motorchen, der gleich einem Kraftradmotor ist, gingen zwei Leute über das schwierigste Gelände, das sich ein Flieger nur aussuchen kann. […] Pioniertaten der Männer sind das, die als erste den Beweis erbrachten, daß auch die Kleinsten der Kleinen nicht hinter den Großen zurückstehen,[25]

heißt es in dem 1927 erschienenen Band *Unsere Flieger erzählen*. Den spektakulärsten Flug vollführte aber ein US-Amerikaner, Charles Lindbergh, der als erster Mensch allein und ohne Zwischenstopp von New York nach Paris den Atlantik überquerte und dabei auf Funkgerät und Sextant verzichtet hatte, um möglichst viel Treibstoff aufnehmen zu können.

4.

Welchen Eindruck diese Ereignisse auf Hauser gemacht haben mögen, der gerade einige Versuche unternommen hatte, ein bürgerliches Dasein zu führen, ist nur zu erahnen.[26] Er schrieb nicht übers Fliegen, über Flugzeuge oder Flieger – noch nicht. Er heiratete und ließ sich scheiden, heiratete ein zweites Mal und wurde Vater, er

---

25 Joachim Matthias: Unsere Flieger erzählen. Berlin 1927, S. 67 f.
26 In Ein Mann lernt fliegen nimmt er zum ersten Mal Bezug auf die jüngsten Leistungen der Luftfahrt: Seit dem Krieg sei „kein Jahr vergangen ohne irgendeinen Plan, das Fliegen zu lernen.

trat in die Redaktion der *Frankfurter Zeitung* ein, und für einen Moment hatte er seinen Frieden gemacht, mit den Frauen und den Feuilletonisten. Aber wo immer er war, wem immer er sich anschloss, er hielt es nicht lange aus bei den Menschen und drängte wieder zu den Maschinen hin. Er fand, wie sein Mentor, der Journalist Benno Reifenberg, schrieb, „keine bleibende Stätte".[27]

Und so brach dieser rasende Reporter wieder auf, reiste an Bord der Pamir um Kap Hoorn herum und mit dem Auto durchs Ruhrgebiet, durch die USA und Ostpreußen. In rascher Folge drehte er Dokumentarfilme, veröffentlichte Bildbände, Romane und Essays, meldete Patente an, arbeitete als Testfahrer für Opel und publizierte auf dem Höhepunkt der Weltwirtschaftskrise in der nationalrevolutionären Kulturzeitschrift *Die Tat* Reportagen über *Die Flucht aus Berlin*, *Die Arbeitslosen*, *Die Armee der Heimatlosen*.

Im Mittelpunkt all dieser Geschichten steht er selbst, als Ingenieur, Pionier und Abenteurer, als Reporter und Autobiograf, als Großstadtflüchtling, Arbeitsloser, Heimatloser. Die Schilderungen wirken so unmittelbar und detailliert, so ausgefeilt und pointiert, dass man sich bei manchen erstaunt fragt, wie er es schaffen konnte, das alles im Nachhinein zu notieren. Das trifft vor allem auf seinen Flugerfahrungsbericht zu, in dem er das Problem, Aktion und Kontemplation miteinander vereinen zu müssen, selbst thematisierte, als ihn, den Flugschüler, jemand fragt:

> Ist es überhaupt möglich, daß ein Schriftsteller fliegen lernen kann? [...] Ich meine, daß die doppelte Aufgabe: zu fliegen und gleichzeitig darüber zu berichten, zu einer Spaltung des Bewußtseins führen muß. Man kann dann nur entweder die eine oder die andere Aufgabe lösen, nicht aber beide zugleich.[28]

Das Schreiben und das Fliegen, das Selbstfliegen, schließt sich, so möchte man meinen, aus. Beides gleichzeitig geht nicht zusammen: Zu hoch muss doch die Anspannung sein, zu stark die Aufmerksamkeit auf das gerichtet, was über, unter und neben einem geschieht. Ganz im Gegensatz zum Fluggastdasein, der Idealzustand des Beobachters: eine Stasis in einem öffentlichen Raum, Stillstand in Bewegung.

Hauser war bestrebt, den Beweis zu erbringen, dass eben genau das doch möglich sei. Seine Ende 1932 begonnene und vom S. Fischer Verlag bezahlte Flugausbildung auf dem Flugplatz des Aero-Club Deutschland in Staaken bei Berlin ist die logische Fortsetzung seiner Mobilitätsgeschichten, seiner Fahrten mit Schiffen und Autos. Er

---

Einmal waren es die Segelflieger auf der Wasserkuppe, die mich begeisterten, ein anderes Mal die Ozeanflieger." Hauser: Ein Mann lernt fliegen, S. 13.
27 Benno Reifenberg: Keine bleibende Stätte. Erinnerung an Heinrich Hauser. In: Die Gegenwart 10(1955)9, S. 271. (Erschienen am 23.4.1955).
28 Heinrich Hauser: Ein Mann lernt fliegen, S. 125.

wusste, dass der Erwerb des Flugscheins nicht darin münden würde, Verkehrsflieger zu werden und das Fliegen zum Beruf machen zu können, weil er mit seinen 31 Jahren dafür schon zu alt war. Vielmehr gaben private Gründe den Ausschlag für das Projekt: eine neue Herausforderung für jemanden, der gezeigt hatte, dass er sich auf dem Wasser und auf dem Land mit hoher Geschwindigkeit fortzubewegen verstand, und ein bezahltes Abenteuer für einen Auftragsschriftsteller, der bestätigen wollte, dass jeder, der dieses Wagnis auf sich nahm, heil zur Erde zurückkommen konnte.

4.1 Die Schauplätze

Literarisch wirkmächtig erweisen sich dabei drei Themenfelder: das Verhältnis des Piloten zur Landschaft, zu Maschinen und zu Frauen. Durch seine erhabene Position bietet sich ihm als Betrachter der Welt eine völlig neue Perspektive: die variable, nicht mehr an natürliche Erhebungen gebundene Draufsicht. Im Flug ist er in der Lage, die Distanz zur Erde jederzeit verändern zu können und sich einen Ort aus verschiedenen Richtungen anzusehen. Nimmt man Kurt-H. Webers Definition der Landschaft als ein „Stück Natur, das sich dem Betrachter darbietet. Exemplarisch dafür wäre der Blick von einem Berg auf ein sich öffnendes Tal",[29] als einen Begriff, der immer gebunden ist „an einen bestimmten Erfahrungsbereich, an den einer ästhetischen Aneignung der Natur", an die „Weite des Raumes, die Aussicht auf den Horizont", der die „Ganzheit der Natur sichtbar macht, in der Weise, dass sie die verschiedenen Erscheinungen zu einer einheitlichen Anschauung verbindet"[30], so haben wir es bei Hausers Flugbuch, bei Darstellungen übers Fliegen überhaupt mit einer potenzierten Landschaftsbeschreibung zu tun, weil sich durch den sich permanent vollziehenden Wechsel der Standpunkte immer wieder eine andere Ordnung der Dinge unter, neben und über einem ergibt. „Aufgabe der Darstellung muss es sein", schreibt Weber weiter,

> zu zeigen, wie die Gegenstände zueinander stehen, wie das Nahe und das Ferne, wie Erde und Himmel, wie Wasser und Bewuchs miteinander verknüpft sind. Eine bloße Aufreihung und, in der Literatur, eine bloße Aufzählung ergeben noch keine Landschaft.[31]

Hauser vollzieht diese Verknüpfung, indem er sich selbst immer wieder in Beziehung zu seiner Umwelt setzt. Die Naturbeschreibungen zeichnen sich durch einen hohen

---

29 Kurt-H. Weber: Die literarische Landschaft. Zur Geschichte ihrer Entdeckung von der Antike bis zur Gegenwart. Berlin 2010, S. 167 f.
30 Ebd.
31 Ebd. S. 170.

Grad von Funktionalität aus, es sind Positionsbestimmungen, Selbstverortungen, um in der Leere der Luft nicht verloren zu gehen.

Im Buch dominieren daher zwei Landschaften, zwei Schauplätze: ein künstlicher, kulturell geschaffener Ort und ein natürlicher, von Menschen weitgehend unberührter – der Flugplatz und der Luftraum. Nur andeutungsweise gibt es ein Außerhalb, ein Neben, ein Davor oder Dahinter, was zählt, ist das Dadrüber und das Dadrunter.

Beim Flugplatz handelt es sich um den 1915 errichteten Flug- und Luftschiffhafen Berlin-Staaken, ganz im Westen der Stadt gelegen, ein freies Feld mit einer großen Luftschiffhalle, mehreren Flugzeugschuppen, einem Verwaltungsgebäude und einem Klubhaus, das Kasino. „Nahe bei der Chaussee und gleichlaufend mit ihr erheben sich mehrere Flughallen, die verschiedenen Unternehmen gehören, zum Beispiel der Sportfliegerschule Staaken und dem Aero-Club. Auch eine große Tankstelle liegt da mit bunten Zapfsäulen."[32] Ausgangspunkt für jeden Start ist die Startflagge. Die Landung setzt am Landekreuz ein, das aus Tuchstreifen besteht und je nach Windrichtung und Windstärke an einem anderen Ort ausgelegt wird. Abseits vom Flugfeld weht das Start- und Landefeuer, das die Windrichtung anzeigt:

> Ich habe mir das so einfach vorgestellt, eben wie ein kleines Feuer, das viel Rauch erzeugt, es ist aber eine höchst komplizierte Maschine, versenkt in einer Art Beton-Unterstand mit Lötlampen, Heizvorrichtungen und einer Art Kochplatte, auf die aus einem Tank Schweröl tropft. Dies Schweröl ist es, das stinkt und Qualm erzeugt.[33]

Das Flugfeld ist in drei Zonen eingeteilt, die Landebahn links von der Startflagge, die Startbahn parallel dazu, dazwischen die neutrale Zone, „auf der die Menschen gehen dürfen".[34]

Der Luftraum ist nicht unendlich, aber in seiner Ausdehnung dennoch nicht vollständig zu erfassen. Die Landschaft erscheint entweder verwischt oder sehr klein; was Orientierung gibt, sind markante Stellen wie die Spandauer Chaussee oder die Heerstraße, das Elektrizitätswerk West und Siemensstadt, die Havelseen, Fort Hahneberg, und natürlich, der Stand der Sonne, der Horizont. „Ich habe durchaus nicht mehr das Empfinden von Höhe, von Verbundensein mit der Erde, aber auch nicht das Gefühl, in der Luft zu sein, sondern irgendwie im Himmel, wo alles ganz fest und sicher ist und die Erde nicht mehr als ein Wandelbild im Kino."[35] Über den Wolken, wo diese Punkte fehlen, bekommt das Raumgefühl dann aber eine bedrohlichere Konnotation:

---

32 Heinrich Hauser: *Ein Mann lernt fliegen*, S. 18.
33 Ebd. S. 31.
34 Ebd. S. 32.
35 Ebd. S. 36 f.

> Die Veränderung der Welt durch eine bloße Erhebung von knapp drei Kilometer über ihren Boden ist ganz außerordentlich. Nie habe ich mich so einsam, so mikrobenhaft klein gefühlt. [...] Es ist eine tiefe innere Erschütterung, die ich durchlebe. Ein Strom außerordentlicher Anspannung durchläuft alle Nerven und Muskeln meines Körpers: Selbsterhaltungstrieb, Verteidigung gegen die Kälte, gegen die dünne Luft in diesem Raum, der menschlicher Natur so fremd und feindlich ist.[36]

Die Raumerfahrung ist in höheren und niederen Luftschichten eine völlig andere:

> Beim Fliegen ist ein Höhenunterschied von fünfzig Metern kaum feststellbar, wenn man sich einmal mehrere hundert Meter in der Luft befindet. Beim Landen aber kommt es nicht auf Meter, sondern auf Zentimeter an, wenn man richtig aufsetzen will. Beim Fliegen in der Luft verlangsamt sich die scheinbare Bewegung der Erde, je höher man fliegt. Ganz hoch, scheint die Erde beinahe stillzustehen. [...] Man verliert dann leicht das Schätzungsvermögen für die kleinen Bodenflächen, auf denen man die Wiedervereinigung mit der Erde immerhin vollziehen muß.[37]

Es ist ein Reisen in einem menschen- und maschinenleeren Raum. Die Gefahr ist unsichtbar, sie liegt in der Luft, in den Eingeweiden der Technik – ein Riss im Tank, eine kaputte Dichtung – oder in einem selbst verborgen: falsche Wahrnehmung, falsche Bewegungen, falsche Entscheidungen. Die Landschaft erweist sich dabei als Widerstand, als etwas, an dem der Pilot zerschellen kann. In seiner Bewegungsrichtung, dem Aufsteigen und unvermeidlichen Herabschweben, kommt es, egal ob durch Absturz oder Landung, zu einem Erlebnis, wie es kein anderes Fortbewegungsmittel zu verheißen verspricht, einer Loslösung und Wiedereinigung von Mensch, Technik und Natur.

Hausers versuchsweise erprobtes Ideal indes ist eine „technische Landschaft", wie er sie kurz nach Abgabe seines Flugbuches im Flugplatz Tempelhof auszumachen meint, als ein Ort der Bewegung, „der großartigsten Mobilmachungen von Millionen", in dem der Mensch als „Zelle" im „Volkskörper" aufgeht und Flugzeuge die Masse beherrschen: „Flugzeuge leiteten den Aufmarsch, mit Funkapparaten ausgerüstet kreisen sie über allen Anmarschstraßen."[38]

---

36 Ebd. S. 166 f.
37 Ebd. S. 97.
38 Heinrich Hauser: *Kampf. Geschichte einer Jugend*, S. 272. Der diesem hier zitierten Ausschnitt zugrundeliegende Text erschien in anderer Form in der *Neuen Rundschau* unter dem Titel *Das Menschenmeer von Tempelhof*: Neue Rundschau (1933)1, S. 861–864. Bei ‚Kampf' handelt es sich aber um eine vielfach veränderte, dem neuen Zeitgeist angepasste Version, die eine „Militarisierung des Verkehrs-Paradigmas" aufweist, wie sie Helmut Lethen in seinen *Verhaltenslehren der Kälte* beobachtet hat. Vgl. Helmut Lethen: *Verhaltenslehren der Kälte. Lebensversuche zwischen den Kriegen*. Frankfurt/M. 1994, S. 49.

4.2 Das Personal

Ähnlich wie mit der Landschaft verhält es sich mit dem Personal. Das Funktionale steht im Vordergrund: Fluglehrer, Monteur, Flugschüler, der Schupo – ein „ruhiger Mann mit rundem Gesicht und runder Brille"[39] –, es sind Funktionsfiguren ohne tiefe Konturen, ohne Individualität. Sie sind Teil der Landschaft. Der Schupo bleibt namenlos, die Namen der Fluglehrer und Mitschüler, manche davon aus China, Indien und Ägypten, scheinen nur in den Initialen ihrer Nachnamen auf, die Gespräche gehen selten über das Fliegen hinaus, meist handelt es sich um kurze Reiseerlebnisse, Fachfragen, Wettervorhersagen, Anweisungen:

> „Haben Sie bei den Starts gut aufgepaßt?" – „Ja." – „Gut. Sie sollen heute starten lernen. Wir steigen jetzt auf, Sie werden zuerst Runden fliegen. Dann landen wir und üben dreimal Start, anschließend jedesmal eine Platzrunde. Achten Sie darauf, an welchem Punkt ich zum Gleitflug ansetze, damit Sie die Entfernung schätzen lernen. Halten Sie das Landekreuz im Auge."[40]

Nur einmal erzählt der Fluglehrer ausführlich aus seinem Leben, aber alles, was er sagt, bezieht er gleich wieder aufs Fliegen: „Er gehört zu jenen stillen Helden, die aus der Härte und den Opfern ihres Lebens nicht viel Wesens machen",[41] kommentiert Hauser.

Die Welt, in der sich seine Ausbildungsgeschichte abspielt, ist eine Berufs- oder Freizeitwelt, je nachdem, welchen Standpunkt man einnimmt: Für die Lehrer ist das, was sie tun, ein Job, für die Schüler ein Vergnügen. Darüber hinaus gibt es, ähnlich wie bei den Schauplätzen, nichts.

4.3 Der Text

Die Ausbildung setzt mit einer Untersuchung beim Fliegerarzt ein, dann folgen 22 Kapitel, die den 22 absolvierten Flugstunden entsprechen, bis hin zu den vier finalen Abschnitten, *Prüfung zum Zwischenschein*, *Außenlandungen*, *Überlandflug* und *Höhenflug*, die die Voraussetzung für den Erwerb des Flugscheins darstellen, die Umsetzung des Gelernten in die Praxis.

Der Text, der Hausers Fliegerbuch programmatisch zugrunde liegt, ist das Heft 19 des Deutschen Luftsport-Verbandes mit dem Titel *Sportflieger-Ausbildung* vom Flugzeugingenieur und Fluglehrer Otto Robert Thomsen, in dem dieser Anleitung gibt,

---

[39] Heinrich Hauser: *Ein Mann lernt fliegen*, S. 20.
[40] Ebd. S. 32.
[41] Ebd. S. 115.

wie „ein durchschnittlich begabter Mensch zum Sportflieger in wenigen Monaten ausgebildet werden kann", wie also „die Kleinsten der Kleinen nicht hinter den Großen zurückstehen"[42] müssen. „Jeder gesunde und etwas sportlich geschulte Mensch, gleichgültig, wie alt er ist oder welchen Beruf er hat, ist imstande, das Fliegen zu erlernen."[43]

Hauser griff diesen Anspruch in seinem Vorwort auf: „Das Fliegen ist der schönste Sport der Welt. Fliegen ist leicht; lernen kann es jeder."[44] Was beide in ihren Texten postulieren, ist eine Art Volkssport des Fliegens. Das Wissen um die Funktionsweise und die Handhabung der Flugmaschinen soll kein Expertenwissen mehr sein, sondern allgemeinverständlich. Die neue Fortbewegungstechnik nehmen sie ebenso selbstverständlich an wie die Einführung des Automobils, alles sei nur eine Frage des Geldes und der Gesundheit. „Es wird möglich werden, es muß möglich werden, daß wir in einigen Jahren fliegen, wie wir heute Auto fahren."[45]

Heinrich Hauser verstand sich als Jedermann. Stellvertretend flog er für alle anderen. Er flog, und sein Körper wurde im Flug zu einer Art Aufzeichnungsmaschine, die nicht nur die gemachten Erfahrungen abspeicherte, sondern auch mit den Verwundungen des Fliegens zum Boden zurückkehrte, den Versteifungen, den Unterkühlungen, der Ermüdung. Ob Hauser sich auch während des Fluges Notizen machte oder erst hinterher, lässt sich nicht sagen, er selbst gab darüber keine Auskunft. Dass er es tat, ist angesichts des Detailreichtums und der inszenierten Unmittelbarkeit der Darstellung sehr wahrscheinlich. Im Text heißt es lediglich: „Es wäre viel einfacher für mich fliegen zu lernen, wenn ich rein instinktiv handeln könnte, wenn ich nicht gezwungen wäre, all das, was ich erlebe, durch mein Gehirn zu treiben und auf dem Papier wiederzugeben."[46]

Das Bordbuch, das bei Überlandflügen mitzuführen und dem jeweils ortsansässigen Luftschupo auszuhändigen war, lag stets griffbereit in der Gepäckklappe. Es enthielt Felder für alle für den Flug relevanten Informationen: Startzeit- und Startort, Höhe, Geschwindigkeit, Landezeit und Landeort. Hausers persönliche Aufzeichnungen stellen eine Ausformung dieser Basisdaten dar – wobei die meisten Daten im gedruckten Text verschwunden sind, so finden sich kaum genaue Zeit- oder Geschwindigkeitsangaben, getreu dem Motto, das er in *Friede den Maschinen* (1928) ausgerufen hatte: „Wir werden versuchen, Erklärungen zu geben, die, von einem Laien für Laien geschrieben, von Zahlen und Formeln möglichst unbelastet sind."[47]

---

42 Otto Robert Thomsen: *Sportflieger-Ausbildung*. Berlin 1933, S. 11.
43 Ebd. S. 9.
44 Heinrich Hauser: *Ein Mann lernt fliegen*, S. 9 f.
45 Ebd. S. 10.
46 Ebd. S. 125.
47 Heinrich Hauser: *Friede mit Maschinen*, S. 3.

4.4 Die Maschine

In 22 Kapiteln beschreibt Hauser das Flugzeug und den Motor – eine zweisitzige blauweiße Klemm mit Argusmotor –, die Instrumente, den Gashebel, den Steuerknüppel und die Seitensteuer. Alles ist so eingerichtet, dass die Bewegungen dem „natürlichen Empfinden"[48] entsprechen. Der Fluglehrer, der bei den ersten Flügen vor ihm sitzt und mit ihm zusammen Starten und Landen, Steigflug, Gleitflug, Slippen und Trudeln übt, rät ihm nach einigen holprigen Versuchen, die Maschine zu steuern, leichter mitzufühlen: „Die Bewegungen sind ganz zart und klein. Sie müssen denken, daß die Maschine am besten ganz alleine fliegt […]."[49] Man muss den Verstand ausschalten und ganz instinktiv fliegen. Das fällt dem Schriftsteller Hauser, der ja die ganze Zeit beobachtet und zumindest im Kopf mitschreibt, am Anfang noch sehr schwer, es gelingt ihm nur „mit einem Zusammenreißen fast der letzten Nervenkraft"[50] und der Erkenntnis: „Man muß die Spannung nur in Aufmerksamkeit verwandeln, sie ganz ins Gehirn verlegen, weder in die Muskeln noch in die Nerven."[51]

Als er zum ersten Mal bei Regen und starkem Wind allein fliegt, er also die erste echte Bewährungsprobe bestehen muss, erlebt er einen Moment äußerster Gefahr. In einer Kurve legt sich die Klemm um, er fühlt die Maschine unter sich „weich werden, als hätte sie auf einmal gar keinen Halt mehr in der Luft".[52] Die Nase richtet sich nach unten, fast senkrecht der Erde zu. Instinktiv zieht er den Knüppel an sich – ohne dass sich dadurch die Lage ändern würde. Erst als er die ihm verbleibenden Möglichkeiten durchdenkt, er „ganz gegen das Gefühl"[53] handelt und trotz des drohenden Absturzes Gas gibt, richtet sich die Maschine wieder auf. „Die Maschine", heißt es an jener Stelle, „gehorcht"[54]. Sie gehorcht dem Befehl, den er ihr mit Hand und Fuß gegeben hat. Eine Verschmelzung von Mensch und Maschine hat nicht stattgefunden oder nur insofern, als dass der Mann Herr über die Maschine bleibt, ihr seinen Willen aufzwingt.

---

48 Heinrich Hauser: *Ein Mann lernt fliegen*, S. 21.
49 Ebd. S. 24 f.
50 Ebd. S. 37.
51 Ebd. S. 58.
52 Ebd. S. 140.
53 Ebd. S. 141.
54 Ebd. Im Original durch größeren Zeichenabstand hervorgehoben.

4.5 Tiere

Das hierarchische Verhältnis drückt sich auch in der Bildsprache aus. Die Flugzeuge auf dem Flugplatz gleichen Schmetterlingen.[55] Der Schutzpolizist, der an der Startflagge postiert ist, erinnert ihn an einen Schäfer, „er hütet die Flugzeuge wie Schafe".[56] Hauser fühlt die Bewegung des Steuerknüppelknaufs im Handteller „wie den Kopf einer kleinen schmeichelnden Katze".[57] Die neue Maschine des Flugzeugkonstrukteurs Gerhard Fieseler – womöglich handelte es sich um den Fieseler F2 Tiger – „gleicht eher einem schnellen Fisch, mehr einem Hai als einem Vogel".[58] Es folgen weitere Metaphern aus dem Tierreich, „blitzschnell wie eine Schwalbe, die eine Mücke schnappt"[59], „ein Sperber, der über den Felsen rüttelt"[60], „ein Pferd beim Hürdensprung"[61]. Maschinen „umkreisen den Platz wie Tauben ihren Schlag".[62] Die Abdeckbleche auf der Motorverkleidung sind so angebracht, das am Ende ein Spalt entsteht, „der an die Kiemen eines Fisches erinnert".[63] Beim Reklameflug fühlt er sich „spielerisch, wie ein großer Rochen, der sich im Wasser wirft".[64] Durch die verschrammten Zellonscheiben sieht man die Welt „wie durch ein feines Spinnennetz glitzernder Fäden".[65] Usw. usf.

Während die ersten Flugkonstrukteure sich beim Bau ihrer Maschinen an Vögeln orientierten, also tote Objekte schufen, die der Form von Flugtieren nachempfunden waren, belebt Hauser die Maschinen wieder, indem er sie biologisiert, aber, anders als in seinem Essay *Friede mit Maschinen* (1928) angekündigt, nicht dadurch, dass er das Humane der Maschine unterstreicht, sondern das Animalische. Einerseits ist dies sicher der Anschaulichkeit der Darstellung geschuldet, andererseits handelt es sich um eine bewusste Kennzeichnung, um der kühlen Sachlichkeit der Beschreibung eine Wärme zu verleihen, die ihr naturgemäß nicht innewohnt: um den Gegenstand ästhetisch aufzuladen und gleichsam domestizierbar zu machen. Erhard Schütz vertritt in seiner *Kritik der literarischen Reportage* eine ähnliche These, dass durch die „ästhetische Renaturierung technischer Produkte Vertrautheit hergestellt werden soll",[66] um sie

---

55 Ebd. S. 18.
56 Ebd. S. 20.
57 Ebd. S. 36.
58 Ebd. S. 47.
59 Ebd. S. 48.
60 Ebd.
61 Ebd.
62 Ebd. S. 66.
63 Ebd. S. 87.
64 Ebd. S. 96.
65 Ebd. S. 114.
66 Erhard Schütz: *Kritik der literarischen Reportage. Reportagen und Reiseberichte aus der Weimarer Republik über die USA und die Sowjetunion.* München 1977, S. 77.

„klassifikatorisch erfaßbar"[67], konvertierbar und konsumierbar zu machen. Hausers Tierbilder sind aber auch Ausdruck seiner ambivalenten Haltung gegenüber der Technik: Indem er sie in etwas Tierisches, etwas Bekanntes und Natürliches, überführt, nimmt er ihr als Mensch, verstanden als Krönung der Schöpfung, den Schrecken. Der Tiermetaphorik wohnt aber – und das ist der Kipppunkt seiner Technikbegeisterung – immer noch etwas Wildes, Unbezähmbares inne, das jederzeit wieder hervorbrechen kann. Nur an einer Stelle bekommen die Maschinen etwas Menschliches:

> Wir haben eine neue Maschine bekommen, eine Klemm mit Hirthmotor. Sie steht vor der Halle. Silbern glänzt die glatte Aluminiumhaube des Motors, silbern schimmert die Haut des Propellers, bläulich die brünetten Schrauben, die ihn halten. Wundervoll ist die Maserung der polierten Sperrholzplatten an Rumpf und Flügeln. Glatt legen sie sich über die Flügelrippen wie die Haut eines jungen Mädchens.[68]

4.6 Frauen

Frauen spielen in diesem Text eine untergeordnete Rolle. Sie tauchen, wenn überhaupt, in der Vorstellung der Männer auf: als Gegenbild; etwa, wenn einer der Fluglehrer erzählt, dass Frauen viel schwerer fliegen lernen als Männer und man bei ihrer Ausbildung mit der doppelten Anzahl von Flügen rechnen müsse, was er auf mangelnde technische Vorkenntnisse zurückführt, also auf ein kulturelles Defizit, oder sie tauchen als Schaulustige auf – „ängstliche Mütter und allerlei Tanten […], die wie aufgescheuchte Hühner von den Hallen zur Startflagge hasten, angefeuert durch eifriges Händeklatschen der Luftschupos".[69]

Die einzige Szene, in der Frauen in Aktion treten, spielt sich am Rande des Flugfeldes unmittelbar vor dem Alleinflug ab. Hauser begegnet in der Nähe eines „Zigeunerlagers" zwei Frauen, die ihn um Zigaretten anbetteln. Die eine liest seine Hand und verspricht, ihm Glückszahlen zu nennen, wenn er ihr eine Münze in den Busen steckt, in den Schlitz zwischen ihren Brüsten,[70] als handele es sich bei ihr um einen lebenden Automaten, der die Zukunft vorhersagt.

Zuneigung, Zärtlichkeit, Eifersucht, all das, was sich zwischen Menschen abspielt, gibt es jedoch auch in dieser Fliegerwelt: „Ich bin regelrecht eifersüchtig auf unsere

---

67 Ebd.
68 Heinrich Hauser: *Ein Mann lernt fliegen*, S. 119.
69 Ebd. S. 106.
70 Ebd. S. 126.

kleine, blaugelbe Klemm, die heute dauernd mit fremden Männern startet, eifersüchtig wie auf eine Freundin, die mit anderen Männern flirtet."[71]

Aufschlussreich ist in diesem Zusammenhang ein anderer Text von Hauser, dessen Binnengeschichte ebenfalls in der Welt der Flieger spielt, sein 1929 im S. Fischer Verlag erschienener Roman *Donner überm Meer*. Er handelt von einem Schriftsteller, der einen Roman zu schreiben versucht, einen Roman mit zwei Helden: der Pilot Fonck und Lala, eine Frau aus der Großstadt, die sich zufällig während einer Busfahrt begegnen, als sie ihm auf dem Oberdeck durch ein Rucken des Fahrzeugs in die Arme fällt. Zwischen den beiden entspinnt sich aber keine Liebes-, sondern eine Leidensgeschichte: Sie liegt nach einer verpfuschten Abtreibung im Sterben, er versucht, sie allein durch seinen Beistand am Leben zu halten, und wendet sich, als er die Ausweglosigkeit ihrer Lage erkennt, gegen seinen Verfasser.

Frauen sind im Frühwerk Hausers entweder engelsgleich – „goldenes Haar", „glückliches Kindergesicht",[72] „ein Knabenkörper mehr als der einer Frau"[73] – oder Huren, bei denen die „Unzucht alle Geschlechtsmerkmale an ihnen vergrößert [hat], fast ins Groteske"[74] oder Beschädigte, denen Attribute wie „farblos", „stumpf", „schwach"[75] beigeordnet sind, nervlich zerrüttet, „schwindsüchtig wie alle"[76].

Sprachlich zeigt sich eine erotische Komponente allein in Bezug auf Maschinen, da steigert sich das Poetische der Darstellung geradezu ins Hymnische:

> An den gerippten Metallflächen sang die Luft. Die Bleche, die die Motoren abdeckten, waren in ständiger Vibration begriffen. Fonck sah mit ruhigen Augen dem Spiel des zarten Stahlgestänges zu, das die Ventile steuerte, dem blitzschnellen Rucken der Nocken und Kipphebel, den dunklen Öltropfen, die, aus den Gelenken gegen die Abdeckbleche geschleudert, im Sausen der Luft zerspritzten. ‚Wunderbares Metall', dachte er. Er verfolgte die Krümmung der Auspuffrohre, die wie dicke Schlagadern am Motor zusammenliefen. Wie schön waren sie, schön wie der gewölbte Brustkorb der Kühlrippen, dem sie entwuchsen, nichts auf der Welt konnte vollkommener und schöner sein.[77]

Die Vollkommenheit, die Hauser den Maschinen zuschreibt, resultiert aus ihrer Unzerstörbarkeit: Sie bleiben, wie sie sind, oder können durch handwerkliches Geschick wieder in ihren Ursprungszustand zurückversetzt werden. Männer verfügen in Hausers Welt über ähnliche Fähigkeiten der Regeneration: Außerhalb ihrer Maschinen

---

71 Ebd. S. 63.
72 Heinrich Hauser: *Das zwanzigste Jahr*. Potsdam 1925, S. 15.
73 Ebd. S. 17.
74 Heinrich Hauser: *Brackwasser*. Leipzig 1928, S. 37.
75 Heinrich Hauser: *Donner überm Meer*. Berlin 1929, S. 29.
76 Ebd. S. 24.
77 Ebd. S. 17 f.

wirken sie „plump und schlacksig […] in dem faltigen Fliegeranzug"[78], aber sobald sie den Steuerknüppel umfassen, nehmen sie auf ganz natürliche Weise Haltung an, dann sind sie in der Lage, ihre menschlichen Defizite auszugleichen:

> Durch Rad und Steuersäule war der Körper des Piloten mit dem Apparat geeint. Er empfand im Zwerchfell den wechselnden Luftdruck unter den Tragflächen. Er fühlte die Motoren rechts und links wie seine eigenen Schultern, die silbrige Haut der Schraubenwinkel, wie eine ihm gehörige, vorwärts saugende Kraft.[79]

Männer sind den Maschinen ebenbürtig, deshalb können sie mit diesen verschmelzen wie der Flieger mit seinem Flugzeug und über sie und sich selbst hinauswachsen wie der Busfahrer mit seinem Bus:

> Er war in Fahrt. Er hatte keinen einzigen Gedanken mehr außer der Fahrt, er war eins mit der Maschine, eins mit dem Rhythmus des Verkehrs. Er fühlte sich so groß und stark wie die Maschine, die er fuhr. Seine Nerven reichten von den Scheinwerfern bis zum Schlußlicht. Sein Hirn eilte dem Wagen voraus und zerteilte den Strom der Autodächer, auf die er herabsah von seinem hohen Sitz.[80]

Mit Frauen lässt sich diese Steigerung des Gefühls, der Wahrnehmung, des Ausdrucks, der Maskulinität, der Lebenskraft nicht erreichen. In Hausers Fliegertypen, ob nun im fiktiven Fonck oder in ihm selbst als Flugschüler, bündelt sich ein „technologische[r] Vitalismus"[81], wie Paul Virilio den kollektiven Bewusstseinszustand seit Ende des 19. Jahrhunderts genannt hat, und gleichzeitig sind sie, indem sie sich über die Welt erheben, der Endpunkt dieser Entwicklung, die Verkörperung eines Männertraums, der Schwerkraft enthoben, und damit Prototypen für die angestrebte Weltherrschaft des weißen Mannes im Faschismus.[82]

---

78 Ebd. S. 14.
79 Ebd. S. 17.
80 Ebd. S. 55.
81 Paul Virilio: *Geschwindigkeit und Politik. Ein Essay zur Dromologie.* Berlin 1980, S. 60.
82 Vgl. zu Fliegertypen in der Literatur des Dritten Reiches auch Erhard Schütz: *Flieger. Helden der Neotenie. Jugendlichkeit und Regeneration in Literatur, Massenmedien und Anthropo-Biologie. Eine Studie zur unspezifischen Modernität des ‚Dritten Reiches'.* In: Erhard Schütz/Gregor Streim (Hg.): *Reflexe und Reflexionen von Modernität 1933–1945.* Bern 2002, S. 83–107.

5.

In *Ein Mann lernt fliegen* ist eine Widmung vorangestellt, die bei den Mitarbeitern und Autoren des jüdischen Verlagshauses S. Fischer, vor allem aber bei den Emigranten für erhebliche Irritationen sorgte: „Hermann Göring, dem ersten deutschen Luftfahrtminister, Sieg Heil!"[83] Der Verleger Gottfried Bermann Fischer hatte dem Wunsch Hausers, diese Widmung zu verwenden, im April 1933 unter der Bedingung zugestimmt, dass Göring sein Einverständnis erklärte. Man habe, schreibt Verlagsbiograf Peter de Mendelssohn, gehofft, dass ein Antisemit wie Göring wohl kaum Interesse daran habe, in einem jüdischen Verlag an prominenter Stelle erwähnt zu werden.[84] Doch Göring war von dem Vorhaben begeistert, und so erschien das Buch mit dem oben genannten Vorsatz und führte zu einer kleinen Verlagskrise, einer „ernste[n] Unzuträglichkeit",[85] allerdings der einzigen, die dem Haus S. Fischer von einem seiner Autoren bereitet wurde.

Sechs Monate zuvor hatte Hauser mit dem Verlag einen Vertrag für ein *Buch über Deutschland* geschlossen, das dann jedoch in der Form nie erschienen ist,[86] auch weitere Bücher gab es nicht, die Zusammenarbeit wurde am Ende des Jahres aufgelöst, weil Hauser „für politische Bücher im nationalsozialistischen Sinne freie Verfügung"[87] haben wollte, und Bermann Fischer ihm ein Ausscheiden aus dem Verlag nahelegte.

In gewisser Weise ist also *Ein Mann lernt fliegen* dieses Buch über Deutschland geworden, spielt es doch im wahrsten Sinne des Wortes über Deutschland, über dem durch die veränderten politischen Verhältnisse grundsätzlich umgeformten Deutschland: Als Hauser über Berlin seine Flugrunden drehte und diese Runden in seinem Text noch einmal Revue passieren ließ, wurde unter ihm Hitler von Hindenburg zum Reichskanzler ernannt, Ernst Thälmann verhaftet, der *Vorwärts* eingestellt, die NSDAP stärkste Kraft bei den Reichstagswahlen, das Reichsministerium für Volksaufklärung und Propaganda gegründet, das Konzentrationslager Dachau errichtet und das Ermächtigungsgesetz verabschiedet. Als das Manuskript seines Buches in Satz ging, befand er sich in einem neuen Land – ein Land, das Hauser durchaus willkommen war, bediente es doch seine Faszination für Technik, Autonomie, Männlichkeit und Kollektivität: „Die größte Wandlung aber wird die Wandlung in der Gesinnung des deutschen Flugsports sein"[88], heißt es im Nachwort:

---

83 Heinrich Hauser: *Ein Mann lernt fliegen*, o.S.
84 Vgl. Peter de Mendelssohn: *S. Fischer und sein Verlag*. Frankfurt/M. 1970, S. 1279.
85 Ebd.
86 Vgl. Grit Graebner: *„Dem Leben unter die Haut kriechen ... "*, S. 72.
87 Heinrich Hauser an Gottfried Bermann Fischer, 10.09.1933. Zitiert nach Grit Graebner: *„Dem Leben unter die Haut kriechen ... "*, S. 51 u. 74.
88 Heinrich Hauser: *Ein Mann lernt fliegen*, S. 175.

> Die Einzelleistung wird nicht mehr persönlichem Interesse dienen. Es wird nicht mehr Flieger-Stars geben wie Film-Stars oder Tenöre. Die Leistung des Einzelnen wird zur Steigerung der Gesamtleistung der Staffel oder der Gruppe dienen.
> Man hat endlich erkannt, daß die technischen Meisterwerke unserer Flugzeugwerke und Motorenfabriken gewissermaßen im leeren Raum schweben, wenn sie nicht getragen werden vom Flugwillen des ganzen Volks. [...]
> Großes hat der erste deutsche Luftfahrtminister schon geleistet. Noch größere Aufgaben stehen bevor. Sie werden erfüllt werden, getragen von der Sehnsucht, dem Willen und der Tatkraft der ganzen flugbegeisterten Jugend des neuen Deutschland.[89]

Diese „Wandlung in der Gesinnung"[90] drückt sich bei Hauser selbst aus, indem sich das Ich, das den Text als Subjekt dominiert, im Nachwort auflöst oder zu einem generalisierenden Personalpronomen mutiert: „Man muß fliegen."[91] Dazu passt, dass der Titel, der ursprünglich *Ich lerne fliegen* oder *Ein Dichter lernt fliegen* heißen sollte,[92] mit *Ein Mann lernt fliegen* einen höheren allgemeinen Identifikationsgrad verspricht und zugleich eine geschlechtlich definierte pädagogische Programmatik impliziert: Ein Mann muss fliegen können.

6.

Dieser Denkfigur folgend entwickelt sich Hauser im Verlauf des Buches vom Jungen zum Mann, und weiter: zum Über-Mann. Es ist eine neusachliche ideologisch umformte Coming-of-Age-Geschichte, in der er die theoretische Prüfung ablegt, Außenlandungen und Überlandflüge besteht und sich im letzten Kapitel zu einem Höhenflug aufschwingt, bei dem er über den Wolken ein „Gefühl völliger Entfernung von der Erde"[93] erlebt: „Das ist die Luft einer ganz anderen Welt, das ist Äther, Weltraum, etwas unerhört Großes, Überirdisches, Übermenschliches. Ich steige und steige, um möglichst viel Überblick zu gewinnen."[94] Er wird zum Himmelsstürmer, zum Himmelsreisenden, er wächst schließlich über sich selbst hinaus und erwirbt, als er zur Erde zurückkehrt, den ersehnten Flugschein.

In gewissem Sinne stellt das die Blanchardisierung des Motorfluges dar. Fliegen ist kein Spektakel mehr. Hausers Text, der in einer Zeit der Remilitarisierung der

---

89 Ebd. S. 175f.
90 Ebd. S. 175.
91 Ebd. S. 173.
92 Grit Graebner, S. 74.
93 Heinrich Hauser: *Ein Mann lernt fliegen*, S. 166.
94 Ebd.

Literatur entstanden ist und erstaunlich friedvoll daherkommt, ohne bellizistische Metaphern, ohne Verweis auf vergangene Luftschlachten, holt die Helden vom Himmel. Fliegen ist nurmehr eine Übung, eine amtlich beglaubigte Leistung.

In gewisser Weise ist *Ein Mann lernt fliegen* das „Luft-Schiffs-Journal", von dem bei Jean Paul die Rede ist,[95] ein ausformuliertes Bordbuch, eine Pilotenerzählung, die nie über sich selbst hinausweist. Was Hauser in diesem Buch beschreibt, ist ein exemplarischer Ablauf, eine wiederholbare Geschichte, ein reproduzierbares Kunstwerk. Wenn jeder fliegen lernen kann, dann kann auch jeder darüber schreiben. Was vor Kurzem noch unvorstellbar gewesen ist, wird durch Hausers Bericht zu etwas Alltäglichem. Der Text ist angewandte Literatur, eine Gebrauchsreportage, die den Effekt hat, dass sie das Nacherleben überflüssig macht.

7.

Heinrich Hauser schwärmte zwar für Maschinen, seine Helden mutierten jedoch im Gegensatz zu den Idealtypen Ernst Jüngers nie zu „Stahlgestalten", die noch „im Wirbel der Vernichtung mit sicherer Hand eine schwierige Ladehemmung beseitigen".[96] Und obwohl Hauser sich in seiner 1934 erschienenen Autobiografie *Kampf. Geschichte einer Jugend* begeistert zur „nationalen Erhebung"[97] bekannte und eine ideologische Nähe zum Nationalsozialismus erkennen ließ, obwohl er dem Bericht seiner Pilotenausbildung *Ein Mann lernt fliegen* die Widmung an Göring voranstellte, obwohl er im Jahr darauf eine Reise im Wohnwagen unternahm und dabei die „Straßen des Führers"[98] lobte, verkündete er keine Metaphysik von Blut und Boden.

Eine eigensinnige und getriebene Persönlichkeit wie Hauser ließ sich für das Regime nicht instrumentalisieren. Es ging Hauser nicht um die Verbreitung einer bestimmten Weltanschauung, sondern vor allem um eins: der Gewohnheit zu entkommen. Es gab für ihn und seine dritte Frau, die er auf seine Wohnwagenreise mitnahm, keinen Weg zurück ins traute Heim, und das Ziel war trotz aller Widerstände, trotz finanzieller und gesundheitlicher Sorgen klar: „Überhaupt wollen wir so unabhängig wie möglich werden von der Zivilisation."[99] Kurz vor Beginn des Krieges machten sie sich zumindest unabhängig von der deutschen Zivilisation und emigrierten in die USA.

Erfolglos versuchte sich Heinrich Hauser dort als Farmer und heiratete noch zwei weitere Male. Unter dem Pseudonym Alexander Blade schrieb er für

---

95 Jean Paul: *Titan*. Bd. 4. Berlin 1803. Vgl. hierzu auch die Beiträge von Jadwiga Kita-Huber und Jörg Paulus in diesem Band.
96 Ernst Jünger: *Der Kampf als inneres Erlebnis*. Berlin 1922, S. 76.
97 Heinrich Hauser: *Kampf. Geschichte einer Jugend*, S. 3.
98 Heinrich Hauser: *Fahrten und Abenteuer im Wohnwagen*. Stuttgart 2004, S. 137.
99 Ebd. S. 53.

Pulp-Fiction-Magazine Kurzgeschichten mit Titeln wie *The Monster From Mars* oder *Dynasty of the Devil* und unter seinem richtigen Namen erst *Battle Against Time*, seine Abrechnung mit dem nationalsozialistischen Deutschland, und dann *The German Talks Back*, seine Abrechnung mit den Vereinigten Staaten, bevor ihn Henri Nannen 1949 für vier Monate als Chefredakteur zum *stern* holte. Aber er war fertig – mit dem Journalismus, seiner Heimat, sich selbst. Das, was er am dringlichsten brauchte, Ferien vom Ich, erreichte er nur, wenn er unterwegs war. Heinrich Hauser starb am 25. März 1955. In Erwartung seiner letzten Himmelsreise, von den „weltraumschiffenden Uraniern"[100] abgeholt zu werden.

---

100 Benno Reifenberg: *Keine bleibende Stätte. Erinnerung an Heinrich Hauser.* In: *Die Gegenwart* 10(1955)9, S. 272.

Christian Wiebe (Braunschweig)
Herumschnellende Fische und weiße Ödnis · Wahrnehmungen des Fliegens bei Lion Feuchtwanger

Das erzählerische Modell, das Lion Feuchtwanger in seiner Erzählung *Höhenflugrekord* aus dem Jahr 1928 entwickelt, ist zwar leicht nachzuvollziehen, aber durchaus effektvoll: Der – fiktive – Pilot Victor Crecy, der sich anschickt, die Rekordflughöhe John Macreadys zu übertreffen, erreicht sein Ziel, allerdings kehrt er nicht lebend von seinem Rekordflug zurück. In der Erzählung wird der Wille zur Kontrolle und der letztliche Kontrollverlust des Piloten inszeniert. Die technische Kontrolle, die der Pilot aufrechterhalten will, korrespondiert auf der Sprachebene mit zahlreichen Daten, die dem Leser mitgeteilt werden. Der Erzähler beginnt protokollarisch: „Am 2. Juli, einem sehr heißen Tage, morgens um 10 Uhr 20 Minuten, stieg der Leutnant Victor Crecy auf, um den bisherigen Weltrekord von 11702 Metern Höhe zu brechen."[1] Der Kontrollverlust, der sich in der Erzählung anbahnt, dagegen kommt in sprachlichen Bildern zur Darstellung. Der Pilot mag nur vorsichtig in die Höhe steigen, „denn es saugt der Raum an jeder Zelle des Leibes um ihr Quentchen Luft".[2] Die Sinneswahrnehmungen des Piloten werden schließlich zu Wahnvorstellungen, die der Pilot zurückdrängen will, bis er die Kontrolle und sein Leben verliert. Auf dem Weg in die Höhe geraten ihm die Daten durcheinander: „Jetzt klettere ich schon 2900 Stunden und bin immer erst 11 Meter hoch. Ich möchte jetzt ein Beefsteak. Es ist verflucht, wie die Zeit vergeht. Ich habe doch 29 gelesen, es ist aber 92."[3]

Der Flug, mit dem der Mensch an die Grenzen des Möglichen vorstoßen will, erweist sich am Ende als nicht mehr kontrollierbar. Der Mensch, der Kontrolle ausüben soll, erliegt, weil er dem Kontrollhaften, das die Technik fordert, nicht gemäß ist:

> Er wußte auch, daß man dem durch einen einfachen Handgriff abhelfen konnte. Aber der qualvoll herumjapsende Mann konnte auf diesen Handgriff nicht kommen. Es waren die vielen herumschnellenden Fische, die ihn behinderten.[4]

---

1 Lion Feuchtwanger: Höhenflugrekord. In Ders.: Erzählungen. Berlin/Weimar 1985, S. 200–203, hier S. 200.
2 Ebd.
3 Ebd. S. 202.
4 Ebd. S. 203.

Ein Mensch, so stellt es die Erzählung dar, der hier nicht unterliegen müsste, wäre ein Mensch, der bis zum Schluss auf die einfachen Handgriffe bedacht ist. Der allzu komplizierte Mensch mit seinen Phantasien stirbt.[5] Nur für einen Moment scheint es, der Pilot könnte vielleicht doch seinen Flug lebend beenden:

> Im Begriff, das Bewußtsein zu verlieren, während die Sonne in seltsame Ausbuchtungen zerfloß und komisch zu wackeln begann, merkte er, daß in dem gefrorenen automatischen Apparat sein Sauerstoff ausgegangen war. Mit mechanischer Bewegung griff er zur Ersatzflasche. Im Bruchteil eines Augenblicks waren alle anderen Gedanken weggefegt durch den Befehl: Kontrolle! Kontrolle! Die Sonne bekam ihren Glanz zurück, der Motor surrte seinen alten Rhythmus.[6]

Die Wahrnehmungen des Piloten konzentrieren sich hier auf die Sonne, die zerfließt und wackelt, schließlich vorübergehend ihren Glanz zurückerlangt. Die Technik funktioniert nur für einen Moment wieder reibungslos. Insgesamt schlägt die Erzählung allerdings einen pessimistischen Ton an, der so auch registriert wurde und dazu führte, dass der Text in einen Erzählband, der Feuchtwangers Texte für eine sowjetische Ausgabe versammelte, nicht aufgenommen wurde.[7] Dieser pessimistische Ton kann erstens – und vor allem – mit dem Ton in eine Beziehung gestellt werden, den Bertolt Brecht, Feuchtwangers Freund,[8] in seinem Musikdrama über Charles Lindberghs Atlantiküberquerung anschlägt.[9] Die verschiedenen Varianten, die Brecht entwirft, arbeiten sich geradezu daran ab, ob der Mensch mit seiner Technik scheitert oder ob der Mensch als Einzelner – heroisch – über sich hinauskommt, die Natur dank der Technik bewältigt.[10]

Zweitens steht die kleine Erzählung Feuchtwangers in einem deutlichen Kontrast zu Stefan Zweigs 1927 veröffentlichten *Sternstunden der Menschheit*. In diesen berühmten Erzählungen stellt Zweig stets ein Moment heraus, in dem die Größe des Menschen sichtbar wird. Feuchtwanger dagegen wählt eine Episode des Scheiterns. Die Erfolge, die Zweig seine Protagonisten feiern lässt, sobald die Geschichte

---

5 Hier ist ein kulturkritischer Ton angeschlagen; vgl. aus den umfangreichen Forschungen zur Kulturkritik vor allem Georg Bollenbeck: Eine Geschichte der Kulturkritik. Von Rousseau bis Günther Anders. München 2007.
6 Feuchtwanger: Höhenflugrekord, hier S. 202.
7 Vgl. Anne Hartmann: Abgründige Vernunft – Lion Feuchtwangers *Moskau 1937*. In: Norbert Otto Eke u. Gerhard P. Knapp (Hg.): Neulektüren – New Readings. Festschrift für Gerd Labroisse zum 80. Geburtstag. Amsterdam/New York 2009, S. 149–178, hier S. 166.
8 Die Freundschaft Brechts mit Feuchtwanger ist intensiv diskutiert worden. Ein konziser Überblick bei Reinhold Jaretzky: Lion Feuchtwanger. 7. Aufl. Hamburg 2009, hier S. 50ff.
9 Bertolt Brecht: Stücke: 3. In Ders.: Werke. Hg. von Werner Hecht. Frankfurt/M. 1988.
10 Vgl. Klaus-Dieter Krabiel: Der Lindberghflug/Der Flug der Lindberghs/Der Ozeanflug. In: Jan Knopf (Hg.): Brecht-Handbuch. Bd. 1: „Stücke". Stuttgart/Weimar 2001, S. 216–226.

ihre Namen aufgenommen hat, schienen Feuchtwanger zu provozieren, worauf ich noch zurückkommen möchte.

Zunächst werfe ich einen Blick auf die Wahrnehmung des Piloten in Feuchtwangers *Höhenflugrekord*. Der Erzähler hat, sobald er von den technischen Daten absieht und solange der Flug nicht außer Kontrolle gerät, kaum etwas dazu zu sagen:

> Die Hebelarme seines 280-PS-Motors tanzten, ab und zu wurden die Propellerflügel sichtbar. Sonst sah der Flieger nichts außer den schmalen Zeigern seiner Instrumente. Längst waren die Städte zu handbreiten Flecken geschrumpft und verschwunden, längst die Ströme zu dünnen Drähten geschrumpft und verschwunden. Kein Echo war, nur das Surren des Motors. Nichts war im Raum außer dem Leutnant und seiner Maschine.[11]

Die Wahrnehmung ist äußerst reduziert auf das, was der Pilot in und an seinem Flugzeug wahrnimmt. Es bleibt allein der Pilot und sein Flugzeug, das Fliegen äußert sich fast ausschließlich an den Instrumenten, hier deshalb gerade nicht an einer Wahrnehmung des Fliegens. Das ist durchaus richtig, kann der Pilot ja kaum sehen, wie die Landschaft unter ihm sich verändert, wenn er stets das Flugzeug gen Himmel richtet. Die karge Beschreibung der verschwundenen Städte und der Ströme, die zu Drähten werden, also wiederum Technik konnotieren, wirkt aus der heutigen Perspektive klischeehaft, zumindest aber schematisch. Ähnliche schematische Beschreibungen finden sich in den Romanen der sogenannten *Wartesaal*-Trilogie, die nun, neben der kleinen Erzählung, in den Blick rücken. Die Romane *Erfolg*, *Die Geschwister Oppermann* und *Exil*, die zusammen eine Trilogie bilden, hat Feuchtwanger in den späten 1920er und 1930er Jahren verfasst.[12] Sie behandeln thematisch den Aufstieg Hitlers und der ‚völkischen Bewegung'. Die Flugreise steht demnach überhaupt nicht im Zentrum dieser Romane, dennoch ist es aussichtsreich, gerade diese Romane im Zusammenhang des Fliegens in der Literatur heranzuziehen, da Feuchtwanger großen erzählerischen Aufwand betreibt, um die Fortbewegungsmittel der Figuren darzustellen. Niemals kommt eine Figur einfach irgendwo an, sondern immer setzt sie sich zuvor hinter ein Lenkrad, in den Fond des Wagens, falls ein Chauffeur steuert, legt sich im Nachtwagen schlafen oder steigt eben in ein Flugzeug.

Die Beschreibungen der Landschaften, die die Flugreisenden wahrnehmen, sind dabei eher, wie angedeutet, schematisch, aber gerade deshalb bezeichnend. Im ersten Roman der *Wartesaal*-Trilogie, *Erfolg*, berichtet der Erzähler:

---

11 Feuchtwanger: Höhenflugrekord, S. 200f.
12 Vgl. zu den Entstehungsbedingungen bes. Andreas Heusler: Lion Feuchtwanger. Münchner – Emigrant Weltbürger. St. Pölten et al. 2014.

> Die Rückreise machte Klenk im Flugzeug. Sah man die Landschaft von oben, dann nahmen die Siedlungen der Menschen einen winzigen Raum ein im Verhältnis zum Ganzen. Was man sah, war Feld, Wald, Fluß, wie es seit tausend Jahren gewesen war. Die Städte, von denen sie soviel hermachten, waren ein Dreck, maß man sie am Ganzen. Wäre jemand vor tausend Jahren hier oben in der Luft gewesen, er hätte trotz all dem Geschrei von Großstadt, Industrie, Fortschritt, sozialen Änderungen das Land unten kaum viel anders gesehen als jetzt er.[13]

Der Fehler, den der Erzähler hier – und ähnlich im folgenden Zitat – macht, ist überdeutlich: Es stimmt selbstverständlich keineswegs, dass sich der Blick von oben auf Deutschland – die Figur Klenk fliegt von Berlin nach München – in 1000 Jahren nicht verändert habe. Das Wort „Feld" deutet auf diese Fehleinschätzung hin, viele Wälder wichen in diesen 1000 Jahren Feldern.[14]

Die Idee der Sätze ist allerdings vollkommen klar: Gerade das technische und radikal moderne Fortbewegungsmittel Flugzeug ermöglicht eine Perspektive auf die Welt, die die Schöpfungen des Menschen, seine Technik, seine Modernität, zum Verschwinden bringt. Diese Dialektik weiß der Protagonist ganz im Sinne seiner völkischen Ideologie aufzulösen: Der Fortschritt der Zivilisation, im Sinne einer Zivilisierung des Menschen, sei kein Fortschritt, denn der Wolf, so formuliert es die Romanfigur, sei keinesfalls rückständiger als der Hund.[15] Die völkische Ideologie, die im Roman dargelegt wird, beansprucht beides: Das Flugzeug und den 1000 Jahre alten mittelalterlichen, ja ‚unzivilisierten' Menschen.

Im dritten Roman, *Exil*, findet sich eine Szene, die deutliche Parallelen zu der eben zitierten aufweist:

> Massig saß er [Heydebregg] im Flugzeug, während das nordfranzösische Land unter ihm wegglitt. Er hatte schon viele Flugreisen gemacht, aber heute zum erstenmal nahm er in sein Bewußtsein auf, wie leer das Land, auch dichtbesiedeltes, sich ausnimmt, wenn man es von oben beschaut. Nichts als Wald und Feld und Flur. Der Mensch hat nicht vermocht, seiner Erde viele Spuren aufzudrücken; überblickt man ein größeres Stück von ihr, dann verschwinden sie vollends.[16]

Wieder verschwindet der Mensch und das, was er geschaffen hat, sobald der Flugreisende nach unten blickt. Heydebregg, der nationalsozialistische Parteifunktionär, gewinnt seinen Blick auf den Fortschritt des Menschen allerdings auf eine andere

---

13 Lion Feuchtwanger: Erfolg. Drei Jahre Geschichte einer Provinz. Berlin 2015, hier S. 545.
14 Vgl. z.B. Hansjörg Küster: Geschichte der Landschaft in Mitteleuropa. Von der Eiszeit bis zur Gegenwart. 4. vollst. überarb. u. akt. Aufl. München 2010.
15 Vgl. Feuchtwanger: Erfolg, S. 545.
16 Lion Feuchtwanger: Exil. Roman. Berlin 2008, S. 591.

Weise zurück. Die Geschwindigkeit des Flugzeugs erinnert ihn an die Größe des Menschen – und der Blick durch die Toilettenbrille auf die Wälder unter ihm an seine Überlegenheit:

> Später aber, als Heydebregg auf die Toilette ging und durch das Loch Hügel und Wälder heraufgrüßen sah, verwarf er diese defätistischen Betrachtungen, und stolz statt dessen dachte er: Wie herrlich weit haben wir's gebracht.
> Das Sein schafft das Bewußtsein? Unsinn: das Bewußtsein schafft das Sein. Vor wenigen Stunden erst ist er von Arcachon aufgebrochen, und schon ist es so weit entfernt wie Yokohama, versunken und vergessen. Nichts mehr ist für ihn als die Stadt Berlin, der er zufliegt, der er näher kommt, drei Kilometer jede Minute.[17]

Beide Passagen können erneut als drohender Kontrollverlust gedeutet werden, wenngleich auf eine andere Weise als in der Erzählung *Höhenflugrekord*. In der Erzählung unterliegt der Mensch, weil er den extremen Bedingungen nicht mehr gewachsen ist. Die Passagiere in den Romanen verlieren kurzzeitig die Kontrolle über ihre gewohnte Weltsicht. Die Wahrnehmung verändert sich jedenfalls unter den Bedingungen des Fliegens, insofern die Phänomene aus der Makroperspektive eine Ahistorizität vorzutäuschen scheinen.

Die extreme Situation des Rekordversuchs führt zu Halluzinationen und Wahrnehmungen, denen kein Sinn mehr unterlegt werden kann; der Passagierflug zu Wahrnehmungen, die eine neue Perspektive öffnen könnten. Die beiden nationalsozialistischen Flugreisenden allerdings erlangen die Kontrolle zurück.

Auch im mittleren Roman der Trilogie, *Die Geschwister Oppermann*, findet sich eine verwandte Passage. Hier allerdings fliegt eine Figur, die politisch auf der anderen Seite steht, ein gewisser Herr Teibschitz, der Deutschland verlassen hat und in Südfrankreich im Exil lebt:

> Er war gerne in Deutschland. Deutscher Himmel, deutsche Landschaft, deutsche Menschen waren ihm sehr lieb. Schade, daß sie jetzt die Landschaft mit ihren Hakenkreuzen verhunzen. Voriges Jahr, in Nidden, hat er ein Hakenkreuz gesehen, das den größten der riesigen Sandberge dort ganz überdeckte. Drei Tage darauf hat es freilich der Wind verweht. Die Landschaft läßt sich viel gefallen, aber am Ende bleibt sie doch immer die gleiche. Als er noch Geld hatte, ist er viel geflogen. Da sieht man, wie weit das Land ist und was für winzige Teile davon die großen Siedlungen einnehmen, von denen sie soviel hermachen. Schade, daß jetzt das schöne deutsche Land die Tollwut bekommen hat. Die anderen wollen es noch nicht recht wahrhaben. Sie glauben, wenn sie dem tollwütigen Hund gut zureden, werde er nicht beißen. Aber nach seiner Kenntnis von tollwütigen Hunden sind

---

17 Ebd.

> die nicht so. Schade um das schöne Deutschland. Und er zeigt Gustav das Photo einer Voralpenlandschaft.[18]

Die Formulierung, des ‚vielen Hermachens' taucht hier zum zweiten Mal auf, fast identisch bereits im Roman *Erfolg*. Die Romane teilen immer wieder bestimmte Wendungen, bestimmte Konstellationen und ganze Situationen. Der Flugreisende ist hier also erneut hervorgehoben, er gehört nicht zu ‚denen, da unten', die viel ‚hermachen', solange er sich der Perspektive des Fliegens hingibt. Das schematische ‚Kleinwerden' der Landschaft unter den Flugzeugen entspricht einem Blick auf die Phänomene, der den Sinn scheinbar entzieht.

Die Geschwister Oppermann kann als Text über das Ende einer Selbsttäuschung gelesen werden. Die Juden, die Sozialdemokraten, die Intellektuellen, die Unternehmer, sie unterlagen, so lässt sich der Text deuten, der Täuschung, Hitler werde wieder vorübergehen, Demokratie und Gerechtigkeit seien in der Republik stabil.[19] Eine Täuschung, die immer wieder im Nachhinein formuliert wurde, zum Beispiel prominent in Stefan Zweigs *Die Welt von Gestern*.[20] In seinem Roman versucht Feuchtwanger nun dieser Täuschung auf den Grund zu kommen, wofür die zitierte Passage beispielhaft stehen mag. Selbst das größte Hakenkreuz werde nach drei Tagen vom Wind verweht. Die deutsche Landschaft bleibe so, wie sie ist. Der Blick aus dem Flugzeug zeigt dem Flugreisenden eine Landschaft noch einmal in seiner Schönheit und den Menschen in seiner Bedeutungslosigkeit. Aber das ‚Land' hat die Tollwut bekommen. Das heißt, der Nationalsozialismus gehe nicht vorbei, wie der Wind das Hakenkreuz verweht. Mit der Tollwut macht die Figur den Versuch, ein sprachliches Bild zu finden, dass dem tatsächlichen fatalen Geschehen besser gerecht wird als das Hakenkreuz, das vom Wind verweht wird. Der Blick aus dem Flugzeug kann einerseits täuschen, weil er die Schönheit der Landschaft noch einmal vorspielt, andererseits zeigt sich erst dort der große Zusammenhang der Dinge, die nicht vom Wind verweht werden.

Die Wahrnehmungen der Fliegenden, die ich versucht habe im Hinblick auf die Selbstwahrnehmungen – und mögliche Kontrollverluste – in der Zeit des Nationalsozialismus zu interpretieren, sollen in einer Hinsicht ergänzt werden. Denn neben

---

18 Lion Feuchtwanger: Die Geschwister Oppermann. Roman. Berlin 2016, hier S. 340f.
19 Vgl. Wilhelm von Sternburg: Lion Feuchtwanger. Die Biographie. Berlin 2014, S. 337ff; Wolfgang Müller-Funk: Lion Feuchtwanger und die Unerträglichkeit einer Epoche. In Ders. (Hg.): Jahrmarkt der Gerechtigkeit. Studien zu Lion Feuchtwangers zeitgeschichtlichem Werk. Tübingen 1987, S. 9–16, hier S. 15; Lutz Winckler: Lion Feuchtwangers Exil oder die Versöhnung von Geist und Macht. In: Wolfgang Müller-Funk (Hg.): Jahrmarkt der Gerechtigkeit. Studien zu Lion Feuchtwangers zeitgeschichtlichem Werk. Tübingen 1987, S. 123–138.
20 Stefan Zweig: Die Welt von Gestern. Erinnerungen eines Europäers. 2. Aufl. Frankfurt/M. 1990.

dem Fortbewegen selbst spielt bei Feuchtwanger stets eine große Rolle, wer welches Fortbewegungsmittel benutzt. Wer fliegt also?

Die Figur Teibschitz hat es im Zitat oben angedeutet: „Als er noch Geld hatte, ist er viel geflogen." Fliegen ist also, und das kann nicht überraschen – einer bestimmten sozialen Schicht zugeordnet. Außerdem spielt der militärische Zusammenhang eine besondere Rolle. In der Erzählung *Höhenflugrekord* wird er mehrfach explizit hervorgehoben. Dort fliegt der Leutnant, der sich im Ersten Weltkrieg auszeichnen konnte.

In *Erfolg*, in dem an verschiedenen Stellen der Erzählfluss aufgesprengt wird durch einmontierte Passagen, wird datengestützt, jedoch keineswegs sachlich im Sinne einer irgendwie vorgestellten Objektivität, zusammengetragen:

> Der Flugverkehr beförderte 21000 Menschen. Man begann in jener Zeit überall auf dem Planeten Wert zu legen auf technische Meisterschaft und auf gesteigerten, vervollkommneten Verkehr. Doch organisierte man den Verkehr nach den Bedürfnissen der Kriegerkaste und nach den Wünschen kapitalkräftiger Einzelinteressenten. Von den 11269 Flugzeugen, die auf dem Planeten vorhanden waren, dienten 874 dem Personenverkehr, 1126 der Schulung von Piloten, 9669 waren Kriegsflugzeuge.[21]

Krieg und Kapital profitieren vom Flugverkehr in Feuchtwangers Roman, der seine Gegenwart aus einer fingierten Rückschau in den Blick zu nehmen versucht. Die Verantwortlichkeit ist durch das ‚man' allerdings irritierend unsichtbar, der Flugverkehr der Kontrolle von vornherein durch das ‚man' entzogen.

Von hier aus erschließt sich ein Deutungspotenzial für den fliegenden nationalsozialistischen Parteifunktionär, dessen Blick durch die Toilette ich zuvor zitiert hatte. Im Roman *Exil* fliegt allein er, niemand sonst. Das fällt, wie zuvor angedeutet, überhaupt auf, weil die Romane immerzu viel Wert darauflegen, auf welche Weise die Figuren Strecken zurücklegen. Im dritten Roman der Trilogie ist also allein der Nationalsozialist in der Lage zu fliegen und kann auf diese Weise die Welt hinter sich lassen. Heydebregg kommt zuvor – aus seiner ideologischen Sicht – auf Abwege, weil er sich auf eine Bekanntschaft mit der jüdischen Madame de Chassefierre einlässt, und sie im südfranzösischen Arcachon besucht. Von dort aus fährt er nach Paris und fliegt ohne Aufenthalt weiter nach Berlin. Am Ende des Fluges erlangt er wieder die Sicherheit seiner eigenen Ideologie, die in Frankreich Erschütterungen erlitten hatte. Genau solch ein Flug, den Heydebregg unternimmt, ist für die Exilanten unmöglich. Sie können im Roman nichts hinter sich lassen. Das Flugzeug, der Flug nach Berlin, wird zum Symbol einer Möglichkeit, die den Exilanten versperrt ist.

Das Fliegen könnte hier Freiheit symbolisieren, die Möglichkeit eines solchen Symbols wird jedenfalls deutlich, aber die Wirklichkeit, die das Fliegen im Dienste

---

21 Feuchtwanger: Erfolg, S. 228.

des Militärs und des Kapitals verortet, sieht, nach Feuchtwanger, anders aus. Der Blick ist – wie bereits in *Höhenflugrekord* – pessimistisch, in jedem Fall skeptisch.

Dieser Pessimismus zeigt sich bereits in *Erfolg*. In den Roman eingebettet ist die Erzählung *Polfahrt*, die auch isoliert in Feuchtwangers Erzählbänden veröffentlicht wurde.[22] Die Erzählung handelt von den großen Polarexpeditionen Roald Amundsens, zunächst von seiner Südpolexpedition, die als Wettlauf gegen Robert Falcon Scott in Literatur und Film Karriere machte, dann von seinem Flug zum Nordpol in einem Luftschiff.

1927 erscheint zunächst in Stefan Zweigs bereits erwähnten *Sternstunden der Menschheit* die Erzählung *Der Kampf um den Südpol*, in dem sich Zweig auf Scott konzentriert. Die Bedeutung, die Zweig dem Versuch beimisst, den Südpol zu erreichen, wird an dem typischen Pathos Zweigs deutlich, das die historischen Ereignisse zu ihrer Größe zwingen will:

> Aber ein letztes Rätsel hat ihre Scham noch vor dem Menschenblick bis in unser Jahrhundert geborgen, zwei winzige Stellen ihres zerfleischten und gemarterten Körpers gerettet vor der Gier ihrer eigenen Geschöpfe. Südpol und Nordpol, das Rückgrat ihres Leibes, diese beiden fast wesenlosen, unsinnlichen Punkte, um die ihre Achse seit Jahrtausenden schwingt, sie hat die Erde sich rein gehütet und unentweiht.[23]

Nun wendet sich Zweig Scott zu, der auf dem Rückweg stirbt und außerdem, als Zweiter, zu spät kommt. Die eigentliche Bedeutung, die ,Sternstunde', findet Zweig in den Texten und Bildern, die Scott im Eis zurückließ und die von einer Expedition, die sich aufmachte, die Leichen zu bergen, gefunden wurden:

> So wird, was vergebens schien, noch einmal fruchtbar, das Versäumte zu rauschendem Anruf an die Menschheit, ihre Energien dem Unerreichbaren entgegenzustreben; in großartigem Widerspiel entsteht aus einem heroischen Tode gesteigertes Leben, aus Untergang Wille zum Aufstieg ins Unendliche empor.[24]

Der Untergang Scotts wird aufgrund seiner Schriften und Fotos zu einem Erfolg. Feuchtwanger problematisiert genau dies in seinem Roman: Was ist eigentlich menschlicher Erfolg?[25] In den Zusammenhang dieser Frage, die in *Erfolg* stets neu durch-

---

22 Lion Feuchtwanger: Polfahrt. In Ders.: Erzählungen. Berlin/Weimar 1985, S. 158–164; vgl. Wolfgang Jeske u. Peter Zahn: Lion Feuchtwanger. Oder der arge Weg der Erkenntnis. Eine Biographie. Stuttgart 1984, S. 171.
23 Stefan Zweig: Sternstunden der Menschheit. 52. Aufl. Frankfurt/M. 2009, S. 216f.
24 Ebd. S. 235f.
25 So auch ganz buchstäblich in der Erzählung: „Wes ist der Erfolg?" Feuchtwanger: Erfolg, S. 739.

dekliniert wird, gehört die Erzählung *Polfahrt*, die an der Stelle eingeschoben ist, als der Leiter der staatlichen Kunstakademie, Martin Krüger, im Gefängnis stirbt. Die Erzählung spiegelt im Romanzusammenhang den Tod Martin Krügers, der bis zu diesem Zeitpunkt eine der Hauptfiguren darstellt, die Vergeblichkeit der Versuche, ihn zu retten, und die Frage, was seine Erfolge wert seien.

Feuchtwangers Erzählung entwickelt einen starken Kontrast zu Zweigs Text. Die Erfolge der Protagonisten werden allesamt fraglich und eine Perspektive auf die Menschheit öffnet sich nicht, allenfalls eine pessimistische.

Der Flug über die Arktis mit dem Luftschiff, den Amundsen gemeinsam mit Umberto Nobile unternimmt, so schildert es der Text, habe allein dem Piloten Ruhm eingebracht, nicht Amundsen.[26] Der, so weiß der Erzähler, hört schließlich im Radio mit an, wie Nobile, im Text der „Südländer" genannt, auf seiner zweiten Expedition zum Nordpol erneut sein Ziel erreicht und den Pol umkreist: „Er ist am Pol. Zwei Stunden, triumphgeschwellt, kreist er um die weiße, vielbegehrte Ödnis. Das Grammophon spielt die Hymne seines Landes. Eine Fahne seines Landes wird, ein großes vom Papst geweihtes Kreuz herabgelassen."[27]

Vom Pathos Zweigs bleibt in solchen Szenen nicht viel übrig, wenn das Grammophon spielt und das Luftschiff über der Ödnis kreist. Die Menschheit erlebt hier keine Sternstunde, sondern vielmehr den Narzissmus eines Menschen und den nationalen Ruhm eines einzelnen Landes. Indem der Erzähler nun aus Amundsens Perspektive dessen Missgunst erzählt, wird die Fragwürdigkeit des Unternehmens umso deutlicher. Dann geschieht das, was 1928 zu einem europäischen Medienereignis wurde: Das Luftschiff stürzt ab, einige der Besatzungsmitglieder, unter ihnen Umberto Nobile, landen auf dem Eis. Tagelang bleiben die Funksprüche ungehört, bis man von dem Ereignis erfährt. Amundsen, der an einer Rettungsaktion beteiligt wird, stirbt selbst dabei, Nobile kann gerettet werden, aber sein Ruhm ist dahin.

Vor allem in den großen Zeitungen wird intensiv über den katastrophalen Absturz und die Rettungsversuche berichtet, teilweise schaffen es die Ereignisse sogar auf die Titelseite der *Vossischen Zeitung*. Beispielhaft möchte ich einen Artikel vom 17. Juni 1928 heranziehen, der hier auf Seite 5 steht. Bedeutsam für meine Argumentation ist der letzte Absatz. Dort fragt der Berichterstatter nach dem Sinn solcher Expeditionen, die derartige Rettungsaktionen erfordern, angesichts der Gefahren, die damit wieder einhergehen. Der Autor weiß zwei Antworten: Erstens die meteorologische Forschung und zweitens die Hoffnung auf eine Flugverkehrslinie über die Arktis hinweg, die den Flugverkehr deutlich beschleunigen würde.[28]

---

26 Feuchtwanger: Erfolg, S. 741.
27 Ebd.
28 Vgl. Der Weg der Retter. In: Vossische Zeitung, 17.06.1928, S. 4. Vgl. vor allem die Überlegungen Christian Kehrts zu den Narrativen der Polarexpeditionen in diesem Band.

In Feuchtwangers Erzählung führt die Rettungsaktion dagegen für die Figuren zu psychologischen Problemen und sie zeigt zudem eine politische Komplikation auf:

> Aber das wußte man, daß der Südländer sich vor seinen Gefährten hatte retten lassen, er, der Kapitän, vor den andern, und daß er schuld war am Tod des Nordländers und am Tod von acht andern, und daß die Davongekommenen ihre Rettung verdankten dem Eisbrecher eines Landes, das in Kultur und Politik der schärfste Gegner seines eigenen Landes war.[29]

Die politischen Verhältnisse verhindern, dass hier die Ereignisse symbolisch überhöht werden.[30] Das Flugzeug, mit dem Amundsen startet, um Nobile zu retten, wird nie gefunden. Es bleibt von Amundsen ein Foto, eine Parallele zu Zweigs Text, doch deutlich resignativer im Ton:

> Die Photographen nehmen ihn auf, wie er ins Flugzeug steigt, den Mund krumm, die Augen hart wie immer.
> Es ist die letzte Aufnahme von ihm.[31]

Die gemeinsame europäische Such- und Rettungsaktion ist gerade keine gemeinsame Aktion, sondern scheint die politischen Gräben besonders sichtbar zu machen. Die ausschwärmenden Flugzeuge bringen, so gesehen, schließlich Amundsen in Feuchtwangers Erzählung den Tod. Zu einem Symbol der menschlichen Fähigkeiten oder der Möglichkeit, selbst einen verunglückten Forscher am Nordpol noch aufzufinden, werden sie nicht.

Die Hoffnung auf europäische gemeinsame ‚Kulturtaten', die sich gerade durch die großen Anstrengungen im Flugverkehr ereignen sollten, war in der Zeit allerdings durchaus präsent. Ich zitiere – ebenfalls aus dem Sommer 1928 – aus der *Vossischen Zeitung* über eine Atlantiküberquerung zweier Deutscher und eines Iren: „Für uns Deutsche soll er [der Flug] symbolisch für *gemeinsame* Kulturtaten der *Zukunft* sein."[32]

In diese Zeit fällt der erdachte Höhenflugrekord der erdachten Figur Victor Crecy, der eine Vielzahl Zeitungsartikel der Zeit spiegelt und scheinbar so exakt mit den Daten spielt, dass kaum zu ersehen ist, dass der Flugrekord eine Fiktion ist.[33] Der

---

29 Feuchtwanger: Erfolg, S. 743.
30 Vgl. dazu z.B.: Vergeblicher Vorstoß der Hilfsflugzeuge. In: Vossische Zeitung, 03.07.1908, S 6.
31 Feuchtwanger: Erfolg, S. 743.
32 Der Deutschland-Flug der Ozeanflieger. In: Vossische Zeitung, 20.06.1928, S. 1 (Hervorhebungen im Original).
33 Zu Feuchtwangers poetischem Verfahren, zeitgenössische Ereignisse zu literarisieren, im Hinblick auf den Roman *Erfolg* vgl. Synnöve Clason: Die Verarbeitung des Bayern-Stoffes in *Erfolg*. In: Wolfgang Müller-Funk (Hg.): Jahrmarkt der Gerechtigkeit. Studien zu Lion Feuchtwangers zeitgeschichtlichem Werk. Tübingen 1987, S. 87–130; und vgl. dazu auch schon Uwe Karl

Text greift die medialen Zeugnisse auf und formt daraus eine Geschichte, die ‚wahrscheinlich' ist, aber durch ihr Ende, bei dem der Protagonist stirbt, eben die Frage stellt, ob sich diese Form des Ruhmes denn lohne. Und für wen? Und was für ein Symbol dieser Flug dann sei?

Die Frage wird deutlich verschärft dadurch, dass die Figur und ihr Rekordversuch erdacht sind und für den Leser kaum zu entscheiden ist, was stimmt und was nicht. Der Ruhm, so scheint es, vieler Rekordflieger ist schnell vergessen. Feuchtwanger stiftet also kein Gedächtnis, jedenfalls keinem Flugpionier, sondern allenfalls der medialen Aufgeregtheit der 1920er Jahre und ihrer Hoffnung für Europa, die sich mit der Zukunft des Fliegens und ihren Pioniertaten verband.

Faulhaber: Lion Feuchtwanger's Theory of the historical novel. In: John M. Spalek (Hg.): Lion Feuchtwanger. The Man, His Ideas, His Work. Los Angeles 1972, S. 67–81.

Carolin Bohn (Braunschweig)
Am Anfang war das Fliegen/Schreiben · Zu Antoine de Saint-Exupérys frühen Sternenlektüren und Traumschriften

Mit Absicht ist der Titel dieses Essays eine Anspielung auf den Beginn des Alten Testaments. Wort und Licht sind in der *Genesis*, Mose I.3, beinah in eins gesetzt. Nicht wirklich klar ist, was zuerst da war. Ähnlich unklar ist die Reihenfolge, wenn es um die Wahrnehmung des Fliegens und ihre Literarisierung geht. Von Anfang an ist hier der Menschheitstraum vom Fliegen mit im Gepäck, mit allen ästhetischen Implikationen. Einerseits stellt sich deshalb die Frage, ob die originelle, leibliche Erfahrung bestimmt, wie das Fliegen wahrgenommen und die Wahrnehmung des Fliegens geschildert wird, oder ob vorgefertigte, mehr oder weniger bewusst tradierte Erkenntnismuster am Werk sind, die bereits die Wahrnehmung des Fliegens strukturieren, spätestens aber ihre Umsetzung ins Wort formatieren. Andererseits gilt es, jenseits von Antworten im disjunktiven bzw. chronologischen Muster, den literarischen Niederschlag der de facto neuartigen körperlichen und technischen Erfahrung aufzuspüren: Mit dem Fokus auf der literarisierten Flugwahrnehmung geht die ästhetiktheoretische Frage nach dem ‚Neuen' einher. In literarische Texte schreiben sich Neuerungen sowie tiefgreifende Umbrüche durch Formen von Lektüren im weitesten Sinne ein, also durch die Inszenierung von Deutungsmustern, durch implizite Horizontverschiebungen, Verfahren der Sinnstiftung und Zuschreibung. Versteht man das neue Fortbewegungsmittel und die Erfahrung des Fliegens als eine Ursache, die ästhetische Konsequenzen zeitigt, so wird hier angenommen, dass ihre Effekte sich in der Darstellung von Interpretationsmechanismen spiegeln. Diese These verfolgen die folgenden Seiten und zeigen, wie an Saint-Exupérys frühen literarischen Versuchen ein durch die Flugerfahrung bedingter Paradigmenwechsel ablesbar wird.

Antoine de Saint-Exupéry bewegt sich im Spannungsfeld zwischen Tradition und Unvorhergesehenem. Auf der einen Seite hantiert er als Schreibender mit althergebrachten narrativen Formaten, auf der anderen Seite sammelt er als veritabler Pionier des motorisierten Fliegens einzigartige neue Erfahrungen. Nach ein paar Semestern kaum absolvierten Architekturstudiums in Paris lässt sich der 21-jährige Saint-Exupéry, der als ausgesprochen undiszipliniert und ebenso lebensfreudig wie melancholisch charakterisiert wird,[1] im Rahmen des Militärdienstes bei der französischen Luftwaffe ab 1921 zum Piloten ausbilden. Nach seinem Austritt aus der Armee 1925 arbeitet er

---

1 Vgl. Joseph Hanimann: Antoine de Saint-Exupéry. Der melancholische Weltenbummler. Eine

zwei Jahre in zivilen Fluggesellschaften; ab 1927 fliegt er Frachtgüter zwischen Toulouse, Dakar und Casablanca. Inspiriert von diesen Transportflügen erscheint 1928 seine erste Publikation *Südkurier*. 1929–1931 organisiert Saint-Exupéry als Direktor des argentinischen Flugtransportunternehmens Aeroposta Argentina in Buenos Aires inter-/kontinentale Flugrouten, darunter auch riskante Nachtflüge. In dieser Zeit wird der Grundstein für den im Folgenden ins Zentrum rückenden Roman gelegt: *Nachtflug* (*Vol de Nuit* erscheint 1931 in Paris), Saint-Exupérys zweite Buchpublikation und – ausgezeichnet mit dem *Prix Femina* – sein erster literarischer Erfolg.

1. Der Traum vom Nachtflug

Saint-Exupérys kleiner Roman wurde, v.a. in seiner frühen Rezeption, als abenteuerlich, authentisch und heroisch gefeiert. Gerade in der Kopplung von heroisch und abenteuerlich lässt sich jene Präfiguration erkennen, die das Buch zum Teil als die Fortschreibung literarischer Topoi lesen lässt: Der Text knüpft an Helden-Konstrukte an und schöpft aus dem Traum vom Fliegen. Dennoch initiiert und charakterisiert der Text zu gleichen Teilen das originär Poetische sowie die originäre Flugerfahrung des Piloten. Dieser Umstand macht, wie auch schon Saint-Exupérys Schriftstellerkollege André Gide festgestellt hat, den literarischen Wert des Romans aus. Seine Bedeutsamkeit läge zum einen in seiner dokumentarischen Qualität, zum anderen in der antiken Struktur des Heldenepos, das seit Homer von Pionieren erzählt.[2] Es ist vor allem die Figur des Jacques Rivière, die es Gide angetan hat. Rivière, einer der Protagonisten des Romans, ist Direktor eines argentinischen Flugtransportunternehmens. Er spornt durch seine militärisch-straffe Führung ein Team von begabten Piloten zu Höchstleistungen an. Sie meistern Risiken, die den Stand der Technik zum Zeitpunkt der Erzählung 1931 übersteigen, wenn sie nachts – quasi blind – Langstreckenflüge über den südamerikanischen Kontinent und Atlantiküberquerungen fliegen; bereits tagsüber sind diese Strecken den Kontingenzen der Naturgewalt ausgesetzt und werden von unvorhersehbaren Unwettern heimgesucht. Rivières regelrecht avantgardistische Vision ist es, am Beginn der ersten Globalisierungstendenzen der 1920er und 1930er das Flugzeug zum wichtigsten Posttransportmittel zu machen und ihm die Zukunft zu bereiten. Dies gelingt, wenn der durch den Flug gewonnene zeitliche Vorsprung nicht vom Eisenbahntransport nachts wieder aufgeholt wird. Nur der *Nachtflug* garantiert also den Vorsprung und ermöglicht die Umsetzung von Rivières visionärer Idee. Für ihre Verwirklichung formt er seine Mitarbeiter durch Prämienentzug und regelrechte

---

    Biografie. Zürich 2013. Im Folgenden wird insbesondere auf die Seiten S. 87–103 Bezug genommen.

2   Vgl. André Gide: Préface. In: Antoine de Saint-Exupéry: Vol de nuit. Paris 1931, S. 9–14.

Strafen. Auch diszipliniert er, so gut er kann, den zu durchquerenden Raum, indem er kartographiert, meteorologisiert, telegrafiert, telefoniert, Daten archiviert.

Rivière macht das alles für ein höheres Ziel: Noch bevor Nachtflüge technisch regelmäßig und berechenbar zu realisieren, geschweige denn als Praxis anerkannt sind, schafft er Strukturen und Fakten, die dem Fliegen den Weg in die kommende Welt ebnen. Seine teilweise manipulative Strenge um des überpersönlichen Wertes willen beeindruckt André Gide, dessen Einschätzung die Rezeption des Romans als Heroen-Epos befeuert hat. Dem titelgebenden Wort ‚Nachtflug' ist aber noch mehr zu entnehmen. Weit vor seiner Zeit, in Form des Nachtflugs buchstäblich vor Tagesanbruch, realisiert Rivière bereits den Traum vom internationalen Flugtransport. Der Romantitel ist ebenso buchstäblich wie metaphorisch zu verstehen: Der bekannte Topos des ‚Traums vom Fliegen' gerinnt in der Anlage der Erzählung zum narrativen Setting des realisierten Traums vom Nachtflug. Zweifach erzählt sich hier die Geschichte von der Verwirklichung eines Traums, der einerseits nur in der Traumzeit umsetzbar ist und dessen Traumhaftigkeit andererseits eben dadurch erhalten bleibt. Denn letztendlich scheitert Rivière. Die episodische Struktur des 23 Kapitel umfassenden Romans schildert bis Kapitel 12, also gut die erste Hälfte, in erster Linie Rivières Führungsstrategien in der Firmenzentrale in Buenos Aires. Ihr Ziel es ist, unabhängig von Wind und Wetter jede Nacht eine pünktliche Abfertigung der Transportflüge zu garantieren. Die zweite Hälfte der Erzählung gilt den letzten Stunden des Piloten Fabien, der auf seiner Flugroute von Patagonien nach Buenos Aires in einen Zyklon gerät. Fabien kann sich für ein paar Minuten aus dem Wirbelsturm retten, doch verliert er jeden Funkkontakt und sein Benzin wird knapp. Für Rivière steht mit dem potentiellen Absturz von Fabien sein gesamtes Unternehmen auf dem Spiel. Seine Entscheidung schließlich, den Anschlussflug nach Paris starten zu lassen, ohne die Ladung aus Patagonien abzuwarten, bildet den dramaturgischen Höhepunkt der Erzählung. Denn mit diesem Entschluss lässt er den Piloten Fabien buchstäblich fallen. Er anerkennt den Absturz als Preis für sein Unternehmen und führt sein Projekt fort.

2. Festlandsterne

Flugreisen haben narrative Sekundäreffekte, sie generieren neue Geschichten. Zum Beispiel die Erzählung von der militärischen Organisationsweise Rivières oder von Absturzszenarien und Notlandungen sowie deren abenteuerlichen Folgen oder vom Warten im Transitraum. Mit der Konzentration aber allein auf das tatsächliche (primäre) Fliegen bei Nacht findet sich das durch die Flugerfahrung hervorgebrachte Neue als etwas scheinbar Selbstverständliches. Was im Roman nämlich einiges an Gewicht erhält, sind Perspektiven-Umkehrungen und Deutungswandel. Weniger, dass der Blick neuerdings von oben nach unten geht, vielmehr die grundlegend sinnzerstörenden wie -stiftenden Konsequenzen dieser Perspektivverkehrung zeigen das Neue an. Dies tritt im *Nachtflug* besonders anhand der Sterne in den Vordergrund. Nachts orientiert sich der Pilot nicht mehr wie der bei Saint-Exupéry oft zum Vergleich herangezogene Schiffskapitän mit einem nach oben gerichteten Blick am gestirnten Himmel. Der Flieger sieht hinab: auf die Sternenkarte der Erde. Willkürlich in den weiten Ebenen Argentiniens verteilte und dort teilweise kumulierte Punkte künstlichen Lichts, das aus den Häusern der Menschen durch die Fenster in die Nacht brilliert, werden in deutbare Konstellationen gefügt und interpretiert.

Drei Textpassagen verdeutlichen diese Licht-Konfigurationen und ihre Lesbarkeit. Der Roman beginnt mit einer Flugszenerie in der Wahrnehmung des Piloten Fabien, der routiniert seine Strecke von Feuerland nach Buenos Aires fliegt. In der Dämmerung zeigen sich ihm die Stadtlichter als Sternenansammlungen: „Nochmals blickte er zurück auf San Julian: Nur eine Handvoll Lichter, dann eine Handvoll Sterne, und dann verflog auch der Staub, der ihn zum letzten Mal verlockt hatte […]."[3]

> Die Stadt San Julian wird schon zu Sternenstaub, später, als schließlich die Nacht dunkel heraufsteigt, machte man doch auch bereits in den Dörfern Licht und begann [in Licht-Konstellationen gerückt, C.B.] das Frage- und Antwortspiel zwischen ihnen. Und auch er [Fabien] antwortete den Dörfern und blinkte mit den Positionslichtern. Lauter Lichtsignale überspannten die Erde, jedes Haus entzündete seinen Stern angesichts der gewaltigen Nacht (17)[4]

Die Eingangsszene des Romans steckt zwischen den künstlichen Sternen der Erde und den unerreichbaren Sternen des Himmels den Spielraum der Erzählung ab. Zugleich wird eine perspektivische Inversion eingeführt, die auf verschiedenen Ebenen den Roman weiter strukturiert. Zentral verknüpft ist die Umkehrung mit der Figur des Piloten Fabien sowie mit Momenten der Sinn-Herstellung oder Sinn-Verschiebung. Für ihn verwandeln sich die Kunststerne in „Rufen" und „Besorgnis" (19); ein einzelner Stern im Dunklen liest sich als „die Vereinsamung eines Hauses" (übers. Vf., C.B.) bzw. „ein isoliertes Haus" (ebd.) und schließlich wird ein erlöschendes Licht interpretiert als „ein Haus, das die Liebe [in sich] birgt. Oder Abgestumpftheit, und deshalb dem Rest der Welt kein Signal mehr sendet" (ebd.). Weiter spinnt Fabien seine Sternenlektüre: „[D]iese Bauern unter ihrer Lampe, die Ellbogen auf dem Tisch, wissen nicht, was sie sich erhoffen [sie] wissen […] nicht, dass ihr Sehnen so weit trägt, weit in die Nacht

---

3   Antoine de Saint-Exupéry: Nachtflug. Übers. aus dem Französischen von Annette Lallemand, mit einem Vorwort von André Gide. Düsseldorf 2017, S. 16. Im Folgenden wird in der Regel mit dieser Übersetzung gearbeitet, die Seitenzahl der Zitate wird im Fließtext angegeben. An einigen Stellen sind Übersetzungen der Verfasserin als solche markiert.

4   Vgl. im Original: „Déjà pourtant s'éclairaient les villages, et leurs constellations se répondaient. […] La terre était tendue d'appel lumineux, chaque maison allumant son étoile, face à l'immense nuit […]." Antoine de Saint-Exupéry: Vol de nuit, S. 21 (Herv. Vf., C.B.).

hinaus [...]." (ebd.) Fabiens beinah romantisch anmutende Verwechslung von Sternen mit künstlichen Lichtern, die ihm andererseits ganz realiter zur Orientierung dient, wird an anderer Stelle im Werk Saint-Exupérys erklärend dokumentiert. Bei einem Absturz seiner Maschine auf der Route zwischen Paris und Asien 1935 überlebte Saint-Exupéry dank einer glücklichen Notlandung in der Wüste. Dieses Erlebnis verarbeitete er in autobiographischen Artikeln, die er, nach einem weiteren schweren Unfall in Guatemala, gesammelt unter dem Titel *Wind, Sand und Sterne* (*Terre des hommes*) 1939 in Paris veröffentlichte. Was in Bezug auf die Romanfigur Fabien erfunden scheint oder poetisch/rhetorisch aufgeladen, findet sich im journalistischen Stil als faktische Erfahrung geschildert. Es kommt „aus der Wirklichkeit"[5], wie Saint-Exupéry betont, wenngleich er es auch „in einem [s]einer früheren Romane verwendet" habe (*Wind, Sand und Sterne*, 113f.). Nachträglich vermittelt sich so dem Poetischen des Nachtflugs reelle Substanz. Saint-Exupéry beschreibt hier, wie die Sterne zunächst von einem befestigten Posten aus erscheinen und wie sich dies beim Fliegen dann ändert. Sie seien

> vollzählig zu sehen wie aus dem Flugzeug, nur standen sie still.
> Im Flugzeug tun sie das nämlich nicht. Da kann es einem Flieger vorkommen, dass er in einer gar zu schönen Nacht zu steuern vergisst. Das Flugzeug neigt sich etwas auf die linke Seite. Der Flieger freilich meint, dass er noch immer waagerecht liegt. Da entdeckt er unter dem rechten Flügel die Lichter eines Dorfs; in der Wüste aber gibt es keine Dörfer. Dann ist es wohl eine Fischerflotte beim nächtlichen Fischfang? Aber mitten in der Wüste fahren keine Fischerboote. Was ist es dann, fragt sich der Flieger. – Ja dann, dann muss er über den Irrtum lächeln, behutsam richtet er sein Flugzeug wieder gerade. Das „Dorf" kommt wieder an seinen Platz, und er hängt das Sternbild wieder ans Himmelsgewölbe, von dem er es hatte herunterfallen lassen, sein Sternendorf. (*Wind, Sand und Sterne*, 113–114)

Laut des Berichts entbehrt die nächtliche Fliegerperspektive jeder Orientierung, selbst körperliche Schwerkraft und Erdanziehung sind ausgehebelt. Diese Blackbox bietet umgekehrt Saint-Exupéry eine Matrix, um Interpretationsmechanismen sichtbar zu machen. Denn zu lächeln hat der Flieger nicht nur über seinen Irrtum, sondern auch über die Erkenntnis seiner Erkenntnisschemata. Ebenso über den gewonnenen Freiraum, der ihm gestattet, die fernen Sterne mit den Formen der Zivilisation zu verwechseln, das Naheliegende als Sehnsuchtsort zu entziffern und umgekehrt. Ähnlich geht es dem Piloten Fabien. Zwar fasst er die Stadtlichter als Sterne auf und nicht die Sterne als Dorflichter, doch bleibt beiden Piloten gemein, dem autobiographischen wie dem fiktiven, dass sie sich als sinnkonstituierende Subjekte erfahren. Eine

---

5   Antoine de Saint-Exupéry: Wind, Sand und Sterne. Übers. von Henrik Becker. Düsseldorf 2016, S. 113. Folgende Verweise auf die Seitenzahl werden direkt nach dem Zitat in Klammern mit Kurztitel angegeben.

Erfahrung, die beide in eine leichte Hybris geraten zu lassen scheint: Saint-Exupéry ordnet sein Weltbild und packt selbstbewusst das Sternbild wieder ans Himmelsgewölbe; Fabien hingegen weiß aus seiner übergeordneten Position über die tiefgreifende Bedeutsamkeit ganz nebensächlicher Handlungen bescheidener Bauern zu sprechen, die im Tischlampenlicht ihr Abendbrot zu sich nehmen:

> Diese Menschen glauben, ihre Lampe beleuchte nur ihren bescheidenen Tisch, dabei erreicht der Ruf dieses Lichts jemanden in achtzig Kilometer Entfernung, so als schwenkten sie es voller Verzweiflung auf einer gottverlassenen Insel angesichts hoher See. (19)

3. Der Tagtraum vom Fliegen

Das Abgeschnittensein von gängigen Anordnungsprinzipien und das Verlorensein in der Unendlichkeit einer Nacht ohne oben und unten, das sich im später entstandenen journalistischen Bericht beschrieben findet, lässt sich noch anderweitig auf den *Nachtflug* projizieren. Fabien gerät in einen schweren Wirbelsturm – der Roman wird hier dramaturgisch dichter und nähert sich dem Höhepunkt. Erneut werden im Zyklon die Perspektiven des Piloten durcheinandergeworfen und buchstäblich durchgeschüttelt. Ohne ein „flackernde[s] Lichtzeichen, ein wenn auch hilflose[s] Lämpchen aus einer Herberge, das aber wie ein Leuchtturm die Existenz der Erde bestätigt hätte" (93) braucht Fabien „wenigstens eine Stimme" (ebd.) aus dem zusammenbrechenden Funknetz und einer „schon nicht mehr existierenden Welt" (ebd.). Der im Sturm abgebrochene Funkkontakt löst in Fabiens Figurenperspektive eine weitere Umdeutung der Tischlampen aus, an die sein Sinngebungsmechanismus sich gewohnheitsmäßig erinnert: Sie scheinen ihm nun das behagliche Licht zu spenden, in dem seine Kameraden die „allmächtig und allwissend" (94) machenden Karten der Flugrouten studieren. Ihre potentiellen Anweisungen dringen aber nicht in sein Cockpit. Dort lässt der „künstliche Horizont" (95) sich ebensowenig ablesen wie im selben Maß draußen „die Massen von Himmel und Erde" zu unterscheiden sind. (ebd.) Zur Orientierung dient hier nichts mehr – keine Lichter, keine Sterne, kein Anhaltspunkt für eine Interpretation. Fabien befindet sich im absoluten Dunkel, ohne oben und unten, rechts und links, mit ein paar nicht zu ortenden Körperwahrnehmungen. Der Nachtflug, der im Spiegel der Figur Rivière dem Traum vom Fliegen den Anschein des Realen gibt, kippt im Unwetter für Fabien in einen veritablen Alptraum. Die Finsternis, in der alles verschwimmt, findet einen Vergleich mit dem Chaos „zu Anbeginn der Zeiten" (95) („d'origine du monde", 137). Wenn wir nach dem ersten Buch Mose gehen, befindet sich Fabien damit in einem Zustand noch vor Wort/Licht. Interessanterweise hält der nicht lange an. Erneut blinkt ein Sternenlicht im Dunklen, als unerwartet über ihm schmal die Wolkendecke aufreißt: Fabien erkennt, dass dies eine Falle [war]: man sieht drei Sterne, weil da eine Lücke ist, man steigt zu ihnen empor, kann dann nicht mehr hinunter, verharrt, den Sternen anheimgefallen [...]. Doch sein Hunger nach Licht war so groß, dass er zum Steigflug ansetzte. (97)

Mit den letzten Tropfen Benzin, das heißt, kurz vor seinem und seines Kompagnons sicheren Tod, kann Fabien das Flugzeug für ein paar Minuten aus dem Wirbelsturm emporheben. Er lässt den tobenden Wolkensog unter sich und segelt plötzlich in der unwirklichen Stille der Sternenlichter dahin, über den vom Mond weiß beschienenen Wolken. Der realisierte Nachtflug verliert nun sein allzu Reelles und tritt in der tagtraumartigen, hochpoetischen Gestalt des Fliegens ‚über den Wolken' auf. Literarisch kraftvoll wirkt diese so irreale Szene, weil sie als reales Erleben inszeniert ist, erneut verquickt mit einer paradoxen Sinnverkehrung bzw. Sinnauflösung. Obwohl Fabien weiß, dass das Flugzeug abstürzen wird, muss er lächeln, allein weil er den Zyklon hinter und unter sich gelassen hat. Der völligen Desorientierung hat er sich entzogen, um am Rand des Himmels in der Hyperrealität eines poetischen Tagtraums aufzuschlagen: Fabiens realer Höhenflug überbietet alle Träume vom Fliegen. Er erfährt am eigenen Leib die pure Poesie. So liest sich der fiktive Pilot als die Reflexionsfigur von Saint-Exupérys zugleich biografischem wie ästhetischem Programm, das Fliegen und Schreiben als eng verflochten versteht. Fabien befindet sich für kurze Zeit jenseits des steten Verorten-Wollens, Horizont-Suchens, Interpretierens und Sinnfindens, wenn sein Flugzeug

> wie ein Boot [...] ins Hafenbecken [gleitet], umfangen von einem noch unbekannten und verborgenen Stück Himmel, einer Bucht auf der Insel der Seligen gleich. [...] Fabien glaubte sich in wundersame Sphären erhoben, denn alles wurde licht, seine Hände, seine Kleidung, die Tragflächen. Denn das Licht kam nicht von oben, von den Sternen, es entstammte diesen weißen Vorratsspeichern, die unter ihm und rings um ihn waren. (98 f.)

So sehr es danach klingen mag, kann diese „Welt, in der außer ihm und seinem Kameraden nichts, aber auch gar nichts Lebendiges war" (99), keineswegs als metaphorische Präfiguration von Fabiens Tod gelesen werden. Kurz bevor die Ewigkeit beginnt, beendet er jeden Ansatz geistigen Höhenflugs, was seinen reellen noch einmal mehr hervorhebt. Fabien selbst verhindert den Übergang ins gänzlich poetisch-metaphorische, wenn er, „zwischen Sternen umherirrend" (ebd.), ebenso ironisch wie melancholisch sein Erleben kommentiert: „Alles zu schön." (ebd.) Schnell weiß er sich wieder zu verorten und schätzt sinnvoll seine Lage ein: „ein Gefangener, dem man noch einen letzten Freigang zwischen Blumenbeeten gönnt." (ebd.) Der Absturz, der unweigerlich folgen wird, bleibt unerzählt.

4. Luftspiegelungen

Parallel erfährt man in Buenos Aires vom technisch unerhörten Überflieger ohne Benzin. Rivière versucht das Flugzeug mit den ihm zu Verfügung stehenden Mitteln zu orten: Telefonate über den Kontinent und deren vereinzelte Radarabrufe. Je höher Fabien steigt, umso weiter spannt sich das Kommunikationsnetz auf Erden aus, das von Station zu Station Funksprüche an die Zentrale weitergibt. Fabiens nahender Absturz, aber gewissermaßen auch dessen Erleben des Nachtflugs in der überirdischen Qualität eines tagtraumartigen Segeltörns auf der Milchstraße – das übertrifft den möglichen und realisierbaren Traum vom Fliegen –, löst beim nüchternen Visionär Rivière eine Sinnkrise aus. Sie markiert den kleinen Moment einer potentiellen Neukonfigurierung seines Bedeutungssystems. Rivières Unternehmen funktioniert nur mit Sinn bzw. einer unterlegten Ideologie. Die gerät durch die ausweglose Situation Fabiens ins Wanken. Nicht aus persönlichen oder ethischen Gründen Rivières, sondern weil von außen der moralische Druck der Gegner seines Unternehmens übermächtig zu werden droht. Und auch, weil sein diszipliniertes und disziplinierendes Streben empfindlich gestört wird. Jahrelanges Notieren, Prüfen und Speichern von Wetter-, Routen- und Flugerfahrungen, systematisierte Forschung und vielschichtige Kartographierung verfehlen ihren Zweck, versagen ihren Dienst: Sicherheit und gesicherte Abläufe. Noch aber glaubt Rivière an sein „Werk" (81), wie er es nennt. Nur ein kleiner Riss darin habe das „Drama" (ebd.) des durch den Zyklon drohenden Flugabsturzes verursacht. Rein funktional und analytisch begreift er dabei das, was er Drama nennt: Es bringe diesen Riss erst ans Licht. Literaturgeschichtlich gebildet, weiß Rivière allerdings auch, dass „[z]um Drama ja auch Gefühle" (88) gehören.

Die werden durch die Ehefrau des Piloten, Simone Fabien, manifestiert. Ihre weibliche Perspektive bildet die Rückseite des Flieger-Heldenepos. Sie betritt in Kapitel 14 das Reich des Direktors und erschüttert mit ihren hartnäckigen, unausgesprochen vorwurfsvollen Fragen nach dem Verbleiben ihres Mannes das Weltbild Rivières. Was Dallapiccola in seiner Oper so stark hervorgekehrt hat – das vergessene Gefühl im militärisch-ehrgeizigen Pionier-Geschäft, die Trauer um den Verlust, die Geborgenheit des nur aus der Distanz betrachteten Lampenlichts am Abendbrottisch, der Preis der Avantgarde und des technisch-wirtschaftlichen Erfolgs – ist im Roman durchaus angelegt. Die Weltsichten und Ideologien Simone Fabiens und Rivières unterscheiden sich voneinander, wie die Blicke von oben herab und von unten herauf, wie die Sterne der Erde und die des Himmels; unvereinbar, geradewegs feindlich, geraten sie aneinander. „Das war genau die Grenze, wo es für [Rivière] nicht mehr um persönliches Leid, sondern um den Sinn der Tat als solche ging. Er sah sich nicht Fabiens Frau gegenüber, sondern einem anderen Verständnis dessen, was Leben bedeutete." (89) Der Direktor akzeptiert die Werte- und Wahrheitsauffassung Simones, die er betrachtet als die Welt der hellen „Lampe über dem Tisch, wenn es Abend wurde, eine[s] Leib[s], der den anderen begehrte, ein[es] Heim[s] voller Hoffnungen, Zärtlichkeiten und Erinnerungen" (ebd.). Ihre Welt bleibt im Erzählkosmos des *Nachtflugs* eine von außen betrachtete – emotional fremd, zugleich intellektuell interpretiert; Saint-Exupérys Roman ist eine Männersache, allein deren Perspektiven werden vermittelt. Rivière vermag dem, was für Simone Geltung hat, nichts entgegenzusetzen. Vielmehr scheint ihm *seine* Wahrheit „unaussprechbar und inhuman" (90). In dieser delikaten Begegnung wird Rivières feste Sinneinheit flexibilisiert und zu einer Selbstreflexion ausgedehnt. Nicht hinsichtlich der besorgten Ehefrau, auch nicht hinsichtlich eines durch eine weibliche Figur vertretenen Klischees bzw. eindimensionalen Frauenbilds, sondern konfrontiert mit seiner eigenen Sprachlosigkeit und seinen hehren Idealen gerät Rivière nun vermehrt in eine Krise (90–92). In einem gleichsam retardierenden Moment revidiert er seinen Glauben an seine Sache, er zweifelt an der Etablierung des Postflugunternehmens, allgemeiner, an der Etablierung einer neuen Kultur. An verschiedenen Flanken zerren vom gleichem Recht beide Gefühlswelten und Wertmaßstäbe, so Rivières Auffassung. Also versucht er, sein Handeln vom Ende her zu rechtfertigen:

> [E]ines Tages wird das Schicksal ohnehin solch goldene Schreine in sich zerfallen lassen, als seien es nur Augentäuschungen [Luftspiegelungen/mirages, C. B.] gewesen. Alter und Tod werden sie zerstören, unbarmherziger als er. Vielleicht gilt es etwas anderes zu bewahren, das von Bestand sein wird. (91)

Ende, Zerfall und Tod kommen ohnehin; sein Projekt aber habe als ein überpersönliches etwas mehr Überlebensdauer. Interessant an Rivières Überlegung ist vor allem eines: In beiden Bereichen, dem der persönlichen Häuslichkeit sowie dem der gesellschaftlichen Aufgabe, diagnostiziert er das Problem der Verkennung, Täuschung, Illusion. Dass alles – für beide – nur eine luftgespiegelte Fata Morgana gewesen sein werde, weist erneut auf die dem Text unterlegte Sensibilität für Strukturen vergeblicher, subjektiver Sinnproduktionen.

In seiner Verantwortung hochriskanter Flüge sowie in ängstlicher Erwägung seines Scheiterns, gerät Rivière merklich unter Druck – und er lässt seine Gedanken doch wieder die alte Richtung einschlagen und den Weg seiner ideologisch erprobten Bahnen nehmen: „Lieben, nur lieben, was für eine Sackgasse. Er hatte das unbestimmte Gefühl zu etwas Höherem verpflichtet zu sein als nur zu lieben. Vielleicht war das ja auch eine Art Liebe, nur so ganz anders." (Ebd.)

Der Moment der kleinen Ambivalenz, in der die zwei Überzeugungen auf Augenhöhe konkurrieren und Rivières klare Ideologie sich kurz destabilisiert, spannt die Bogensehne umso straffer. Denn letztendlich befeuert die Begegnung mit Simone erst recht den Entschluss Rivières: Ohne Nachricht von Fabien schickt er das Postflugzeug nach Paris los. Er bleibt seinem harten Führungsstil treu – und Fabien ist ihm nicht gerecht geworden. Das Geschehen bewegt sich damit klassisch tragisch im Konflikt zwischen zwei unvereinbaren Polen – privates (Familien-)Glück versus höheres gesellschaftliches Anliegen. Nach einer kurzen Reflexion, die hier nicht ein Chor, sondern die Innensicht der Figur Rivière übernimmt, nimmt das Drama seinen unvermeidlichen Ausgang.

Während Jacques Rivière in seinem Direktionsbüro nach den Sternen greift, sitzt Simone trauernd im Licht einer Abendtischlampe. Für ihren Mann Julien Fabien konfiguriert sich dieses Licht an anderer Stelle zur Sternenkonstellation seiner Sehnsuchtsorte. Lichtpunkte, in Form von Lampen, Sternen, Leuchttürmen, der Milchstraße und des Monds sind im *Nachtflug* auf eine Weise inszeniert, die den Mechanismus von Sinnherstellung, -auflösung und Neukonfigurierung sichtbar macht. Saint-Exupéry mischt in seiner Literarisierung der Flugerfahrung altbewährte Orientierungstechniken an Sternen mit den Konsequenzen einer perspektivischen Umkehrung. Die sternengleitete Inszenierung von Sinnverschiebungen und Sinnproduktionsmustern erzählt dabei implizit auch von der veritablen Horizonterweiterung, die mit der Flugerfahrung in der Moderne einhergeht. Eine literarische Ästhetik für dieses neue (Er-)Leben findet Saint-Exupéry einerseits im traditionellen Korsett des Heldenepos und mehr noch in der tragischen Dramaturgie, samt halb fremdverschuldetem, tödlichem Absturz der Ananke und dem notwendig unversöhnlichen Konflikt zweier Ideale bzw. Werte. Andererseits knüpft der Text an den Gemeinplatz des ‚Traums vom Fliegen' an. Nicht, um ihn einfach zu wiederholen, auch nicht, um vorzuführen, wie er aufgehoben wird. Vielmehr überbietet Saint-Exupéry diesen Topos, indem er erneut eine Verdrehung vornimmt und das Traumhafte dem realisierten Flug *wieder* unterschiebt. So mobilisiert er eine dem Fliegen latente kulturelle Kraft, die sich aus dem jahrhundertealten Traum speist. Dazu zeigt er nicht einfach das Fliegen als einen seit Menschengedenken existierenden und nun in Erfüllung gegangenen Wunsch. Er stellt das Realwerden eines Traums als solches dar, indem er das der Wirklichkeit inhärente Poetische aufzeigt. Ihre gegenseitige Verflochtenheit wird jedoch erst durch Fabiens Vorstoß in von Menschenaugen niemals zuvor gesehene Höhen sichtbar, womit sich hier zugleich das Reale als eine Bedingung von Darstellbarkeit reflektiert. Saint-Exupérys Schreiben über das Fliegen zeigt Luftspiegelungen – das Traumhafte des Realen, die ganz reelle Illusion.

Schließlich birgt sein ästhetisches Verfahren noch eine biografische Pointe: Mit dem Fliegen ebenso wie mit dem Schreiben erfüllt Saint-Exupéry sich selbst einen Traum. Quicklebendig, auch visionär und realiter, lebt Antoine de Saint-Exupéry seinen Traum. Davon zeugen seine Texte.

Christophe Fricker (Bristol)
Technik, Autorschaft und Erde · Ernst Jüngers ambivalente Haltung gegenüber dem flugreisenden Menschen

1.

Das Fliegen beschäftigte den Krieger, Autor und Entomologen Ernst Jünger ein Leben lang. 1917 meldete er sich – vergebens – zu den Luftstreitkräften.[1] In der Weimarer Republik entwickelte er in einer Reihe von Essays das Bild des Luftkriegers, der wie kaum ein anderer die mobilisierte Welt der Arbeit und der globalen Bürgerkriege verkörperte. Die Perspektive aus großer Höhe wurde zu einem wesentlichen Bestandteil des stereoskopischen Blicks, dessen Urheber zugleich distanziert und involviert ist. 1928 gab Jünger den großformatigen, reich bebilderten, zweieinhalb Kilogramm schweren Band *Luftfahrt ist not!* heraus, dessen 39 Essays sich vor allem mit technischen Facetten des Fliegens beschäftigten.[2] Im Zweiten Weltkrieg erlebte Jünger die Zerstörung großer Flächen durch das Bombardement aus der Luft. Nach 1945 zog er sich in eine verkehrsarme Region, die Schwäbische Alb, zurück; zugleich wurde er als reisender Autor[3] zur globalen Präsenz, und das heißt schon früh: zum Vielflieger.

Da es in der folgenden Analyse um das Reisen per Flugzeug und nicht allgemein um das Fliegen gehen soll, konzentriere ich mich auf dasjenige Werk, in dem Jünger am häufigsten fliegt und in dem er diese Flugreisen am häufigsten reflektiert: das fünfbändige Tagebuchwerk *Siebzig verweht*, das die Jahre 1965 bis 1996

---

1 Vgl. Heimo Schwilk: Ernst Jünger. Ein Jahrhundertleben. München 2007, S. 122. – Vielleicht taucht deshalb die Perspektive des Kampfpiloten im späten Tagebuchwerk *Siebzig verweht* nicht explizit auf. Wenn dort vom Luftkrieg die Rede ist, so immer in einer Weise, die die Auswirkungen am Boden in den Mittelpunkt stellt: In Calvi beobachtet Jünger beispielsweise „einen Bestand an ausgebrannten Häusern [...] als Erinnerung [...] an Bombenwürfe aus dem Zweiten Weltkriege." Nur andeutungsweise ist von den Eindrücken der ‚Flieger' die Rede, etwa des „Kameraden Osterkamp, den über dem Kanal von hinten ein englischer Jäger anflog." (SW 5: 320) Jünger interessiert sich auch hier eher für die Auswirkungen ‚am Boden', nämlich auf den Vater des Verfolgten, der die Gefahr gespürt haben soll, in der sein Sohn sich befand. – Ernst Jünger wird zitiert nach Sämtliche Werke. 22 Bde. Stuttgart 1978–2003 [SW]. *Siebzig verweht* umfasst die Bände 4, 5, 20 und 21 sowie Teile von Band 22.
2 Ernst Jünger (Hg.): Luftfahrt ist not! Leipzig o.J. [1928].
3 Vgl. grundlegend Jan Robert Weber: Ästhetik der Entschleunigung. Ernst Jüngers Reisetagebücher (1934–1960). Berlin 2011.

abdeckt. *Siebzig verweht* ist mit Jüngers Gesamtschaffen eng verzahnt. Themen, die er anspricht, und Perspektiven, die er einnimmt, sind in früheren oder parallel erscheinenden Werken ebenfalls aufzufinden. Das Fliegen als Leistung und Kennzeichen der technischen Moderne hat, so lässt sich aus Jüngers inhaltlichen Schwerpunktsetzungen in *Siebzig verweht* schließen, seiner Meinung nach ähnliche Auswirkungen auf den menschlichen Alltag wie der Autoverkehr sie bereits hat[4] und wie die bemannte Raumfahrt[5] sie einmal haben wird. Dazu gehört die Verschränkung von technischer Beschleunigung, der Vernutzung von Ressourcen und der Verfügbarmachung von Welt mit der Schaffung neuer, auch ruhiger und anregender Beobachtungspositionen.[6]

Im Folgenden möchte ich Jüngers Auseinandersetzung mit dem Flugreisenden untersuchen, indem ich folgende Hypothese prüfe: Ernst Jüngers Haltung gegenüber dem Fliegen ist deshalb so ambivalent, weil er es in drei sehr unterschiedliche Kontexte einordnet, die er in einem Spannungsverhältnis zueinander sieht. Ich möchte sie mit Stichworten benennen, die ich ebenfalls Jüngers Werk entnehme: ‚Technik', ‚Autorschaft' und ‚Erde'. Diese Stichworte ordne ich den relevanten Passagen zu, womit ich Teilen des diaristischen Werks eine kategorische Qualität zuschreibe.[7]

Am Ende der Untersuchung wird es dem Leser überlassen bleiben, ob er Jüngers uneinheitliche Äußerungen über Flugreise und Flugreisende insgesamt als Ausweis fehlender intellektueller Stringenz wertet oder in ihnen die Anerkennung komplexer Weltverhältnisse sieht, die keine einfachen Antworten dulden.

2.

Jüngers Ambivalenz gegenüber dem von ihm sorgfältig wahrgenommenen und beschriebenen Phänomen der Flugreise und die Einordnung in die drei Kontexte lässt sich paradigmatisch an den ersten drei Absätzen des Tagebucheintrags vom 18.

---

4 Vgl. Christophe Fricker: „Machina machinarum": Ernst Jüngers Autobahnen. In: Jan Röhnert (Hg.): Die Metaphorik der Autobahn. Literatur, Kunst, Film und Architektur nach 1945. Weimar 2014, S. 87–104.

5 Flugreisen und bemannte Raumfahrt sind Jüngers Wahrnehmung zufolge nichts grundsätzlich Verschiedenes; er nennt den Flugverkehr und seine „Abzweigungen wie die Raketentechnik und die Raumfahrt" (SW 21: 27) in einem Atemzug.

6 Vgl. Christophe Fricker: Ästhetische Beschleunigung – technische Entschleunigung? Die Zeitlichkeit von Autorschaft und Arbeit bei Ernst Jünger. In: Jan Röhnert (Hg.): Technische Beschleunigung – ästhetische Verlangsamung? Mobile Inszenierung in Literatur, Film, Musik, Alltag und Politik. Weimar 2015, S. 209–225.

7 Dies wäre gesondert zu legitimieren, auch anhand von Jüngers Sprachdenken.

März 1979 ablesen. Er ist versehen mit der Ortsangabe „Im Flugzeug" (SW 5: 460). Jünger befindet sich auf der Rückreise aus Liberia.

> Hoch über der Sahara. Der weiße Kumulusteppich ist vom Wüstenstaub rötlich gefärbt. Ich blicke aus dem Fenster, lese einen Vergleich zwischen Spengler und Toynbee, trage Tagebuchnotizen nach, genehmige mir einen Schluck Moët-Chandon mit Albert Hofmann und Alexander und zwischendurch einen Film über den phantastischen Flug der Schneegänse von der Hudsonbay bis zum Golf von Mexiko.
> Was mir bei dieser Häufung merkwürdiger Situationen und Tätigkeiten am merkwürdigsten vorkommt: die Selbstverständlichkeit, mit der ich sie wahrnehme und ausübe. Ich kann den Verdacht, daß Traumhaftes einspielt, nicht abweisen.
> Vielleicht ist „traumhaft" nicht ganz zutreffend. Eher schon: Teilnahme an einer determinierten Entwicklung oder an den Eskalationen eines Kollektiv-Gehirns. Auf alle Fälle unheimlich, weil völlig Unberechenbares „eintreten" kann. An der Determination sollte man festhalten, sie bleibt sogar die letzte Hoffnung noch.

Der erste Absatz enthält eine kurze Positionsangabe, eine kaum längere Beschreibung der Aussicht aus dem Flugzeugfenster und sodann eine Liste von fünf Handlungen, die Jünger im Flugzeug verrichtet. Dieses Handlungsinventar wird anschließend einer Reflexion unterzogen, die in einer Beteuerung mündet. Dass dem Autor eine solche nötig erscheint, liegt sicher an der beträchtlichen Unsicherheit der vorangegangenen Reflexion. Ausdrücke wie ‚Verdacht', ‚vielleicht', ‚nicht ganz' und ‚eher schon' drücken Unsicherheit aus, und außerdem die Kaskade von Worten, mit denen Jünger seine Eindrücke zu fassen versucht: ‚merkwürdig', ‚selbstverständlich', ‚traumhaft', ‚determiniert', ‚unheimlich', ‚unberechenbar'.

Die isolierte Betrachtung des Tagebucheintrags erlaubt noch keine Systematisierung dieser Formulierungen. Im Kontext der knapp 200 weiteren Bemerkungen über den Menschen im Flug, die sich in *Siebzig verweht* auffinden lassen, wird eine systematische Analyse allerdings möglich. Die drei Worte ‚selbstverständlich', ‚merkwürdig' und ‚determiniert' möchte ich den Bereichen ‚Technik', ‚Autorschaft' und ‚Erde' zuordnen.

3.

Selbstverständlich ist, was nicht auffällt. Dass die interkontinentale Flugreise nicht auffällt, sondern einfach Raum bietet für andere Beschäftigungen, hat Voraussetzungen, die Jünger zufolge zur ‚Technik' gehören. Es sind dies vor allem das effiziente Funktionieren von Verkehrsmitteln, ihre globale Reichweite und Vernetzung sowie ihr Komfort. Wie Jünger diese beschreibt, soll zunächst gemustert werden.

Fragen der Antriebstechnik oder der Bauweise von Fluggeräten kommen bei Jünger nur sehr selten vor. Wo sie vorkommen, geht er rasch zu anderen Aspekten technischer Entwicklung über – etwa wenn er von verschiedenen Fortschritten spricht, „manchmal großen wie zum Düsenantrieb, aber auch minimalen des Komforts, der Beleuchtung, der Ersparung von Gängen und Handgriffen" (SW 21: 27).

Reichweite und Vernetzung hingegen faszinieren Jünger. Schon 1977 konstatiert er: „Zwischen den europäischen Städten entwickelt sich eine Art Vorortverkehr" (SW 5: 350) der Pendelflüge; schließlich entsteht ein „planetarischer" (SW 20: 276) Verkehr. Die Verzahnung von Flügen und anderen Verkehrsmitteln (vgl. SW 5: 20), „das lückenlose System von Schaltungen" (SW 5: 217), der Technisierung, der Regelung bestaunt er während einer Flugreise auf die Seychellen, bei der es zur Zwischenlandung in London statt auf Madagaskar kommt und Jünger sich in einer portugiesischen statt der eigentlich gebuchten Schweizer Maschine wiederfindet: „Das alles ist nur durch Rechner möglich, deren Sitz kaum zu ermitteln ist – als Datenspiel zwischen verschiedenen Ländern, Kontinenten sogar. Die Möglichkeit des Einzelnen, darauf Einfluß zu nehmen, wird verschwindend gering." (SW 21: 279).[8]

An Stellen wie diesen zeigt sich das von Jünger unterstellte Doppelgesicht der Technologie: Sie nimmt dem Menschen Mühen ab, und das wird als Komfort verstanden. Damit sie reibungslos läuft, muss sie gegen Störungen gefeit sein, also an sich eine gewisse Widerstandsfähigkeit besitzen. Dieser Widerstand wiederum bedeutet, dass der Mensch nicht nur nicht eingreifen *muss*, sondern im Zweifelsfall auch nicht eingreifen *kann*. Hierin liegt – und zwar, laut Jünger, notwendigerweise! – der Zwiespalt aller Technik begründet, auch des Fliegens: die Gleichzeitigkeit von „Komfort und Gefahr" (SW 20: 276). Er spricht, wie auch im Zusammenhang mit dem Automobilverkehr, von der „Selbstverständlichkeit, mit der das Risiko in Kauf genommen wird" (SW 4: 375). Den Zusammenhang von Komfort, Gefahr und Effizienz zieht er an anderer Stelle von seiner ‚dunklen' Seite her auf: „Tödliche Geschwindigkeit gehört zu unserem Umgang, sogar zu unserem Komfort. Zuweilen wird sie effizient." (SW 21: 216) Und noch konziser: „Der Verkehr nimmt ballistische Formen an." (SW 21: 99).

Angesichts der tödlichen Risiken des Fliegens fällt die „besondere Kriminalität", die mit der Luftfahrt – wie mit „jeder neuen Technik" – entstanden sei (SW 21: 27), offenbar nicht wirklich ins Gewicht.[9] Ein drastisches Beispiel für den Hinweis auf eine solche laut Jünger notwendige Verkettung von technischem Fortschritt und

---

8   Auf Samos notiert Jünger: „Wenn ich bedenke, wieviel Flugzeuge selbst auf dieser kleinen Insel landen und starten, befällt mich von den Dimensionen eine unklare, doch erschreckende Vorstellung." (SW 21: 161) Den Kontext bilden Überlegungen zur ‚Logistik', die noch zu Jüngers aktiver Dienstzeit dem Generalstab oblag, also eine militärische Frage gewesen sei. Die Verwischung der Grenze zwischen Krieg und Arbeit, die Jüngers Denken zufolge für die mobilisierte Moderne kennzeichnend ist, weist er also auch im Zusammenhang der Flugreise nach.
9   Viel fundamentaler gestört werde die Effizienz des Flugverkehrs durch den Streik, vor allem

spezifischer Kriminalität ist der Kommentar zur Entführung von Egypt-Air-Flug 648 im November 1985. Bei der Befreiung der Geiseln durch ägyptische Sicherheitskräfte auf dem Flughafen von La Valletta kamen 58 Menschen ums Leben. Jünger notiert lakonisch: „Das kann jedem blühen, der eine Maschine besteigt." (SW 20: 575) Und mit Molière nennt er indirekt den Grund dafür: „Tu l'as voulu." (ebd.; ähnlich SW 21: 28). Dass Jünger nichts von der Ansicht hält, dass die Welt durch neue Technologien besser oder friedlicher wird, ist bekannt; die eben zitierten Kommentare gehören zu den herausragenden Beispielen für seinen Fatalismus.

Insofern sind seine regelmäßigen Beschwerden über Sicherheitskontrollen und den Austausch von Daten über Flugpassagiere ebenfalls als Ausweis des Fatalismus zu bewerten: Flugzeuge, so könnte man Jüngers Haltung auf den Punkt bringen, werden ohnehin entführt und in die Luft gesprengt, da könnte man sich die lästigen Kontrollen doch auch sparen. Flugzeugentführer wie die Palästinenser, auf deren Konto die Egypt-Air-Entführung ging und die ihre Geiseln gegen gefangene Gesinnungsgenossen austauschen wollten, machten den Menschen zur „Handelsware" (SW 5: 80). Das Sicherheitspersonal auf westlichen Flughäfen lasse sich auf dieses Spiel ein; auf sein Konto gingen daher ebenfalls „Krieg, Handel und Piraterie" (SW 5: 166). Jünger entzieht sich unter Verweis auf die Natur der Technik und die Erfahrung des Einzelnen nicht nur der politischen Bewertung aktueller Ereignisse, sondern wertet politische Interessen schon an sich ab.

Dass die Technik und die Erfahrung ihres Komforts und ihrer Risiken selbstverständlich werden, bemerke derjenige Ältere, der versucht, sich ihr zu entziehen. Jünger beschreibt diesen Versuch illusionslos: „[M]an zappelt noch eine Weile; die anderen merken es nicht mehr." (SW 21: 279). Zur besonderen Ironie der Moderne gehöre es, dass die Flucht vor der Selbstverständlichkeit der Verkehrsmittel selbst immer stärker auf diese Verkehrsmittel angewiesen sei.[10] Das Ansinnen des abenteuerlustigen blinden Passagiers der Moderne stehe also von Vornherein unter keinem guten Stern: „Als blindem Passagier steht ihm noch eine lange Fahrt bevor", sagt Jünger gönnerhaft (SW 21: 338).

Offenbar kritisierte auch Ernst Jüngers Vater, dass die Technik zum risikoreichen Selbstläufer wird und die Gestaltungsspielräume des Individuums beschränkt. Aufgrund dieser Vorbehalte riet er dem Sohn davon ab, sich zu den Luftstreitkräften zu melden: „Du bist Infanterist und mußt dabei bleiben. Das ist eine gute Sache; zu Fuß kann man sich immer forthelfen." (SW 4: 104). In dem Wort ‚forthelfen', das die Bewegung zu Fuß kennzeichnet, steckt eine durchaus eigenartige

---

    den ‚Bummelstreik', der sich gegen die Aufrechterhaltung von Vernetzung und Arbeit richte (vgl. z.B. SW 4: 264 und SW 5: 13 f. und 79).
10 Zur Art und Weise, wie die Moderne auch ihre Gegenbewegungen aufsaugt, vgl. Hartmut Rosa: Beschleunigung. Die Veränderung der Zeitstrukturen in der Moderne. Frankfurt/M. 2005.

Mischung aus ‚Weiterkommen' im Sinne eines qualitativen Fortschritts und der ‚Rettung aus der Gefahr'. Dass diese Verschränkung von Fortschritt und Rettung nur auf die untechnisierten Methoden der Fortbewegung zutreffe, scheint auch der Sohn zu meinen, wie der unmittelbar folgende Kommentar verdeutlicht: „[H]undert Schritt zu Fuß sind besser als tausend Kilometer im Flugzeug oder im Automobil." (Ebd.)

Durchaus folgerichtig, aber ohne diese Folgerichtigkeit explizit hervorzuheben, sieht Jünger mit der Selbstverständlichkeit der Technik die Dequalifizierung ihrer Nutzer einhergehen. Wer nicht mehr eingreifen darf, kann irgendwann auch keine Probleme mehr lösen. Er hat seine Handlungskompetenz an Techniker oder Technik delegiert. Er hat keine Möglichkeit mehr, seine Problemlösefähigkeiten zu Kulturtechniken weiterzuentwickeln, die ihn als Menschen auszeichnen. Drei Betätigungen, die darunter leiden, seien die des Diplomaten, des Kriegers und des Pilgers; im Einzelnen: Der Journalist Signorelli sagt, „das Flugzeug" habe die Diplomatie „ruiniert": „Da kommen nicht mehr Nachrichten, sondern die Leute selbst." (SW 4: 410). Dass die Fremdenlegionäre „nicht mehr tage- und wochenlang zum Gefecht marschierten, sondern eingeflogen würden, sei ein Verfallszeichen" (SW 4: 458), zitiert Jünger seinen Fremdenlegionsfreund Benoit. Schließlich zur Reise nach Mekka: „Der Pilger, der nach Mekka fliegt, unterscheidet sich wenig vom reinen Touristen; das ist keine Wallfahrt mehr." (SW 4: 123).[11] Jünger führt keine der drei Äußerungen weiter aus (von denen zwei, was vielleicht nicht unbedeutend ist, Zitate sind); aber vor dem Hintergrund seiner Technikambivalenz lässt sich vermuten, dass er den fliegenden Nachrichtenübermittlern, Kämpfern und Gläubigen eine gewisse Form der Erfahrungsarmut unterstellt, die sich aus der Effizienz ihrer Flugreisen ergibt und, wo sie zur Selbstverständlichkeit wird, von den Betreffenden nicht reflektiert wird.

Näher beschäftigt er sich freilich mit der Kulturtechnik des Reisens selbst, die durch das Fliegen ebenfalls verschlissen werde, wie er lakonisch feststellt: „Der Fliegende Teppich zählt nun zum Üblichen. ‚Kurzreise' [nach Tunesien], um dem Geburtstag zu entgehen." (SW 5: 67).[12]

Um Jüngers Haltung zur Technik auf Basis der Passagen über Flugreise und Flugreisende bis hierhin noch einmal zusammenzufassen: Technik zeichnet sich unausweichlich durch eine Mischung aus Komfort und Gefahr aus, die, je weiter sie fortentwickelt wird, umso weniger wahrnehmbar wird. Die Technik wird transparent, immer weniger auffällig, immer selbstverständlicher.

---

11 Allerdings werde selbst in Touristenhochburgen „ein Schimmer einstiger Wallfahrten" spürbar. (SW 5: 600) Und Hilfsorganisationen können ihre humanitäre Arbeit leichter verrichten, wie Jünger, durchaus beeindruckt, mit Blick auf den Biafra-Krieg festhält: Von São Tomé aus brächten Flugzeuge „Heilmittel und Proviant" in die Region (vgl. SW 4: 418 f.).

12 Zur Frage, inwiefern er als Autor hier Widerstand leisten kann, vgl. den folgenden Abschnitt.

Allerdings ist laut Jünger der utopische Endpunkt dieser Entwicklung (die ‚Planlandschaft') noch lange nicht verwirklicht; daher ist auch der typische Bewohner dieser neuen Welt (der ‚Arbeiter') noch nicht allgegenwärtig. Das wiederum bedeutet, dass die meisten, wenn nicht alle Menschen beim Fliegen heute durchaus noch Erfahrungen machen und nicht in der Selbstverständlichkeit der effizienten Fortbewegung aufgehen. Jünger sieht also zwei ‚Gestalten' im selben heutigen Menschen am Werk: „Glanz und Elend des modernen Reisenden. Er durchfliegt die Welt als siamesischer Zwilling: als homo faber und als homo ludens, als planend gesichtsloser und als musischer, nach Bildern hungriger Mensch" (SW 4: 134 f.). Mit dem gesichtslosen Planer ist nicht nur der Verkehrsplaner oder Ingenieur gemeint, sondern auch der individuelle Reiseplaner, der Selbstplaner.

Weiter heißt es im selben Tagebucheintrag vom 3. bis 12. August 1965: „Je stärker, je mächtiger ihm [dem Flugreisenden] die Flügel wachsen, desto seltener wird er finden, wonach sein Herz begehrt." (Ebd.) Herz und Begehren verweisen auf den musischen Menschen, der (als ‚Typus') also mit zunehmender Steigerung des Flugverkehrs verschwinden wird. Diese Entwicklung wird sich Jüngers Mutmaßung zufolge fortsetzen: „Je mehr er [der Flugreisende] Zeitgenosse ist, desto weniger wird er den Verlust empfinden." (Ebd.) Nur ist die Entwicklung eben noch nicht abgeschlossen: „Keiner ist freilich so durchaus Zeitgenosse, daß er nicht etwas vom Raube spürte, den die Planung sowohl am Unberührten wie am Vollkommenen begeht. Er wird betroffen; die Welt antwortet aus ihrer Tiefe nicht mehr." (Ebd.)

Dieses Gespür und diese Betroffenheit, die die Selbstverständlichkeit der Technik aufbrechen, hat in dem eingangs zitierten Tagebucheintrag von der Liberia-Reise zur Wahrnehmung von ‚Merkwürdigkeiten' geführt. Insofern der Mensch seine Lage als merkwürdig wahrnehmen kann, ist er, so möchte ich im nächsten Teil dieser Analyse zeigen, Jünger zufolge ‚Autor'.

4.

Ernst Jüngers Auffassung von Autorschaft lässt sich nur schwer auf einen Begriff bringen und daher auch nicht leicht dort nachweisen, wo sie ‚am Werk' ist. Als Morphologe – und dies sei mein Versuch, ein Kennzeichen von Jüngers Autorschaft so zu identifizieren, dass wir es in seinen Ausführungen über die Flugreise als prägend erkennen können – ist er vorrangig am Beschreiben und an der Deutung von Mustern und Ähnlichkeiten interessiert. Jüngers Mahnung, ein Maler müsse sich heute mit der Beschleunigung des Lebens auseinandersetzen, er dürfe aber nicht einfach Bewegung malen, sondern müsse „den Grund treffen, aus dem sie entstand" (SW 4: 521), lässt sich auch auf sein Verständnis von Autorschaft beziehen: Hinter den von ihm wahrgenommenen Mustern vermutet Jünger ‚Gestalten', und deren Aufweis ist so etwas wie die Triebfeder seines Schaffens. Flugzeuge, Flughäfen und Flugreisen müssten also, wenn meine Hypothese stimmt, für Jünger *als Autor* einen Anlass darstellen, größere Zusammenhänge zu bedenken, in die sie sich einordnen lassen. Dafür lassen sich in der Tat zahlreiche Beispiele finden, die im Folgenden analysiert werden sollen.

Der Frankfurter Flughafen gibt Jünger Anlass zum „Vergleich mit den Bädern der römischen Kaiserzeit: damals das Wasser mit seiner Ruhe, heute das Feuer mit seiner Unruhe. Merkur als Festherr, der Vogel Phönix über dem Gewimmel, Massierung von entzündlicher Substanz" (SW 20: 294). Auch andernorts ist von Flugzeugen als ‚Phoenix in neuem Gewand' die Rede (vgl. SW 5: 638). Die kulturgeschichtliche und mythologische Ebene wird auch bedient, wenn der Blick auf nächtlich beleuchtete Städte mit der Versuchung des Heiligen Antonius verglichen wird (vgl. SW 21: 26).

Die wohl eigenständigste Deutung gelingt Jünger, wenn er das Systematische des technischen Fortschritts und die Art und Weise, wie es auf den Menschen einwirkt, als organischen oder gar biologischen Vorgang auslegt. Der Blick umher im interkontinentalen Nachtflug gibt zu folgender Überlegung Anlass: „Zuweilen wird uns das Phantastische, ja das Unmögliche unserer Existenz bewußt. Der Verdacht, daß wir sie nur träumen, läßt sich, besonders in den Pausen, nicht abweisen. Die Spezies ändert sich."(SW 21: 99) Die Flugreise führe den Menschen näher an sein Wesen als Träumender heran, und damit gehe eine biologische Veränderung einher. Unklar ist in dieser Passage, ob die Technik der Katalysator oder sogar ein Symptom dieser Entwicklung ist. Auch die systematische Durchleuchtung des Reisenden durch die Institutionen der Logistik und der Statistik fasst Jünger biologisch auf:

> Daß man selbst verziffert wird, kann nicht ausbleiben. Auf den laufenden Bändern und in den gläsernen Röhren der Flughäfen wird der Einzelne wie ein Reiskorn gesiebt, wie ein Blutkörperchen durch die Adern gepreßt. (SW 21: 161)

Der Flughafen wird zu einer Art Maschinenkörper. Die ‚Röhren' erinnern an Laborausrüstung, womit die Metapher auf die Spitze getrieben wird: Der Körper des Reisenden wird von einer Instanz wissenschaftlich untersucht, deren Geräte ebenso wie sie selbst Körper sind.[13] Dass Jünger beim Blick aus dem Flugzeug vom „Aderngeflecht der Straßen" (SW 4: 522) spricht, mag noch recht konventionell erscheinen. Eine ähnliche Passage verdient aber die genaue Lektüre: „Beim nächtlichen Flug über die Kontinente leuchten die Städte wie entzündete Knoten im Nervengeflecht." (SW 22:

---

13 Vgl. ganz ähnlich: „Schon gestern [in Orly] hatte mich ein Röhrensystem geängstigt, durch das Menschen automatisch bewegt wurden. Die gläsernen Tuben liefen kreuz und quer in verschiedener Höhe über einen ungeheuren Hof – auch wir wurden in einer von ihnen transportiert. Blutkörperchen pulsieren in einem durchsichtigen Aderngeflecht." (SW 5: 299)

12) Jüngers Autorschaft kommt in der ersten Präposition (‚bei') zu sich: Die Städte leuchten in *Siebzig verweht* wie Knoten im Nervengeflecht, *insofern* sie beobachtet werden. Jünger suggeriert: Durch die Beobachtung kommt ihnen eine Eigenschaft zu. Er schreibt ihnen die Eigenschaft zu, und zwar als Flugreisender.

Insofern lässt sich feststellen, dass Jünger das Fliegen nicht nur als technische Beraubung (vgl. SW 5: 414), sondern auch als Quelle neuer, ‚autorschaftlicher' Einblicke in die Komplexität der Welt begreift und somit begrüßt. Mit ‚Autorschaft' soll hier allerdings nicht nur Jüngers Poetologie gemeint sein. Da Ernst Jünger dem Leser als Tagebuchautor gegenübertritt, möchte ich fragen, ob Jünger gerade die Selbstverständlichkeit des Fliegens nicht auch dazu nutzt, sich zu einer spezifisch modernen – im oben diskutierten Sinne ‚zeitgenössischen' – Art des Autors zu machen. Das würde bedeuten, dass Jünger die Flugreise reibungslos in seinen Alltag als Autor integriert und darauf auch hinweist. Die Technik würde in diesem Fall also auch bei ihm hier und da selbstverständlich werden, und sie hätte neben der Kulturtechniken zersetzenden Wirkung auch eine ermöglichende, die es dem Autor in der Moderne erlaubt, ein Autor ‚alter Schule' zu bleiben.[14] Jünger zieht diese widerständige Freiheit des Menschen in *Der Waldgang* in Erwägung, wenn er den Freiraum des ‚Waldes' auf dem sozialen und damit auch technisierten ‚Schiff' verortet (vgl. SW 7: 319), und das heißt – ganz ohne Kalauer – auch auf dem Luftschiff. Dass sich das Fliegen als reibungslose, eine bestimmte Form des Autorseins ermöglichende Form der Fortbewegung tatsächlich in Jüngers spätem Tagebuchwerk niederschlägt, soll nun dargestellt werden.

Der globale Autor zeigt sich erstens in der von Jünger regelmäßig wahrgenommenen Möglichkeit, Orte und Menschen relativ umstandslos aufzusuchen. Die Choreographie der entsprechenden Besuche zeichnet Jünger immer wieder einmal nach. In Stuttgart steigt er beispielsweise, wie er in *Siebzig verweht I* festhält, am 10. Juni 1965 in den Schlafwagen nach Hamburg, um sich von dort nach Asien einzuschiffen, nicht ohne aber zuvor Ernst Klett gesehen zu haben, dessen Tochter eben „mit dem Flugzeug aus Bagdad gebracht" (SW 4: 35) worden war. Im April 1976 fuhr Liselotte Jünger ihren Mann zum Flughafen; er reiste nach Berlin, zu seinem Sohn Alexander. Zwei Tage später meldete er: „Wir landeten gegen Mittag auf Korfu", und zwei Wochen später heißt es: „Am Mittag holten wir Alexander, der aus Berlin kam, vom Flughafen ab." (SW 5: 268 f, 274). Auch prominente Zeitgenossen werden so besucht: „[Wir] flogen im Hubschrauber bei ungünstigem Wetter hin und zurück" (SW 21: 117) – zu Bundestagspräsident Philipp Jenninger. Und das eigene Dorf Wilflingen mag zwar autobahnfern sein, aber Jünger tut in einer Festrede kund, dass seine Frau

---

14 Dass die Moderne notwendigerweise Gegenbewegungen Auftrieb gibt, besagt vor allem Odo Marquards Kompensationstheorie.

und er „gegen Mitternacht in Stuttgart gelandet [sind], um an der Feier des neunhundertjährigen Bestehens unseres Dorfes teilzunehmen" (SW 21: 183).

Bemerkungen über das Fliegen leiten zwar oft die Reisepassagen innerhalb von *Siebzig verweht* ein; sie werden aber relativ selten ausgeführt. Ihnen folgen in der Regel Ausführungen zu Themen, die Jünger als Autor eben gerade beschäftigen. Das bedeutet: Trotz mancher Klage über Sicherheitskontrollen, Datenabgleiche und unwirtliche Flughäfen klingt in der Mehrzahl der Tagebucheinträge mit Flugbezug durch, dass Jünger komplikationslos unterwegs war. Die Tagebuchpassagen zur Islandreise beginnen: „Früh mit den Freunden zum Flughafen [Hamburg]"; es folgen dann ausführliche Vorüberlegungen zu Island. Der den nächsten Abschnitt eröffnende, kurze Satz „Drei Stunden am Londoner Flughafen" leitet nicht etwa Gedanken über das Reisen, sondern entomologische Ausführungen ein. Auch der dritte Abschnitt der Islandreise-Eintragungen beginnt zwar mit einer knappen Flugnotiz („Nachmittags Landung auf dem Flughafen von Keflavik an der Faxabucht"), geht aber sogleich zu Beschreibungen von Vögeln und Bäumen über (vgl. SW 4: 500–502). Das Fliegen selbst tritt im Text völlig in den Hintergrund.

Zahlreiche weitere Beispiele für diese Strategie lassen sich finden. „Morgen Abflug nach Paris" (SW 20: 443) – eine lässig eingestreute Bemerkung, die aber eben den Flug und insbesondere das Abheben betont, nicht die Reise an sich oder ihr Ziel.[15] Ähnlich lässig eingestreut sind Bemerkungen über (Zwischen-)Landungen: „Zwischenlandung in Abidjan." (SW 5: 279) Wir „landeten […] nach einem kurzen Flug in Nizza" (SW 4: 273) – kein Wort über etwaige Schwierigkeiten, keine Klage über Unfreundlichkeiten oder Wartezeiten, sondern jeweils ein unvermittelter Übergang zur Situation vor Ort.

Selbst Weltereignisse können, wie Jünger dann doch relativ ausführlich hervorhebt, der Reibungslosigkeit der Reise nicht unbedingt gefährlich werden. „Morgen werde ich nach Djerba fliegen", schreibt er, dann bricht der Jom-Kippur-Krieg aus. Nur Flüge nach Tel Aviv werden abgesagt; Tunesien ist keine Kriegspartei, Jünger kann fliegen. (SW 5: 144 f.)

Die dritte Form der Einbindung von Flügen in das Leben des Autors ist das explizite Insistieren darauf, dass eine internationale oder sogar interkontinentale Flugreise den eigenen Alltag nicht unterbricht. Es handelt sich hier um eine Art autorschaftliches Kontinuitätspostulat. Jünger hebt wiederholt hervor, dass er im Flugzeug genau das tut, was er – als Autor – am Schreibtisch in Wilflingen auch tun würde: lesen, denken, Tagebuch führen, Briefe beantworten. Auf der Mauritiusreise wird mit Bezug auf Hin- und Rückflug einzig und allein der „Stoß von Briefen für das Flugzeug und für Regentage" (SW 21: 371) erwähnt. Jünger empfindet das Fliegen als Anlass zur Kontemplation und zum Erledigen liegen gebliebener Verpflichtungen, die sich

---

15 Das gibt es freilich auch: „Übermorgen: Tunesien." (SW 5: 67).

aus seiner Bekanntheit als Autor ergeben haben. (Vgl. SW 5: 416)[16] Andere Beispiele für das autorschaftliche Kontinuitätspostulat sind Passagen, in denen erst im Verlauf längerer Ausführungen davon die Rede ist, dass Jünger dies übrigens im Flugzeug zu Papier bringe (besonders eindrücklich: SW 5: 468) oder „diese Notiz […] hoch über den Alpen" beende (SW 20: 193). In diesen Kontext gehört auch die Ortsangabe „Im Flugzeug", jedenfalls wenn sie nicht auf einen Hinweis auf Reiseabsichten oder -vorbereitungen folgt.

Einen Zusammenhang zwischen Flugreisen und Autorschaft beschreibt Jünger übrigens noch in einer anderen Hinsicht, nämlich mit Bezug auf Menschen, die *zum* Autor reisen. Zweimal erwähnt er flugreisende Fans, deren interkontinentale Reisetätigkeit er nicht wertend kommentiert, die er aber in den Kontext von Bemerkungen über extreme Charaktere stellt. Respekt und Kopfschütteln mischen sich also wohl, wenn es um den Fan von Albert Hofmann geht, der, um diesen „für eine Stunde zu besuchen, mit dem Flugzeug über den Ozean" (SW 20: 186) kam. Ähnlich ambivalent begegnet Jünger dem „Besucher vom Dienst", der heute ihn aufsuche, aber schon zweimal „nach Argentinien geflogen [sei], um eine Stunde bei Borges zu verbringen". (SW 20: 513) Dass Dirk Leach aus New York nach Montpellier „herübergeflogen" (SW 21: 429) kommt, um mit Jünger über seine Übersetzungen zu sprechen, ist ebenfalls kein Anlass für einen expliziten Kommentar.

In zweierlei Hinsicht treibt Jünger seine Autorschaft der reibungslosen Reisen schließlich auf die Spitze. Erstens, indem er die Flugreise als solche negiert. Beispiele: „Wir fliegen morgen zur Preisverleihung nach Rom. Das sind Unterbrechungen. Die Reise durch die innere Welt wird zunehmend wichtiger." (SW 21: 215) Bereits viele Jahre früher: „Es kommt aber nicht so sehr darauf an, die Bewegung zu vermeiden, wie darauf, sie durch sich hindurchgehen zu lassen." (SW 5: 479) Und zweitens, indem er hervorhebt, dass andere seine Flugreisetätigkeit geradezu brachial zelebrieren. Bei der Ankunft auf dem Flughafen von Bilbao aus Anlass der Verleihung der Ehrendoktorwürde der dortigen Universität sei er „mit Kapelle und baskischem Springtanz" (SW 21: 382) empfangen worden. Die Reise mag reibungslos verlaufen sein, doch sie wird nicht als selbstverständlich wahrgenommen.

5.

Im Kontext der poetologischen Funktion von Flugreisen kam die ‚organische Konstruktion' in den Blick – die Einbettung technischer in natürliche Vorgänge. Ausführlich untersuchte Jünger diesen Zusammenhang in seinem Essay *An der Zeitmauer* in

---

16 Vgl. auch SW 5: 239–245, sechs Seiten, die, der Ortsangabe des Tagebuchs zufolge, auf dem kurzen Flug von Agadir nach Frankfurt a.M. geschrieben wurden.

Bezug auf sogenannte ‚erdgeschichtliche' sowie menschheitsgeschichtliche Epochen und die gegenseitige Beeinflussung von Natur und Mensch. Jünger fasst diese dauerhafte Wechselwirkung unter dem Begriff der ‚Gäa'. Sein Technikskeptizismus lässt sich vor diesem Hintergrund verstehen: Jünger kritisiert nicht die Technik an sich, deren Entstehung aus der Erde und ihren Ressourcen und deren Ähnlichkeitsbeziehungen mit biologischen oder geologischen Vorgängen er nachvollziehen kann; er kritisiert vielmehr indirekt die Unfähigkeit und den Unwillen der Technikapologeten, jene Ähnlichkeitsbeziehungen zu erkennen. Die Einordnung von Flugreisen unter dem Rubrum der ‚Gäa' oder ‚Erde', wie sie Jünger meiner Hypothese zufolge vornimmt, ist also zwar auf poetologischer Ebene ein ‚Aufmerken', ein Aufbrechen von Selbstverständlichkeiten; die heuristische Funktion dieser Einordnung ist es aber, das Reisen per Flugzeug zu normalisieren, also seine Außerordentlichkeit zu bestreiten. Diese Vorgehensweise soll nun analysiert werden.

Zum Bestreiten der Außerordentlichkeit gehört, dass in *Siebzig verweht* unablässig vom Fliegen in einem weiteren Sinne die Rede ist, nämlich von Vögeln und erstaunlich oft auch von Fliegenden Fischen.[17] Das ist für die Untersuchung des Themas Flugreisen relevant, da Jünger die Perspektive des fliegenden Tiers und die des fliegenden Menschen miteinander vergleicht: Wenn Jünger vor dem Termitenbau steht, sieht er „nicht mehr als die Termite, die auf ihrem Hochzeitsflug über Rio die von Menschen und Wagen wimmelnden Straßen erblickt" (SW 5: 454). Schaut er auf die Ameisen in seinem Garten, bietet sich ihm „ungefähr das Bild einer Autobahn, die man aus entsprechender Höhe betrachtet" (SW 21: 206; sehr ähnlich SW 21: 357). Vom Landen und von Straßen spricht er in einer weiteren Erinnerung an Rio de Janeiro: Termiten landen „auf der breiten Avenida" und werfen sofort ihre „glashellen Flügel ab" (SW 20: 403). Der Mensch, der zu fliegen gelernt hat, sieht nun, was die Termiten schon lange sehen.

In einer besonders missgelaunten Passage löst Jünger die Grenze zwischen Mensch und Termite ganz auf. Auf dem Flughafen von Kuala Lumpur notiert er: „Die Schalter und Wartehallen sind Beobachtungsplätze ersten Ranges für Ethnologen." Das Gemisch an Menschen bezeuge eine „Völkerwanderung", die durch die beschleunigte Technik immer weiter beschleunigt werde. Die Folge: „Ungünstige Aussichten für den Bestand. Verflachung der Hochsprachen, Verwässerung der Substanz. Dem könnte ein Termitenstatus folgen – ohne Kasten, mit Sonderung durch Grade der Intelligenz."[18] Die erstaunliche Wendung folgt allerdings erst: Technik,

---

17 Vgl. z.B. SW 4: 60, 154, 308, 367 f. und besonders auch SW 5: 634 (mit der geträumten Gebetszeile: „Unseren Fliegenden Fisch gib uns heut!").

18 Vgl. ganz ähnlich, ebenfalls mit Bezug auf Kuala Lumpur, SW 20: 47 f. Etwaige Rassismusvorwürfe müssten sich um eine genaue Klärung von Jüngers Verständnis der ‚Substanz' bemühen. Der Begriff ist unglücklich, allerdings ist wohl keine bestimmte Ethnie gemeint. Dennoch steht

Arbeit und Energie, „[d]azu gezielte Eingriffe in die Spezies und ihre Evolution", also hochtechnologisch-naturwissenschaftliche Manipulationen des Erbguts, könnten zu „ungeahnte[n] Treffer[n]" führen – unverhofften Wendungen ins Positive, und zwar ins für die Natur Positive, denn: „Der Gäa dient auch das Gehirn." (SW 21: 48) Mit anderen Worten: Nivellierung, der Verlust von Kulturtechniken, die Rückbildung des Humanum, die Konzentration auf Naturwissenschaften und Technik – all das macht den Menschen zwar weniger menschlich, aber dafür umso ‚irdischer'. Es stelle einen Einklang zwischen ihm und seiner biologischen Umgebung her. Entsprechend heißt es, ‚das Fliegen' sei „dem Ursprung noch nah", und das gelte vor allem für den Segelflug, der „das reine Schwingen noch einschließe[ ]" (SW 5: 593 f.). Mit dem ‚Ursprung' sind jene ‚einfachen Figuren' gemeint, die Jünger zufolge der Mannigfaltigkeit und damit auch Kompliziertheit der Welt zugrunde liegen und die in Flora und Fauna leichter aufzuweisen seien als in der Technik (vgl. SW 20: 146).

Insofern verwundert es nicht, dass Jünger den Flughafen auch positiv als Vorzeichen jenes kommenden Einklangs zwischen (entmenschtem) Menschen und Natur erleben kann: „Das Unbehagen an der Masse wird schwächer auf den Flughäfen. Dort kennt jeder sein Ziel, und die Zeit ist bemessen, über die er verfügt. Das summiert sich zu einer bestimmten Ordnung, sogar einer gewissen Harmonie." (SW 21: 246) Das Urteil mag überraschen, denn es widerspricht dem Bild des ‚elitären' Autors Jünger. Hier gesteht er, dass er die ‚Masse' gerade dort am positivsten erlebt, wo sie am meisten Masse ist, wo der Einzelne am wenigsten hervortritt. Die Kernaussage dieser Passage mag noch dadurch unterstrichen werden, dass sie im Münchner Tierpark Hellabrunn entstanden ist. Jünger widmet sich den Menschenaffen, denen gegenüber die „eigene Spezies" nicht unbedingt vorteilhaft aussehe – außer eben am Flughafen, insofern sie dort schon zum Tier geworden sei.

Mit Bezug auf den Komfort der Flugreise fragt sich Jünger übrigens tatsächlich, ob er als Vielflieger zur Elite gehöre. Er verneint das und nennt sich einen ‚Solitär': „Der Elitäre ist, um sich darzustellen, auf Gesellschaft und Komfort angewiesen, die beide der Solitäre meidet oder auf sein Bedürfnis reduziert." Daran anschließend fragt er sich, ob er ein Parasit der technischen Entwicklung sei. Auch das weist er zurück; er spricht von der „Synökie" zwischen ihm selbst und dem Flugzeug, die er definiert als „das Zusammenwohnen zweier Tiere, aus dem das eine Nutzen zieht, ohne das andere zu schädigen" (SW 5: 85). Auch mit Bezug auf sich selbst beschreibt er die Flugreise also als eine Form des Tierseins.[19]

---

offenbar die Annahme distinkter Ethnien hinter der Formulierung. Trotzdem bleibt festzuhalten, dass Jünger dem biologischen Rassismus der Nationalsozialisten eine entschiedene Absage erteilte.

19 Und im Umfeld von Flughäfen geht der Entomologe Jünger wiederholt auf ‚subtile Jagd'; vgl. SW 4: 577 und 585 (Casablanca) und SW 20: 355 (Santorin).

Vom Einklang des fliegenden Menschen mit der Welt und von einer Ordnung war in dem eingangs zitierten Tagebuchabschnitt von der Liberia-Reise die Rede – von der „Teilnahme an einer determinierten Entwicklung". Wenn wir diese Formulierung nun in den dargestellten naturphilosophischen Zusammenhang stellen, folgt daraus, dass es überhaupt nicht die Aufgabe von Technik sein kann, menschliche Probleme zu lösen; menschliche Probleme würden am besten dadurch gelöst, dass der Mensch aufhört, Mensch zu sein, und sich in jene allumfassende Harmonie einschwingt. Genau diese Vorstellung ist bei Jünger aber *nicht* mit Technikkritik oder der Forderung nach einer Abkehr von der Technik verbunden. Denn Jünger zufolge wird der Mensch die Technik so weiterentwickeln, dass sie selbst mit teilhat an jener großen Harmonie. Das sei möglich, weil zur Technik ohnehin bereits Elemente gehörten, die nicht das Ergebnis rationaler Berechnungen seien und die rein verstandesmäßig auch nicht zu durchdringen seien. Diese Anteile würden noch an Bedeutung gewinnen.

Jünger nennt sie ‚Magie': „Jeder Fortschritt ist nicht nur technischer, sondern zugleich magischer Natur. Das wird von den Primitiven erkannt, und dann vergessen bis zu einer Grenze, an der die Technik in toto eine magische Stufe gewinnt." (SW 20: 322) Vermeintlich ‚Primitive' verstehen also die Technik sehr gut, denn sie sehen etwas, was Techniker nicht sehen. Wie sähe jene ‚magische Stufe' aus? „Der Übergang der Technik zu reiner Magie würde in einem weithin problemlosen Zustand münden und dann beliebig lang währen." (SW 20: 329 f.) Das bedeutet: Wo Technik wirklich Probleme löst, ist sie nicht mehr Technik; und schon jetzt haftet ihr etwas in diesem Sinne Magisches an.

Kann der Mensch die ‚Magie' erkennen? Jünger beantwortet diese Frage mit einem Gedankenexperiment. Er stellt sich vor, er würde einem intelligenten Zeitgenossen Goethes „den Betrieb eines Flughafens" zeigen. Den Zeitreisenden würde, so denkt Jünger, „zunächst ein magischer Schrecken befallen", der, wenn ihm der Betrieb im Detail erklärt würde, „der Bewunderung weichen" würde – aber „dieser erste Schreck war die tiefere Wahrnehmung" (SW 21: 128f.; ähnlich schon SW 20: 294) Der Mensch des 18. Jahrhunderts verstünde – wie der ‚Primitive' – etwas an der Technik, was sich dem rationalen Menschen der Moderne nicht erschließe. Nicht der Flughafen an sich ist also schrecklich; vielmehr äußert sich die Tiefe der Wahrnehmung Jünger zufolge als Erschrecken. Die Technik und ihre rationale Erklärung seien dagegen nur oberflächlich und lösten allenfalls Bewunderung aus.

Warum? Hier bringt Jünger eine technikgeschichtliche Dimension ins Spiel: Die Moderne habe den uralten Menschheitstraum vom Fliegen realisiert, aber diese Realisierung sei auch „kälter und blasser als die Welt der Träume, aus deren Reichtum heraus es realisiert wurde" (SW 4: 277; vgl. auch SW 21: 185, 189 und 192). Der ‚Traum' hinter der Technik sei freilich nicht verschwunden – im Traum stellt auch der heutige Mensch die irdische Fülle des Fliegens wieder her. Flugträume gälten daher zu recht als günstige Vorzeichen (vgl. SW 5: 606). Flugzeuge drängen „allmählich in das Traumreich ein" (SW 5: 262), und dafür gibt es in *Siebzig verweht* aus Jüngers eigenen Träumen zahlreiche Beispiele – nächtliche Traumreisen im Hubschrauber (SW 5: 129; SW 21: 171) und als Tier, etwa als Libelle (vgl. SW 4: 422).

6.

Jüngers ambivalente Haltung gegenüber Flugreisen lässt sich also zum einen auf die Spannung zwischen den drei Bereichen zurückführen, in die er das Thema einordnet: Die Technik in ihrem Streben nach handhabbarer Effizienz widerstrebt der Autorschaft, die sich an der unerschöpflichen Fülle der Welt aufhalten möchte; Autorschaft setzt den von technischen wie von natürlichen Verläufen unabhängigen Menschen voraus, der seine Gestaltungsspielräume allerdings immer wieder behaupten muss; die Technik betreibt in ihrer jetzigen Form Raubbau an der Natur. Diese Vorstellungen lassen sich in Ernst Jüngers Tagebuchwerk *Siebzig verweht* nachweisen; an sich sind sie wenig originell.

Zum anderen lässt sich Jüngers ambivalente Haltung gegenüber Flugreisen auf die Tatsache zurückführen, dass er die drei Bereiche Technik, Autorschaft und Erde/Natur nicht nur in ein Spannungsverhältnis zueinander setzt, sondern selbst auch noch einmal als vieldeutig kennzeichnet, und hier ist seine intellektuelle Positionierung eigenständiger: Technik geht aus dem Traum hervor und kann Magie werden, ist also nicht rein rational begründet, und sie ist notwendigerweise von der Gleichzeitigkeit von Komfort und Risiko geprägt; auch die an der Fülle der Welt orientierte Autorschaft blendet immer wieder wichtige Kennzeichen jener Welt aus; die Natur in ihrer gnadenlosen Folgerichtigkeit ist eine nicht ganz unwillkommene Gefahr für das, was den freien Menschen auszeichnet.

Jünger besteht über Jahrzehnte hinweg darauf, Flugreisen in alle drei genannten, zueinander in Spannung stehenden, in sich vielfältigen Bereiche einzuordnen und die dadurch möglicherweise entstehenden Widersprüche nicht aufzulösen. Diese Widersprüche seien, so sagt er in einem anderen Zusammenhang, keine Schwäche, sondern ein Zeichen dafür, dass die begriffliche Zuspitzung und die analytische Einordnung von Phänomenen immer nur Teilaspekte der Wirklichkeit erfassten; insofern seien Widersprüche im Hinblick auf dieselbe Sache sogar positiv zu bewerten. Sie seien ein Ausweis der Ehrlichkeit und der Aufmerksamkeit (vgl. SW 21: 399). Folglich muss Jüngers Haltung Flugreisen gegenüber unschlüssig bleiben.

Jessica Martensen (Braunschweig)
Fliegen als utopische Erfahrung in Ingeborg Bachmanns Essay *Die blinden Passagiere*

> „So läßt die Erde die Fliegenden nicht los, sie fordert sie heim, und die Fliegenden gehorchen ihr, lebendig oder tot."
> Ingeborg Bachmann

„Im Laufe ihres nicht sehr langen Lebens hat sich Ingeborg Bachmann auffallend verwandelt. Selbst innerhalb einer Lebensphase konnte sie extrem unterschiedlich aussehen."[1] Nicht nur Bachmann selbst verändert sich während ihrer Schaffenszeit immer wieder, sondern sie durchläuft dabei auch unterschiedlichste Phasen literarischer Produktion. Bachmann fühlt sich dem Schreiben eng verbunden[2] und widmet sich über die Jahre hinweg einer Vielzahl von Themen und Inhalten, die sie wiederum aus verschiedenen Blickwinkeln formal sowie medial unterschiedlich aufbereitet.

Zu ihrem literaturtheoretischen bzw. literaturkritischen Frühwerk gehören etwa neben ihren *Frankfurter Vorlesungen über die Probleme zeitgenössischer Dichtung* von 1959/60 auch einige essayistische Texte, die bereits Jahre zuvor veröffentlicht wurden. Seit den 1950er Jahren verfasst Bachmann insgesamt mehr als 40 Essays in unterschiedlicher Form, wozu unter anderem auch ihre Radio-Essays gehören.[3] Einer dieser Texte ist der 1955 erstmalig im *Jahresring 1955/56* veröffentlichte Essay *Die blinden Passagiere*.[4] Er berichtet von der ersten Flugerfahrung eines ‚essayistischen Selbst',[5] einem Ich, aus dessen Perspektive der Leser wie in einer Art persönlichem

---

1   Ina Hartwig: Wer war Ingeborg Bachmann? Eine Biographie in Bruchstücken. Frankfurt/M. ²2017, S. 21.
2   Vgl. Monika Albrecht/Dirk Göttsche (Hg.): Bachmann Handbuch. Leben – Werk – Wirkung. Stuttgart 2013, S. 191: „Bachmann teilt die […] von Musil formulierte Auffassung, daß Leben und Werk eng aufeinander zu beziehen sind, und hält jenseits aller Schwerpunktverlagerungen, die sie in ihren literaturkritischen und poetologischen Arbeiten im Laufe der Jahre vornimmt, daran fest."
3   Vgl. Leena Eilittä: Ingeborg Bachmann's Utopia and Disillusionment. Helsinki 2008, S. 42. Vgl. Christine Koschel/Inge von Weidenbaum/Clemens Münster (Hg.): Werke. Bd. 4. Essays, Reden, Vermischte Schriften, Anhang. München/Zürich ²2010.
4   Ingeborg Bachmann: „Die blinden Passagiere." In: Christine Koschel, Inge von Weidenbaum, Clemens Münster (Hg.): Werke. Bd. 4. Essays, Reden, Vermischte Schriften, Anhang. München/Zürich ²2010, S. 35–44. – Vgl. Albrecht/Göttsche: Bachmann Handbuch, S. 7. Vgl. Kulturkreis der Deutschen Wirtschaft im BDI e.V. (Hg.): Jahresring 1955/56. Ein Querschnitt durch die deutsche Literatur und Kunst der Gegenwart. Stuttgart 1955.
5   Vgl. Geoffrey C. Howes: 'Flying blind'. A neglected early essay by Bachmann. In: Gudrun

Reisebericht[6] erfährt, wie sich das Fliegen auf ihn selbst, auf seine Mitreisenden und das ihn umgebende Umfeld auswirkt.

Der Fokus liegt dabei auf der Gegenüberstellung einer eher gleichgültigen Einstellung zum Fliegen im Sinne einer normalen Alltagstätigkeit und einem abenteuerlustigen und neugierigen Blick auf alles, was mit dem Abheben vom Boden in Verbindung zu bringen ist.[7] Wer hat also seine Augen geöffnet und ist damit offen für eine vollkommene Flugerfahrung, und wer verschließt davor die Augen, ist quasi ‚blind',[8] und hat dadurch nicht die Möglichkeit zu erfahren, was Fliegen wirklich bedeutet? Das Ich reflektiert also aus seiner eigenen Perspektive mit dem Blick auf sich selbst, auf seine Mitreisenden und auf die Gesellschaft als solche ganz unterschiedlich, inwiefern das Fliegen eine von vielen nicht erkannte Utopie ist. Dabei wird die alltägliche Eintönigkeit und emotionslose Gleichförmigkeit des Flugalltages wie eine Art Negativfolie hervorgehoben, um wiederum gezielt kleine Anekdoten oder Bilder einzufügen, die dem Leser eine Idee davon geben, was Fliegen wirklich bedeuten kann.

In diesem Beitrag soll ein solches wirkliches ‚Sehen' und Wahrnehmen einer außergewöhnlichen Flugerfahrung mit dem utopischen Denken Ingeborg Bachmanns verknüpft werden. Kann das in ihrem Essay veranschaulichte ‚Bild des Fliegens' als ein utopisches Anwendungsbeispiel im Sinne ihrer Poetik gesehen werden? Vor dem Hintergrund der bereits existierenden Diskussion über die theoretische Verankerung der Bachmann'schen Utopie möchte ich außerdem exemplarisch auf implizite und explizite Berührungspunkte ihres Essays mit dem utopischen Denken Robert Musils eingehen.

Im Kontext der Wahrnehmung des literaturtheoretischen Werks von Ingeborg Bachmann wurde den Essays von der Forschung bisher verhältnismäßig wenig Aufmerksamkeit geschenkt.[9] Zwar gibt es einige Publikationen, die sich bereits in syste-

---

Brokoph-Mauch (Hg.): Thunder Rumbling at My Heels. Tracing Ingeborg Bachmann. Riverside 1998, S. 60–75, hier S. 62. Howes problematisiert in seinem Aufsatz bereits die konkrete Benennung der Ich-Figur, aus deren Sicht der Leser von den Flugerfahrungen erfährt. Das ‚essayistic self' korrespondiert seiner Auffassung nach mit dem Erzähler in der Prosa und mit dem lyrischen Ich in der Dichtung. Der Einfachheit halber entscheidet er sich vor diesem Hintergrund für die Bezeichnung ‚Autor'. Um Bachmann jedoch als Autorin von dem eigentlichen Akteur der Geschichte zu unterscheiden, wird im Folgenden vom (erzählenden) Ich die Rede sein.

6   Vgl. ebd. S. 61.
7   Vgl. Albrecht/Göttsche: Bachmann Handbuch, S. 181.
8   Vgl. Howes: „Flying blind", S. 62: „The author's fellow passengers are 'blind' because they ignore the wonder of what they are doing. The urge to feel normal is much stronger than the sense that one is engaging in a miracle, [...]."
9   Vgl. Małgorzata Świderska: Die Vereinbarkeit des Unvereinbaren. Ingeborg Bachmann als Essayistin. Berlin 1989, S. 97.

matischer Weise mit ihnen auseinandersetzen,[10] jedoch bleibt der Essay *Die blinden Passagiere* in vielen der sonstigen einschlägigen Betrachtungen, etwa im Gegensatz zu Essays wie *Was ich in Rom sah und hörte* oder *Musik und Dichtung*, im Sinne intensiverer Analysen ausgespart. Eine Ausnahme stellt Geoffrey C. Howes dar, der sich in seinem Aufsatz „*Flying blind". A neglected early essay by Bachmann*[11] sehr intensiv mit der essayistischen Struktur, den Perspektiven auf das Fliegen und der utopischen Qualität des Essays auseinandersetzt. Er bemerkt beispielsweise auch, dass Małgorzata Świderska in *Die Vereinbarkeit des Unvereinbaren. Ingeborg Bachmann als Essayistin*[12] Bachmanns Text *Die blinden Passagiere* ebenfalls nicht näher in ihre Überlegungen einbezieht,[13] wobei sie allerdings umso mehr die Übereinstimmung der Bachmann'schen Utopievorstellung mit der Gestalt ihres essayistischen Schreibens betont.[14] Die utopischen Denkstrukturen sind wiederum mit konkretem Bezug auf die Gestalt der Essays noch nicht systematisch untersucht worden, jedoch wird der Bachmann'sche Utopiebegriff in der Forschung häufig vor komplexeren literaturtheoretischen oder philosophischen Hintergründen kritisch diskutiert.[15] Außerdem sind einige systematische Analysen vorhanden, die jeweils unterschiedliche Schwerpunkte setzen und sich beispielsweise auf bestimmte Phasen der Schaffenszeit Bachmanns oder auf eine bestimmte Textgattung beschränken.[16] Patricia Broser liefert mit ihrem Buch *Ein Tag wird kommen ... : Utopiekonzepte im Werk Ingeborg Bachmanns*[17] darüber hinaus einen Überblick über Aspekte der Bachmann'schen Utopieauffassung über größere Teile ihres Œuvres hinweg.

Die Essayform, die Bachmann für *Die blinden Passagiere* wählt, markiert auch die Entscheidung für einen vermittelnden Textgestus vor dem Hintergrund ihrer bisherigen „allegorisch-traditionell ausgerichteten Schreibweise [der] frühen Prosa"[18] und ihres Bestrebens, das Poetische stärker in den Vordergrund zu rücken, ohne dabei zu konkrete ästhetische und philosophische Probleme zu adressieren.[19]

---

10 Vgl. zum Beispiel Albrecht/Göttsche: Bachmann Handbuch.
11 Vgl. Howes: 'Flying blind', S. 60–75.
12 Vgl. Świderska: Die Vereinbarkeit des Unvereinbaren.
13 Vgl. Howes: „Flying blind", S. 61.
14 Vgl. Świderska: Die Vereinbarkeit des Unvereinbaren, S. 97.
15 Vgl. Kurt Bartsch: Ingeborg Bachmann. Stuttgart ²1997.
16 Vgl. Theo Mechtenberg: Utopie als ästhetische Kategorie. Eine Untersuchung der Lyrik Ingeborg Bachmanns (= Stuttgarter Arbeiten zur Germanistik, Bd. 47). Stuttgart 1978; Bärbel Thau: Gesellschaftsbild und Utopie im Spätwerk Ingeborg Bachmanns (= Europäische Hochschulschriften. Reihe I. Deutsche Sprache und Literatur. Bd. 893). Frankfurt/M. 1986.
17 Vgl. Patricia Broser: Ein Tag wird kommen ...: Utopiekonzepte im Werk Ingeborg Bachmanns. Wien 2009.
18 Andrea Stoll: Ingeborg Bachmann. Der dunkle Glanz der Freiheit. München 2013, S. 162.
19 Vgl. Howes: Flying blind, S. 61. Vgl. Eilittä: Ingeborg Bachmann's Utopia and Disillusionment, S. 42.

Damit repräsentiert dieser Text gleichzeitig auch eine beginnende Loslösung nicht nur vom bisherigen Nebeneinander von „Wissenschaft und Literatur",[20] sondern auch von explizit wissenschaftlich und philosophisch formulierten Denkstrukturen: „In ihrem Schreiben durchkreuzte sie zunehmend die Genres, brach tradierte Denkbilder und Metaphern auf und erkundete neue Möglichkeiten der literarischen Darstellung."[21] Für einen solchen Versuch, Altes zu durchbrechen, um gleichzeitig neue literarische Wege beschreiten zu können, gilt es für sie im Schreiben ihre Wissensbestände mit ihrer ganz eigenen subjektiven Weltsicht zu etwas neu Gedachtem zu verbinden.[22]

Inwiefern leistet Bachmann also durch ihren Essay *Die blinden Passagiere* einen Beitrag zum Verständnis des Utopischen in ihrem literarischen Werk, und welche Rückschlüsse werden dadurch auf eine für die damalige Gesellschaft eigentlich noch ‚neue' Flugerfahrung[23] zugelassen, welche dem Essay zufolge nicht (mehr) als aufregend und außergewöhnlich wahrgenommen werde, sondern lediglich zu einem banalen Teil einer schmucklosen Normalität geworden sei.

Die inhaltliche Strukturierung und Gestaltung des Essays ist maßgeblich vom Blick des erzählenden Ichs auf die alltägliche Routine des Flugreisens geprägt. Im Vordergrund steht die bevorstehende allererste Flugerfahrung des Ichs. Kleinste Details der Atmosphäre im Flughafengebäude werden dokumentiert, wobei auch immer wieder das Verhalten der Mitreisenden in den Blick rückt. Der Leser wird also mit einer Mixtur unterschiedlicher Beobachtungen und Perspektiven konfrontiert,[24] zwischen denen häufig gewechselt wird. Es entstehen dadurch mehrere Erzählstränge, die über den Essay hinweg parallel fortgeführt werden. Der Flugalltag wird dabei meist durch gezielt platzierte und gelegentlich auch ironisch überspitzte Generalisierungen[25] dargestellt, um umso deutlicher auf die allgegenwärtige Gedankenlosigkeit, die menschliche Zerbrechlichkeit und letztlich auch auf den Unterschied zum Außergewöhnlichen aufmerksam zu machen.[26]

---

20 Albrecht/Göttsche: Bachmann Handbuch, S. 7.
21 Stoll: Der dunkle Glanz der Freiheit, S. 162.
22 Vgl. ebd.
23 Vgl. Howes: „Flying blind", S. 62.
24 Vgl. ebd. S. 64.
25 Vgl. ebd. S. 63.
26 Vgl. ebd. S. 67.

Allgegenwärtige Geräuschkulissen[27] und „[b]azar[artige]"[28] Situationen begleiten den Reisenden auf seinem Weg und lassen dabei eine durchaus unruhig und touristisch wirkende Reiseatmosphäre entstehen, ohne dass er sich dabei bereits in unmittelbarer Nähe eines Flugzeugs aufhält. Im direkten Umfeld der Flugreisenden befinden sich zwar verhältnismäßig wenig Menschen, jedoch sind es genau diese, die den Raum auch „beleben".[29] Die Reisenden werden außerdem nicht als mitgestaltende oder partizipierende Akteure beschrieben, sondern eher als passive, anständige und unauffällige Teilnehmer am Reiseverkehr, die mit einer Fülle von Informationen konfrontiert werden und sich gleichzeitig bereitwillig mit den Reisebedingungen zufrieden geben.[30]

> Yet even within the first decade of mass air travel, flying had produced not a new consciousness that matched this massive change, but a sameness that guides old attitudes safely into the future. This sameness or emptiness of experience is the space within which the author is isolated, but it is also a space of negative potential. The space of enforced ordinariness is where extraordinary experience can take shape.[31]

Aus einer Position der ‚amüsierten Distanz'[32] heraus beobachtet das Ich das es umgebende Geschehen im Spannungsfeld zwischen selbstgewählter Isolation[33] und dem Bemühen, das es Umgebende nachvollziehen zu können. Howes ist dabei der Ansicht, dass das Ich, ohne sich dem Zwang auszusetzen, sich von den Freunden verabschieden

---

27 Vgl. Bachmann: Die blinden Passagiere Werke. Bd. 4. Essays, Reden, Vermischte Schriften, Anhang. München, Zürich ²2010, S. 35. Es ist im Essay beispielsweise die Rede von einem „Spieldosenlied", welches (immer wieder) in ähnlichen Variationen an verschiedenen Flughäfen zu hören ist und die Geräuschatmosphäre der Reisenden beeinflusst: „Es folgt dem Passagier, der über das Flugfeld auf seine Maschine zugeht". Gleich zu Anfang wird näher beschrieben, wo diese Musik ihren Ursprung nimmt: „Auf allen Flugplätzen sind feine Musiken aus Spieldosen zu hören, auch Kuckucksuhren und die schadhaften Töne aus den Kassetten, auf denen sich winzige Puppen, die aus dem Takt gekommen sind, ruckartig im Kreis bewegen." Hiermit wird auch auf die Bedeutung des Konsums im Kontext des Flugtourismus aufmerksam gemacht.
28 Ebd.: „Auf allen Flugplätzen gibt es einen Bazar mit exzentrischen Schals, Ohrringe, an denen Elefanten hängen, und Broschen, in die Buddhas ziseliert sind; aber das merkt man erst, wenn man mehrere Flughäfen kennt und viel Zeit in Wartesälen zugebracht hat."
29 Ebd. S. 36.
30 Vgl. ebd.: „In der Überzahl sind jedoch die Passagiere auf den Flughäfen die stillsten und geduldigsten Reisenden, die es je gegeben hat. Trotzdem redet man ihnen in vielen Sprachen zu, und keiner läßt verlauten, daß er die Fahrpläne gelesen und sich mit der Abfahrtszeit abgefunden hat."
31 Howes: „Flying blind", S. 65.
32 Vgl. ebd. S. 64.
33 Vgl. Bachmann: Die blinden Passagiere, S. 35: „Als ich zum erstenmal fliegen sollte, ließ ich alle meine Freunde zu Hause, obwohl ich ihnen gern gewunken hätte."

zu müssen, nun bereit sei für eine Flugerfahrung ohne soziale Verpflichtungen.[34] Den genauen Beobachtungen der anderen Fluggäste fügt das erzählende Ich auch reflektierte Gedanken über sein eigenes Verhalten hinzu. Wenn es etwa die anderen Passagiere als eher still beurteilt, überträgt es dies auch auf sich selbst: „Auf meine Weise war ich auch still, und meine Geduld kam nicht von ungefähr."[35] Wenn es jedoch um das Betreten des Innenraums des Flugzeugs und die Suche nach einem angemessenen Sitzplatz geht, fällt es ihm im Gegensatz zu seinen Mitreisenden jedoch auffällig schwer, seine Aufregung und Anspannung wirkungsvoll zu unterdrücken.[36] Mit einer Mischung aus angstvoller Ehrfurcht, der krampfhaften Suche nach dem Rest eines Sicherheitsgefühls, einem aufgeregten Warten und offener Begeisterung wird das erzählende Ich schließlich Zeuge, wie das Flugzeug „den Boden unter den Rädern"[37] verliert. Der (physische) Übergang von der Erde in die Luft bedeutet für es gleichermaßen ein Wechselbad der Gefühle, eine Mischung aus Aufregung, Freude und Angst, die es gerade anfangs zu überwältigen scheint. Sobald der Abstand zur Erde größer wird, der Flugreisende sich also weiter „oben"[38] befindet, scheint jedoch zunehmend die Euphorie zu überwiegen: Das Ich kann es gar nicht erwarten, endlich „ganz tief unten"[39] das Meer zu erblicken.[40] Im Kontrast zur turbulenten und aufregenden ersten Flugerfahrung, die das erzählende Ich für sich selbst als überaus intensive und überwiegend positive Erfahrung wahrgenommen hat, zeigt der zweite Flug einige Zeit später jedoch, dass das ‚erste Fluggefühl' verflogen ist: „The original chance for new perception, the first flight, has passed."[41] Zuvor empfand das Ich das bloße Stehen (und Beobachten) als ausreichend, aber beim erneuten Fliegen übernimmt das Ich bereits einen Teil der bisher beobachteten alltäglichen Gewohnheiten seiner Mitreisenden: Dazu gehört etwa das selbstverständliche Lesen einer „Morgenzeitung"[42] oder das Fallenlassen einer Zigarette und das anschließende Zertreten mit dem Fuß, was von Howes geradezu als mechanische Geste gedeutet wird.[43]

Aus seiner gewollten Distanzierung heraus scheut der Reisende sich darüber hinaus keinesfalls, aus einiger Entfernung die ihn umgebenden Menschen näher in den Blick zu nehmen. Im Laufe einiger Beschreibungen werden sogar einzelne Namen der

---

34 Vgl. Howes: „Flying blind", S. 67.
35 Bachmann: Die blinden Passagiere, S. 36.
36 Vgl. ebd. S. 37.
37 Ebd.
38 Ebd.
39 Ebd.
40 Vgl. ebd.
41 Howes: „Flying blind", S. 73.
42 Bachmann: Die blinden Passagiere, S. 43.
43 Vgl. Howes: „Flying blind", S. 73.

Betrachteten offenbart, was eine gewisse Anonymität[44] aufhebt und gleichzeitig einen Zugang zur Alltagswelt der Mitreisenden eröffnet.[45] So beobachtet das erzählende Ich vor Antritt seines Fluges etwa, wie zwei Damen per namentlichem Aufruf im Flughafen von der Bar zur Zollkontrolle gebeten werden. Die gleichen Frauen sitzen später im selben Flugzeug wie das erzählende Ich, wohl „keines Vergehens fähig"[46]: „Equipped with the names of the two women, the author can follow their tiny drama [...] they leave pleasure for duty, strand two martinis that secretly make their way back into circulation, and then turn up unharmed and harmless in the plane."[47] Die unter anderem auf diese Weise dargestellte zähe Normalität auf den unterschiedlichen Flughäfen und im Flugzeug, wo keiner der Passagiere aus dem Rahmen fällt, lässt nur umso mehr die Gleichgültigkeit der Flugreisenden dem Fliegen gegenüber erahnen:[48] „The author conveys the meaninglessness of their routine actions through two types of rhetorical devices: collective descriptions and negations of apparent fact."[49]

Flugreisende verbringen einen großen Teil ihrer Zeit mit Warten, dem gezwungenen Zeitvertreib angesichts der mehr oder weniger eingespielten Arbeitsroutine von Mitarbeitern am Flughafen oder im Flugzeug. Deshalb haben sie sich vermutlich unterschiedliche Gewohnheiten zugelegt, um mit dieser zusätzlichen Zeit umzugehen. Dem erzählenden Ich fällt zumindest das Zigaretterauchen und das obligatorische Zertreten auf sowie das allgegenwärtige Zeitunglesen im „Abendblätterwald"[50] des Flugzeuginneren und auf dem Flughafen. Im Wesentlichen gibt es für die meisten Situationen eine angemessene Routine, mit der man idealerweise in der Lage sein sollte, so gut wie jede Wartezeit zu überbrücken. Eine weitere Beobachtung des erzählenden Ichs beschreibt jedoch umso greifbarer, welche Konsequenzen solche Angewohnheiten, die Bachmann wiederum in ihrer Gesamtheit als eine Art ‚Blindsein' begreift, für die Menschen haben:

> Die Passagiere fliegen nicht; sie bewegen sich fort und machen es sich bequem, obwohl sie es sehr eilig haben. Sie blinzeln müde auf die Mahlzeiten, die man auf den kleinen Polstern auf ihren Knien abstellt, und halten das Besteck in schlaffen Händen. Immer ist einer dabei, dem ein Stück Fisch oder ein Hühnerbein an die Brust fliegt. Und immer hört einer

---

44 Vgl. ebd. S. 69: „As with Misses Carter and Herman, a name, a designation that lifts these persons out of their anonymity and into particularity, makes them available as objects of – disinterested – interest."
45 Vgl. ebd. S. 68.
46 Bachmann: Die blinden Passagiere, S. 36.
47 Howes: „Flying blind", S. 68.
48 Vgl. ebd. S. 69.
49 Ebd.
50 Bachmann: Die blinden Passagiere, S. 41.

zu essen auf und blickt verstört vor sich hin, weil ihm die Luft nicht bekommt, nach der ihn oft gehungert hat.[51]

Fast mechanisch[52] passen sich die Fluggäste an die Abläufe des Fluges an, ohne dabei das eigentliche Fliegen, das Schweben über der Erde, wertzuschätzen. „Die Passagiere erinnern sich nicht. Sie fliegen für gutes Geld, und solang das Essen an Bord nicht ausgeht und das Benzinreservoir groß ist, gehen ihre Gedanken sicher in die Zukunft."[53] Trotz nicht völlig ausgeschlossener existenzieller Ängste richtet sich der Blick von Flugreisenden meist lediglich auf Aspekte wie das körperliche Wohl, das Bedürfnis nach Sicherheit und körperlicher Unversehrtheit. Doch trotzdem scheinen sie nach der erfolgreichen Landung nicht glücklicher und erfüllter zu sein.

> Die Passagiere lockern die Gurte, schlüpfen stumm in ihre Mäntel und stecken die Zeitungen weg. Sich selbst überlassen, gehen sie über das Feld, erschöpft, aber wie Genesende, die eine Krankheit abschütteln im Wind. An der Sperre stehen ihre Angehörigen mit den Gesichtern von enttäuschten Hinterbliebenen – als bedauerten sie, daß der Flug gut war, und man wird ihnen noch oft erzählen müssen, daß es kein guter Flug war.[54]

Was Bachmannt als Kern ihres utopischen Denkens versteht, wird in ihrer 1959 gehaltenen Rede *Die Wahrheit ist dem Menschen zumutbar* zur Verleihung des Hörspielpreises der Kriegsblinden deutlich:

> Denn bei allem, was wir tun, denken und fühlen, möchten wir manchmal bis zum Äußersten gehen. Der Wunsch wird in uns wach, die Grenzen zu überschreiten, die uns gesetzt sind. […] Es ist auch mir gewiß, daß wir in der Ordnung bleiben müssen, daß es den Austritt aus der Gesellschaft nicht gibt und wir uns aneinander prüfen müssen. Innerhalb der Grenzen aber haben wir den Blick gerichtet auf das Vollkommene, das Unmögliche, Unerreichbare, sei es der Liebe, der Freiheit oder jeder reinen Größe. Im Widerspiel des Unmöglichen mit dem Möglichen erweitern wir unsere Möglichkeiten. Daß wir es erzeugen, dieses Spannungsverhältnis, an dem wir wachsen, darauf, meine ich, kommt es an; daß wir uns orientieren an einem Ziel, das freilich, wenn wir uns nähern, sich noch einmal entfernt.[55]

---

51 Ebd. S. 37.
52 Vgl. Howes: „Flying blind", S. 69.
53 Bachmann: Die blinden Passagiere, S. 43.
54 Ebd.
55 Ingeborg Bachmann: Die Wahrheit ist dem Menschen zumutbar. In: Werke. Bd. 4. Essays, Reden, Vermischte Schriften, Anhang. München/Zürich ²2010, S. 276. Vgl. Eilittä: Ingeborg Bachmann's Utopia and Disillusionment, S. 45: „In this speech Bachmann suggests that the driving force for an author is a desire to push further the limits of ordinary action, thinking and

Der Drang, trotz aller wirklichen Bedingungen zu den Grenzen der eigenen Möglichkeiten zu streben, sie dadurch zu vermehren, und dabei gleichzeitig sich und seine Mitmenschen herauszufordern, ohne jedoch die Chance zu haben, das Unmögliche zu erreichen, das ist die Quintessenz dessen, was Bachmann nicht nur von Schriftstellern, sondern auch von Literatur verlangt. Darüber hinaus traut sie dem Menschen zu, vor dem Hintergrund zwangsläufig eintretender Veränderungen über die Zeit hinweg immer neue Denkweisen zu entwickeln, um mit einem entschlossenen Blick den nächsten Schritt in eine Zukunft der größeren Möglichkeiten zu wagen.

Was Bachmann in ihrer Rede theoretisch zur Sprache bringt, wird in diesem Essay vor allem durch das Bild des Fliegens verdeutlicht. Im Mittelpunkt stehen der Flugreisende bzw. die Flugreisenden, die in einem von Menschen konstruierten, alltäglich gewordenen Transportmittel ihre Reise in den Himmel antreten, um mit größter Gewissheit wieder am Boden anzukommen. Denn es ist als Mensch (immer noch nicht) möglich, den Planeten und damit die eigene Lebenswirklichkeit vollkommen hinter sich zu lassen. Was Bachmann jedoch auf unterschiedliche Weise vom erzählenden Ich beschreiben lässt, ist eine alltägliche Einstellung zum Fliegen, die wiederum hinter dem ‚eigentlichen' Fliegen und der Wahrnehmung einer außergewöhnlichen Flugerfahrung außerhalb der eigentlichen Lebenswirklichkeit zurückbleibt. Der Mensch setzt somit nicht nur räumlich gesehen zu einem Flug in die Höhe an, sondern er könnte durch die Wahrnehmung aller außergewöhnlichen Details des Fliegens auch eine einzigartige Flugerfahrung haben: Beides wäre allerdings zeitlich begrenzt, wobei man nur kurz an die Grenzen des Möglichen stößt, um danach schließlich wieder zur Erde zurückzukehren.

> [Das Flugzeug] ist eine Geste gegen ein Element, in dem niemand zu Hause ist. Gehört doch auch das Getier, das wir der Luft bestimmt glauben, zur Erde. Dort hat es seine Äste und Nester und dorthin kehrt es im Tod zurück. So läßt die Erde die Fliegenden nicht los, sie fordert sie heim, und die Fliegenden gehorchen ihr, lebendig oder tot. Aber sie dürfen Atem holen oben und die Sohlen auf die Wolken setzen, wenn ihnen die Luft unten zu knapp wird.[56]

Zwar muss der Mensch einsehen, dass er immer wieder zurückkehren muss, jedoch möchte Bachmann ihn zugleich ermutigen, sich davon nicht enttäuschen zu lassen. Er soll vielmehr dazu ermutigt werden, die Auseinandersetzung mit dem Unmöglichen, mit der Höhe, immer wieder aufs Neue zu suchen.

---

feeling. While creating literary works the author moves into an intermediate state between the norms of reality and the realm of utopian possibilities."

56 Bachmann: Die blinden Passagiere, S. 40.

> In der Nacht erscheinen, näher und näher kommend, Lichter, die sich zu Ketten formieren. Als machte sich die Welt ein Fest daraus, die Abenteurer wieder aufzunehmen. Die Maschine muß zuletzt über Hürden aus roten Lichtern springen, und sie nimmt sie alle. Sie setzt auf, leicht und federnd, und nur ihre Propeller schlagen noch im Dunkeln um sich. Sie läuft, wie es ihr vorgeschrieben ist, von den Lichtgarben des Leuchtturms erfaßt, und hält auf ein Signal.[57]

Eine weitere Beobachtung des erzählenden Ichs während seiner Flugreise beschreibt ein mitgehörtes Gespräch zwischen einem Vater und seinem Sohn. Das Kind fragt seinen Vater nach dem Aussehen einer Person, die es ehemals geschafft habe zu fliegen. Der Vater antwortet daraufhin zur näheren Erklärung: „Er band sich Wachsschwingen an die Schultern. Da mag er wohl wie ein Vogel ausgesehen haben."[58] Der Vater fügt schließlich erklärend hinzu, dass die Flügel besagter Person aufgrund der Wärme der Sonnenstrahlen geschmolzen seien und spätestens ab diesem Punkt wird dem Leser klar, dass hier auf den Ikarus-Mythos angespielt wird. Es scheint, als würde dieser intertextuelle Bezug wie beiläufig von Bachmann eingefügt, wobei das (kindliche) Interesse vor allem auf der Charakterisierung der Erscheinung von Ikarus und dem möglichen Grund für seinen gescheiterten Flugversuch zu ruhen scheint. Wieviel Bedeutung sollte der Leser diesem Bild also zukommen lassen? Was Bachmann anhand dieses Bildes abgekürzt und konzentriert andeutet, kann als ein von ihr ‚neu gedachtes' Beispiel ihres utopischen Denkens verstanden werden.

Das Utopische am Schicksal des Ikarus wäre im Licht von Bachmanns Utopiebegriff, dass er *trotz* seiner anfänglichen Zweifel, seiner Ängste und der Anweisungen seines Vater zwar leichtsinnig, aber auch kühn in die Höhe strebt in der Hoffnung auf einen erfolgreichen Flug. Letztlich ist es ihm jedoch nicht möglich, noch höher zu fliegen, da die Sonnenstrahlen (bzw. die Kräfte des Sonnengottes) das Wachs seiner Flügel schmelzen lassen und er deshalb den Tod im Meer findet. Es muss allerdings hinzugefügt werden, dass das Flugvorhaben keinesfalls die eigene Entscheidung von Ikarus war, sondern diejenige seines Vaters. Außerdem wird der Flug zwar freiwillig unternommen, jedoch aus einer Notsituation heraus: Es ist im eigentlichen Sinne die Flucht zweier Gefangener, wobei die potenziellen Gefahren, an denen nur Ikarus letztlich scheitern sollte, im vornherein bekannt waren. Trotz Zweifel und Furcht überwiegt bei beiden der Glaube an die Götter, was wiederum ihr Handeln essentiell beeinflusst. Überhaupt sind göttliche und menschliche Welt in der Antike strikt voneinander getrennt, und Ikarus kommt mit seinem Flugmanöver nicht nur den Sonnenstrahlen, sondern auch der Gegenwart des Sonnengottes zu nahe, woraufhin das Wachs seiner Flügel schmilzt und er durch seinen Sturz ins Meer tödlich verletzt wird.

---

57 Ebd. S. 43.
58 Ebd. S. 39.

Sicherlich geht es Bachmann nicht um eine detailgetreue Übertragung des Mythos von Ikarus in die gedankliche Struktur ihres Essays, jedoch kann sie durchaus als Anlass für ein ‚neues Durchdenken' des geschilderten Flugversuches im Licht der Flugerfahrungen während der 1950er Jahre gesehen werden. Bachmann lässt dabei vermutlich nicht ganz zufällig ein Kind[59] mit seinem Vater in einem Flugzeug über einen antiken Erzählstoff sprechen, der selbst von einem Flugvorhaben eines Vaters mit seinem Sohn zeugt. Wenn Ikarus und Dädalus sich zwischen Himmel und Erde, zwischen Weltlichem und Göttlichem und gleichzeitig zwischen Gefangenschaft und Freiheit wiederfinden, befinden sich das Kind und sein Vater auch zwischen Himmel und Erde, aber auch an Bord eines Flugzeugs besetzt mit Passagieren, die in der Regel die positiven Seiten des Fliegens nicht bewusst wahrnehmen. Außer dem erzählenden Ich sind die beiden die einzigen, die sich, wenn auch kritisch, mit dem Fliegen als Herzensangelegenheit beschäftigen.[60] Dabei geht es allerdings in keinster Weise um Dädalus, den Vater von Ikarus, der seinen Flug im Gegensatz zu seinem Sohn überlebt, weil er sich an alle im Vorhinein aufgestellten Regeln hielt. Im Gegensatz zu denjenigen, die sich immer an die Regeln halten und demnach nicht aus gesetzten Strukturen ausbrechen, steht Ikarus mit seiner riskanten Flugleidenschaft im Vordergrund.[61] Sein Bestreben, Grenzen zu überschreiten und immer weiter in die Höhe zu fliegen, übersetzt Bachmann als diejenige Erfahrung, die den meisten Flugreisenden verwehrt bleibt: Die Wahrnehmung des Fliegens mit offenen Augen. Indem man seine Augen bewusst für eine solche Erfahrung öffnet, wie sie Ikarus im übertragenen Sinne erlebt hat, durchbricht man zwar die Norm und dabei die Normalität, jedoch damit auch die Gleichgültigkeit und Energielosigkeit des Alltages.

Albrecht/Göttsche machen außerdem auf einen konkreten Bezug zu Robert Musil und Ulrich, seinem *Mann ohne Eigenschaften*, aufmerksam. Sie sind der Ansicht, dass der Dialog zwischen Vater und Sohn sein Pendant in Musils Roman findet: Anknüpfend an ein Gespräch über den Unterschied zwischen mystischen und intuitiven Belangen bringt Ulrich ebenfalls die Figur Ikarus ein: „Das sei nur wie die

---

59 Vgl. Albrecht/Göttsche: Bachmann Handbuch, S. 181. Die Figur des Kindes ist laut Albrecht Göttsche im Unterschied zu erwachsenen Menschen mit geregelten Abläufen nicht so vertraut, weshalb ihm noch präsenter sei, wie empfindlich Menschen eigentlich für Zustände und Momente der Ausgelassenheit sind (das Herz ist keine Maschine).
60 Vgl. Bachmann: Die blinden Passagiere, S. 39. Vgl. Howes: Flying blind, S. 71. Vgl. ebd. S. 72: „Thus the modern experience of flight intersects with the ancient myth, and the roar of the heart is the appropriate response to this brazen undertaking: it roars and throbs in fear and excitement, and even if this is not what gets you off the ground, it is what allows you to fly in the conscious sense that Bachmann intends here."
61 Vgl. Albrecht/Göttsche: Bachmann Handbuch, S. 181. Die Ikarussequenz des Essays wird von Albrecht/Göttsche als Beispiel einer abenteuerlichen Erfahrung gesehen, wobei der Grund fürs Scheitern nicht bei der Technik, sondern bei Ikarus' unvorsichtiger Einstellung zum Fliegen gesucht wird.

Wachsflügel des Ikarus, die in der Höhe zerschmelzen, rief er aus; wolle man nicht bloß im Traum fliegen, dann müsse man es auf Metallflügeln erlernen."[62] In ihren beiden Essays zum *Mann ohne Eigenschaften* wird diese Passage zudem von Bachmann eingebracht.[63] Dies lässt das Ikarusbild nicht nur im direkteren Kontext ihrer Beschäftigung mit Musil erscheinen, sondern es wird umso deutlicher, dass Bachmann auf das Bild auch im Zusammenhang mit der Formulierung utopischer Gedanken öfter zurückgegriffen hat.

Es wird durchaus kritisch diskutiert, inwiefern das Utopieverständnis Bachmanns von dem Zusammentreffen mit literarischen und philosophischen Persönlichkeiten ihrer Zeit geprägt und beeinflusst worden ist.[64] Robert Musil ist beispielsweise einer derjenigen, auf den sich Bachmann über ihre ganze Schaffenszeit hinweg immer wieder auf direkte oder indirekte Weise beruft.[65] Sie widmet ihm und seinem Roman *Der Mann ohne Eigenschaften* darüber hinaus 1953 einen gleichnamigen Radio-Essay und den Essay *Ins tausendjährige Reich*, worin sie sich sowohl mit den theoretischen Gedanken Musils, als auch mit dem Dasein seines Protagonisten Ulrich auseinandersetzt.[66] Musils Vorstellung einer „mögliche[n] Utopie" im Spiegel einer Unterscheidung zwischen einem Bereich des Wirklichen und des Möglichen wird von Bachmann produktiv aufgegriffen, indem sie das, was in Musils *Mann ohne Eigenschaften* den „anderen Zustand"[67] markiert, für sich als das Unmögliche begreift. Bachmann begreift Musils Streben nach einem solchen (unmöglichen) Zustand jedoch weniger als eine zielorientierte, sondern vielmehr als eine richtungsorientierte Denkbewegung.[68]

---

62 Robert Musil: Der Mann ohne Eigenschaften. Hg. von Adolf Frisé. Reinbek 1978, S. 765 f. Vgl. Albrecht/Göttsche: Bachmann Handbuch, S. 181.

63 Vgl. Ingeborg Bachmann: Ins tausendjährige Reich. Werke. Bd. 4. Essays, Reden, Vermischte Schriften, Anhang. München/Zürich ²2010, S. 24–28, hier S. 26. Vgl. Ingeborg Bachmann: Der Mann ohne Eigenschaften. Ebd. S. 80–102, hier S. 100.

64 Vgl. Broser: Ein Tag wird kommen.

65 Vgl. Albrecht/Göttsche: Bachmann Handbuch, S. 193.

66 Vgl. Doren Wohlleben: Schwindel der Wahrheit. Ethik und Ästhetik der Lüge in Poetik-Vorlesungen und Romanen der Gegenwart. Berlin 2005, S. 30: „Ulrichs Utopie des exakten Lebens erweist sich als wirklichkeitsfeindlich und leidenschaftlich auf die Wirklichkeit bezogen zugleich. Seine Illusion, ein Leben als Romangestalt zu führen, wird von dem Wunsch konterkariert, im Medium dieser Gestalt auf die Wirklichkeit einzuwirken. Die allein mit literarischen Mitteln angesteuerte Utopie zielt direkt auf Realität ab, strebt vehement aus dem Buch hinaus auf einen anderen Ort, einen anderen Zustand zu, der zwar kein literarischer mehr ist, aber dennoch ausschließlich im Medium der Literatur approximativ angenähert werden kann."

67 Bachmann: Ins tausendjährige Reich. In: Werkausgabe, Bd. 4, S. 24–28, hier S. 27.

68 Vgl. ebd. Vgl. Wohlleben: Schwindel der Wahrheit, S. 31: „Bei der Utopie im Musilschen Sinne handelt es sich um kein Staats- oder Gesellschaftsmodell, sondern um die Haltung eines Menschen, zumeist Schriftstellers, der bereit ist, sich dem Spannungsverhältnis zwischen dem Unmöglichen und dem Möglichen auszusetzen, das bei Wittgenstein der Spannung des

Die Utopievorstellung Bachmanns ist beispielsweise auch in der „Eigenschaftslosigkeit"[69] Ulrichs erkennbar: Das Dazwischen bzw. das Abgelöstsein von alten sowie neuen Strukturen, das Nicht-Festgelegte, repräsentiert gleichzeitig diejenige „Grenzsituation",[70] die Bachmann notwendigerweise zwischen Möglichem und Unmöglichem voraussetzt. Auch in weiteren Erzählungen, wie etwa *Das Dreißigste Jahr* oder *Unter Mördern und Irren*, wird sie später ihre eher ziellosen und desorientierten Protagonisten in ähnliche Grenzsituationen versetzen.[71]

Thau betont darüber hinaus, dass Musil und Bachmann eine gewisse Prozesshaftigkeit des Utopiedenkens gemeinsam haben. Die Festlegung auf ein Richtungsdenken beinhaltet für beide auch, dass aufgrund des fehlenden festen Zielpunktes immer wieder aufs Neue in eine bestimmte Richtung gedacht werden muss.[72] In *Die blinden Passagiere* kann das Fliegen vor diesem Hintergrund sowohl als inhaltliche, als auch als räumliche Umsetzung des Erstrebens eines solchen ‚utopischen Zustandes' verstanden werden. Die Fluggäste haben nicht nur die Chance (immer aufs Neue) ein ‚neues Sehen' für das Schöne und Befreiende am Fliegen zu entwickeln, sondern sie schweben allein räumlich gesehen zugleich selbst wie losgelöst zwischen Himmel und Erde in der Atmosphäre (quasi in der Schwebe zwischen Möglichem und Unmöglichem), jedoch in dem Wissen, dass sie unter allen Umständen zurückkehren müssen.

Das kommerzielle Fliegen soll im Jahr 1955 noch eine sehr neue und außergewöhnliche Erfahrung gewesen sein, zumal der Personenflugverkehr damals erst seit kurzer Zeit verbreitet war.[73] Was Bachmann jedoch in ihrem Essay *Die blinden Passagiere* beobachtet, ist die Wahrnehmung des Fliegens als Teil von gleichförmiger Normalität und einem Alltag, der keinen Ausbruch aus den festgelegten Strukturen vorsieht. Demnach verspüren die Flugreisenden sowohl am Boden als auch in der Luft nicht das Bedürfnis, das Fliegen als etwas Schönes und Außergewöhnliches[74] zu betrachten: „They are moving forward, but as long as they are in a big hurry (worrying about getting where they are going) and taking it easy (ignoring their circumstances), they are not flying."[75] Howes bestätigt Bachmann noch einmal darin, dass das Fliegen

---

Bemühens um das Unaussprechliche, das Mystische entspricht. Utopie ist hier als Synonym für Möglichkeit zu verstehen."
69 Bartsch: Ingeborg Bachmann, S. 25.
70 Ebd.
71 Vgl. ebd.
72 Vgl. Thau: Gesellschaftsbild und Utopie im Spätwerk Ingeborg Bachmanns, S. 116.
73 Vgl. Howes: Flying blind, S. 62.
74 Vgl. ebd. S. 63: „[F]or it plays with the notion that there is a more legitimate use of the airways than just getting somewhere (the normal use): to see the world with new eyes (the aesthetic use). The former use is purposeful yet ordinary; the latter is pointless yet extraordinary."
75 Ebd. S. 69.

im eigentlichen Sinne sogar mehr als ein bloßer Zustand der ‚Blindheit'[76] sein kann: Zwar befinden sich die Passagiere in der Luft, im Flugzeug zwischen Himmel und Erde, sie sind jedoch nicht in der Lage, die eigentliche Flugerfahrung ‚von Herzen' wahrzunehmen. Das ‚fehlende Augenlicht' und das fehlende Gefühl können gemeinsam auch als Zustand des Nicht-Fliegens übersetzt werden. Eine solche deutliche Differenzierung zwischen Fliegen und Nicht-Fliegen würde sich darüber hinaus dialektisch zum Flugversuch von Ikarus und Dädalus verhalten: Derjenige, der laut Bachmann mit offenen Augen fliegt, fliegt wirklich, wohingegen Ikarus am Fliegen scheitert. Die Passagiere, die hingegen ihre Augen vor der wirklichen Flugerfahrung verschließen und sich dabei an alle Regeln halten, fliegen demnach nicht, ganz im Gegensatz zu Dädalus, der seinen Flug unbeschadet überlebt.

Wirkliches Fliegen bedeutet für Bachmann also vor allem, die richtige Einstellung für die Flugerfahrung zu entwickeln, sich für eine intensivere Wahrnehmung zu öffnen und dem Fliegen damit letztlich mehr Aufmerksamkeit zu schenken.[77] Im Zuge der Gegenüberstellung des Sehens und Nicht-Sehens solcher Flugerfahrungen spricht Bachmann auch eine offene Kritik gegenüber den Alltagsgewohnheiten der meisten Menschen aus und ermutigt ihre Leser, sich selbst aus dieser kritischen Haltung heraus von eingefahrenen gedanklichen Gewohnheiten und Strukturen zu befreien. In diesem Essay ist es das Fliegen, welches als greifbares Bild mit einem Bezug zum alltäglichen Leben genau diesen gedanklichen Aufbruch anregen soll, was in einigen anderen Texten Bachmanns wiederum andere Bilder leisten.

Trotz allem umfasst der Essay im Wesentlichen die Beschreibung der ersten Flugerfahrung im Leben,[78] die aufgrund der fehlenden Gewohnheit von vornherein mit einer neugierigen Erwartungshaltung besetzt ist. Auch das Ich, welches dem Leser seine erste turbulente Flugerfahrung schildert, verliert bereits einige Zeit später vor dem Antritt seines zweiten Fluges diese Spannung, indem es sich etwa durch das Rauchen einer Zigarette und das Lesen einer Zeitung den alltäglichen Angewohnheiten der anderen Flugreisenden anpasst. Nur der junge Mann in seiner Nähe erinnert ihn noch einmal an seinen eigenen ersten Flug.[79]

---

76 Vgl. ebd. S. 64: „Either you are in touch with these alternative perspectives or you are not, and the line between these two is the line between those who see and those who are, ethically and aesthetically speaking, blind."
77 Vgl. ebd. S. 69: „For the author in her reinvented world, flying means something else. It means paying exquisite attention to the details of an experience that is available for the first time only this once."
78 Vgl. ebd. S. 66: „Flying in a plane, at least for the first time, is a chance to see the difference between the normal attitude and another attitude, to develop what Musil called the sense of possibility."
79 Vgl. Bachmann: Die blinden Passagiere, S. 43 f.

Bachmann eröffnet mit ihrer Flugbeschreibung auch ein neues Nachdenken über das Verhältnis zwischen Mensch und Raum vor dem Hintergrund der eigentlich neuen, aber schnell selbstverständlich gewordenen Möglichkeit, in sehr wenig Zeit große räumliche Distanzen zurückzulegen.[80] Ähnlich wie bei der Etablierung der Eisenbahn als neuem Transportmittel, ist der Mensch vor die Herausforderung gestellt, zeitliche und räumliche Faktoren neu aufeinander zu beziehen und vor allem gefragt, sich darin selbst neu zu verorten.

Häufig fällt es jedoch nicht leicht, angemessene Antworten darauf zu finden, wobei diese oft zum Objekt von gesellschaftlichen Aushandlungsprozessen werden. Doch wenn es um die Aushandlung eines neuen Verständnisses der kommerziell gewordenen Flugerfahrung Mitte des 20. Jahrhunderts geht, möchte sich Bachmann genau daran beteiligen.[81] Im Zuge der Veröffentlichung ihres Essays *Die blinden Passagiere* trägt Bachmann ihre ganz eigene Antwort in die Gesellschaft hinein und macht zugleich darauf aufmerksam, was das ‚moderne Fliegen' mit den Menschen macht und was nicht.

Neben einem anderen Gefühl für Zeit und Geschwindigkeit im Raum empfindet das erzählende Ich das Zusammentreffen von menschlichen und natürlichen Kräften vom Himmel aus ebenfalls als eine neue Erfahrung. Das Ich verschreibt sich während des Fluges nicht nur der Beobachtung der (sichtbar) unter ihm liegenden Natur durch seinen Blick aus dem Fenster, sondern es versucht außerdem, das Gesehene schriftlich in Worte zu fassen. Sein Bericht hat dabei Ähnlichkeit mit einer Art kurzem Reisetagebuch. Eindrücke werden geschildert und Geräusche, die Gestalt der Wolken und der (vermutete) Wind werden näher beschrieben. Darin wird auch deutlich, wie sehr das (von Menschen gemachte) Flugzeug den umliegenden Wetterverhältnissen ausgeliefert ist und in welcher Position der Mensch letztlich der Natur gegenübersteht: „[D]ie Wolken, denen wir entgegenfliegen, fliegen jetzt uns entgegen."[82] Das Flugzeug nimmt in einer solchen Konstellation eine fast vermittelnde Rolle zwischen Mensch und Natur ein, wobei es aufgrund seiner personifizierten Darstellung und der Deutung seiner manövrierenden Bewegungen als eine Art „Sprache"[83] fast so wirkt,

---

80 Vgl. ebd. S. 38: „Die Zeit wird über den Räumen zusammengezogen. […] Nur die Abstände bleiben dieselben. Sonst müßte wohl ein rascher Schritt auf einen anderen Menschen zu mich ihm näherbringen." Vgl. Howes: Flying blind, S. 65: „The modern miracle of flight and its accompaniments is thus a great paradox: at the same time that it makes new and distant places more accessible than anyone ever imagined, it levels out the sense of place and the uniqueness of places."
81 Vgl. Broser: Ein Tag wird kommen, S. 22.
82 Bachmann: Die blinden Passagiere, S. 39.
83 Ebd. S. 40: „In der Sprache des Flugzeugs nimmt sich das anders aus. Es zieht über eine Luftstraße, und die Farben, das Hell und das Dunkel, kennt es nicht. Es hebt und senkt sich, verlagert sich, gehorcht dem Druck einer Taste, zeigt an und führt aus."

als hätte es ein menschenunabhängiges Eigenleben. Mensch und Natur haben jeweils die Möglichkeit, eine passive bzw. eine aktive Rolle bei ihrem Aufeinandertreffen in großer Höhe einzunehmen. Schließlich zeigen die einsetzenden und zunehmenden Turbulenzen des Fluges jedoch, wie sehr die natürlichen Kräfte auf den Menschen und sein Flugzeug einwirken können.

> Wenn es dunkel ist, spürt man besser, daß die Luft Löcher hat. Das Flugzeug rutscht manchmal in sie hinein, und wer die Kraft hat, sich etwas vorzustellen von dem Draußen, tappt mit durch das Dunkel, mit der alten Kinderängstlichkeit, eine Treppe hinauf, von der man nicht weiß, wo sie endet. Man wird plötzlich auf der Stelle treten und dann erst das Gefühl haben, abzustürzen. Aber die Nacht streicht ruhig an die Fenster, und es gibt Notausgänge mit Schnallen, die in festes Glas verpackt sind. Wenn einer es zerschlüge und in die Nacht hinausträte? Doch die Maschine fliegt über einer Tiefebene nur 2000 Meter hoch, und in der Höhe sind die Wolken noch verständnislos.[84]

Von einer solchen Übermacht der Natur muss sich letztlich nicht nur Ikarus geschlagen geben, sondern auch der Flugreisende in den 1950er Jahren, denn alle Lebewesen kehren letztlich auf die eine oder andere Weise zur Erde zurück – ob sie wollen oder nicht.

Das Besondere an diesem Essay ist, dass Bachmann nicht nur aus unterschiedlichen Perspektiven das Sehen gegen das Nicht-Sehen abwägt und gleichzeitig im Text selbst konkrete inhaltliche Beispiele für das Streben nach einem ‚utopischen Zustand' liefert. Sie gestaltet es vielmehr anhand der gesellschaftskritischen Beschreibung des Nicht-Sehens so, dass der Leser auf dieser Basis idealerweise selbst zum Durchbrechen bisheriger Gedankenkonstrukte und alltäglicher Einstellungen animiert wird. Dieser zweiten Gestaltungsebene entspricht wiederum genau Bachmanns schriftstellerischer Anspruch des Aufbaus „einer radikalen und unerbittlichen Literatur"[85], welche zwangsläufig unangenehm zu sein habe, um ihre nachhaltige und bittere Wirkung bei den Menschen zu hinterlassen. Auch diese Forderung wird sie einige Jahre später zum Beispiel in ihren *Frankfurter Vorlesungen* noch deutlich formulieren. Genauso wie ihre Essays sind sie jedoch keinesfalls als abgerundete philosophisch-ästhetische Schriften zu betrachten, sondern vielmehr als „Ausdruck persönlicher Erfahrungen und Einsichten im Umgang mit Literatur".[86]

Das Utopische an ihrem Essay manifestiert sich jedoch nicht nur im Bild des Fliegens, sondern bereits in der Wahl des essayistischen Schreibstils selbst. Während des

---

84 Ebd. S. 41 f.
85 Joachim Hoell: Mythenreiche Vorstellungswelt und ererbter Alptraum. Ingeborg Bachmann und Thomas Bernhard (= bibliotheca astetica. Schriften zur Kultur. Bd. 5). Berlin 2000, S. 21.
86 Mechtenberg: Utopie als ästhetische Kategorie, S. 13.

20. Jahrhunderts wurde der konventionellen Charakteristik des literarischen Essays ein „Essayismus als [...] Lebenshaltung"[87] hinzugefügt. Hinzu kommt, dass Autoren wie Musil[88] das essayistische Schreiben deutlich mit utopischen Denkstrukturen in Verbindung bringen. Vor diesem Hintergrund wäre somit nicht nur der Fluggast in ihrem Text ein ‚Grenzgänger', sondern auch die Essayistin Bachmann selbst: Indem sie sich des Essays bedient, beurteilt sie nicht nur gesellschaftliche Angelegenheiten aus einer ganz eigenen Perspektive, sondern sie erhebt auch „den Anspruch auf eine Wahrheit", welche wiederum maßgeblich auf ihrem „eigenen Erfahrungshorizont" aufbaut.[89] Damit würde Bachmann wiederum das erfüllen, was sie selbst sowohl von Schriftstellern als auch von Literatur fordert. Die essayistische Schreibweise ist letztlich in der Lage, solche Gedankengänge zu vermitteln, weil sie einen produktiven Kompromiss aus philosophischen und poetologischen Herangehensweisen darstellt[90] und dabei laut Świderska außerdem eine gewisse Affinität zu sozialkritischen Themen beweist.[91] Letztlich ist ein Essay jedoch vor allem imstande, innere Gefühlswelten im Schreiben ihren Raum zu geben.[92]

Der Ausgangspunkt literarischen Nachdenkens ist für Bachmann das in der Gesellschaft eigens Erfahrene. Was das Fliegen betrifft, so haben die Menschen verlernt, auf das für Bachmann Wesentliche zu schauen. Angesichts einer ‚modernen' Gesellschaft, die den Menschen viele Anreize und Ideen gibt, die Teil einer alltäglichen Überreizung geworden sind, hat der Mensch Normalität neu definiert und dabei das Verwirklichen von echten Träumen verlernt: „Because our ‚normal' versions of primordial dreams and sorcery are imbued with hackneyed fairy-tale imagery and are generally no longer believed possible, we do not recognize them when they are realized in the guise of modernity."[93]

Was Bachmann in diesem Essay am Beispiel des Blicks auf das Fliegen anbietet, ist eine Alternative zu bestehenden Regeln, Werten und Denkkonzepten und eine Ermutigung, sie neu und kritisch zu hinterfragen. Es ist eine Alternative, die sich nicht auf Ideologien beruft,[94] sondern vielmehr an das menschliche Bewusstsein und die Fähigkeit zu utopischem Denken rührt:

---

87 Świderska: Die Vereinbarkeit des Unvereinbaren, S. 93.
88 Vgl. Wohlleben: Schwindel der Wahrheit, S. 31.
89 Ebd. S. 29.
90 Vgl. Howes: „Flying blind", S. 60.
91 Vgl. Świderska: Die Vereinbarkeit des Unvereinbaren, S. 97.
92 Vgl. Wohlleben: Schwindel der Wahrheit, S. 32.
93 Howes: „Flying blind", S. 62.
94 Vgl. Bartsch: Ingeborg Bachmann, S. 25 f.

And so flying puts us to the test: will you fly blind or will you acknowledge the extraordinary, which is extraordinary not because it is unusual (it is there in every circumstance) but because we refuse to allow it to enter our awareness. Can you face the truth?[95]

---

[95] Howes: „Flying blind", S. 73.

Rüdiger Heinze (Braunschweig)
Im unwahrscheinlichen Fall einer Notlandung … • Flugzeugkatastrophen im Spielfilm

1. Einleitung

Der Katastrophenfilm ist eines der ältesten und erfolgreichsten Filmgenres überhaupt. Bereits in Méliès' frühen Filmsequenzen finden sich Schiffsunglücke, Vulkanausbrüche und desaströse Ballonfahrten.[1] Im Verlauf der Filmgeschichte gibt es kein Jahrzehnt (und wahrscheinlich nur wenige Jahre) ohne einen Katastrophenfilm; die bekanntesten unter ihnen (z.B. *Airport, Flammendes Inferno, Titanic, The Day After Tomorrow, Armageddon, 2012*) gehören nicht nur zu den ökonomisch erfolgreichsten Filmen aller Zeiten, sondern auch zu den visuell und kulturell wirkmächtigsten. Innerhalb der Katastrophenfilme ist die Flugzeugkatastrophe eine der häufigsten. Überhaupt sind Flugzeugfilme bzw. Filme, in denen Flugzeuge und die Flugreise eine mehr oder weniger zentrale – nicht immer desaströse – Rolle spielen, ausgesprochen zahlreich und haben eine lange Tradition: Schon im Rahmen der ersten Flugversuche in Flugzeugen, die ja beinahe zeitgleich mit dem frühen Film einhergehen, wird auch deren Scheitern dokumentarisch auf Film festgehalten. Die ersten fiktiven Filme folgen kurze Zeit später.[2]

Auch wenn die Flugzeugkatastrophe innerhalb des Genres des Katastrophenfilms nur eine von vielen imaginierten und inszenierten Katastrophen ist (in den einschlägigen Filmlexika findet man Dutzende von Katastrophenarten), so kommt ihr doch eine besondere Bedeutung zu bzw. ihre filmische Ästhetisierung weist spezielle Eigenschaften auf: Die Flugzeugkatastrophe ist dominant technisch (auch wenn vielleicht durch einen natürlichen und/oder menschlichen Einfluss herbeigeführt), mobil, findet innerhalb eines geschlossenen Systems statt und involviert ein relativ kleines, dabei aber üblicherweise sehr heterogenes Personal. Der Flugzeugkatastrophenfilm ist eine Art Kammerspiel der Gesellschaft ohne echten Notausgang und unter erschwerten und bedrohlichen Bedingungen; das macht ihn ideal für die

---

1 Vgl. Maurice Yacowar: The Bug in the Rug: Notes on the Disaster Genre. In: Film Genre Reader III. Austin 2007, S. 277–295, hier S. 279.
2 Nicht alle Filmkulturen produzieren so viele Katastrophenfilme und Flugzeugkatastrophenfilme. Das hat diskussionswürdige kulturelle, aber auch ökonomische und infrastrukturelle Gründe (Katastrophenfilme kosten aufgrund ihrer aufwendigen Spezialeffekte viel Geld). Frankreich und Deutschland zum Beispiel produzieren nur wenige solcher Filme.

filmische Dramatisierung und Ästhetisierung. Das trifft zwar auch auf den Tunnel und das Hochhaus zu, diese sind aber nicht mobil und enthalten zumindest die Illusion eines Ausgangs und der Kontrolle: Auch andere Reisearten – Zug oder Schiff – können zwar Gegenstand von Katastrophenfilmen sein, unterwerfen die Reisenden aber deutlich weniger dem Gefühl von allgemeinem Kontrollverlust, technischer Ohnmacht und Ausweglosigkeit. Nicht umsonst stellt Maurice Yacowar fest: „The most common travel disaster involves flying."[3] Eine mögliche Begründung für die Popularität von Flugzeugkatastrophenfilmen im Besonderen – von der Popularität des Spektakels der Zerstörung, die jeden Katastrophenfilm trägt, abgesehen – ist, dass „flying disasters are based on the audience's familiar sense of insecurity in flight and upon the tradition of punishment for the hubris of presuming to fly".[4] Mit anderen Worten: Die Flugreise und ihr von uns selbst imaginiertes Scheitern sind uns als Zuschauer im Regelfall deutlich vertrauter als der Vulkanausbruch, der Schiffbruch oder der Asteroiden- bzw. Kometeneinschlag, und der Kontrollverlust und das Risiko werden von uns – zum Teil fälschlicherweise – deutlich höher eingeschätzt als bei einer Auto-, Schiffs- oder Zugreise, zumal nur wenige Reisearten mehr externen Kontrollen und Regeln unterliegen.

In Anbetracht der Beliebtheit des Katastrophenfilms und seiner besonderen Thematik verwundert es nicht, dass sich eine ganze Reihe von wissenschaftlichen Disziplinen seiner angenommen haben, unter anderem die Soziologie, Psychologie, die Film- und die Kulturwissenschaften sowie die interdisziplinäre Risikoforschung. Im Zentrum der meisten Beiträge steht – neben der rein film- und gattungshistorischen Aufarbeitung – die Frage nach der Reflexion und der Wirkung (auf die ich weiter unten noch ausführlicher eingehen werde). Gerade bei Katastrophenfilmen ist die Frage nach ihrer Wirkung und ihrem Einfluss auf unser tatsächliches Verhalten in Risiko- und Bedrohungssituation nicht nur berechtigt, sondern, wie diverse Untersuchungen zeigen, auch nötig. Wie E. L. Quantarelli betont und durch Studien belegt, haben viele Menschen, einschließlich des im Umgang mit Katastrophen professionellen, erfahrenen und geschulten Personals, in Teilen falsche Vorstellungen von Katastrophen.[5] Auch Jerry Mitchell und Deborah Thomas belegen im Detail, dass „the message regarding hazards provided through these films is often mixed and inconsistent"[6] und dass „the media play a significant role in forming cultural

---

3   Yacowar: The Bug in the Rug, S. 279.
4   Ebd. S. 279.
5   Vgl. E. L. Quantarelli: Realities and Mythologies in Disaster Films. Communications. In: The European Journal of Communication Research 11 (1985) 1, S. 31–44.
6   Jerry Mitchell/Deborah Thomas: Catastrophe in Reel Life versus Real Life: Perpetuating Disaster Myth through Hollywood Films. In: International Journal of Mass Emergencies and Disasters 18 (2000) 3, S. 383–402, hier S. 384.

attitudes about risk"[7]. Diese wiederum prägen und formen nicht nur unsere „myths and preconceptions about disaster"[8], sondern auch unser Verhalten und Handeln. Das liegt natürlich auch daran, dass die meisten Menschen – glücklicherweise – die meisten Katastrophen nicht aus eigener Erfahrung kennen: „Much of what people know about hazards is not from direct personal experience but rather from other secondary sources."[9]

Auf der anderen Seite steht die Frage nach der Reflexion. Filme existieren nicht im Vakuum, sondern sind komplexe Reflexionen einer kontextuellen, realweltlichen Wirklichkeit, von der sie selbst ein Teil sind und innerhalb derer sie auch rezipiert werden von einem Publikum, welches ebenfalls Teil und Erschaffer dieser Wirklichkeit ist. Insofern stellt sich gerade bei Katastrophenfilmen, die ja spezifische Katastrophen und Krisen, (natürliche, menschliche, technische) Ursachen, Risiken, (systemische und menschliche) Reaktionen, Personen, Werte und Normen imaginieren und inszenieren, die Frage, was genau wieso auf welche Art und Weise imaginiert wird und mit welchen ideologischen und kulturhistorischen Konsequenzen und Verbindlichkeiten.

Diese Diskussion steht jedoch nicht im Mittelpunkt dieses Beitrags; die beiden Hypothesen – Wirkungs- vs. Reflexionshypothese – sind auch nur in ihrer exklusiven und extremen Form kontrovers. Film als Medium und Zeichensystem ist weder reine Reflexion, noch reine monokausale Wirkung. Er ist ein hochkomplexes Kommunikations- und Zeichensystem im Wechselspiel mit der Welt, sich selbst als Medium und Gattung, und dem Publikum. Im Zentrum dieses Beitrags steht dagegen die Frage nach Formen und Funktionen der Ästhetisierung der Flugzeugreise und der Flugzeugkatastrophe. Diese Ästhetik tritt in der oben genannten Debatte oft und zu Unrecht in den Hintergrund oder wird völlig ignoriert. Dabei ist sie mindestens genauso aussagekräftig und erhellend, ohne einseitige und reduktive Positionen einnehmen zu müssen. Die Frage nach der Ästhetisierung ist die Frage nach der medialen Inszenierung, Dramaturgisierung, Dramatisierung, Narrativierung und Personalisierung der Flugzeugkatastrophe im Spielfilm. Sie zieht zwangsläufig Fragen nach Ethik, Werten, Normen, Menschen- und Gesellschaftsbild nach sich. Wie ich im Laufe des Beitrags zeigen will, ist der Flugzeugkatastrophenfilm damit nicht nur eine besondere Art Film und Katastrophenfilm, sondern auch ein filmisches Sozialexperiment.

---

7   Ebd. S. 385.
8   Ebd. S. 387. Sicherheit zum Beispiel muss auch in der realen Welt auf eine bestimmte Art und Weise ‚dargestellt' und in Szene gesetzt werden, damit sie unseren Vorstellungen von Sicherheit entspricht und wir uns sicher fühlen. Diese Vorstellungen beeinflussen wiederum, unter anderem durch unsere Erwartungen und unser Handeln als Reisende, fast alles rund um die Flugreise: Wie Flugreisen umgesetzt werden, Infrastruktur, Flughäfen, Einweisung, Kommunikation usw.
9   Ebd. S. 384.

Rüdiger Heinze

2. Formen und Funktionen des Katastrophenfilms

Im Sinne eines strengen Gattungskonzeptes, welches syntaktische, semantische, rhetorische und pragmatische Aspekte berücksichtigt, gibt es *den* Katastrophenfilm eigentlich nicht. Es gibt ihn natürlich trotzdem und er ist darüber hinaus aufgrund seiner Ikonographie ungewöhnlich leicht zu erkennen, aber die Tatsache, dass er so vielfältig und wandelbar und dabei so offen ist für alle möglichen Dramaturgisierungen, ist für sich genommen schon aufschlussreich und erklärt auch in Teilen seine kontinuierliche Beliebtheit. Die Hauptdarstellerin des Katastrophenfilms ist die Katastrophe. Alles andere ist verhandelbar. Syntaktisch und semantisch gesehen gibt es ihn als Melodrama, als Thriller, als Komödie, als Western, als Psychodrama, als Liebesgeschichte usw. Dass er so leicht zu erkennen ist, liegt an der Katastrophe selbst. Ihre spektakuläre Inszenierung ist die wesentliche ikonographische, semantische, rhetorische und pragmatische Komponente. Das bedeutet auch, dass nicht jeder Film, in dem eine Katastrophe droht oder stattfindet, ein Katastrophenfilm ist. So gibt es zahlreiche Filme, in denen eine Katastrophe nur Nebensache ist und weder bildlich noch dramaturgisch eine wesentliche Rolle spielt, oder der Film seine Handlung erst nach der Katastrophe situiert. Es ist die spektakuläre Inszenierung und ihre zentrale Rolle für die Dramaturgie, Dramatik und Narration, die einen Film mit einer Katastrophe zu einem Katastrophenfilm macht.

Ironischerweise ist es gerade die Logik des Spektakels, die den Katastrophenfilm vor eine paradoxe Anforderung stellt: Er muss, bei aller audiovisuellen Übertreibung, ‚realistisch' und, wenn auch nicht probabel, so doch plausibel und glaubwürdig wirken. Eine szientistische Erklärung für die Ursachen und Wirkungen einer Katastrophe, und sei sie auch noch so absurd, fehlt in keinem Film. Gleichzeitig verlangen Dramaturgisierung, Dramatisierung, Personalisierung, Narrativierung, aber auch Visualisierung, Kompromisse, die im direkten Gegensatz zum ‚Realismus' der realweltlichen Katastrophe stehen. Insofern ist der Katastrophenfilm in mehrerlei Hinsicht ein permanenter Widerspruch in sich.

Natürlich gibt es bei aller Diversität zahlreiche Merkmale, die, wenn auch nicht für alle, so doch für eine Mehrheit an Filmen kennzeichnend sind. In der Sekundärliteratur finden sich teils umfangreiche Listen mit typischen Konventionen und Katastrophen-Mythen (z.B. Yacowar; Mitchell und Thomas); hier sollen nur die wichtigsten genannt werden. Der Logik des Spektakels folgend, ist die Katastrophe meistens lokal bzw. imminent (selbst bei globalen Ereignissen dominiert die lokale Exemplarität), singulär (ein zentrales Ereignis), weitreichend und desaströs in ihren Auswirkungen. Der Verlust an menschlichem Leben ist groß und die Menschen sind der Katastrophe mehrheitlich hilflos ausgeliefert. Technik spielt oft eine zentrale Rolle, die aber regelmäßig sowohl im Negativen als auch Positiven übertrieben wird. All dies sind Mythen, die mit realen Katastrophen wenig zu tun haben, aber für die Dramaturgie und die Dramatik eine wichtige Rolle spielen (vgl. Mitchell und Thomas 388–400).[10] Üblicherweise wird die gesamte Gesellschaft bedroht bzw. bei kleineren Gruppen ein exemplarischer Querschnitt; nichtsdestotrotz ist es oft die weiße Mittelklasse, die im Zentrum der Ereignisse steht.

Auch wenn die Syntax von Katastrophenfilmen sehr flexibel ist, gibt es auch hier ‚zuverlässige' Konventionen. Das Personal eines Katastrophenfilms kann oder will aus verschiedenen Gründen der Katastrophe nicht sofort oder gar nicht entfliehen; Systeme bzw. Infrastrukturen, von denen Hilfe zu erwarten wäre, versagen oder treten erst gar nicht an. Im Verlaufe des Umgangs mit der Katastrophe tritt sowohl das Beste als auch das Schlechteste in den Menschen zutage und es kommt, weil verschiedene Charaktere zusammenarbeiten müssen, zu Konflikten, die oft Züge von Klassenkonflikten tragen und/oder die Entscheidung zwischen Egoismus (d.h. Selbstrettung) und Gemeinsinn (d.h. die Rettung anderer) dramatisieren. Es gibt beinahe ohne Ausnahme einen dramaturgisch, narrativ und auch moralisch eindeutig erkennbaren Helden. Dieser überlebt fast immer und findet als ‚patenter', wenn auch regelmäßig traumatisierter und einzelgängerischer ‚Amateur' Wege, der Katastrophe Einhalt zu gebieten oder zu entkommen, nicht ohne dabei anderen zu helfen. Auch wenn Antagonisten fast immer bestraft werden, gibt es in Katastrophenfilmen selbst für die Helden keine Überlebensgarantie. Ausgenommen sind normalerweise Kinder.[11]

Anhand dieser Merkmale deutet sich an, wieso der Katastrophenfilm besondere Aufmerksamkeit verdient, unabhängig davon, ob man der Reflexions- oder Wirkungshypothese folgt oder Film als Kommunikationsmedium und -system begreift. Grundsätzlich gilt, wie Ansgar Nünning ausführt, dass Katastrophen erst zu solchen werden, wenn wir sie als solche verstehen und benennen:

> An occurrence only becomes an event of the kind that is designated as a catastrophe or potential crisis by being reflected in discourses and stories. Emphasising the constructivity of crises and catastrophes does not mean denying that something dangerous, destructive or even disastrous has happened, but rather serves to underscore that they are not objectively given or exist 'out there'; they are in fact made by the people and media purportedly merely 'reporting' on them whenever they provide 'breaking news'. As a result of this constructivity, a catastrophe or a crisis is always dependent on the system of concepts, the conventions and the discourses of the respective epoch and the media which formulate crisis diagnoses or provide news on the latest catastrophe.[12]

---

10 Vgl. ebd. S. 388–400.
11 Vgl. Yacowar: The Bug in the Rug, S. 284–292.
12 Ansgar Nünning: Making Crises and Catastrophes – How Metaphors and Narratives Shape Their Cultural Life. In: Carsten Meiner/Kristin Veel (Hg.): The Cultural Life of Catastrophes and Crises. Berlin 2012, S. 59–88, hier S. 68–69.

Mit anderen Worten: Die zahlreichen ‚katastrophalen' Ereignisse, die zum Entstehen unseres Planeten und damit unserer Existenz beigetragen haben (Planetenkollisionen, Asteroiden- und Kometeneinschläge, Vulkanausbrüche etc.), werden selten als Katastrophen bezeichnet. Selbst das berühmte *Ereignis* von Tunguska 1908 – wahrscheinlich ein Asteroiden- und Kometeneinschlag – wird als ebensolches bezeichnet, nur selten als Katastrophe.

> Occurrences which are considered as particularly eventful, cataclysmic and traumatic, just like situations that are regarded as especially critical, are not irrevocably defined once and for all, but instead depend on the respective criteria of relevance, which are subject to historical change and are culturally variable.[13]

Katastrophenfilme sind also Teil der ‚Konstruktion', d. h. unseres Verstehens, Einordnens und Verarbeitens von Katastrophen.

> Essentially, metaphors of crises, just like the rhetoric and narrative of catastrophes, serve to narrativise and naturalise complex cultural, economic and political transformations, projecting ideologically charged plots onto the developments they purport merely to represent or to illustrate. As such, they arguably perform creative work in that they serve to define how the cultural transformations associated with the respective problems or disasters are understood by contemporaries.[14]

Im Umkehrschluss bedeutet das auch, dass Katastrophenfilme nicht nur Teil unseres Versuchs sind, bestimmte Ereignisse zu verstehen, sondern dieses Verstehen durch die Rezeption auch zu generieren und zu stabilisieren:

> [T]he meanings conveyed by these social products are fundamental to our knowledge about disasters. Cultural texts, no matter their material form, tell us about the roles of government officials, who is vulnerable in disasters, they tell us about gender, race, age, and so on – and particularly any changes in these representations over time. Cultural products are important clues for us as researchers as to what different groups are experiencing throughout the disaster cycle and what issues the public defines as important'. Most people learn about disasters and disaster behavior through mass or folk cultural products. The disaster movie genre, for example, provides its audience with directions about what actions are commendable in a crisis situation. Although a strong argument can be made that an audience recognizes the difference between appropriate social action in a movie versus appropriate behavior in real life, these representations are sometimes the only experience people have with disaster. The meanings

---

13 Ebd. S. 69.
14 Ebd. S. 82.

these representations convey will therefore influence how we interpret real events around us. […] [W]e reproduce representation of disasters in formulaic ways to understand them better without having to live through them or challenging our pre-conceived understandings of them.[15]

Katastrophenfilme sind also bedeutsam nicht allein, weil sie Reflexionen sind, und auch nicht allein, weil sie unbestreitbar Wirkung auf unsere Wahrnehmung und unser Verhalten haben, sondern weil sie als selbstorganisierte Systeme filmischer Kommunikation sowohl reflektieren als auch wirken, ohne dabei „auf politische, […] moralische, pädagogische und ähnliche Operationen reduziert werden"[16] zu können:

> Kunst- bzw. Film-Genres eignen sich vor allem deshalb als Kommunikationsmedien, weil sie sozial bewährte Kommunikationskonventionen darstellen und auf diese Weise gleichermaßen als Orientierungsrahmen für Produzenten und Rezipienten dienen. Genres [wie der Katastrophenfilm] sind mithin Kristallisationspunkte gegenseitiger Erwartungen.[17]

Über einen längeren Zeitraum hinweg können Spielfilme enorm wirkmächtige, von Uwe Pörksen kulturelle Visiotype genannte ‚Bildstereotypen' erschaffen und/oder weiterführen. In Kombination mit Narration und Dramaturgie entstehen plurimediale Bild- und Erzählungsmuster, d.h. visuelle Narrative, deren potentielle Auswirkungen kaum überschätzt werden können. Noch dazu kann der „Film als Kunstwerk […] Dinge zeigen (in der Gesamtschau, der Perspektive, der Kameraeinstellung), die wir als Einzelperson überhaupt nicht wahrnehmen oder sehen können, insb. bei Katastrophen".[18]

3. Formen und Funktionen des Flugzeugkatastrophenfilms

Was hinsichtlich Relevanz, Mythen und Konventionen für den Katastrophenfilm gilt, gilt auch für den Flugzeugkatastrophenfilm. Allerdings hat der Flugzeugkatastrophenfilm einige Besonderheiten. Die Flugzeugkatastrophe ist räumlich und zeitlich begrenzt, anders als zum Beispiel ein Vulkanausbruch oder ein Reaktorunfall. Die Anzahl der Betroffenen ist ebenfalls begrenzt, *relativ zu anderen* (!) Katastrophen. Das Flugzeug bietet keine realistischen Fluchtoptionen und die Flugreise unterliegt

---

15 Tricia Wachtendorf: Exploring the Popular Culture of Disaster. Preliminary Paper #290. Delaware 1999, S. 2.
16 Fehmi Akalin: „Flirting with disaster". Die Krisenerzählungen der Filmforschung am Beispiel des Katastrophen-Films. In: Lim Il-Tschung/Daniel Ziegler (Hg.): Kino und Krise. Kultursoziologische Beiträge zur Krisenreflexion im Film. Wiesbaden: Springer 2017, S. 7–29, hier S. 21.
17 Ebd. S. 22.
18 Manfred Hobsch: Das Große Lexikon der Katastrophenfilme. Berlin 2003, S. 9.

strengen Kontrollen und Regeln. Gleichzeitig ist die Flugreise im Laufe des 20. Jahrhunderts relativ schnell selbstverständlicher Teil des Reisealltags einer großen Anzahl von Menschen geworden. Sie ist also in mehrerlei Hinsicht eine ‚Alltagstechnik', die jedoch in weiten Teilen intransparent für uns bleibt.

Wie oben bereits angedeutet, spielen diese Aspekte eine wichtige Rolle für die Dramaturgisierung, Dramatisierung, Narrativierung und Personalisierung der Flugzeugkatastrophe im Film und, wenig überraschend, für die Geschichte dieser Art Film. Denn natürlich haben Flugzeugkatastrophenfilme neben ihren grundsätzlichen Formen und Funktionen einen sich wandelnden sozialen, politischen, technischen, infrastrukturellen, medialen, historischen Kontext. So gibt es bei aller – in der Tat enormen – Vielfalt Konstanten und nachvollziehbare Entwicklungen. Nach den oben genannten frühen dokumentarischen Filmen tauchen Flugzeuge im Spielfilm in nennenswerter Zahl erst in den 1930ern auf, also zu einer Zeit, in der Flugzeuge deutlich sichtbarer und zu einer relativ ‚normalen' (und auch filmtechnisch abbildbaren) Technik werden. Dazu gehören Filme wie *Lost Horizon* (1937) oder *Only Angels Have Wings* (1939). Wenig überraschend dominieren in den nächsten Jahren die Kriegsfilme, wie z.B. *A Guy Named Joe* (1943) und *Thunderbirds* (1942) oder, in Deutschland, *Quax, der Bruchpilot* (1941). Die Flugreise- und Flugzeugkatastrophenfilme, die maßgeblich das Genre und die Visiotype prägen, erscheinen erst in den 1950er Jahren mit dem Aufstieg des kommerziellen Flugbetriebs nach dem Krieg, z.B. *No Highway in the Sky* (1951), *The High and the Mighty* (1954), *Flight Into Danger* (1956), *Zero Hour* (1957; US-Version des kanadischen *Flight Into Danger*, beide Filme basierend auf Drehbüchern von Arthur Hailey, der später auch *Airport* schreiben sollte), *Jet Storm* (1959), *Jet Over the Atlantic* (1959) oder *The Crowded Sky* (1960).

Die 1970er Jahre markieren aus verschiedenen Gründen (filmtechnisch und -historisch, medientechnisch und -historisch, mobilitätstechnisch, infrastrukturell, sozial, politisch usw.) einen Höhepunkt des Katastrophenfilms allgemein und natürlich auch des Flugzeugkatastrophenfilms. Der Jumbojet (insbesondere die Boeing 747), die Concorde und technisch scheinbar machbare Visionen vom immer schnelleren Fliegen (unter anderem im Weltall: *Starflight* (1983)) beflügeln die Vorstellungskraft der Filmemacher und des Publikums. Zu den berühmtesten Filmen dürfte hier die sogenannte *Airport*-Reihe gehören (1970, 1974, 1977, 1979), die unter anderem unter Wasser (im Bermuda-Dreieck) und in der Concorde spielen. Ein sicheres Zeichen, dass das Genre und seine Konventionen spätestens Anfang der 1980er etabliert sind, ist die Existenz von *Airplane!* (1980), einer Parodie, die fast eins zu eins das Drehbuch von *Zero Hour* benutzt.

Die Liste ließe sich beliebig bis in die Gegenwart fortsetzen; es gibt, wie gesagt, nur wenige Jahre, in denen kein Flugzeugkatastrophenfilm auf den Markt kommt. Trotz der Vielfalt lassen sich im Rückblick einige allgemeine Entwicklungen nachzeichnen. Die klassischen Szenarien (technischer Defekt, Ausfall des Piloten, Sabotage,

Entführung) haben sich spätestens in den 1980ern erschöpft. Gemäß der Steigerungslogik von Katastrophenfilmen werden die Szenarien in den nachfolgenden Filmen häufig ausgefallener (Gefangenentransport, Präsidentenflugzeug), (noch) abwegiger (Weltall, unter Wasser, Zeitreise) und teilweise absurd (Schlangen, Geister, Monster). Da sich diese Überbietung nicht beliebig fortsetzen lässt, re-lokalisieren viele Flugzeugkatastrophenfilme ihre Handlung ins örtliche und zeitliche Umfeld (*Flight* (2012), *Sully* (2016), *Aftermath* (2017)) oder inszenieren Kammerspiele der Paranoia und Klaustrophobie (*Red Eye* (2005), *Flightplan* (2005), *Non-Stop* (2014)).

In der Mehrheit der Filme dominiert die kommerzielle Flugreise, also der Verkehrs- und Linienflug in größeren Flugzeugen. Das bedeutet auch, dass die Mehrheit der Filme Flugreisen zeigt, an denen die Mehrheit der Zuschauer zumindest theoretisch teilnehmen könnte. Das bedeutet jedoch nicht, dass die mehrheitlich gezeigten Katastrophenszenarien auch der Mehrheit der realweltlichen Flugzeugkatastrophen entsprechen. Wie oben bereits erörtert, haben die Wahrscheinlichkeit und Plausibilität weder einen erkennbaren Einfluss auf den Erfolg des Films, noch sind realweltliche Katastrophen immer ‚plausibel' und wahrscheinlich; man denke nur an *United 93* (2006).

4. Die filmische Ästhetik des Flugzeugkatastrophenfilms

Wie genau die Flugzeugkatastrophe im Spielfilm ästhetisiert wird, hängt von einer ganzen Reihe an veränderlichen Faktoren ab, wie oben bereits besprochen. Auch hier lassen sich aber genretypische Kontinuitäten ausmachen.

Visualisierung/Dramatisierung/Dramaturgisierung: Zu den wichtigsten Aspekten der Ästhetisierung gehört, wenig überraschend, die Darstellung des Flugzeugs selbst, ebenso wie die umgebende Infrastruktur (Flughafen, Sicherheitskontrollen etc.). Da das Flugzeug ein relativ ‚potentialarmer', weil relativ kleiner und relativ klar strukturierter Raum ist (zumindest der für die Reisenden zugängliche Raum), muss der Film, je nach gewünschtem dramatischen und dramaturgischen Effekt, diesen Raum auf eine spezifische Art und Weise inszenieren. Das bedeutet, dass über die Kameraeinstellung und -führung das Flugzeug ‚kleiner' oder auch ‚größer' gemacht werden kann, ‚enger' (z.B. durch Nahaufnahmen) oder unübersichtlicher (z.B. durch schnelle und verwirrende Schnitte, keine oder wenige Übersichtseinstellungen oder indem Räume des Flugzeugs gezeigt werden, die wir als normale Reisende nicht kennen, etwa der Frachtraum). So kann aus dem Flugzeug entweder ein klaustrophobisches Labyrinth werden, in dem hinter jeder Ecke eine Gefahr lauert, oder eine räumlich geeinte Schicksalsgemeinschaft, aus der es kein Entkommen gibt, die aber gleichzeitig eine trügerische Nähe mit sich bringen kann: Der ‚Feind' kann in unmittelbarer Nähe sitzen. So können unterschiedliche, aber auch identische

Ästhetisierungsstrategien sehr unterschiedliche Effekte haben. Gemein ist ihnen, dass sie im Regelfall Paranoia, Klaustrophobie und Kontrollverlust inszenieren und so kumulative Spannungselemente nutzen.

Zu den wichtigsten Visiotypen, die diese Elemente bildlich transportieren, gehören Löcher im Flugzeugkörper; die Toilette als heterotoper Raum; ein leerer Pilotensitz bzw. ein toter oder bewusstloser Pilot im Sitz; getrennte Räume zwischen Reisenden und Besatzung (die Trennung kann auch durch die Kameraführung bewirkt werden); der Tower; das Flugzeug von außen; herabfallende Atemmasken; sowie Turbulenzen bzw. ‚freier Fall'. Üblicherweise werden Flugzeug und ‚Boden' (d.h. Tower, Flughafen, aber auch Land, Straßen, Wasser) in Wechselschnitten gegenüber gestellt, unter anderem, um Hilflosigkeit, Kontrollverlust und Zeitabläufe darzustellen und somit dramaturgisch Spannung zu erzeugen.

Dramaturgisierung/Narrativierung/Personalisierung: Zwar stellen die meisten Filme sicher, dass während der Eingangssequenz ein breiter Querschnitt der Bevölkerung als Flugreisende gezeigt wird, aber natürlich müssen die Filme relativ schnell personalisieren, um die Hauptfiguren (Protagonisten, Antagonisten, Nebenfiguren) kenntlich zu machen und um die für die Dramaturgie und Narration unvermeidlichen Konflikte vorzubereiten. Da diese Konflikte in einem geschlossenen System stattfinden, wird auch hier eine Atmosphäre der Paranoia, Klaustrophobie und des Kontrollverlustes geschaffen. Darüber hinaus wird über die Personalisierung der Rahmen für ein Kooperationsspiel bzw. gedankliches Sozialexperiment gesetzt, welches fast immer den größten Teil des Films ausmacht (es können nur eine begrenzte Zahl an partiellen Katastrophen – Turbulenzen, Löcher, etc. – passieren, sonst ist der Film schnell vorbei oder absurd). Es überrascht nicht, dass entsprechend bestimmte Charaktertypen immer wieder erscheinen, so z.B. grobe Männer (‚Bullies'), die die Helden spielen wollen, tatkräftige Stewardessen, heldenhafte (oft traumatisierte) Amateure, die das Flugzeug fliegen, wenn der Pilot ausfällt, Männer oder Frauen, die in Panik geraten. Es gibt nur wenige Filme, in denen die totale Katastrophe (also der Absturz inklusive Tod der Reisenden) tatsächlich eintritt. Dies ist ein wichtiger Unterschied zu Natur- oder Großkatastrophenfilmen (Erdbeben, Vulkanausbrüche, Reaktorversagen, Pandemien), in denen regelmäßig unzählige Tote zu beklagen sind. Allerdings sind Filme, in denen konsequenterweise die gesamte Menschheit ausgelöscht wird (z.B. durch einen Asteroideneinschlag), sehr selten.

Beispiel: *Non-Stop*. Bereits der Trailer des Films beinhaltet alle typischen Elemente des Flugzeugkatastrophenfilms in extremer Verdichtung: Ein traumatisierter, einzelgängerischer Held in Nahaufnahme; ein volles Flugzeug mit sehr verschiedenen Menschen in Totale; das Flugzeug von außen am Boden und schließlich in der Luft; die Etablierung des Protagonisten und des Konflikts (ein Marshal und Alkoholiker gegen einen Unbekannten an Bord, der Reisende umbringt); Paranoia und Klaustrophobie (der Antagonist ist unbekannt; der Marshal kommt selbst infrage);

Kontrollverlust (Unübersichtlichkeit und Aufteilung des Flugzeugraums, eine Bombe, Unwissenheit über die eigentlichen Ziele des Antagonisten); Visiotype (Turbulenzen bzw. freier Fall, Atemmasken, ein leerer Pilotensitz, ein Loch im Flugzeugkörper, der nahende Boden). So ist dann auch der Film im Grunde genommen eine Langversion des Trailers ohne größere Überraschungen, mit Ausnahme der Auflösung. Wie sich herausstellt, gibt es zwei Antagonisten, die versuchen, mit ihrer drastischen ‚Aktion' auf die unzureichenden Sicherheitsvorkehrungen und -maßnahmen im Flugverkehr hinzuweisen, welche, so die Antagonisten wörtlich, den 11. September 2001 erst möglich gemacht hätten. So wird den Antagonisten zwar oberflächlich und kurzfristig ein zumindest moralisch ‚ehrenwertes' Motiv zugewiesen, zumal der Alkoholismus auch den Protagonisten angreifbar macht; schlussendlich sind deren Taten aber so weit von jeder möglichen Rechtfertigung entfernt, dass auch dieser Ansatz moralischer Komplexität schnell wieder vergeht (und die ‚Schurken' ja auch erfolgreich von einem Vertreter des kritisierten Systems bekämpft werden).

Insgesamt ist der Film aber auch in dieser Hinsicht ein beinahe prototypischer Flugzeugkatastrophenfilm der Gegenwart. Aufschlussreich ist das insofern, als infrastrukturelles, technisches und menschliches Versagen kaum eine nennenswerte Rolle spielen. Die Katastrophe wird personalisiert und individualisiert; systemische Faktoren werden fast vollständig ausgeblendet. Wenn überhaupt systemische Faktoren bzw. ihre Vertreter in Form von Profis und Sachverständigen vorkommen, dann entweder als Mahner, die vom eigenen System nicht erhört werden, oder als mehr oder weniger inkompetente Lakaien; es herrscht eine Atmosphäre der Paranoia. Dies trifft, ganz anders als bei der Mehrheit der Flugzeugkatastrophenfilme – und der Katastrophenfilme insgesamt – bis Ende der 1970er Jahre, auf die große Mehrheit der Filme der letzten 20 Jahre zu. Und da Menschen als Verursacher von Katastrophen im Zweifelsfalle leichter zu kontrollieren sind als die Natur, werden die Katastrophen hier beherrschbar und – vom richtigen Individuum – bekämpfbar. Dies ist ein wichtiger Unterschied zu den Naturkatastrophenfilmen der letzten Jahre (z.B. *The Day After Tomorrow*, *The Knowing*, *2012*, *San Andreas*), die allesamt das Spektakel der Zerstörung zelebrieren und in denen zwar der Held (sic!; die Helden sind immer noch beinahe ausschließlich männlich), aber relativ gesehen kaum jemand anderes überlebt; im Zweifelsfall noch die engste Familie, insbesondere die Kinder. Gemein ist fast allen Katastrophenfilmen, besonders den US-amerikanischen, dass sie Heldengeschichten sind, und zwar oft über gebrochene Helden, die im Laufe des Films ihr Trauma überwinden. Das kann man durchaus immer noch als Allegorie auf die nationale Identitätsfindung nach dem 11. September 2001 und nach diversen katastrophalen kriegerischen Interventionen der letzten Jahre interpretieren.

5. Schluss

Bei aller Theoretisierung gibt es eine offensichtliche Frage, die in diesem Beitrag noch keine Berücksichtigung gefunden hat: Können und dürfen Katastrophenfilme unterhaltsam sein? In Anlehnung an Tanja Busse, die sich die gleiche Frage für Weltuntergangs(verhinderungs)filme gestellt hat, lautet die klare Antwort: ja, natürlich. Film und Kino sind offensichtlich Kommerz *und* Unterhaltung. Gerade Katastrophenfilme bedienen die Lust am Spektakel, zumal man als Zuschauer weiß, dass man zu den Überlebenden gehören wird. Das mag zynisch und morbide klingen, aber schon Homers Schlachtenbeschreibungen sind weniger vom moralischen Zeigefinger als von der Lust am Metzeleidetail gekennzeichnet. Außerdem sind die meisten Katastrophenfilme, wie schon gesagt, Kooperationsspiele und gedankliche Sozialexperimente, in denen Egoismus gegen Gemeinsinn ausgespielt wird und – das ist in dieser Eindeutigkeit für die meisten anderen Kunstformen ungewöhnlich – der Gemeinsinn und die Verantwortung für andere immer, wirklich immer ‚gewinnen‘ und als in jeder Hinsicht überlegen dargestellt werden, auch für das eigene Überleben. Was die Flugzeugkatastrophenfilme im Speziellen angeht, so dürfte neben der Lust am Spektakel und dem Spiel mit den (zumeist kontrafaktischen) Ängsten der Zuschauer vor dem realweltlichen Fliegen eine Kompensationsfunktion eine wichtige Rolle spielen. Die Flugreise ist für die meisten Reisenden schon lange nicht mehr aufregend. Der Film erzeugt Spannung, wo in der Realität (glücklicherweise!) keine mehr ist (es sei denn, man hat Flugangst), jedoch auf eine für die Zuschauer sichere Art und Weise; es ist ein kontrollierter Kontrollverlust, zumal die allermeisten Filme ein Happy End haben. Nur für das eigene Verhalten im realen Katastrophenfall sollte man sich nicht an den Filmen orientieren. Dann ist ein Happy End eher unwahrscheinlich.

6. Filme (Auswahl)

A Guy Named Joe. Dir. Victor Fleming. Metro-Goldwyn-Mayer, 1943.
Aftermath. Dir. Elliott Lester. Lionsgate, 2017.
Airforce One. Dir. Wolfgang Petersen. Columbia Pictures, 1997.
Airplane! Dir. Jim Abrahams und David Zucker. Paramount Pictures, 1980.
Airport. Dir. George Seaton. Universal Pictures, 1970.
Airport 1975. Dir. Jack Smight. Universal Pictures, 1974.
Airport '77. Dir. Jerry Jameson. Universal Pictures, 1977.
Airport '79 … The Concorde. Dir. David Lowell Rich. Universal Pictures, 1979.
Alive. Dir. Frank Marshall., 1993.
Broken Arrow. Dir. John Woo. Twentieth Century Fox, 1996.

Cast Away. Dir. Robert Zemeckis. Twentieth Century Fox, 2000.
Con Air. Dir. Simon West. Touchstone Pictures, 1997.
Crash: The Mystery of Flight 1501. Dir. Philip Saville. Citadel Entertainment, 1990.
Die Hard 2. Dir. Renny Harlin. Twentieth Century Fox, 1990.
Executive Decision. Dir. Stuart Baird. Warner Bros., 1996.
Falling from the Sky: Flight 174. Dir. Jorge Montesi. Hill/Fields Entertainment, 1995.
Final Destination. Dir. James Wong. New Line Cinema, 2000.
Flight Into Danger. Dir. Gabriel Axel. Canadian Broadcasting Corporation, 1956.
Flight that Disappeared. Dir. Reginald Le Borg. Robert E. Kent Productions, 1961.
Flight. Dir. Robert Zemeckis. Paramount Pictures, 2012.
Flightplan. Dir. Robert Schwentke. Touchstone Pictures, 2005.
Ground Control. Dir. Richard Howard. Green Communications, 1998.
Jet Over the Atlantic. Dir. Bryan Haskin. Benedict Bogeaus Production, 1959.
Jet Storm. Dir. Cy Endfield. Pendennis Productions, 1959.
Lost Horizon. Dir. Frank Capra. Columbia Pictures, 1937.
Mayday. Dir. T.J. Scott. CBS, 2005.
Miracle Landing. Dir. Dick Lowry. CBS, 1990.
Murder on Flight 502. Dir. George McCowan. Spelling-Goldberg Productions, 1975.
No Highway in the Sky. Dir Henry Koster. Twentieth Century Fox, 1951.
Non-Stop. Dir. Jaume Collet-Serre. Studio Canal, 2014.
Only Angels Have Wings. Dir. Howard Hawks. Columbia Pictures, 1939.
Panic in the Skies! Dir. Paul Ziller. s, 1996.
Passenger 57. Dir. Kevin Hooks. Warner Bros., 1992.
Quax, der Bruchpilot. Dir. Kurt Hoffmann. Terra-Filmkunst, 1941.
Red Eye. Dir. Wes Craven. DreamWorks, 2005.
Skyjacked. Dir. John Guillermin. Walter Seltzer Productions, 1972.
Snakes on a Plane. Dir. David R. Ellis. New Line Cinema, 2006.
Starflight: The Plane That Couldn't Land. Dir. Jerry Jameson., 1983.
Stealth. Dir. Rob Cohen. Columbia Pictures, 2005.
Sully. Dir. Clint Eastwood. Flashlight Films, 2016.
Terror in the Sky. Dir. Bernard L. Kowalski. Paramount Television, 1971.
The Crowded Sky. Dir. Joseph Pevney. Warner Bros., 1960.
The Doomsday Flight. Dir. William Graham. Universal Television, 1966.
The Flight of the Phoenix. Dir. Robert Aldrich. Associates and Aldrich Company, 1965.
The Grey. Dir. Joe Carnahan. Open Road Films, 2011.
The High and the Mighty. Dir. William Wellman. Warner Bros., 1954.
Thunder Birds: Soldiers of the Air. Dir. William Wellman. Twentieth Century Fox, 1942.
Turbulence. Dir. Robert Butler. Metro-Goldwyn-Mayer, 1997.
United 93. Dir. Paul Greengrass. Universal Pictures, 2006.
Zero Hour! Dir. Hall Bartlett. Paramount Pictures, 1957.

Martin Bulka (Hannover)
4 Kontinente und 9 Länder in 279 Minuten · Flug- und Autoreise in Wim Wenders' *Bis ans Ende der Welt*

> Einmal
> sah ich ein Flugzeug,
> dem die Flügel fehlten.¹

1. Einleitung

Wim Wenders ist ein Regisseur, der großen Einfluss auf die deutsche Kinolandschaft der Nachkriegszeit hatte. Seine größten Erfolge feierte er in den 1980er Jahren mit *Paris, Texas* (1984) und *Der Himmel über Berlin* (1987). Für ersteren erhielt er die Palme d'or. Seit Beginn seiner Schaffensperiode in den 1970er Jahren bewegt er sich primär im Genre des Roadmovies. Demzufolge spielen Fortbewegungsmittel stets eine tragende Rolle in Wenders' Filmen, da, wie in dem Genre üblich, große Teile der Handlung auf der Straße und unter freiem Himmel stattfinden. Im Jahr 1991 erschien Wenders' bis dato umfangreichster Film, nämlich *Bis ans Ende der Welt*, dessen Director's Cut über viereinhalb Stunden Laufzeit hat. So heißt es auf der Internetpräsenz der Wim Wenders Stiftung, dass *Bis ans Ende der Welt* „das ultimative Road Movie"² sei. Und in der Tat treten die Charaktere, in den Hauptrollen Solveig Dommartin und William Hurt, eine epische Reise an und bereisen Frankreich, Deutschland, Portugal, Russland, Japan, China, die USA und Australien.³ Beinah folgerichtig endet die Geschichte im Weltraum.

Auf ihrer Reise wird eine Vielzahl unterschiedlicher Fortbewegungsmittel verwendet u.a. normale PKW, öffentliche Verkehrsmittel aller Art, Wohnmobile, alte, rein mechanisch betriebene Dieseltransporter, Frachtschiffe, Passagierflugzeuge und

---

1   Wim Wenders: Einmal. Bilder und Geschichten. Frankfurt/M. 1994, S. 28.
2   http://wimwendersstiftung.de/film/bis-ans-ende-der-welt/ (letzter Zugriff: 31.12.2017).
3   Es sei an dieser Stelle angemerkt, dass in der frühesten Entwicklungsphase des Films noch geplant war, die Charaktere weitaus mehr Länder bereisen zu lassen. Von 1984 gibt es Manuskriptentwürfe, in denen Wenders eine Route beschreibt, die noch mehrere afrikanische Länder einschließt. Vgl. Wim Wenders: The Act of Seeing. Texte und Gespräche. Frankfurt 1992, S. 14. In einem Interview von 1990, also während der Produktionsphase, ist noch von ursprünglich 17 geplanten Ländern die Rede. Aus in erster Linie finanziellen Gründen, entschloss man sich, diese auf elf zu reduzieren. Vgl. ebd. S. 16.

Propellerflugzeuge. Im Fokus dieser Arbeit soll die Rolle der Fortbewegungsmittel und der Landschaft bzw. der Umgebung stehen, in der sich die Figuren befinden. Dazu wird das Augenmerk auf den direkten Vergleich der Inszenierung von Autos und Flugzeugen gelegt. Hierbei werde ich mich ausschließlich auf den Director's Cut beziehen.

Die Argumentation dieses Aufsatzes basiert auf folgender These: In Wim Wenders' Filmen wird den Landschaften und Fortbewegungsmitteln innerhalb dieser Landschaften ungleich mehr Beachtung geschenkt als den Darstellern. Diese rücken in den Hintergrund und Orte, Landschaften und Fortbewegungsmittel werden somit zu wichtigen Handlungsträgern. Um der Frage, ob das Setting Handlungsträger ist, nachgehen zu können, werde ich zunächst die Themenschwerpunkte des Regisseurs Wim Wenders' darlegen. Anschließend soll exemplarisch erläutert werden, wie die Landschaften und Transportmittel bildkompositorisch in *Bis ans Ende der Welt* dargestellt werden. Damit einher geht der folgende Punkt, nämlich dass Wenders seine Figuren stets neue visuelle Eindrücke erfahren lässt, weswegen die Reise überhaupt angetreten wird. Anschließend folgt eine Kontrastierung von Flugzeug und Automobil in dem Filmepos, die zeigen wird, dass Fahrzeuge und auch Landschaften in der Tat eine bedeutende Rolle in Wenders' Bildsprache spielen.

2. Wenders' Themenschwerpunkte

Da Wenders ein Regisseur ist, der dem Roadmovie sehr nahesteht, ist es sinnvoll, eine Genredefinition vorzunehmen, um seine Themenschwerpunkte darzulegen. Wie der Name schon sagt, spielt sich das Geschehen in diesen Filmen primär auf der Straße ab. Die Charaktere bewegen sich also mit einem Fahrzeug von A nach B. Dabei ist aber weniger das Erreichen des Ziels, sondern das Reisen an sich von immanenter Bedeutung. Die Protagonisten haben keinen festen Standort. Sie sind vielmehr auf der Suche nach ihrer eigenen Identität.[4] Dies ist ein Punkt, der für Sarah Bräutigams Definition von Roadmovies von großer Wichtigkeit ist und auch bei Wenders eine tragende Rolle spielt. Peter Buchka schreibt in seinem Buch über Wenders dazu Folgendes: „Die Geschichte lastet auf ihnen und befleckt im Nachhinein die Erinnerung an die Kindheit. So sind sie ihrem Ursprung doppelt entfremdet: geographisch und kulturell. Aus diesem Grund haben sie es schwer mit der Identität."[5] Mit „ihnen" und mit „sie" sind hier die Kinder der Nachkriegszeit, also Wenders' Generation, gemeint.

---

4 Vgl. Sarah Bräutigam: Transatlantische Bewegungen im Roadmovie. Eine Analyse des Filmgenres Roadmovie unter Berücksichtigung seiner kulturellen und ästhetischen Verbindung zu Europa. Düsseldorf 2009, S. 10.

5 Peter Buchka: Augen kann man nicht kaufen. Wim Wenders und seine Filme. Frankfurt/M. 1985, S. 36.

Es kommt also durch diese Identitätssuche, eben auf kultureller Basis, zur Reise.[6] Denn auf der Reise, also durch die Fortbewegung, entwickeln sich die Charaktere weiter: „Es geht [...] um Menschen, die vor sich selbst auf der Flucht sind. [...] Die [sich] von neuen Orten und den Reisen dorthin neue Erfahrungen erhoffen."[7] Hier lassen sich klare Parallelen zum deutschen Bildungsroman ziehen, in welchem es ja auch die Reise, die Fortbewegung, ist, die die Charaktere reifen lässt.[8] Man kann verstehen, weshalb das Roadmovie durch Wenders in den 1970er Jahren Einzug in die deutsche Kinolandschaft gehalten hat, weil es unverkennbare Parallelen in den Themenschwerpunkten von Bildungsroman und Roadmovie gibt. Schließlich ist der Bildungsroman eine typisch deutsche Literaturgattung.

Wenders misst insbesondere den unterschiedlichsten Fortbewegungsmitteln große Bedeutung bei. Betrachtet man seine Filmografie, dann fällt auf, dass er mit immer wiederkehrenden Einstellungen die Fortbewegungsmittel in den Blickfokus des Zuschauers rückt. Zunächst gibt es eine Innenansicht. Die Charaktere sitzen, häufig verträumt, im Innern eines Fahrzeugs oder einer Flugmaschine. Dann folgt ein Schnitt und die Ansicht aus dem Fortbewegungsmittel auf die unmittelbare Umgebung. Manchmal ist die Reihenfolge auch umgekehrt, dass also zuerst der Blick aus dem Fahrzeug heraus gezeigt wird und erst im Anschluss die Darsteller gezeigt werden. Exemplarisch lässt sich das an jeweils einem Film aus den vergangenen vier Jahrzehnten belegen. In *Alice in den Städten* (1974) fahren die beiden Protagonisten, gespielt von Rüdiger Vogler und Yella Rottländer, mit der Wuppertaler Schwebebahn. Zunächst ist die Einstellung aus der Bahn hinaus zu sehen.[9] Es folgt die Einstellung aus dem Inneren des Fortbewegungsmittels.[10] Bei *Paris, Texas* (1984) ist es das gleiche Schema. Hier ist es allerdings nicht die Wuppertaler Schwebebahn, sondern ein kleiner blauer Truck auf dem amerikanischen Highway. Zunächst gibt es die Sicht aus dem Fahrzeug heraus.[11] Im direkten Anschluss wird der Fahrer des Trucks aus der

---

6 Es gilt, den europäischen vom amerikanischen Roadmovie zu unterscheiden. Unstrittig ist, dass das Roadmovie aus den Vereinigten Staaten kommt und sich in seiner Ursprungsform Elementen des Western bedient. Vgl. Shari Roberts: Western Meets Eastwood. Genre and Gender on the Road. In: Steven Cohan/Ina Rae Hark (Hg.): The Road Movie Book. London/New York 1997, S. 45–69, hier S. 45. Im amerikanischen Roadmovie liegt der Fokus eindeutig auf der Faszination für die Straße, den Highway und die Fahrzeuge selbst. Bei den europäischen Vertretern, Wenders eingeschlossen, ist das Unterwegssein bereits Teil der intrinsischen Grundstimmung der Charaktere. Vgl. Adolf Heinzlmeier/Jürgen Menningen/Berndt Schulz: Road Movies. Action-Kino der Maschinen und Motoren. Hamburg 1985, S. 44.
7 Ebd.
8 Vgl. Ortrud Gutjahr: Einführung in den Bildungsroman. Darmstadt 2007, S. 8.
9 Vgl. Wim Wenders: Alice in den Städten. DVD. Leipzig 2012 [1974], TC: 01:01:10–01:01:38.
10 Vgl. ebd. TC: 01:01:39–01:01:15.
11 Vgl. Wim Wenders: Paris, Texas. DVD. Leipzig 2012 [1974], TC: 01:26:46–01:27:09.

Innenperspektive gefilmt.[12] In *Bis ans Ende der Welt* (1991) ist die Reihenfolge umgekehrt. Zunächst sieht man Sam (William Hurt) und Claire (Solveig Dommartin) an Bord eines kleinen Propellerflugzeugs sitzen.[13] Nach der Innenansicht sieht man die Aufnahme aus dem Flugzeug heraus, die immer näher kommende Erde und den Schatten des Flugzeugs, der immer größer wird.[14] In *Land of Plenty* (2004) sitzt die Hauptfigur, gespielt von Michelle Williams, zu Beginn des Films an Bord eines großen Passagierflugzeugs und schaut verträumt aus dem Fenster.[15] Anschließend folgt der Blick direkt aus dem Flugzeugfenster.[16] Man hat stets den Eindruck, dass dem Blick aus dem Fortbewegungsmittel heraus ungleich größere Bedeutung beigemessen wird, als den Innenansichten auf die menschlichen Akteure.

Das Reisen und die Überwindung von persönlichen, oft für den Zuschauer nicht genau definierten Problemen der Charaktere waren in den 1970er Jahren wichtige Themen für Wim Wenders. In *Alice in den Städten* (1974) und *Falsche Bewegung* (1975) sind es beispielsweise Schreibblockaden, die der Protagonist überwinden möchte und in *Im Lauf der Zeit* (1976) familiäre Schwierigkeiten. In *Paris, Texas* (1984) geht es ebenfalls um eine Familientragödie. Was in den 1990er Jahre bei Wenders jedoch deutlicher in den Vordergrund rückt als in seiner bisheriger Filmografie, ist eine Auseinandersetzung mit dem Bildbegriff sowie dem Sehen und welchen wachsenden Stellenwert beides in der Gesellschaft des ausgehenden 20. Jahrhunderts bekam.[17]

3. Orte, Landschaften und Fortbewegungsmittel als Hauptdarsteller

Aus der Tatsache, dass Wenders umfangreiche Landschaftsaufnahmen aus dem Inneren von Fortbewegungsmitteln, wie Propellerflugzeugen, Autos, Trucks oder der Wuppertaler Schwebebahn, macht, lässt sich folgende Hypothese ableiten: Den Landschaften und Orten wird, im Vergleich zu den Darstellern, ungleich mehr Beachtung geschenkt. Letztere rücken in den Hintergrund. Orte und Landschaften werden

---

12 Vgl. ebd. TC: 01:27:10–01:27:12.
13 Vgl. Wim Wenders: Bis ans Ende der Welt. DVD. Leipzig 2005 [1991], TC: 00:50:41–00:50:44. Bei der DVD-Ausgabe von 2005 wurde der Film auf 3 DVDs getrennt. Die hier beschriebene Szene ist auf DVD 2.
14 Vgl. ebd. TC: 00:50:45–00:50:57.
15 Vgl. Wim Wenders: Land of Plenty. DVD. Leipzig 2005 [2004], TC: 00:03:45–00:03:49.
16 Vgl. ebd. TC: 00:03:50–00:03:53.
17 Das bedeutet im Umkehrschluss nicht, dass Bilder und das Sehen in seinen früheren Filmen nicht Thema waren. Ganz im Gegenteil, in dem Film *Alice in den Städten* hat der Protagonist die Angewohnheit, mit einer Sofortbildkamera Fotos zu schießen und diese sofort mit seiner unmittelbaren Umgebung zu vergleichen. Er stellt dann stets konsterniert fest, dass er nicht fähig sei, das, was er gesehen und gefühlt hat, auf dem Bild festzuhalten. In *Bis ans Ende der Welt* ist das Sehen allerdings handlungstragendes Element, wie hier noch zu schildern sein wird.

somit zu wichtigen Handlungsträgern beziehungsweise Hauptdarstellern. Wenders selbst sagt dazu in einem Interview mit Edgar Reitz Folgendes:

> Zu Schauplätzen wollte ich die Landschaft nie verkommen lassen. Ich habe Landschaften immer als den Hauptdarsteller verstanden und die Leute dann als den Supporting Cast. Wenn die Leute aus dem Bild gehen, dann bleibt der Hauptdarsteller, die Landschaft, das Land, die Stadt und die Seele, da. Auch von Leuten, die lassen ja alle immer was liegen – im Film.[18]

Die Art und Weise, wie Wenders seine Herangehensweise an den Dreh seiner Filme beschreibt, deckt sich in vielen Punkten mit dem, was Siegfried Kracauer in seiner *Theorie des Films* zum Thema Film und Bewegung schreibt:

> Bühnenbilder rücken unvermeidlicherweise den Schauspieler in den Mittelpunkt, während es dem Film freisteht, bei Teilen seiner Erscheinung und seiner Umwelt zu verweilen. Benutzt der Film diese Freiheit, um das Unbelebte zum Träger der Handlung zu machen, so folgt er damit nur seiner Neigung zur Aufdeckung alles physischen Seins. [...] Filme, in denen die unbelebte Welt nur als Hintergrundkulisse für selbstgenügsamen Dialog und luftdicht abgeschlossene Spielhandlung dient; sie sind von Grund auf unfilmisch.[19]

Im Falle des Roadmovies, wie Wenders es dreht, funktioniert der Vergleich nach wie vor. Wenders scheint eine ähnliche Idee von den Möglichkeiten des Mediums Film zu haben wie Siegfried Kracauer. Besonders deutlich wird dies, wenn man sich Interviews ansieht, in denen Wenders von seinen Erfahrungen bei der Verfilmung von *Der scharlachrote Buchstabe* (1973) zu Nathaniel Hawthornes Roman *The Scarlet Letter* (1850) berichtet: „Ich konnte halt nichts, was ich gesehen hatte, reintun, weil der Film im 17. Jahrhundert spielt und dann kann man nicht mal schnell die Kamera nach dahin halten, weil da ist das 17. Jahrhundert nicht mehr."[20] Für den Filmemacher Wenders ist das unmittelbare Sehen der nicht eigens für den Film präparierten Umgebung von großer Bedeutung, was ein Grund ist, weshalb sich weite Teile seiner Filme unter freiem Himmel in der Gegenwart, oder im Falle von *Bis ans Ende der Welt* in der nahen Zukunft, abspielen. Würden sie in der Vergangenheit spielen, dann wäre die Welt, in der die Filme spielen würden, eine kulissenartige Vergangenheit. Diese Einstellung des Regisseurs macht deutlich, weshalb die Hintergründe

---

18 In: Edgar Reitz: Bilder in Bewegung. Essays. Gespräche zum Kino. Hamburg 1995, S. 188.
19 Siegfried Kracauer: Theorie des Films. In: Inka Mülder-Bach/Ingrid Belke (Hg.): Siegfried Kracauer Werke.von, Band III. Frankfurt/M. 2005, S. 90 f.
20 https://www.youtube.com/watch?v=4SkNSaPU3gQ&t=707s, TC: 00:09:35–00:09:46 (letzter Zugriff: 31.01.2017).

in seinen Filmen stets sehr detailliert gefilmt werden und lange Landschafts- oder Städteaufnahmen ein Markenzeichen von Wenders' Filmen sind.[21]

4. Die Suche nach Bildern

Aus der Feststellung der Funktion von Fortbewegungsmitteln und Landschaften bzw. der Umgebung bei Wenders lässt sich folgende These ableiten: Wenders' Protagonisten sind stets auf der Suche nach Bildern. Der Innenraum des Flugzeugs ist vom Rest der Umwelt jedoch zu isoliert, als dass es eine tragende Rolle in seinen Filmen spielen würde. Stellt man die Autoreise der Flugreise direkt gegenüber, dann sind die Charaktere im Auto nämlich weniger von ihrer Umwelt isoliert. Die Suche nach Bildern stagniert hier also nicht und kann darum auch weniger spannungsarm inszeniert werden.

Kommen wir nun zu *Bis ans Ende der Welt*. Der Film nimmt in Wenders' Filmografie eine besondere Stellung ein, da er der mit Abstand längste und aufwändigste ist. Das Science-Fiction-Roadmovie spielt in neun verschiedenen Ländern. Wenders selbst bezeichnet ihn in einem Interview mit Volker Behrens als seinen ehrgeizigsten Film.[22] Und diese neun Länder und vier Kontinente müssen innerhalb der Filmdauer ja schließlich auch irgendwie erreicht werden. Wäre also nicht anzunehmen, dass insbesondere dem Flugzeug eine wichtige Rolle in dem Film zukommt? Im weiteren Verlauf der Analyse wird sich das Gegenteil herausstellen.

Der Film handelt von der Liebesbeziehung zwischen Sam Farber (William Hurt) und Claire Tourneur (Solveig Dommartin). Claire trifft Farber durch Zufall, verliebt sich in ihn und folgt ihm um die ganze Welt. Farber versucht sich ständig von Claire zu distanzieren und seine Motive sind zu Beginn des Films unklar. Im weiteren Verlauf wird deutlich, dass Sams Vater Henry (Max von Sydow) an einem Gerät arbeitet, dass Blinden das Sehen ermöglichen soll, weswegen Sam mit einer Spezialkamera auf der ganzen Welt Bilder sammelt. Diese Suche nach Bildern und der technische Fortschritt ermöglichen Henry Farber die Entwicklung eines Nachfolgegeräts, dass einen seine Träume aufzeichnen lässt, was die Protagonisten dazu verleitet, sich nur noch in ihren Traumwelten aufzuhalten. Der Film endet damit, dass Claire und Sam

---

21 Häufig stieß und stößt Wenders gerade wegen dieser ausschweifenden Landschaftsaufnahmen auf Kritik, da er für solche Einstellungen oft die Geschichte, die er versucht zu erzählen, sowie seine Charaktere, vernachlässigt. Volker Behrens schreibt dazu: „In Deutschland gab es neben Anerkennung stets auch Kritik. Nörgler mochten seine poetisch-melancholische Weltsicht nicht, mokierten sich über seine Larmoyanz und über Schwächen in den Geschichten." (Volker Behrens (Hg.): Man of Plenty. Marburg 2005, S. 3).

22 Vgl. Volker Behrens: Der Geschichte einen gewaltigen Raum schaffen. Ein Interview mit Wim Wenders. In: Ders. (Hg.): Man of Plenty. Marburg 2005, S. 133–138, hier: S. 135.

getrennte Wege gehen. *Bis ans Ende der Welt* spielt in einer Zeit politischer Spannungen, eine atomare Bedrohung liegt stets im Bereich des Möglichen und tritt ungefähr nach der Hälfte der Spielzeit auch ein. Weitere wichtige Rollen übernehmen Rüdiger Vogler als Privatdetektiv Philipp Winter[23] und Sam Neil als Schriftsteller Eugene Fitzpatrick, Claires Exfreund. Eugene fungiert darüber hinaus als Erzählstimme aus dem Off.

Schon an der Inhaltsangabe wird deutlich, dass es Wenders in *Bis ans Ende der Welt* stets um die Suche nach Bildern geht. Wenders hierzu in dem Interview mit Edgar Reitz von 1995:

> [D]ie Bilder haben sich das Dämonische mit als erstes angeeignet. Das Dämonische kann ja mit Bildern soviel besser in bestimmte Seelenregionen vordringen. Die Bilder haben sich immer weiter vorgetastet. Sie sind ja immer weiter in intimste Regionen reingeraten. Ich glaube, Gewalt ist etwas ganz Intimes. Geschlechtlichkeit und Sexualleben ist das Intimste, und da sind die Bilder so weit vorgedrungen, daß man sich kaum noch einen Lebensbereich vorstellen kann, wo die Bilder nicht angekommen sind. Deswegen habe ich einen Film gemacht über die Ankunft der Bilder in den Träumen, „Bis ans Ende der Welt", weil ich dachte, der letztmögliche Schritt wäre, daß wir die Bilder unserer Träume wie Videoband sehen könnten.[24]

Wenders spielt in diesem Zitat mit dem Gedanken, dass Bilder von allen Grenzen befreit sind, weil es kaum noch etwas gibt, das nicht im Bild oder auf Film festgehalten werden kann. *Bis ans Ende der Welt* spielt in neun Ländern. Das, was man zeigen kann, ist langsam ausgeschöpft. Deswegen geht die Bildersuche einen Schritt weiter, nämlich ins Reich der Träume. Wenders spricht diesem Charakter des Bildermachens etwas Dämonisch-Obszönes zu und kritisiert zu diesem Zeitpunkt seines Schaffens den gesellschaftlichen Umgang mit Bildern scharf.

„In the beginning was the word. I was now afraid that the apocalypse would read: In the end there were only images."[25] Dieses Zitat, das Wenders in *Bis ans Ende der Welt* den unglücklich verliebten Schriftsteller Eugene in einem inneren Monolog sprechen lässt, lässt erahnen, wie seine Einstellung dem Thema Bilder und Sehen gegenüber zu dieser Zeit gewesen sein muss. Es ist ein ambivalentes Verhältnis. Auf der einen Seite lässt der Regisseur seine Figuren alle möglichen Länder bereisen und neue Eindrücke sammeln, auf der anderen Seite warnt er davor, sich in Bildern und Träumen zu verlieren.

---

23 In nahezu allen Wenders-Filmen mit Beteiligung von Rüdiger Vogler trägt dieser den Namen Philip Winter.
24 In: Reitz: Bilder in Bewegung, S. 190.
25 Wenders: Bis ans Ende der Welt, TC: 01.10.25–01:10:35, DVD 3.

Wenders zeichnet in *Bis ans Ende der Welt* eine utopische Welt, in der sich, im Vergleich zu den späten 1960er Jahren und frühen 1970er Jahren, also zu Beginn seines Schaffens, vieles verändert hat. In seinem Buch *The Act of Seeing* spricht er in erster Linie das Reisen und das Sehen an, zwei Themen, die sich in seiner Filmografie immer wieder finden lassen. Zum Thema Reisen schreibt Wenders: „Die Leute reisen immer mehr, immer selbstverständlicher, immer weitläufiger. Das Flugzeug ist von einem privilegierten zu einem ‚normalen' Transportmittel geworden. Die Erde wird in der Tat immer kleiner."[26] In diesem Zitat scheint die Rolle, die das Flugzeug in seinem Film innehat, bereits durch. Es ist ein ‚normales' Transportmittel geworden und birgt kaum Bildmaterial, das sich aufzunehmen lohnt.

Zum Thema Sehen und Bilder äußert er sich ebenfalls und stellt eine Veränderung im Umgang der Menschen mit Bildern fest:

> Was sich rückblickend am meisten verändert hat, von den 60er über die 70er Jahre bis heute, das ist eine Einstellung zum Umgang mit Bildern. Völlig undenkbar war noch vor gar nicht einmal so langer Zeit, mit welcher Bilderfülle wir heute umgehen […]. Es schien mir deshalb am verlockendsten, in einem Science-fiction-Film über den zukünftigen Umgang mit Bildern nachzudenken, und sich Freiheiten herauszunehmen im Hinblick auf die ‚Zukunft des Sehens'.[27]

Wenders' Idee vom Bild und der Zukunft des Sehens ist stark von Roland Barthes beeinflusst. In Barthes' *Fragmente einer Sprache der Liebe* heißt es, und Wenders erwähnt diese Stelle explizit: „Bild. Auf dem Felde der Liebe erwachsen die schwersten Wunden mehr aus dem, was man sieht, als aus dem was man weiß."[28] Und in der Tat sind es am Ende des Films die Bilder, die die Charaktere zur Verzweiflung und sogar in den Wahnsinn treiben. Aus Liebe zueinander geben sich Claire und Sam immer haarsträubenderen Experimenten unter der Leitung des Wissenschaftlers Henry Farber hin, bis letztendlich nichts von ihrer Liebe übrig bleibt und nur noch das Bild, die eigenen Träume, die visuell auf einer Art Videokamera erscheinen, Bedeutung haben. Zu dieser Überlegung lässt sich erneut ein Zusammenhang zu Roland Barthes herstellen. Er schreibt: „[D]as Bild ist das, von dem ich ausgeschlossen bin.

---

26 Wenders: Act of Seeing, S. 30.
27 Wenders: Act of Seeing, S. 30 f. – Seit dem Beginn des 21. Jahrhunderts hat Wenders eine ambivalentere Sichtweise auf Themen wie Bildverlust und Bildüberflutung durch die Medien: „Das ganze Gerede von der Bilderflut oder der Lawine unter der wir (vermeintlich) ersticken, ich kann es nicht mehr hören!" Wim Wenders: Was Bilder heute bewirken. In: Daniel Bickermann/Wim Wenders (Hg.): Wim Wenders. A Sense of Place. Frankfurt/M. 2005, S. 68–96, hier: S. 68. Mit „heute" bezieht sich Wenders auf die frühen Neunziger. Der Aufsatz erschien zuerst 1991 im Presseheft zu dem Film *Bis ans Ende der Welt*.
28 Roland Barthes: Fragmente einer Sprache der Liebe. Übersetzt von Hans-Horst Henschen. 18. Auflage Frankfurt/M. 2016, S. 63.

[…] Die Bilder, aus denen ich ausgeschlossen bin, sind für mich grausam".[29] Diese Grausamkeit von der Barthes spricht wird bei Wenders zu einer Sucht, da die Betroffenen sich nicht mehr vom Bild losreißen können, was sie leiden lässt. Im Interview mit Edgar Reitz sprach Wenders vom dämonischen Charakter von Bildern. Es ist also wohl kaum ein Zufall, dass er den Autor Eugene eine Bibelstelle zitieren lässt, um das Dämonisch-Teuflische, oder zumindest den dämonisch-teuflischen Umgang mit Bildern, in Frage zu stellen.

5. Das Flugzeug und das Auto als Fortbewegungsmittel

Wenders hat in seinen Filmen ein ambivalentes Verhältnis zum Fliegen. Es weckt bei den Charakteren manchmal in der Tat positive Assoziationen, wie zum Beispiel Freude über Heimkehr wie in *Land of Plenty*. Auf der anderen Seite bekommen manche seiner Figuren beim Sitzen im Flugzeug kurz vor dem Start Kopfschmerzen. Am prominentesten wohl Rüdiger Vogler in gleich zwei Filmen, nämlich in *Alice in den Städten* und in *Bis ans Ende der Welt*. In *Bis ans Ende der Welt* wirkt es so, als sei das Flugzeug nicht wegen seiner Darstellungsform interessant, sondern eher Mittel zum Zweck, um die Charaktere an so viele verschiedene Orte wie möglich zu bringen.

In der Tat würde eine ausschweifende bildliche Darstellung des Geschehens im Flugzeug der zu Beginn aufgestellten Definition des Roadmovies widersprechen. Das Geschehen muss zu weiten Teilen unter freiem Himmel und auf der Straße stattfinden, um in das Genre zu passen.

Beim Auto und bei anderen landgebundenen Verkehrsmitteln verhält es sich anders, aus dem einfachen Grund, dass es vom Automobil aus mehr zu sehen gibt als aus einem Flugzeug. Im Flugzeug sind die Möglichkeiten, seine Umgebung zu erfassen, bald ausgeschöpft. Eben das mag auch einer der Gründe sein, weshalb Wenders den Schauspieler Rüdiger Vogler regelmäßig Kopfschmerzen im Flugzeug, also in einem abgeschlossenen Raum, bekommen lässt. Für die Figuren sind die Eindrücke, die sie dort sammeln können, mehr als begrenzt.

Stellt man zwei Szenen aus *Bis ans Ende der Welt* direkt gegenüber, dann versinnbildlicht sich, welchen Stellenwert die Form der Autoreise und der Flugreise für den Regisseur haben:

Szene 1.: Sam Farber und Claire Tourneur fliegen in einem kleinen Propellerflugzeug über das australische Outback. Es kommt während des Flugs zum atomaren Fallout, was zur Folge hat, dass die Elektronik des Flugzeugs nicht mehr funktioniert und die beiden notlanden müssen.[30] Hierauf folgen ein paar Szenen mit anderen

---

29 Ebd. S. 63 f.
30 Vgl. Wenders: Bis ans Ende der Welt, TC: 00:47:43–00:49:15.

Filmcharakteren. Die Notlandung zeigt letztendlich, wie das Flugzeug sich immer mehr dem Boden nähert. Zunächst sieht man die Maschine nicht direkt; eine Außenaufnahme zeigt, wie der Schatten der Propellermaschine dem Boden immer näher kommt. Anschließend folgt eine zweite Aufnahme vom Boden. Die Kamera steht fest und dreht sich nur mit, um die Landung zu zeigen.[31] Die Landung ist betont spannungsarm inszeniert, auch dadurch, dass nur leicht melancholische Filmmusik im Hintergrund spielt und die Figuren die Situation eher beiläufig hinzunehmen scheinen. Dem Zuschauer wird zu keinem Zeitpunkt vermittelt, dass Sam und Claire etwas zustoßen könnte.

Szene 2.: Sam Farber und Claire Tourneur haben eine lange Wanderung durch das Outback hinter sich. Sie werden von einem Dieseltruckkonvoy aufgelesen. Die elektronischen Geräte funktionieren durch den Fallout nicht und die Reisenden bedienen sich nun rein mechanischer Dieselfahrzeuge. Sie werden mit ihren Freunden wiedervereint und treten die weitere Reise gut gelaunt und optimistisch an. Die Anfahrt des Dieseltrucks wird von einer bewegten Kamera begleitet. Kamera und Truck fahren also nebeneinander her.[32]

Der wichtigste Kontrast in der Darstellung von Auto und Flugzeug ist sicherlich schon die unterschiedliche Stimmung, die jeweils vermittelt wird. Das Notlanden des Flugzeugs ist betont spannungsarm inszeniert. Noch nicht einmal die Kamera am Boden des Flugzeugs bewegt sich dynamisch mit, sondern dreht sich nur ein wenig. Die Dynamik der Szene kommt also zum Stillstand. Im Gegensatz dazu erlebt der Zuschauer beim Besteigen des Dieseltrucks und der Abfahrt Begeisterung, Lachen und Aufbruchstimmung bei den Charakteren. Die Kamera bewegt sich hier auch mit dem Auto. Der Stillstand ist gebrochen und die Bewegung geht weiter. Die Reise und Selbstfindung der Figuren wird also fortgeführt.

Diese weit auseinandergehenden Darstellungen der Fortbewegungsmittel sind auffällig, aber tatsächlich schließen sie sich nicht aus. Wie in Abschnitt 4 (*Die Suche nach Bildern*) erläutert, sind Wenders' Charaktere stets auf der Suche nach neuen Bildern und Eindrücken, die sie, dem europäischen Roadmovie quasi definitionsgemäß nach typisch, nur durch ein Fortkommen, erlangen können. Sitzt man in einem Flugzeug, dann ist man von seiner Umwelt, durch eine gewisse Entfernung und auch dadurch, dass man in einer Kabine sitzt, abgeschnitten. Die Suche nach Bildern stagniert hier also, weswegen es für die Charaktere (in diesem Beispiel Sam und Claire) kein Voranschreiten und keine Weiterentwicklung geben kann. Als die Figuren auf der Ladefläche eines Dieseltrucks sitzt, ist die Umgebung unmittelbar näher, greifbarer und besser zu sehen. Die Voraussetzung des Weiterkommens ist also in diesem Szenario

---

31 Vgl. ebd. TC: 00:50:41–00:51:24.
32 Vgl. Wenders: Bis ans Ende der Welt, TC: 00:58:41–01:00:26.

wieder gegeben, was den Optimismus, der vermittelt wird, erklärt. Laura Schmidt fasst die Funktion des Reisens bei Wenders treffend zusammen:

> Sowohl Wenders' filmische, als auch photographische Annäherung an eine subjektiv erfahrende Wirklichkeit ist von seiner Auseinandersetzung mit der Fremde geprägt. Reiserouten ziehen sich wie ein roter Faden durch Wenders' Geschichten- und Bilderwelten. Die Chronologie einer klassisch narrativen Ordnung von Aufbruch, Ankunft oder Rückkehr weicht meist einem Geflecht aus Motiven rastlosen Reisens. Reisen als Selbstzweck. Reisen als kontinuierliche Eigenbewegung und als Blick in die Ferne. Aus Unruhe und Neugier. Aus Angst vor Erstarrung. Als Auflehnung gegen Langeweile und Entfremdung.[33]

Schmidt schildert in dieser Charakterisierung sehr gut, welche Bedeutung das Reisen in Wenders Filmen hat und auch auf *Bis ans Ende der Welt* trifft das in der Tat zu.

6. Resümee

Das Ziel dieses Aufsatzes war es, der Frage nachzugehen, ob den Landschaften und Fortbewegungsmitteln in *Bis ans Ende der Welt* ungleich mehr Beachtung geschenkt wird als den Darstellern. Insbesondere wurde das Augenmerk auf die Funktion von Autos und Flugzeugen gelegt. Bei der Analyse ließ sich feststellen, dass die Hauptcharaktere mit diesen Vehikeln selber stets auf der Suche nach neuen Bildern und Eindrücken sind. Diese Suche spiegelt sich im Gebrauch der filmischen Mittel und deren Selbstreflexion im Film wieder. Ein Hauptaugenmerk liegt dabei auf der fotografischen und/oder filmischen Wahrnehmung der Umgebung bzw. der Landschaft, in der sich die Figuren gerade aufhalten.

Wichtige Aspekte, die zu dieser Schlussfolgerung führen, lassen sich im Definitionsbegriff des Roadmovies wiederfinden, in welchem sich Wenders ja primär bewegt. Ist er europäisch geprägt, dann steht die Identitätssuche der handelnden Personen im Vordergrund. Diese Identitätssuche wird durch eine Reise geografischer Art versinnbildlicht, führt aber gleichermaßen ins Innere der Charaktere. Das ist auch der Grund, weshalb die Handlung in Roadmovies stets zu weiten Teilen unter freiem Himmel stattfindet. Kommt die Reise also zum Stillstand, geht die Suche nach der eigenen Identität auch nicht weiter.

Ferner ließ sich beobachten, dass Wenders die Darstellung der Umwelt, in der sich die Charaktere bewegen, sehr wichtig ist. So spricht er selbst in Interviews davon,

---

33 Laura Schmidt: Wenn ein Bildermacher Orte Geschichten (er)finden lässt. In: Beat Wismer/Wim Wenders (Hg.): 4 Real and True 2. Wim Wenders Landschaften. Photographien. München 2015, S. 154–227, hier S. 155.

dass er die Kulisse nicht zur Nebendarstellerin degradieren möchte. Das korreliert mit Siegfried Kracauers Verständnis des Mediums Film. In seiner *Theorie des Films* argumentiert Kracauer, wie erwähnt, dass es unfilmisch sei, der landschaftlichen Kulisse keine Beachtung zu schenken. Bei Wenders äußert sich diese Einstellung in *Bis ans Ende der Welt* dadurch, dass er seine Figuren auf den langen Reisen immer wieder neue Bilder suchen lässt.

Die Suche nach Bildern ist in *Bis ans Ende der Welt* ambivalent. Auf der einen Seite sind die Charaktere fast schon gezwungen, neue Bildeindrücke zu erfahren, auf der anderen Seite wird diese Suche zur Sucht und ins Extrem gesteigert, wenn Sam und Claire sich ganz in ihren Träumen verlieren, die sie nun, auch im wachen Zustand, durch die Technik stets vor Augen haben können. Wenders spricht vom Dämonischen der Bilder, Roland Barthes gesteht ihnen ebenfalls etwas Grausames zu.

Um neue Eindrücke sammeln zu können, müssen Wenders' Hauptdarsteller immer auf Reisen sein. Bei der Analyse der direkten Gegenüberstellung zweier Szenen, zum einen eine Autoreise, zum anderen eine Flugreise im Propellerflugzeug, hat sich gezeigt, dass das Fortkommen mit dem Auto positiv, heiter, frei und dynamisch dargestellt wird. Die Reise mit dem Flugzeug ist hingegen spannungsarm und ohne Musik inszeniert, und das, obwohl Sam und Claire gerade notlanden. Grund dafür ist, dass aus der Kabine eines Flugzeugs heraus nur schwierig neue Eindrücke gesammelt werden können bzw. die Eindrücke, die erfahrbar sind, sich bald erschöpfen. Für die Charaktere im Film ist das gleichbedeutend mit Stillstand. Im Auto, oder hier im rein mechanisch betriebenen Dieseltruck, ist die Umgebung besser zu sehen, eben näher. Hier findet also kein Stillstand statt und die Identitätssuche geht ungehindert weiter.

IV – Anhang

Angaben zu den Autorinnen und Autoren

Johanna Bohley, Dr. phil., wissenschaftliche Mitarbeiterin am Institut für germanistische Literaturwissenschaft an der Friedrich-Schiller-Universität in Jena, zuvor an der Freien Universität Berlin. – Forschungsschwerpunkte: Gegenwartsliteratur, Literatur um 1800, Experimentelle Literatur, Poetikvorlesungen. – Aktuelle Publikationen: *Funk-Fiktionen auf Sendung. Zur Radioästhetik in Arno Schmidts „Radio-Essays"*. In: *Arno Schmidt und das 18. Jahrhundert*. Hg. von Hans Edwin Friedrich. Göttingen 2017, S. 439–448; *Dichter am Pult: Altes/Neues aus Poetikvorlesungen 2010–2015*. In: *Gegenwart schreiben. Zur deutschsprachigen Literatur 2000–2015*. Hg. von Corinna Caduff/Ulrike Vedder. Paderborn 2017, S. 243–254; *Von der Neoavantgarde zum Pop. Wolf Wondratschek und das Neue Hörspiel*. In: Text + Kritik. Zeitschrift für Literatur (2017) 215, S. 75–84.

Carolin Bohn, Dr. phil, wissenschaftliche Mitarbeiterin der Abt. Neuere deutsche Literatur am Institut für Germanistik der TU Braunschweig. – Forschungsschwerpunkte: Poetik und Theorien des Ästhetischen, Theorien des Medialen, Psychoanalyse, dekonstruktive Rhetorik, der Raum zwischen Literatur und Philosophie sowie zwischen Bild und Schrift, deutschsprachige Literatur im Kontext der europäischen Literatur- und Kulturgeschichte. Aktuelles Forschungsprojekt zu produktiven Anachronismen und konstellativem Wissen in der Moderne. – Publikationen: *Dichtung als Bildtheorie. Sieben Studien zu Lessings ‚Laokoon'*. Berlin: Kadmos 2016; *Die Produktivität der Metapher (Darwin, Hegel)*. In: *Metaphorologien der Exploration und Dynamik 1800/1900* (Sonderheft Archiv für Begriffsgeschichte). Hg. von Gunhild Berg/Reto Rössler. Hamburg 2018, S. 219–226; *Ent-/Mischen als Erzählverfahren in Marcel Beyers Flughunde*. In: *Überschreiten, transformieren, mischen. Literatur an medialen Grenzen*. Hg. von Renate Stauf, Steffen Richter, Christian Wiebe. Heidelberg 2018, S. 253–266.

Jan Brandt, M.A., Schriftsteller. – Aktuelle Publikationen: *Gegen die Welt*. Roman. Köln 2011; *Tod in Turin*. Reisebericht. Köln: 2015; *Stadt ohne Engel*. Reportagen. Köln 2016; *Der Magische Adventskalender*. Novelle Köln 2018.

Martin Bulka, M.A. Von 2011 bis 2017 Studium der Kulturwissenschaften, Anglistik und Geschichte in Braunschweig. In seiner Masterarbeit behandelte er die Verarbeitung unterschiedlicher Medien im Frühwerk Wim Wenders'. Dies ist seine erste Veröffentlichung.

Dietmar Elflein, Dr. phil., wiss. Mitarbeiter am Institut für Musik und ihre Vermittlung der Technischen Universität Braunschweig. – Forschungsschwerpunkte: populäre

Musik und systematische Musikwissenschaft Pop und Gender, Pop und Postkoloniale Ansätze. – Aktuelle Publikationen: *In Germany After The War: Broadening the Discourse on the Liedermacher*. In: *The Singer-Songwriter in Europe*. Hg. von Stuart Green und Isabelle Marc. Oxon New York: Routledge 2016, S. 109–122; *Aneignungsformen populärer Musik. Klänge, Netzwerke, Geschichte(n) und wildes Lernen*. Hg. von Dietmar Elflein/Bernhard Weber. Bielefeld 2017; *Ordnung und Chaos. Songstrukturen im norwegischen Black Metal* In: *Analyzing Black Metal. Transdiziplinäre Annäherungen an ein düsteres Phänomen der Musikkultur*. Hg. von Sarah Chaker/Jacob Schermann/Nikolas Urbanek. Bielefeld 2018, S. 129–153.

Christophe Fricker, Dr. phil., Kulturwissenschaftler, Lyriker, Übersetzer und Unternehmer. Wissenschaftliche Arbeit vor allem zu Ernst Jünger und Stefan George, über den er in Oxford promovierte und zu dem er eine Forschungsgruppe am Hanse-Wissenschaftskolleg leitete. Unterrichtet Übersetzung an der University of Bristol. Gründer und von 2010 bis 2018 geschäftsführender Gesellschafter der Forschungsgesellschaft Nimirum. Mehr als 20 Buchveröffentlichungen, darunter: *Friedrich Gundolf – Friedrich Walters: Ein Briefwechsel aus dem kreis um Stefan George*. Hg. und eingeleitet von Christophe Fricker. Köln/Weimar/Wien 2009; *Ernst Jünger – André Müller: Gespräche über Schmerz, Tod und Verzweiflung*. Köln/Weimar/Wien 2015; *Krise und Gemeinschaft. Stefan Georges „Der Stern des Bundes"*. Frankfurt/M. 2017.

Rüdiger Heinze, Dr. phil, Professor für amerikanische Literatur- und Kulturwissenschaft an der Technischen Universität Braunschweig. – Forschungsschwerpunkte: Postklassische Narratologie, Transmedialität, Migrationsliteratur und -geschichte, Dystopie und Apokalypse. – Aktuelle Publikationen: *Remakes & Remaking: Concepts – Media – Practices*. Hg. von Rüdiger Heinze/Lucia Krämer. Bielefeld 2015; *Melting Pots & Mosaics: Children of Immigrants in US-American Literature*. Bielefeld 2018; ‚*Unnatürliches' Erzählen*. In: *Grundthemen der Literaturwissenschaft: Erzählen*. Hg. von Martin Huber/Wolf Schmid. Berlin 2018, S. 418–430.

Marie-Luise Heuser, Dr. phil., Leiterin der Abteilung Kultur und Raumfahrt am Institut für Raumfahrtsysteme der Technischen Universität Braunschweig. – Forschungsschwerpunkte: Raumfahrtphilosophie, Wissenschafts- und Technikgeschichte, Metaphysik, Deutscher Idealismus, Romantik. – Aktuelles Forschungsprojekt zur Philosophiegeschichte der Weltraumfahrt. – Aktuelle Publikationen: *Raumontologie und Raumfahrt um 1600 und 1900*. In: *reflex* 6 (2015) 2, S. 1–15; *Space Philosophy. Schelling and the Mathematicians of the 19th Century*. In: *Angelaki. Journal of the theoretical humanities* (Themenheft: *nature, speculation and the return to schelling*) 21 (2016) 4, S. 43–57; *Autopoiese und Synergetik. Konzepte der Selbstorganisation*. In: Tatjana Petzer/

Stephan Steiner (Hg.): *Synergie. Kultur- und Wissenschaftsgeschichte einer Denkfigur.* Paderborn 2016, S. 149–166.

Christian Kehrt, Dr. phil. habil., Professor für Wissenschafts- und Technikgeschichte am Institut für Geschichtswissenschaft der TU Braunschweig. Er studierte Geschichte und Philosophie an der Universität Tübingen und der Stony Brook University, NY. Seine Promotion untersuchte die Technikerfahrungen von Militärpiloten im Zeitalter der Weltkriege. Christian Kehrt war Fellow am Rachel Carson Center für Umwelt und Geschichte München und am DHI Paris. – Forschungsschwerpunkte: Kulturgeschichte von Wissenschaft, Technik und Umwelt. – Aktuelle Publikationen: *Die Hamburger Sturmflut 1962. Risikobewusstsein und Katastrophenschutz aus umwelt-, technik- und zeithistorischer Perspektive.* Hg. von Martina Heßler/Christian Kehrt. Göttingen 2014; *Mit Molekülen spielen. Wissenskulturen der Nanotechnologie zwischen Politik und Medien.* Bielefeld 2016; *Ice and snow in the Cold War. Histories of extreme climatic environments.* Hg. von Julia Herzberg/Christian Kehrt/Franziska Torma. New York 2018.

Jadwiga Kita-Huber, Dr. phil. habil., Associate Professor am Institut für Germanistik der Jagiellonen Universität in Kraków. – Forschungsschwerpunkte: Poetik und Ästhetik, Religion und Literatur, insb. Wechselbeziehungen zwischen Bibel/Bibelkritik und Literatur um 1800, deutsch-polnische Kulturtransferprozesse seit der Aufklärung, Romantik, deutschsprachige Lyrik, österreichische Literatur nach 1945, literarische Übersetzung. – Aktuelle Publikationen: *Jean Paul und das Buch der Bücher. Zur Poetisierung biblischer Metaphern, Texte und Konzepte.* Hildesheim/Zürich/New York 2015; *Autobiografie intermedial. Fallstudien zur Literatur und zum Comic.* Hg. von Jadwiga Kita-Huber/Kalina Kupczynska. Bielefeld 2019.

Annika Klanke, M.A. Deutsche Literaturwissenschaft an der HU Berlin und German Studies an der Cornell University (Ithaca, NY, USA). Zuvor studentische Mitarbeiterin an den Lehrstühlen von Prof. Dr. Ulrike Vedder und Prof. Dr. Joseph Vogl, außerdem am Zentrum für Literatur- und Kulturforschung Berlin. Seit 2019 wissenschaftliche Mitarbeiterin an der TU Dortmund. – Forschungsschwerpunkte: Gegenwartsliteratur, Literatur und Technik, materielle Kultur des Literarischen, literaturwissenschaftliche Geschlechterforschung.

Andreas Kramer, Dr. phil, DAAD-Lektorat an der University of Oxford 1991–1995, seitdem Lehrtätigkeit als Germanist und Komparatist am Goldsmiths College, University of London. – Forschungsschwerpunkte: deutschsprachige Literatur der Moderne, v.a. Expressionismus; europäische Avantgarden; geografische Konzeptionen der Avantgarden; Literatur und Film; Literatur und Sport. – Aktuelle Veröffentlichungen:

Carl Einstein, Jewishness, and the Communites of the European Avant-Garde. In: *Jewish Aspects in Avant-Garde. Between Rebellion and Revelation*. Hg. von Mark Gelber/Sami Sjöberg. Berlin 2017; *Sport und literarischer Expressionismus* (Göttingen 2019); *Pacifist and Anti-Militarist Writing in German 1892–1928*. Hg. von Andreas Kramer und Ritchie Robertson. München 2018.

Jessica Martensen (M. Ed.) studierte Germanistik und Geschichte für gymnasiales Lehramt sowie Kultur der technisch-wissenschaftlichen Welt (KTW) an der Technischen Universität Braunschweig und an der University of York. Währenddessen arbeitete sie an den Lehrstühlen von Prof. Dr. Ute Daniel und Prof. Dr. Renate Stauf (Technische Universität Braunschweig) sowie am Georg-Eckert-Institut – Leibniz-Institut für internationale Schulbuchforschung. Seit 2019 ist sie im Amt für Veröffentlichungen bei der Europäischen Kommission in Luxemburg tätig. – Ihr Dissertationsprojekt, welches von Prof. Dr. Renate Stauf betreut wird, beschäftigt sich mit der epistolaren Poetik Ingeborg Bachmanns. – Forschungsschwerpunkte: Literarische Poetologie, Briefforschung, Erschließung literarischer Schreibstrategien, historiographische Fragestellungen und Weltausstellungen aus kulturgeschichtlicher Perspektive.

Jörg Paulus, Dr. phil. habil., Professor für Archiv- und Literaturforschung an der Bauhaus-Universität Weimar. – Forschungsschwerpunkte: Archiv- und Literaturforschung, Briefforschung, Kulturtechnikforschung, Theoretische Philologie, Literatur um 1800 und um 1900, Jean Paul. – Aktuelles Forschungsprojekt zu Briefkopierbüchern. – Aktuelle Publikationen: *Geschichtsgefühl und Gestaltungskraft Fiktionalisierungsverfahren, Gattungspoetik und Autoreflexion bei Ricarda Huch*. Hg. von Cord Berghahn/Jörg Paulus/Jan Röhnert. Heidelberg 2016; *„Ausflicken und Aufbauen". Die Brief-Revisionen und -Kommentare Jean Pauls als offenes Inskriptionsnetzwerk*. In: *editio. Internationales Jahrbuch für Editionswissenschaft (Bd. 31)*. Hg. von Rüdiger Nutt-Kofoth/Bodo Plachta. Berlin/Boston 2017. S. 173–190; *Reise nach Danzig/Rilke und das Drama* (= Blätter der Rilke-Gesellschaft 34). Hg. von Jörg Paulus/Erich Unglaub. Göttingen 2018.

Jan Röhnert, Dr. phil. habil., Professor für Neuere und Neueste Literatur in der technisch-wissenschaftlichen Welt an der Technischen Universität Braunschweig. – Forschungsschwerpunkte: Gegenwartsliteratur, Autobiographie, Reiseliteratur, Lyrik, Internationale Kultur- und Literaturgeschichte seit 1800, Literatur und Film, Naturwissenschaften als ästhetisch-literarischer Impulsgeber, Technik und Mobilität in der ästhetischen Reflexion, Genderdimensionen der Literatur sowie Geopoetik. – Aktuelle Publikationen: *Technische Beschleunigung – ästhetische Verlangsamung? Mobile Inszenierung in Literatur, Film, Musik, Alltag und Politik*. Hg. von Jan Röhnert. Köln/Weimar/Wien: 2015; *Geschichtsgefühl und Gestaltungskraft Fiktionalisierungsverfahren,*

Gattungspoetik und Autoreflexion bei Ricarda Huch. Hg. von Cord Berghahn/Jörg Paulus/Jan Röhnert. Heidelberg 2016; *Annette Pehnt – Vorlesungen der Ricarda Huch Poetikdozentur 2016.* Hg. von Jan Röhnert/Juliette Wedl. Hannover 2017.

Christoph Seelinger, M.A., arbeitet aktuell an einer Promotion zum Thema *Tod und technische Reproduzierbarkeit. Indexikalisches Sterben in ikonisch-symbolischen Ordnungen des kinematographischen Diskurses.*

Asmus Trautsch, Dr. phil., Philosoph, Schriftsteller, Musikdramaturg, Verleger. – Aktuelle Publikationen: *Ovid: Liebeskunst. Überarbeitet und reich kommentiert von Tobias Roth, Asmus Trautsch und Melanie Möller.* Berlin 2017; *Der Umschlag von allem in nichts. Theorie tragischer Erfahrung.* Berlin/Boston 2018; *Musik* (Edition Poeticon). Hg. von Asmus Trautsch Berlin Berlin 2018.

Christian Wiebe, Dr. Phil, derzeit wissenschaftlicher Mitarbeiter in der Neueren Deutschen Literatur der TU Braunschweig. – Forschungsschwerpunkte: Mediengeschichte, Literatur der Klassischen Moderne, Literatur und Philosophie. – Aktuelles Habilitationsprojekt zu Subjektivierungspraktiken in Briefen des Barock. – Aktuelle Publikationen: *Überschreiten, transformieren, mischen. Literatur an medialen Grenzen.* Hg. von Renate Stauf/Steffen Richter/Christian Wiebe. Heidelberg: Winter 2018.

Namensregister

Abrahams, Jim 284
Adey, Peter 14, 16, 17
Adorno, Theodor W. 133
Albers, Hans 144
Albertini, Bitto 159
Albrecht, Monika 265
Aldrich, Robert 285
Alt, Peter André 172, 173
Altenberg, Peter 27
Amundsen, Roald 95, 225, 226
Anders, Günther 53
Arendt, Hannah 53
Assmann, Aleida 12, 13, 17
Augé, Marc 17, 18, 30, 36, 124, 187
August, Moritz von Thümmel 90
Axel, Gabriel 285
Bachmann, Ingeborg 19, 255, 256, 257, 258, 261, 262, 263, 264, 265, 266, 267, 268, 269, 270, 271

Baird, Stuart 285
Baker, Richard 131
Balázs, Béla 154
Barthes, Roland 294, 295, 298
Bartlett, Hall 285
Bauer, Felice 182
Beatles, The 141
Benjamin, Walter 133, 175, 178, 179, 185
Beyer, Marcel 15
Blade, Alexander s. Heinrich Hauser
Blanchard, Jean-Pierre 67, 68, 79, 81, 85, 88, 89, 90, 92, 214
Blériot, Louis 39, 171, 172, 174, 181
Blumenberg, Hans 22, 53
Böhse Onkelz 142
Bolan, Marc 140
Bollenbeck, Georg 192
Bolyai, Wolfgang s. Farcas Bolyai
Bolyani, Farcas 60, 61, 63, 65, 66, 67, 68, 69, 77
Botton, Alain de 125, 131, 132, 133, 134
Box Tops, The 140
Bräutigams, Sarah 288
Brecht, Bertolt 218
Bridges, Jeff 144
Brinkmann, Rolf Dieter 125, 126, 128, 129, 130
Brod, Max 169, 177, 178

Brod, Otto 169, 178, 179
Broser, Patricia 257
Bruno, Giordano 25, 45, 46, 47
Bruns, Walter 101, 103
Buber, Martin 185
Buchka, Peter 288
Budrass, Lutz 102
Burdon, Eric 142
Burke, Edmund 13
Busse, Tanja 284
Butler, Robert 285
Büttner, Alex 22
Byrds, The 142

Cale, John 142
Capra, Frank 285
Carnahan, Joe 285
Cavara, Paolo 149, 151
Charles, Villers de 67
Climati, Antonio 158, 159, 161
Cohen, Rob 285
Collet-Serre, Jaume 285
Colsman, Alfred 98
Craven, Wes 285
Cunich, Raimondo 85, 86, 93

D'Annunzio, Gabriele 23
d'Arlandes, François 80
Dallapiccola, Luigi 236
DCX (Musik-Projekt) 142
Deleuze, Gilles 55
Denver, John 141
Derrida, Jacques 53
Dixie Chicks 55
Dommartin, Solveig 287, 290, 292
Dünne, Jörg 66
Dunnington, Waldo 69

Eastwood, Clint 285
Eckener, Hugo 97
Ehrig, Joachim Heinz 145, 146, 148
Ellis, David R. 285
Ellsworth, Lincoln 95
Endfield, Cy 285
Eno, Brian 144, 145, 146, 148
Epstein, Jean 175

Namensregister

Eroc s. Joachim Heinz Ehrig
Esselborn, Hans 93

Fatboy Slim 141, 142, 143
Feuchtwanger, Lion 19, 217, 218, 219, 222, 223, 224, 225, 226, 227
Fidenco, Nico 160
Fieseler, Gerhard 209
Fischer, Gottfried Bermann 213
Fischer, Helene 143
Fleming, Victor 284
Foo Fighters 143
Foucault, Michelle 12, 30, 40, 124
Franklin, Benjamin 90
Frost, Ingeborg 113

Gauß, Carl Friedrich 60, 61, 62, 63, 64, 65, 66, 67, 68, 69, 70, 72, 73, 74, 75, 76, 77
Gauß, Gebhard Dietrich 62
Geisenheyner, Max 100
Gide, André 230, 231
Glaeser, Ernst 199
Goethe, Johann Wolfgang 140, 191, 194, 252
Göring, Hermann 213, 215
Göttsche, Dirk 265
Graebner, Grit 197
Graham, William 285
Greengrass, Paul 285
Grimm (Gebrüder) 59
Grobschnitt (Band) 144
Guillermin, John 285
Guritzer, Hans 201

Hailey, Arthur 280
Hammond, Albert 139
Hanks, Tom 130
Harlin, Renny 285
Haskin, Bryan 285
Hauser, Heinrich / Blade, Alexander 193, 195, 196, 197, 198, 199, 200, 201, 202, 203, 205, 206, 207, 208, 209, 210, 211, 212, 213, 214, 215, 216
Hawks, Howard 285
Hawthornes, Nathaniel 291
Hegen, Hannes 116
Heidegger, Martin 53
Heiduczek, Werner 113
Hennings, Wilhelm 70
Hergesell, Hugo 95
Hermand, Jost 93
Hermann, Judith 15
Hindenburg, Paul von 213

Hitler, Adolf 213, 219, 222
Hoffmann, Kurt 285
Hofmann, Albert 241, 249
Hogarth, William 70
Holtz-Baumert, Gerhard 115, 117
Homer 230, 284
Honold, Alexander 70, 71
Hooks, Kevin 285
Horaz (Quintus Horatius Flaccus) 90
Howard, Richard 285
Howes, Geoffrey C. 257, 259, 260, 267
Humpe, Inga 144
Hurt, William 287, 290, 292
Husserl, Edmund 45, 46, 47, 48, 49, 50, 51, 52, 53, 54, 55, 56
Hüttner, Hannes 115, 119, 120, 121, 122
Huxley, Aldous 120
Huyssen, Andreas 181

Iron Maiden 142

Jacopetti, Gualtiero 149, 150, 151, 153, 154, 155, 156, 157, 158, 159, 161
Jameson, Jerry 284, 285
Jean Paul (Johann Paul Friedrich Richter) 19, 59, 60, 64, 65, 67, 68, 70, 72, 73, 74, 75, 76, 79, 82, 92, 93, 215
Jenninger, Philipp 247
Jünger, Alexander 241, 247
Jünger, Ernst 19, 156, 193, 199, 215, 239, 240, 241, 242, 243, 244, 245, 246, 247, 248, 249, 250, 251, 252, 253
Jünger, Liselotte 247
Juvenal (Decimus Iunius Iuvenalis) 83, 84

Kafka, Franz 19, 36, 169, 170, 171, 172, 173, 174, 176, 177, 178, 179, 180, 181, 182
Kant, Immanuel 13, 46, 52, 56
Kehlmann, Daniel 67, 75, 76
Kennedy, John F. 18, 130
Kepler, Johannes 45
Khomeini, Ruhollah 18
Klett, Ernst 247
Koestler, Arthur 105, 107
Kohl-Larsen, Ludwig 96, 106, 107, 108
Kopernikus, Nikolaus 45, 46, 47
Kopij-Weiß, Marta 94
Koster, Henry 285
Köster, Roman 97
Kowalski, Bernard L. 285
Kracauer, Siegfried 291, 298

Namensregister

Krasicki, Ignacy 85, 86, 87, 93
Kravitz, Lenny 142
Kupka, František 56
Kvochur, Anatoly 163

Lange, Thomas 197
Langsdorf, Werner von 98, 201
Langsdorff, Werner von 98, 201
Le Borg, Reginald 285
Leach, Dirk 249
Lehndorff, E. A. H. 87
Lester, Elliot 284
Lethen, Helmut 197
Levinas, Emmanuel 49
Lichtenberg, Georg Christoph 70
Lilienthal, Otto 35, 200
Lindbergh, Charles 40, 201, 218
Löffler, Petra 177
Lowry, Dick 285
Ludwig XVI (König v. Frankreich) 80

Mach, Ernst 17
Macready, John 217
Magus, Simon 84
Malewitsch, Kasimir Sewerinowitsch 56
Marker, Chris 19, 125, 126, 128
Marouani, Didier 144
Marshall, Frank 284
Matzdorff, Carl August 74
McCartney, Paul 139
McCowan, George 285
Méliès, Georges 273
Mendelssohn, Peter de 213
Merleau-Ponty, Maurice 33
Mey, Reinhard 135, 136, 137, 138, 139, 140, 142
Mickiewicz, Adam 82
Miethe, Adolf 95
Miller, Steve 141
Mitchell, Jerry 274, 276, 277
Molière (Jean-Baptiste Poquelin) 243
Montesi, Jorge 285
Montgolfier (Gebrüder) 67, 68, 76, 79, 80, 83, 84, 85
Moravia, Alberto 157, 158, 160, 161
Morra, Mario 158, 159, 161
Morrison, Jim 141
Moses 229, 234
Motörhead 142
Müller, Dorit 104
Müller, Lothar 68
Musil, Robert 256, 265, 266, 267, 271

Nadar (Gaspard-Félix Tournachon) 23
Nannen, Henri 216
Nansen, Fridtjof 101
Naruszewicz, Adam 87, 90, 94
Nasseri, Mehran Karimi 131
Neil, Sam 293
Nero (Nero Claudius Caesar Augustus Germanicus) 84
Neumann, Margarete 113
Nietzsche, Friedrich 26, 33, 130
Nobile, Umberto 95, 225, 226
Norwid, Cyprian K. 81
Nossow, Nikolai 117
Numan, Gary 145, 147, 148
Nünning, Ansgar 277

OMD (Band) 142
Orsenna, Erik 68
Osiński, Józef 80
Ovid (Publius Ovidius Naso) 22

Panofsky, Erwin 176
Paquet, Alfons 183, 184, 185, 186, 187, 188, 189, 190, 191, 192, 193, 194, 195
Pégoud, Adolphe 198
Persoon, Christian Hendrik 66
Petersen, Wolfgang 284
Pevney, Joseph 285
Piecha, Oliver 184
Pink Floyd 143
Plachta, Bodo 172, 173
Platon 25, 32, 53
Plessner, Helmuth 53
Poniatowski, Stanisław August 87
Posa, Marquis 26
Potocki, Ignacy 83, 85
Prinz Pi 142
Prokop, Gert 115, 122
Prosperi, Franco 149, 150, 151, 153, 155, 156, 157, 158, 159, 161
Puccini, Giacomo 171
Puhdys, Die 144

Quantarelli, E. L. 274

Rammstein 139
Rätz, Günter 116
Red Hot Chili Peppers 142, 143
Reifenberg, Benno 202
Reitz, Edgar 291, 293, 295
Remarque, Erich Maria 199

Namensregister

Rich, David Lowell 284
Rimbaud, Arthur 130
Rottländer, Yella 289
Rougier, Henri 174
Rozier, Jean-François Pilâtre de 75, 76, 80

Saint-Exupéry, Antoine de 19, 229, 230, 232, 233, 234, 235, 237, 238
Saville, Philip 285
Saxon 139, 142
Schelling, Friedrich Wilhelm Joseph 46, 52
Schiller, Friedrich 26
Schmidt, Laura 297
Schütz, Erhard 197, 209
Schwartz, John Allen 161, 163
Schwentke, Robert 285
Scott, Robert Falcon 224
Scott, T. J. 285
Seaton, George 284
Sebald, W. G. 27, 41
Sido (Paul Hartmut Würdig) 142
Smight, Jack 284
Sobchack, Vivian 153, 154
Space (Disko-Projekt) 144, 145, 147, 148
Spielberg, Steven 125, 130, 131
Stevenson, Robert Louis 75
Strauß, Franz Josef 18
Streim, Gregor 197
Świderska, Małgorzata 257, 271
Sydow, Max von 292
Syon, Guillaume de 95

Tawil, Adel 142, 143
Thälmann, Ernst 213
Thau, Bärbel 267

Thomas, Deborah 274, 276
Thomsen, Otto Robert 206
Tjersland, Todd 163
Tom Petty & The Heartbreakers 143

Virilio, Paul 18, 34, 156, 212
Vogler, Rüdiger 289, 293, 295
von Drygalski, Erich 95

Wainwright, Loudon 128
Weber, Kurt-H. 203
Weber, Max 43
Wegner, Alfred 106
Wellman, William 285
Wenders, Wim 19, 287, 288, 289, 290, 291, 292, 293, 294, 295, 296, 297, 298
West, Simon 285
Wilhelmer, Lars 32
Wilkins, Hubert 102
Williams, Michelle 290
Wings, The 139
Wolle, Stefan 115
Wong, James 285
Woo, John 284
Wright (Gebrüder) 22

Yacowar, Maurice 274, 276
Young, Neil 139

Zemeckis, Robert 285
Ziller, Paul 285
Zucker, David 284
Zweig, Stefan 218, 222, 224, 225, 226
Zweiraumwohnung (Band) 144

BEFRUCHTENDER DIALOG ZWISCHEN DICHTUNG UND WISSENSCHAFT

Valentina Di Rosa | Jan Röhnert (Hg.)

Im Hier und Jetzt

Konstellationen der Gegenwart in der deutschsprachigen Literatur seit 2000

2019. 361 Seiten, mit 10 sw-Abb., Französische Broschur
€ 50,00 D | € 52,00 A
ISBN 978-3-412-50576-9

Auch als eBook erhältlich

Die jüngste deutschsprachige Literatur erfreut sich wachsenden Interesses im wissenschaftlich-kulturellen Diskurs. Ausgehend vom Spektrum an Deutungsansätzen, wie Forschung und Feuilleton sie bieten, zielt der Band darauf, das Prisma der Gegenwart in der Vielfalt ästhetischer Positionen zu durchleuchten. Leitkriterium der Beiträge ist einerseits die theoretische Auseinandersetzung mit den veränderten Entstehungsbedingungen von Literatur, zu denen die digitale Wende sowie die Krisenkonjunktur im Zeichen der Globalisierung gehören; andererseits der Blick auf die schöpferische Autonomie der Welt- und Wirklichkeitsentwürfe, deren bewusste Verortung im Hier und Jetzt zu exemplarischen Re-Lektüren von Topoi wie Natur, Geschichte, Technik, Sprache bzw. Sprachkrise einlädt. Die Bestandsaufnahme wird von Stimmen namhafter Protagonisten der Gegenwartsliteratur flankiert – und gestaltet sich dadurch als befruchtender Dialog zwischen Dichtung und Wissenschaft.

Vandenhoeck & Ruprecht Verlage
www.vandenhoeck-ruprecht-verlage.com

Preisstand 1.10.2019

MOBILE INSZENIERUNGEN IN KUNST, MEDIEN, ALLTAG

Jan Röhnert (Hg.)
**Technische Beschleunigung –
Die Metaphorik der Autobahn**
Literatur, Kunst, Film und
Architektur nach 1945

2014. 324 Seiten, 32 farb. und 37 s/w-Abb.,
Paperback
€ 45,00 D | € 47,00 A
ISBN 978-3-412-22421-9

In der Autobahn kommt die Idee der Straße zu
sich selbst. Wie kaum ein anderes Bauwerk der
Moderne bestimmt sie unsere Wahrnehmung
von Verkehr und Mobilität.

Jan Röhnert (Hg.)
**Technische Beschleunigung –
Ästhetische Verlangsamung?**
Mobile Inszenierung in Literatur,
Film, Musik, Alltag und Politik

2015. 383 Seiten, 22 s/w-Abb., Franz. Broschur
€ 50,00 D | € 52,00 A
ISBN 978-3-412-50150-1
Auch als ePub erhältlich

Technische Beschleunigung ist ein beliebtes
Erklärungsmuster für das Krisenbewusstsein
der Gegenwart. Dabei ist Beschleunigung in
ihrer ästhetischen Umsetzung aufs Engste mit
dem vermeintlichen Gegenteil, der Verlangsamung, verknüpft.

Vandenhoeck & Ruprecht Verlage
www.vandenhoeck-ruprecht-verlage.com

Preisstand 1.10.2019